I0072907

Wolls Lehr- und Handbücher der Wirtschafts- und Sozialwissenschaften

Herausgegeben von
Universitätsprofessor Professor h.c. Dr. Dr. h.c. Artur Woll

Bisher erschienene Werke:

Aberle, Transportwirtschaft, 4. A.
Anderegg, Agrarpolitik
Assenmacher, Konjunkturtheorie, 8. A.
Barro, Makroökonomie, 3. A.
Barro · Grilli, Makroökonomie – Europäische Perspektive
Barro · Sala-i-Martin, Wirtschaftswachstum
Blum, Volkswirtschaftslehre, 4. A.
Branson, Makroökonomie, 4. A.
Bretschger, Wachstumstheorie, 2. A.
Brinkmann, Einführung in die Arbeitsökonomik
Brösse, Industriepolitik, 2. A.
Büschges · Abraham · Funk, Grundzüge der Soziologie, 3. A.
Cezanne, Allgemeine Volkswirtschaftslehre, 5. A.
Fischer · Wiswede, Grundlagen der Sozialpsychologie, 2. A.
Glastetter, Außenwirtschaftspolitik, 3. A.
Leydold, Mathematik für Ökonomen, 3. A.
Müller, Angewandte Makroökonomik
Rosen · Windisch, Finanzwissenschaft I
Rush, Übungsbuch zu Barro, Makroökonomie, 3. A.
Sachs · Larrain, Makroökonomik – in globaler Sicht
Schneider, Grundlagen der Volkswirtschaftslehre, 3. A.
Tirole, Industrieökonomik, 2. A.
Varian, Mikroökonomie, 3. A.
Wachtel, Makroökonomik
Wacker · Blank, Ressourcenökonomik I
Wacker · Blank, Ressourcenökonomik II
Wohltmann, Grundzüge der makroökonomischen Theorie, 3. A.

Mathematik für Ökonomen

Formale Grundlagen der Wirtschaftswissenschaften

Von

Dr. Josef Leydold

3., überarbeitete Auflage

R. Oldenbourg Verlag München Wien

Bibliografische Information Der Deutschen Bibliothek

Die Deutsche Bibliothek verzeichnet diese Publikation in der Deutschen Nationalbibliografie; detaillierte bibliografische Daten sind im Internet über <http://dnb.ddb.de> abrufbar.

© 2003 Oldenbourg Wissenschaftsverlag GmbH
Rosenheimer Straße 145, D-81671 München
Telefon: (089) 45051-0
www.oldenbourg-verlag.de

Das Werk einschließlich aller Abbildungen ist urheberrechtlich geschützt. Jede Verwertung außerhalb der Grenzen des Urheberrechtsgesetzes ist ohne Zustimmung des Verlages unzulässig und strafbar. Das gilt insbesondere für Vervielfältigungen, Übersetzungen, Mikroverfilmungen und die Einspeicherung und Bearbeitung in elektronischen Systemen.

Gedruckt auf säure- und chlorfreiem Papier
Gesamtherstellung: Druckhaus „Thomas Müntzer" GmbH, Bad Langensalza

ISBN 978-3-486-27460-8

Vorwort

Der Geiz lehrte mich zu rechnen.

Seneca (um 4 v.Chr. bis 65 n.Chr.)

„Du kannst wohl nicht zählen, oder wie?"
„Nein", sagte der kleine Tiger. „Brauch ich das denn?"
„Das brauchst du dringend nötig", sagte der kleine Bär, „denn wer nicht zählen kann, der geht im Leben unter."

Janosch
»Wie der Tiger zählen lernt«

Die *mathematische Ökonomie* (*mathematical economics*) ist kein eigener Zweig der Ökonomie wie etwa Finanzwissenschaften oder Außenhandel. Es ist viel mehr ein anderer *Zugang* zur Untersuchung wirtschaftswissenschaftlicher Zusammenhänge, ein Zugang, der Gebrauch von mathematischen Symbolen und bekannten mathematischen Theoremen macht. Sie unterscheidet sich grundsätzlich nicht von der „eigentlichen" Ökonomie. Anstatt Annahmen und Schlußfolgerungen in Wörtern und Sätzen zu beschreiben, werden mathematische Symbole und Gleichungen verwendet. Sie liefert in dem Sinn keine Kenntnisse, die nicht auch durch logisches Schließen mit Hilfe der deutschen (englischen, französischen, ...) Sprache erzielt werden könnten. Die Vorteile des mathematischen Zuganges sind aber:

1. Die „Sprache" ist kürzer und präziser, die Begriffe sind klar definiert.

2. Wir können verschiedene mathematische Theoreme für unsere Untersuchungen verwenden.

3. Um diese Theoreme anwenden zu können, sind wir gezwungen, alle unsere Annahmen explizit anzugeben, da mathematische Theoreme üblicherweise in Form von „*wenn – dann*" Aussagen vorliegen. Um die „*dann*"-Aussage zu erhalten, müssen wir uns vorher vergewissern, daß die „*wenn*"-Aussage erfüllt ist. Diese Vorgangsweise schützt uns (etwas) davor, ungewollte implizite Annahmen zu übersehen.

4. Es ermöglicht uns, allgemeine Fälle zu bearbeiten, die jenseits unseres Vorstellungsvermögens liegen (z.B. beliebig viele Variable). Wir haben mit der Mathematik eine Sprache zur Verfügung, mit der wir eine Welt beschreiben können, die uns ansonst (sprachlich und gedanklich) versperrt bliebe.

Der Preis, den wir für das Werkzeug *Mathematik* zu bezahlen haben, ist offensichtlich: Wir müssen die Sprache der Mathematik erst mühsam erlernen. Genauso, wie wir die Benützung eines Apparates, eines Fahrrades etwa, erlernen müssen. (Wenn wir aber erst einmal radfahren können, dann kommen wir damit rascher ans Ziel als zu Fuß.)

Das vorliegende Buch bietet dem bzw. der interessierten Leserin eine kleine Einführung in die Welt der Mathematik. Einige der wichtigsten Begriffe und Techniken, die Sie in wissenschaftlichen Journalen wie etwa *American Economic Review* finden können, werden erklärt. Ich habe dabei versucht, nicht nur ein paar „Kochrezepte" zum Lösen einzelner mathematischer Probleme anzubieten, sondern auch die Idee dieser Konzepte verständlich zu machen. (Elementare Kenntnisse, wie sie etwa an einer österreichischen höheren Schule vermittelt werden, sind in Anhang A auf Seite 248 überblicksmässig zusammengefaßt.)

Das Verständnis dieser Ideen und das Arbeiten mit mathematischen Symbolen und Begriffen erscheint mir wichtiger als die Fertigkeit, standardisierte Übungsbeispiele mit vorgegebenen Rechenalgorithmen zu lösen. Diese mechanische Fertigkeit besitzen heute bereits einige Computerprogramme, wie *Matematica* oder *Maple. Die Kenntnis eines Faches bedeutet* aber *vor allem die Kenntnis der Sprache dieses Faches* (Neil Postman).

Da zum Lesen der aktuellen Literatur die Kenntnis der mathematisch Fachsprache notwendig ist, bietet dieses Buch als kleine Hilfestellung ein kleines Deutsch-Englisches Wörterbuch samt englischem Register (☞ Seite 301ff bzw. Seite 311ff).

Rechnungen, bei denen erfahrungsgemäß häufig Fehler gemacht werden, sind mit diesem Symbol am linken Rand gekennzeichnet.

An dieser Stelle möchte ich mich auch bei allen bedanken, die durch ihre Unterstützung das Entstehen dieses Buches erst möglich gemacht haben; insbesondere bei (in alphabetischer Reihenfolge) Christian Cenker, Gerhard Derflinger, Wilfried Grossmann, Michael Hauser, Wolfgang Hörmann, Mojca Jenko, Jörg Lenneis und Gabi Uchida.

Wien Josef Leydold

Inhaltsverzeichnis

1

Logik

Die Tatsachen im logischen Raum sind die Welt.
Ludwig Wittgenstein (1889–1951)
»Tractatus logico-philosophicus«

Die wahren Wahrheiten sind die, welche man erfinden kann.
Karl Kraus (1874–1936)
»Pro domo et mundo«

1.1 Aussagen und Aussageverknüpfungen

Um Mathematik betreiben zu können, müssen wir zwar nicht in die Tiefen der Logik[1] hinabsteigen, ein paar Grundkenntnisse der *mathematischen Logik* sind aber erforderlich. Im Zentrum der (Aussagen-)Logik steht die *Aussage*.

Definition 1.1 (Aussage)
*Eine **Aussage** ist ein Satz, der entweder **wahr** (W) oder **falsch** (F) ist.*

Beispiel 1.1
(a) „Wien liegt an der Donau." ist eine wahre Aussage.
(b) „Am 27. April 1877 hat es in Wien geregnet." ist eine Aussage (deren Wahrheitsgehalt aber nicht so leicht festgestellt werden kann).
(c) „Wird die Arbeitslosenrate sinken?" ist keine Aussage (sondern eine Frage).

Aussagen werden mit kleinen lateinischen Buchstaben bezeichnet.

Die Aussagenlogik verknüpft nun einfache zu komplexeren Aussagen und gibt deren Wahrheitswert an. Dies geschieht durch die aus der Alltagssprache bekannten Wörter *„und"*, *„oder"*, *„nicht"*, *„wenn ... dann"*, *„genau dann ... wenn"*. In der formalen Logik verwenden wir dafür *Symbole* (☞ Tab. 1.1).

[1] Logik ist — grob gesprochen — die Lehre von den Denkformen und den Gesetzen des folgerichtigen Denkens.

TABELLE 1.1: Elementare Aussageverbindungen

Aussageverbindung	Symbol	Name
nicht p	$\neg p$	Negation
p und q	$p \wedge q$	Konjunktion
p oder q	$p \vee q$	Disjunktion
wenn p dann q	$p \Rightarrow q$	Implikation
p genau dann, wenn q	$p \Leftrightarrow q$	Äquivalenz

Umgangssprachliche Aussagen lassen sich in diese Symbolsprache übersetzen[2,3] und umgekehrt.
Die Festlegung der Wahrheitswerte dieser so erzeugten Aussagen entspricht dem Gebrauch der umgangssprachlichen Wörter (☞ Tab. 1.2).

TABELLE 1.2: Wahrheitswerte elementarer Aussageverbindungen

p	q	$\neg p$	$p \wedge q$	$p \vee q$	$p \Rightarrow q$	$p \Leftrightarrow q$
W	W	F	W	W	W	W
W	F	F	F	W	F	F
F	W	W	F	W	W	F
F	F	W	F	F	W	W

BEISPIEL 1.2 (KONJUNKTION)
Sei $p =$ „Es regnet." und $q =$ „Die Straße ist naß.".
Dann ist $r = p \wedge q =$ „Es regnet *und* die Straße ist naß.".
Wenn der Wahrheitsgehalt von p und q bekannt ist, kennen wir auch den Wahrheitsgehalt der Aussage r.

BEISPIEL 1.3 (IMPLIKATION)
Sei x eine beliebige natürliche Zahl.
$p =$ „x ist durch 6 teilbar.", $q =$ „x ist durch 3 teilbar.".

(1) Wenn p wahr ist, so ist auch q wahr (jede durch 6 teilbare Zahl ist durch 3 teilbar). Daher ist die Aussage $p \Rightarrow q$ wahr.

(2) Umgekehrt ist die Aussage $q \Rightarrow p$ nicht wahr, da z.B. 9 durch 3, nicht jedoch durch 6 teilbar ist.

[2]Achtung: Die Aussage $a \vee b$ ist im *nicht ausschließenden* Sinn gemeint.
[3]Achtung: Die Negation von *„Herr Nowak ist groß."* ist *„Herr Nowak ist nicht groß."* (und nicht *„Herr Nowak ist klein."*).

BEMERKUNG 1.1
Im Beispiel 1.3 (1) reicht es nicht aus, den Wahrheitsgehalt von $p \Rightarrow q$ an (z.B.) der Zahl 18 zu untersuchen. x kann ja *jede* natürliche Zahl sein.
Zur Widerlegung der zweiten Aussage $q \Rightarrow p$ (d.h. um zu zeigen, daß diese Aussage falsch ist) genügt dieses eine Beispiel. Denn dann kann die Aussage nicht mehr für alle natürlichen Zahlen wahr sein.

Wenn die Aussage $p \Rightarrow q$ wahr ist, heißt **p hinreichend für q**. Es ist nämlich hinreichend (ausreichend) zu wissen, daß p wahr ist, und man kennt bereits die Wahrheit von q. (Eine durch 6 teilbare Zahl ist immer auch durch 3 teilbar.)

Umgekehrt heißt **q notwendig für p**. Damit p wahr sein kann, muß notwendigerweise q wahr sein. (Eine nicht durch 3 teilbare Zahl ist schon gar nicht durch 6 teilbar.)

Es lassen sich auch komplexere Aussagen auf ihren Wahrheitsgehalt untersuchen.

BEISPIEL 1.4
Sei $r = [(p \wedge q) \vee \neg p] \Leftrightarrow (p \vee \neg q)$. (Im Beispiel 1.2 hieße diese Aussage: „Es regnet und die Straße ist naß, oder es regnet nicht, genau dann, wenn es regnet oder die Straße nicht naß ist.") Zur Bestimmung des Wahrheitsgehaltes legen wir eine Tabelle an. Durch einfaches Ansehen der Aussage läßt sich diese Aufgabe sicher nicht bewältigen.

p	q	$\neg p$	$\neg q$	$p \wedge q$	$(p \wedge q) \vee \neg p$	$p \vee \neg q$	r
W	W	F	F	W	W	W	W
W	F	F	W	F	F	W	F
F	W	W	F	F	W	F	F
F	F	W	W	F	W	W	W

BEMERKUNG 1.2
Durch die mathematische Logik können wir aus bekannten Tatsachen (wahre Aussagen) neue Aussagen herleiten. Es ist jedoch nicht Aufgabe der Logik (oder der Mathematik) zu zeigen, warum in letzter Konsequenz eine Tatsache wahr ist, sondern nur wie sie aus einfacheren Tatsachen hergeleitet werden können. Das „Warum" führt zum bekannten *Henne-Ei-Dilemma*. Irgendwann müssen wir passen und bestimmte Tatsachen akzeptieren. In der Mathematik werden diese Tatsachen Axiome genannt (z.B. die Rechenregeln für die reellen Zahlen). Diese werden nicht *bewiesen*, sondern als wahr akzeptiert.

Übungen

1. Welche der nachstehenden Formulierungen sind Aussagen?

   (a) Es ist wünschenswert, daß jeder Student der Wirtschaftswissenschaften über Grundkenntnisse der mathematischen Logik verfügt.

   (b) 1999 wird ein Schaltjahr.

(c) Halten verboten!

(d) 6 ist eine Lösung des Gleichungssystems $x^2 - x + 1 = 0$.

(e) Das Unternehmen A scheint eine bessere Investitionspolitik zu betreiben als das Unternehmen B.

2. Drei Aussagen lauten:

a = *„Wien liegt an der Donau."*

b = *„Wasser gefriert bei 20° Celsius."*

c = *„16 ist das Quadrat von 4."*

Sind die folgenden verknüpften Aussagen wahr oder falsch?
(a) $a \vee b$, (b) $a \wedge b$, (c) $(a \wedge b) \vee c$, (d) $\neg b \wedge c$, (e) $\neg(a \wedge c)$, (f) $(\neg a \wedge c) \vee (a \wedge \neg c)$

3. Übertragen Sie folgende Aussagen aus der Umgangssprache in die symbolische Form. Verwenden Sie p für *„Das Wetter ist schlecht"* und q für *„Der Wind kommt aus dem Westen"*, sowie die Verknüpfungen $\neg$, $\wedge$, $\vee$, $\Rightarrow$ und $\Leftrightarrow$.

(a) Das Wetter ist schlecht und der Wind kommt aus dem Westen.

(b) Wenn das Wetter schlecht ist, kommt der Wind aus dem Westen.

(c) Der Wind kommt genau dann aus dem Westen, wenn das Wetter nicht schlecht ist.

(d) Der Wind kommt nicht aus dem Westen oder das Wetter ist schlecht.

(e) Es ist falsch, daß der Wind aus dem Westen kommt, oder daß das Wetter nicht schlecht ist.

4. Erstellen Sie die Wahrheitswertetabelle für die Aussage $(p \vee q) \wedge (\neg p \vee \neg q)$.

5. Zeigen Sie, daß die Aussage $(a \Rightarrow b) \Leftrightarrow (\neg b \Rightarrow \neg a)$ (*Kontraposition*) immer wahr ist. (Eine derartige Aussage heißt *Tautologie*.)

BEMERKUNG 1.3
Dieser logische Satz wird oft für mathematische Beweise verwendet. Anstatt z.B. zu zeigen, daß „jede durch 6 teilbare Zahl auch durch 3 teilbar ist", kann man zeigen, daß „jede nicht durch 3 teilbare Zahl auch nicht durch 6 teilbar ist".

6. Eine Aussage p lautet „x *ist eine Primzahl*", eine Aussage q „x + 1 *ist eine Primzahl*". Die Variable x steht dabei für eine beliebige positive ganze Zahl größer oder gleich 3. Sind die Aussagen

(a) $p \Rightarrow \neg q$

(b) $p \Leftrightarrow \neg q$

wahr oder falsch für beliebige Werte von x?

2

Mengen und Abbildungen

Denke dir die Mengenlehre wäre als eine Art Parodie auf die Mathematik von einem Satiriker erfunden worden. – Später hätte man dann einen vernünftigen Sinn gesehen und sie in die Mathematik einbezogen.

Ludwig Wittgenstein (1889–1951)
»Bemerkungen über die Grundlagen der Mathematik«

2.1 Was sind Mengen?

Wir begnügen uns hier mit einer höchst einfachen Erklärung.

DEFINITION 2.1 (MENGE)
*Eine **Menge** ist eine Sammlung von unterscheidbaren Objekten (**Elementen**).*

Dabei muß natürlich eindeutig bestimmbar sein, ob ein Objekt zur Menge gehört oder nicht. Die „Menge" aller dicken Österreicher ist daher in unserem Sinn gar keine Menge. (Es sei denn, wir definieren ganz genau wer *dick* ist und wer nicht.)
Mengen werden üblicherweise mit lateinischen Großbuchstaben, deren Elemente mit lateinischen Kleinbuchstaben bezeichnet. Die Tatsache, daß ein Objekt a Element der Menge A ist (bzw. nicht ist) bezeichnen wir mit

$$a \in A \quad (\text{bzw. } a \notin A)$$

Kleine Mengen können definiert werden, indem man einfach die Elemente, durch Kommata getrennt, auflistet und in *geschwungene* Klammern setzt. Dabei kommt es auf die Reihenfolge nicht an (**aufzählendes Verfahren**).

BEISPIEL 2.1
Die Menge aller Buchstaben des Wortes „*Wirtschaftswissenschaften*" besteht aus den Buchstaben $\{a, c, e, f, h, i, n, r, s, t, w\}$.
Die Menge aller natürlichen Zahlen kleiner 4 ist $\{1, 2, 3\}$.

Bei größeren Mengen (insbesondere solchen mit unendlich vielen Elementen), ist diese Methode unbrauchbar. Stattdessen beschreiben wir die Menge durch jene Eigenschaften, die von allen ihren Elementen und nur von diesen erfüllt werden (**beschreibendes Verfahren**). Wir schreiben dafür[1]

$$M = \{x | x \text{ hat charakteristische Eigenschaft}\}$$

BEISPIEL 2.2
Die Menge aller geraden Zahlen ist
$\{x | x \text{ ist eine natürliche Zahl und durch 2 teilbar}\}$
Die Menge aller WU-Studentinnen und -Studenten ist
$\{x | x \text{ ist im Untersuchungszeitraum an der WU Wien immatrikuliert}\}$

In Tabelle 2.1 sind einige wichtige Mengen aufgelistet.

TABELLE 2.1: Einige wichtige Mengen

Symbol	Beschreibung
$\emptyset$	*leere Menge*[a]
$\mathbb{N}$	*natürliche Zahlen*[b] $\{1, 2, 3, \ldots\}$
$\mathbb{N}_0$	*natürliche Zahlen mit Null* $\{0, 1, 2, 3, \ldots\}$
$\mathbb{Z}$	*ganze Zahlen*
$\mathbb{Q}$	*rationale Zahlen, Bruchzahlen* $\{\frac{n}{m} \mid n, m \in \mathbb{Z}, m \neq 0\}$
$\mathbb{R}$	*reelle Zahlen*
$[a, b]$	*abgeschlossenes Intervall* $\{x \mid a \leq x \leq b\}$
(a, b)	*offenes Intervall*[c] $\{x \mid a < x < b\}$
$[a, b)$	*halboffenes Intervall*[d] $\{x \mid a \leq x < b\}$
$\mathbb{R}^2$	*Punkte in der reellen Ebene* $\{(x, y) \mid x, y \in \mathbb{R}\}$
$\mathbb{R}^n$	*Menge der n-Tupel* $\{(x_1, \ldots, x_n) \mid x_i \in \mathbb{R}\}$
$\mathbb{C}$	*komplexe Zahlen* (☞ Anhang B auf Seite 275)

[a] In der Schule (und nur dort) ist das Symbol { } üblich.
[b] auch: $\mathbb{N}^* = \{1, 2, 3, \ldots\}$ bzw. $\mathbb{N} = \{0, 1, 2, 3, \ldots\}$.
[c] auch: $]a, b[$
[d] auch: $[a, b[$

[1] lies: „Die Menge aller Elemente x für die gilt ...".

Beim Arbeiten mit Mengen nimmt man meist an, daß alle betrachteten Mengen Teilmengen einer vorgegebenen **Obermenge** Ω sind.

BEISPIEL 2.3
Für eine Wahlanalyse betrachten wir verschiedene Mengen, etwa die Menge der Wählerinnen und Wähler der Partei X, die Menge aller Wahlberechtigen mit Hochschulbildung, die Menge der Wähler, etc. Als Obermenge werden wir hier sicherlich die Menge aller Wahlberechtigen heranziehen.

Mengen können durch sogenannte **Venn-Diagramme** dargestellt werden. Dabei wird die Obermenge durch ein Rechteck, die einzelnen Mengen durch Kreise oder Ovale dargestellt (☞ Abb. 2.1 und 2.2).

2.2 Mengenverknüpfungen

Mengen können (analog zu logischen Aussagen) miteinander verknüpft werden (☞ Tab. 2.2, Seite 9). In Abbildung 2.1 sind diese Mengenoperationen als Venn-Diagramme dargestellt. Mengen können auch (wie Zahlen) verglichen werden (☞ Tab. 2.3).

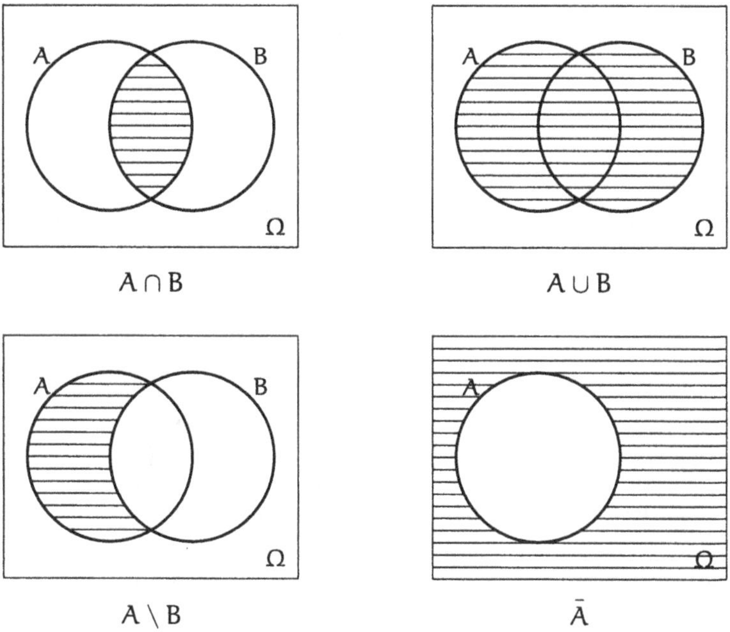

ABBILDUNG 2.1: Venn-Diagramme von Mengenverknüpfungen

BEMERKUNG 2.1
An den Definitionen in den Tabellen 2.2 und 2.3 ist zu erkennen, daß den Mengenoperationen $=$, $\subseteq$, $\cap$ und $\cup$ die Verknüpfungen $\Leftrightarrow$, $\Rightarrow$, $\wedge$ bzw. $\vee$ von logischen Aussagen entsprechen.

BEISPIEL 2.4
Sei $\Omega = \{1,2,3,4,5,6,7,8,9,10\}$, $A = \{1,2,3\}$, $B = \{1,3,5\}$ und $C = \{2,4,6,8,10\}$. Aus dem Venn-Diagramm in Abbildung 2.2 erkennen wir leicht:

$A \cap B = \{1,3\}$ $\qquad$ $A \cup B = \{1,2,3,5\}$

$\bar{C} = \{1,3,5,7,9\}$ $\qquad$ $A \setminus C = \{1,3\}$

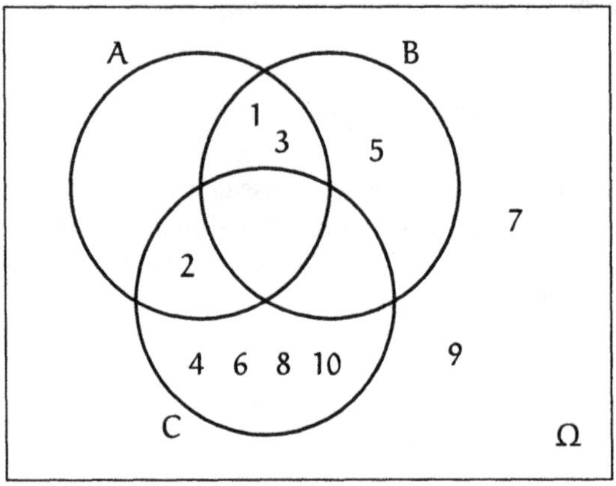

ABBILDUNG 2.2: Venn-Diagramm

Für diese Mengenverknüpfungen gibt es — genauso wie für Addition und Multiplikation von Zahlen — Rechenregeln (☞ Tab. 2.4). Diese Regeln erlauben es, komplizierte Ausdrücke zu vereinfachen.

BEISPIEL 2.5 ([2])

$$(A \cap B) \cup \overline{(\bar{A} \cup B)} \overset{(6)}{=} (A \cap B) \cup (\bar{\bar{A}} \cap \bar{B}) \overset{(8)}{=} (A \cap B) \cup (A \cap \bar{B}) \overset{(5)}{=} A \cap (B \cup \bar{B}) \overset{(7)}{=} A \cap \Omega = A$$

BEMERKUNG 2.2
Für interessierte Leserinnen und Leser sei an dieser Stelle darauf hingewiesen, daß der Begriff „Menge" nicht wie in Definition 2.1 definiert ist. Denn mit dieser „Definition" sind Widersprüche in einem der fundamentalsten Begriffe der Mathematik unvermeidlich. Diese Widersprüche ergeben sich aus der Selbstbezüglichkeit, wie sie etwa im sogenannten *Paradoxon des Epimenides*[3,4] (auch *Lügner-Paradoxon*) auftritt.

[2]Die Zahlen über den Gleichheitszeichen geben die verwendeten Rechenregeln aus Tabelle 2.4 an.

[3]EPIMENIDES, um 600 v.Chr.

[4]Epimenides der Kreter sagt: „Was ich jetzt sage, ist gelogen."

TABELLE 2.2: Mengenverknüpfungen

Symbol	Definition	Bezeichnung	
$A \cap B$	$\{x \mid x \in A \wedge x \in B\}$	Durchschnitt	A *geschnitten* B
$A \cup B$	$\{x \mid x \in A \vee x \in B\}$	Vereinigung	A *vereinigt* B
$A \setminus B$	$\{x \mid x \in A \wedge x \notin B\}$	Mengendifferenz	A *ohne* B
$\bar{A}$	$\Omega \setminus A$	Komplement	A *komplement*[a]
$A \times B$	$\{(x, y) \mid x \in A, y \in B\}$	Produktmengen	

[a] auch: A^c

TABELLE 2.3: Mengenvergleiche

Symbol	Bezeichnung	Definition
$A = B$	A ist gleich B	$x \in A \Leftrightarrow x \in B$
$A \subseteq B$	A ist Teilmenge von B	$x \in A \Rightarrow x \in B$
	A und B sind disjunkt	$A \cap B = \emptyset$

TABELLE 2.4: Rechenregeln für Mengenverknüpfungen

	Regel	Bezeichnung
(1)	$A \cup A = A \cap A = A$	*Idempotenz*
(2)	$A \cup \emptyset = A$ und $A \cap \emptyset = \emptyset$	*Identität*
(3)	$(A \cup B) \cup C = A \cup (B \cup C)$ und $(A \cap B) \cap C = A \cap (B \cap C)$	*Assoziativität*
(4)	$A \cup B = B \cup A$ und $A \cap B = B \cap A$	*Kommutativität*
(5)	$A \cup (B \cap C) = (A \cup B) \cap (A \cup C)$ und $A \cap (B \cup C) = (A \cap B) \cup (A \cap C)$	*Distributivität*
(6)	$\overline{(A \cup B)} = \bar{A} \cap \bar{B}$ und $\overline{(A \cap B)} = \bar{A} \cup \bar{B}$	*Gesetz von De Morgan*
(7)	$\bar{A} \cup A = \Omega$ und $\bar{A} \cap A = \emptyset$	
(8)	$\bar{\bar{A}} = A$	

Der Widerspruch in der „naiven“ Mengenlehre zeigt sich z.B. in *Russells*[5] *Paradoxon*:
Die meisten Mengen sind nicht Elemente ihrer selbst — die Menge aller Eisbären ist kein Eisbär. Nennen wir solche Mengen *„normal“*. Laut unserer Definition 2.1 können wir aber auch aus Mengen wieder Mengen bilden. Die *Potenzmenge* etwa ist die Menge aller Teilmengen einer Menge. Betrachten wir aber die Menge *aller Mengen*, so ist diese Menge Element ihrer selbst. Nennen wir so eine Menge, die sich selbst enthält, „pathologisch“.
Betrachten wir nun die Menge aller „normalen“ Mengen. Ist diese Menge „normal“ oder „pathologisch“?

Eine leichter „verständliche“ Variante des Russellschen Paradoxons lautet folgendermaßen: In einer großen Bibliothek gibt es Bücher, in denen alle Bücher katalogisiert sind. Da auch diese Bücher zum Bestand der Bibliothek gehören, gibt es nun Bücher, die auf sich selbst verweisen. Der Bibliothekar bekommt nun die Aufgabe ein Buch anzufertigen (das selbstverständlich ebenfalls katalogisiert werden muß), das alle Bücher, die *nicht* auf sich selbst verweisen, und nur diese, enthält. Muß dieser neue Katalog auf sich selbst verweisen oder nicht?

In der Mathematik wird dieses Problem dadurch gelöst, daß man nicht die Objekte (in unserem Fall die „Mengen“) definiert werden, sondern wie diese Objekte manipuliert werden können. Diese „Rechengesetze“ werden als Axiome bezeichnet. „Mengen“ sind dann alle Objekte, die den Verknüpfungsregeln aus Tabelle 2.4 (und noch einigen anderen Regeln) gehorchen. Es wird dabei aber sichergestellt, daß etwa die „Menge aller Mengen“ oder die „Menge aller normalen Mengen“ keine Mengen sind, d.h. daß diese Objekte nicht diesen Axiomen gehorchen.

Ganz genauso werden auch die *reellen Zahlen* dadurch definiert, wie mit ihnen gerechnet wird[6]. Tatsächlich lernen wir in der Schule niemals was eine Zahl ist, sondern nur wie wir damit rechnen können. Ob es reelle Zahlen überhaupt gibt, ist eine philosophische Frage.

2.3 Was ist eine Abbildung?

Der Begriff der Abbildung oder Funktion[7] ist einer der wichtigsten Begriffe in der Mathematik. Funktionen beschreiben den Zusammenhang zwischen Kenngrößen. Dabei wird jedem Element einer *Definitionsmenge* ein Merkmal (ein Element aus der Menge der zulässigen Merkmale, der sogenannten *Wertemenge*) eindeutig zugeordnet.

---

[5] BERTRAND RUSSELL, 1872–1970

[6] z.B. können wir reelle Zahlen addieren und multiplizieren und es existiert eine Ordnung innerhalb dieser Zahlen.

[7] Wir verwenden die Begriffe *Abbildung* und *Funktion* synonym. In manchen Lehrbüchern sind *Funktionen* Spezialfälle von *Abbildungen*, in denen Definitionsmenge und Wertemenge Teilmengen von $\mathbb{R}$ oder $\mathbb{R}^n$ sind.

Definition 2.2 (Abbildung)
*Eine **Abbildung** f ist definiert durch*

*(i) eine **Definitionsmenge**[8] D,*

*(ii) eine **Wertemenge**[9] W und*

*(iii) eine **Zuordnungsvorschrift**, die jedem Element von D* **genau ein** *Element von W zuordnet.*

Wir schreiben dafür

$$f: D \to W, \quad x \mapsto y = f(x)$$

x ist das **Argument** (die **unabhängige Variable**) von f, der Ausdruck f(x) der **Funktionsterm** der Abbildung f.
y heißt das **Bild** (der **Funktionswert**) von x, x das **Urbild** von y.

Beispiel 2.6
D = {Menschen}, W = {Geburtstage}, f: Mensch $\mapsto$ Geburtstag
„Jedem Menschen wird sein Geburtstag zugeordnet" ist eine Abbildung.

Beispiel 2.7
D = {Menschen}, W = {Staatsbürgerschaften},
f: Mensch $\mapsto$ Staatsbürgerschaft(en)
„Jedem Menschen wird seine Staatsbürgerschaft zugeordnet" ist **keine** Abbildung, da die Zuordnung nicht immer *eindeutig* (Doppelstaatsbürgerschaft) oder *möglich* (Staatenlose) ist.

Jedes Argument besitzt immer genau ein Bild. Die Anzahl der Urbilder eines Elementes $y \in W$ kann jedoch beliebig sein. Wir können daher Funktionen nach der Anzahl der Urbilder unterscheiden.

Definition 2.3

- *Eine Abbildung f heißt **injektiv**, wenn jedes Element aus der Wertemenge **höchstens** ein Urbild besitzt.*
- *Sie heißt **surjektiv**, wenn jedes Element aus der Wertemenge **mindestens** ein Urbild besitzt.*
- *Sie heißt **bijektiv**, wenn sie sowohl injektiv als auch surjektiv ist.*

[8] auch: Definitionsbereich, Domain
[9] auch: Wertebereich, Image

2.3.1 Spezielle Abbildungen

Die einfachste Funktion ist die **Einheitsfunktion** (oder **identische Funktion**) id, die das Argument auf sich selbst abbildet, d.h.

$$\text{id}: D \to W = D,\ x \mapsto x$$

Ein besonders wichtiger Spezialfall einer Abbildung sind **reelle Funktionen** (in einer Variable oder mehreren Variablen)[10]. Das sind Funktionen, in denen sowohl die Definitionsmenge als auch die Wertemenge Teilmengen von $\mathbb{R}$ (meist Intervalle) bzw. des $\mathbb{R}^n$ sind.

BEISPIEL 2.8
$f: \mathbb{R} \to \mathbb{R},\ x \mapsto x^2$ ist eine reelle Funktion in einer Variable.

Durch „Hintereinanderausführen" zweier Funktionen erhalten wir wieder eine Funktion.

DEFINITION 2.4 (ZUSAMMENGESETZTE FUNKTION)
Seien $f: D_f \to W_f$ *und* $g: D_g \to W_g$ *Funktionen mit* $W_f \subseteq D_g$*, dann heißt die Funktion*

$$g \circ f: D_f \to W_g,\ x \mapsto (g \circ f)(x) = g(f(x))$$

die ***zusammengesetzte Funktion***[11] *von* g *und* f.

BEISPIEL 2.9
$g(x) = x^2$, $f(x) = 3x - 2$. Dann ist $(g \circ f)(x) = g(f(x)) = g(3x - 2) = (3x - 2)^2$

2.3.2 Die inverse Abbildung

Ist eine Abbildung *bijektiv*, so kann jedem $y \in W_f$ genau ein $x \in D_f$ mit der Eigenschaft $f(x) = y$ (i.e. sein Urbild) zugeordnet werden. Dadurch erhalten wir eine Abbildung f^{-1} mit der Definitionsmenge W_f und der Wertemenge D_f:

$$f^{-1}: W_f \to D_f,\ y \mapsto x = f^{-1}(y)$$

Diese Abbildung hat die Eigenschaft, daß für alle Elemente $x \in D_f$ und $y \in W_f$ gilt:

$$f^{-1}(f(x)) = f^{-1}(y) = x \quad \text{und} \quad f(f^{-1}(y)) = f(x) = y$$

[10] Tatsächlich werden wir im folgenden nur solche Abbildungen behandeln. Funktionen in einer Variablen werden ausführlich in §9 auf Seite 92ff behandelt, Funktionen in mehreren Variablen in §13 auf Seite 151ff.
[11] lies: g zusammengesetzt f

Anders ausgedrückt:

$$f^{-1} \circ f = \mathrm{id}\colon D_f \to D_f \qquad f \circ f^{-1} = \mathrm{id}\colon W_f \to W_f$$

DEFINITION 2.5 (INVERSE ABBILDUNG)
Die Abbildung $f^{-1}\colon W_f \to D_f,\ x \mapsto y = f^{-1}(x)$ *heißt die inverse Funktion (Umkehrfunktion) von* f.

Wir erhalten die Zuordnungsvorschrift der inversen Funktion durch Vertauschen der Rollen von Argument (x) und Bild (y). Mit anderen Worten, wir drücken x als Funktion von y aus.

BEISPIEL 2.10
Die Umkehrfunktion von $f(x) = x^3$ ist $f^{-1}(x) = \sqrt[3]{x}$.

Die Inverse einer Abbildung muß nicht immer existieren.

Übungen

7. Die Obermenge $\Omega = \{1,2,3,4,5,6,7,8,9,10\}$ hat die Teilmengen $A = \{1,3,6,9\}$, $B = \{2,4,6,10\}$ und $C = \{3,6,7,9,10\}$. Zeichnen Sie das Venn-Diagramm und bilden Sie die Mengen, die durch die folgenden Ausdrücke definiert sind:

(a) $A \cup C$ (b) $A \cap B$ (c) $A \setminus C$

(d) $\bar{A}$ (e) $(A \cup C) \cap B$ (f) $(\bar{A} \cup B) \setminus C$

(g) $\overline{(A \cup C)} \cap B$ (h) $(\bar{A} \setminus B) \cap (\bar{A} \setminus C)$ (i) $(A \cap B) \cup (A \cap C)$

8. Es sei A die Menge aller Wahlberechtigen, B die Menge aller Männer, C die Menge aller Frauen, D die Menge aller Pensionisten und E die Menge aller unselbständig Beschäftigten in einem Wahlbezirk. Geben Sie eine (vernünftige) Obermenge an. Drücken Sie folgende Mengen in Worten aus:

(a) $A \cap B$ (b) $A \cap C$ (c) $B \cap E$ (d) $A \setminus D$

(e) $C \setminus A$ (f) $\bar{C}$ (g) $C \cap D$ (h) $(D \cup E) \cap C$

9. Vereinfachen Sie die folgenden Mengenausdrücke:

(a) $\overline{(A \cup B)} \cap \bar{B}$ (b) $(A \cup \bar{B}) \cap (A \cup B)$

(c) $((\bar{A} \cup \bar{B}) \cap \overline{(A \cap \bar{B})}) \cap A$ (d) $(C \cup B) \cap \overline{(\bar{C} \cap \bar{B})} \cap (C \cup \bar{B})$

10. Welche der folgenden Mengen ist Teilmenge von $A = \{x | x \in \mathbb{R} \wedge 10 < x < 200\}$:

(a) $\{x | x \in \mathbb{R} \wedge 10 < x \leq 200\}$ (b) $\{x | x \in \mathbb{R} \wedge x^2 = 121\}$

(c) $\{x | x \in \mathbb{R} \wedge 4\pi < x < \sqrt{181}\}$ (d) $\{x | x \in \mathbb{R} \wedge 20 < |x| < 100\}$

11. Beschreiben die folgenden Diagramme Abbildungen? Wenn ja, ist die jeweilige Abbildung injektiv, surjektiv oder bijektiv?

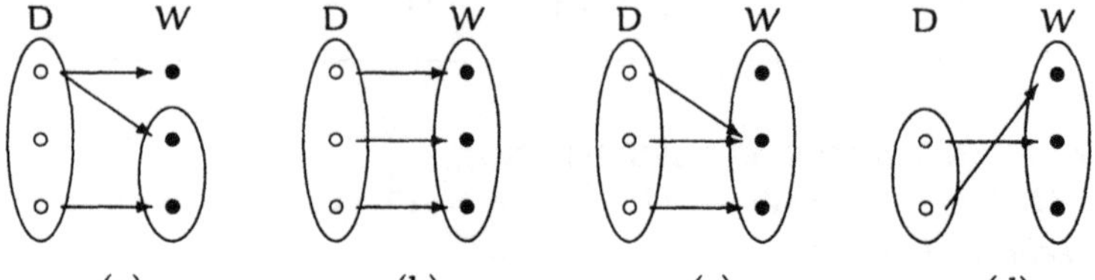

(a) (b) (c) (d)

3

Lineare Gleichungssysteme

Die Mathematiker sind eine Art Franzosen, redet man zu ihnen, so übersetzen sie es in ihre Sprache, und alsbald ist es etwas ganz anderes.
Johann Wolfgang von Goethe (1749–1822)

3.1 Ein einfaches Leontief-Modell[1]

Eine Stadt betreibt die Unternehmen *öffentlicher Verkehr*, *Elektrizität* und *Gas*. Die wöchentliche Nachfrage nach diesen Gütern (in Werteinheiten) ist[2]

Verkehr	7,0
Elektrizität	12,5
Gas	16,5

Jeder Betrieb verbraucht (pro Produktionseinheit) Güter, die er selbst oder andere Betriebe produzieren (☞ Abb. 3.1):

Verbrauch an / für	Verkehr	Elektrizität	Gas
Verkehr	0,0	0,2	0,2
Elektrizität	0,4	0,2	0,1
Gas	0,0	0,5	0,1

Wie groß muß die wöchentliche Produktion sein, damit die Nachfrage befriedigt werden kann?

[1] Solche Modellrechnungen werden auch aus „Input-Output-Analyse" bezeichnet.
[2] Diese Zahlen sind frei erfunden.

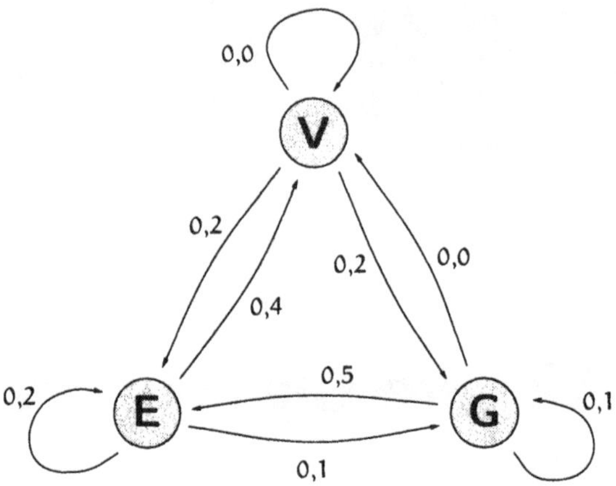

ABBILDUNG 3.1: Interne Güterströme bei der Produktion

Um dieses Problem zu lösen, bezeichnen wir die unbekannte Produktion von *Verkehr*, *Elektrizität* und *Gas* mit x_1, x_2 und x_3. Für die Produktion muß dann gelten:

Nachfrage = Produktion − interner Verbrauch

$$\begin{array}{rcrcrcrcrl} 7{,}0 &=& x_1 &-& (0{,}0\,x_1 &+& 0{,}2\,x_2 &+& 0{,}2\,x_3) \\ 12{,}5 &=& x_2 &-& (0{,}4\,x_1 &+& 0{,}2\,x_2 &+& 0{,}1\,x_3) \\ 16{,}5 &=& x_3 &-& (0{,}0\,x_1 &+& 0{,}5\,x_2 &+& 0{,}1\,x_3) \end{array}$$

Durch Umformung erhalten wir daraus ein lineares Gleichungssystem:

$$\begin{array}{rcrcrcr} 1{,}0\,x_1 &-& 0{,}2\,x_2 &-& 0{,}2\,x_3 &=& 7{,}0 \\ -0{,}4\,x_1 &+& 0{,}8\,x_2 &-& 0{,}1\,x_3 &=& 12{,}5 \\ 0{,}0\,x_1 &-& 0{,}5\,x_2 &+& 0{,}9\,x_3 &=& 16{,}5 \end{array}$$

3.2 Was ist ein lineares Gleichungssystem?

Ein lineares Gleichungssystem in m Gleichungen und n Variablen $x_1, x_2, \ldots, x_n$ hat im allgemeinen die Form[3]

$$\begin{array}{rcl} a_{11}\,x_1 + a_{12}\,x_2 + \cdots + a_{1n}\,x_n &=& b_1 \\ a_{21}\,x_1 + a_{22}\,x_2 + \cdots + a_{2n}\,x_n &=& b_2 \\ \cdots\cdots\cdots\cdots\cdots & & \\ a_{m1}\,x_1 + a_{m2}\,x_2 + \cdots + a_{mn}\,x_n &=& b_m \end{array}$$

[3]Alle Terme sind *linear* in $x_1, x_2, \ldots, x_n$ (☞ §A.2.5, Seite 257).

Es gibt drei Lösungsmöglichkeiten:

- Das Gleichungssystem hat **genau eine** Lösung.
- Das Gleichungssystem ist **inkonsistent** (nicht lösbar).
- Das Gleichungssystem hat **unendlich viele** Lösungen.

Aus der Anzahl der Gleichungen und Unbekannten kann noch nicht geschlossen werden, wieviele Lösungen ein Gleichungssystem besitzt.

BEMERKUNG 3.1
In §4.5.3 auf Seite 36 werden wir eine kompaktere Schreibweise für lineare Gleichungssysteme kennenlernen, die Matrizen und Vektoren verwendet.

3.3 Das Gaußsche Eliminationsverfahren

Mit Hilfe des **Gaußschen**[4] **Eliminationsverfahrens** können die Lösungen eines linearen Gleichungssystems gefunden werden bzw. kann festgestellt werden, ob das Gleichungssystem inkonsistent ist.

Zur besseren Übersicht können die Variablenbezeichnungen weggelassen werden.

$$\begin{array}{rrr|r} \boxed{1{,}0} & -0{,}2 & -0{,}2 & 7{,}0 \\ -0{,}4 & \boxed{0{,}8} & -0{,}1 & 12{,}5 \\ 0{,}0 & -0{,}5 & \boxed{0{,}9} & 16{,}5 \end{array}$$

Dieses Schema wird als **Matrix** bezeichnet[5].

Durch Umformungen wird nun dieses Schema in die Staffelform gebracht.

Die **Staffelform** hat die Eigenschaft, daß die Anzahl der Koeffizienten gleich 0, die ganz auf der linken Seite stehen, von Zeile zu Zeile um mindestens eins zunimmt.

Nach der Umformung sollten zumindest alle Koeffizienten links der eingerahmten Zahlen gleich 0 sein.

Für diese Umformung sind (nur!) die drei Operationen aus Tabelle 3.1 erlaubt. Diese Umformungsschritte lassen die Lösungsmenge des Gleichungssystems unverändert. In den Beispielen 3.1–3.3 wird die Vorgangsweise erläutert.

BEISPIEL 3.1
Wir suchen die Lösungen unseres Gleichungssystems

$$\begin{array}{rrr|r} 1 & -0{,}2 & -0{,}2 & 7{,}0 \\ -0{,}4 & 0{,}8 & -0{,}1 & 12{,}5 \\ 0 & -0{,}5 & 0{,}9 & 16{,}5 \end{array}$$

[4] CARL FRIEDRICH GAUSS, 1777-1855

[5] Der senkrechte Strich ist nur eine Lesehilfe, um die Koeffizienten (a_{ij}) und Konstante (b_i) optisch zu trennen

TABELLE 3.1: Umformungsschritte des Gaußschen Eliminationsverfahrens

- Vertauschen zweier Zeilen.
- Multiplikation einer Zeile mit einer Konstanten ungleich 0.
- Addition des Vielfachen einer Zeile zu einer anderen Zeile.

Um den ersten Eintrag in der zweiten Zeile zu eliminieren addieren wir zunächst das 0,4-fache der ersten Zeile zur zweiten Zeile. Wir schreiben dafür kurz[6]:

$$Z2 \leftarrow Z2 + 0{,}4 \times Z1$$

$$\left.\begin{array}{rrr|r} 1 & -0{,}2 & -0{,}2 & 7{,}0 \\ 0 & 0{,}72 & -0{,}18 & 15{,}3 \\ 0 & -0{,}5 & 0{,}9 & 16{,}5 \end{array}\right.$$

Genauso addieren wir nun das $\frac{0,5}{0,72}$-fache der zweiten Zeile zur dritten Zeile, um auch den zweiten Eintrag in der dritten Zeile zu eliminieren.

$$Z3 \leftarrow Z3 + \frac{0,5}{0,72} \times Z2$$

$$\left.\begin{array}{rrr|r} \boxed{1} & -0{,}2 & -0{,}2 & 7{,}0 \\ 0 & \boxed{0{,}72} & -0{,}18 & 15{,}3 \\ 0 & 0 & \boxed{0{,}775} & 27{,}125 \end{array}\right.$$

Wir haben jetzt die Staffelform erreicht. Aus der dritten Zeile erhalten wir direkt:

$$0{,}775 \cdot x_3 = 27{,}125 \qquad \Rightarrow \qquad x_3 = 35$$

Die Lösungen für die restlichen Variablen können durch Rücksubstitution in die zweite bzw. erste Zeile berechnet werden:

$$0{,}72\,x_2 - 0{,}18\,x_3 = 0{,}72\,x_2 - 0{,}18 \cdot 35 = 15{,}3 \qquad \Rightarrow \qquad x_2 = 30$$

$$x_1 - 0{,}2\,x_2 - 0{,}2\,x_3 = x_1 - 0{,}2 \cdot 30 - 0{,}2 \cdot 35 = 7 \qquad \Rightarrow \qquad x_1 = 20$$

Wir können diese Zahlen in einem Vektor[7] oder Punkt[7] zusammenfassen. Die Lösungsmenge besteht daher aus einem einzigen Punkt:

$$L = \left\{ \begin{pmatrix} 20 \\ 30 \\ 35 \end{pmatrix} \right\}$$

[6] Diese Schreibweise dient nur zur Erläuterung des Rechenganges. Sie wird später im Buch verwendet, damit die Umformungsschritte nachvollzogen werden können. Sie hat ansonst keinerlei Bedeutung.

[7] Vektoren und Punkte werden in §4.3 auf Seite 27 genauer erklärt.

Beispiel 3.2

Wir suchen die Lösungen des Gleichungssystems

$$\begin{array}{rcrcrcl} 3x_1 & + & 4x_2 & + & 5x_3 & = & 1 \\ x_1 & + & x_2 & - & x_3 & = & 2 \\ 5x_1 & + & 6x_2 & + & 3x_3 & = & 4 \end{array}$$

Wir schreiben zuerst unser Gleichungssystem in Matrixform an und bringen das Schema mit Hilfe der Umformungsschritte des Gaußschen Eliminationsverfahrens (☞ Tab. 3.1) in die Staffelform:

$$\begin{array}{rrr|r} 3 & 4 & 5 & 1 \\ 1 & 1 & -1 & 2 \\ 5 & 6 & 3 & 4 \end{array}$$

$$Z2 \leftarrow 3 \times Z2 - Z1, \qquad Z3 \leftarrow 3 \times Z3 - 5 \times Z1$$

$$\begin{array}{rrr|r} 3 & 4 & 5 & 1 \\ 0 & -1 & -8 & 5 \\ 0 & -2 & -16 & 7 \end{array}$$

$$Z3 \leftarrow Z3 - 2 \times Z2$$

$$\begin{array}{rrr|r} \boxed{3} & 4 & 5 & 1 \\ 0 & \boxed{-1} & -8 & 5 \\ 0 & 0 & 0 & \boxed{-3} \end{array}$$

Wir haben jetzt die Staffelform erreicht. Aus der drittem Zeile erhalten wir $0 = 3$, ein *Widerspruch*. Das Gleichungssystem ist *inkonsistent*:

$$L = \emptyset$$

Bemerkung 3.2

Dem/Der aufmerksamen Leserin sollte nicht entgangen sein, daß wir im ersten Schritt gleichzeitig zwei Umformungen durchgeführt haben ($Z2 \leftarrow 3 \times Z2 - Z1$ und $Z3 \leftarrow 3 \times Z3 - 5 \times Z1$). Das ist solange erlaubt, als diese beiden Umformungen auch einzeln *hintereinander* ausgeführt werden könnten, ohne daß sich dabei das Ergebnis ändert. Das ist insbesondere dann der Fall, wenn wir folgendes beachten:

Eine Zeile deren Vielfaches zu einer anderen Zeilen addiert wird, muß bei einem Umformungsschritt unverändert bleiben.

In unserem Beispiel muß etwa die erste Zeile unverändert bleiben, da sie von der zweiten (und dritten) Zeile subtrahiert wurde.

BEISPIEL 3.3
Wir suchen die Lösungen des Gleichungssystems:

$$\begin{array}{rcrcrcrcr} 2x_1 & + & 8x_2 & + & 10x_3 & + & 10x_4 & = & 0 \\ x_1 & + & 5x_2 & + & 2x_3 & + & 9x_4 & = & 1 \\ -3x_1 & - & 10x_2 & - & 21x_3 & - & 6x_4 & = & -4 \end{array}$$

Wir schreiben zuerst unser Gleichungssystem in Matrixform an und bringen das Schema mit Hilfe der Umformungsschritte des Gaußschen Eliminationsverfahrens (☞ Tab. 3.1) in die Staffelform:

$$\begin{array}{rrrr|r} 2 & 8 & 10 & 10 & 0 \\ 1 & 5 & 2 & 9 & 1 \\ -3 & -10 & -21 & -6 & -4 \end{array}$$

$$Z2 \leftarrow 2 \times Z2 - Z1, \qquad Z3 \leftarrow 2 \times Z3 + 3 \times Z1$$

$$\begin{array}{rrrr|r} 2 & 8 & 10 & 10 & 0 \\ 0 & 2 & -6 & 8 & 2 \\ 0 & 4 & -12 & 18 & -8 \end{array}$$

$$Z3 \leftarrow Z3 - 2 \times Z2$$

$$\begin{array}{rrrr|r} \boxed{2} & 8 & 10 & 10 & 0 \\ 0 & \boxed{2} & -6 & 8 & 2 \\ 0 & 0 & 0 & \boxed{2} & -12 \end{array}$$

Wir haben jetzt die Staffelform erreicht. Dieses Gleichungssystem hat *unendlich viele* Lösungen. Dies können wir daran erkennen, daß nach Erreichen der Staffelform mehr Variablen als Gleichungen übrigbleiben.
Die Lösung $x_4 = -6$ läßt sich unmittelbar aus der dritten Zeile ablesen.
Durch *Rücksubstitution* erhalten wir

$$2 \cdot x_2 - 6 \cdot x_3 + 8 \cdot (-6) = 2$$

Wir setzen x_3 gleich einem *„Parameter"* λ: $\Rightarrow \quad x_3 = \lambda$,
und erhalten aus der zweiten Zeile

$$2 \cdot x_2 - 6 \cdot \lambda + 8 \cdot (-6) = 2 \qquad \Rightarrow \qquad x_2 = 25 + 3 \cdot \lambda$$

und aus ersten Zeile

$$2 \cdot x_1 + 8 \cdot (25 + 3 \cdot \lambda) + 10 \cdot \lambda + 10 \cdot (-6) = 0 \qquad \Rightarrow \qquad x_1 = -70 - 17 \cdot \lambda$$

Jede Belegung des Parameters λ mit einer reellen Zahl liefert eine gültige Lösung. Die Lösungsmenge besteht daher aus einer ganzen Schar von Punkten:

$$L = \left\{ \begin{pmatrix} x_1 \\ x_2 \\ x_3 \\ x_4 \end{pmatrix} = \begin{pmatrix} -70 \\ 25 \\ 0 \\ -6 \end{pmatrix} + \lambda \cdot \begin{pmatrix} -17 \\ 3 \\ 1 \\ 0 \end{pmatrix} : \lambda \in \mathbb{R} \right\}$$

BEMERKUNG 3.3
Wir hätten im obigen Beispiel genauso $x_2 = \lambda'$ setzen können, und daraus das x_3 ausgerechnet. Die Lösungsmenge lautet in diesem Fall

$$L' = \left\{ \begin{pmatrix} x_1 \\ x_2 \\ x_3 \\ x_4 \end{pmatrix} = \begin{pmatrix} -\frac{215}{3} \\ 0 \\ -\frac{25}{3} \\ -6 \end{pmatrix} + \lambda' \cdot \begin{pmatrix} -\frac{17}{3} \\ 1 \\ \frac{1}{3} \\ 0 \end{pmatrix} : \lambda' \in \mathbb{R} \right\}$$

Die beiden Mengen sind aber gleich, $L = L'$. Es handelt sich dabei nur um zwei verschiedene — aber äquivalente — Parameterdarstellungen der selben Gerade. Die Lösungsmenge ist immer eindeutig bestimmt, die Darstellung der Lösung hingegen nicht.

Übungen

12. Lösen Sie das Gleichungssystem mit dem Gaußschen Eliminationsverfahren:

$$\begin{aligned} 2x_1 + 3x_2 + 4x_3 &= 2 \\ 4x_1 + 3x_2 + x_3 &= 10 \\ x_1 + 2x_2 + 4x_3 &= 5 \end{aligned}$$

13. Lösen Sie das Gleichungssystem mit dem Gaußschen Eliminationsverfahren:

$$\begin{aligned} 2x_1 + 2x_2 + x_3 + 3x_4 &= 10 \\ 3x_1 + 5x_2 + 2x_3 - x_4 &= 30 \\ x_1 + 2x_2 + x_3 - x_4 &= 12 \end{aligned}$$

14. Lösen Sie das Gleichungssystem mit dem Gaußschen Eliminationsverfahren:

$$\begin{aligned} 2x_1 + 10x_2 + 4x_3 + 9x_4 &= 1 \\ x_1 + 6x_2 + 5x_3 + 3x_4 &= 1 \\ 3x_1 + 16x_2 + 9x_3 + 11x_4 &= -1 \\ x_1 + 5x_2 + 2x_3 + 5x_4 &= 2 \\ x_2 + 3x_3 &= 4 \end{aligned}$$

15. Lösen Sie das Gleichungssystem mit dem Gaußschen Eliminationsverfahren:

$$\begin{aligned} x_1 + 2x_2 + 3x_3 + 4x_4 &= 1 \\ x_1 + 4x_2 + 2x_3 + 8x_4 - 3x_5 &= 3 \\ -x_1 - 4x_3 + 3x_4 - 5x_5 &= -2 \end{aligned}$$

4

Matrizen und Vektoren

"Of course they answer to their names?" the Gnat remarked carelessly. "I never knew them do it." "What's the use of their having names," the Gnat said, "if they won't answer to them?" "No use to them", said Alice; "but it's useful to the people that name them, I suppose."

Lewis Carroll (1832–1898)
»Through the Looking Glass«

4.1 Was ist eine Matrix?

Wir haben die Koeffizienten des linearen Gleichungssystems in §3.3 in ein rechteckiges Schema geschrieben:

$$\mathbf{A} = \begin{pmatrix} a_{11} & a_{12} & \dots & a_{1n} \\ a_{21} & a_{22} & \dots & a_{2n} \\ \dots & \dots & \dots & \dots \\ a_{m1} & a_{m2} & \dots & a_{mn} \end{pmatrix} = (a_{ij})$$

Ein solches Schema mit m Zeilen und n Spalten — eingeschlossen in runden Klammern[1] — heißt $m \times n$-Matrix, und wird meist mit lateinischen Großbuchstaben bezeichnet.

Die Zahlen a_{ij} heißen Komponenten oder Koeffizienten der Matrix **A**, die Zahl i der Zeilenindex, die Zahl j der Spaltenindex.

[1] Üblich sind auch *rechteckige Klammern*: $\mathbf{A} = \begin{bmatrix} a_{11} & a_{12} & \dots & a_{1n} \\ a_{21} & a_{22} & \dots & a_{2n} \\ \dots & \dots & \dots & \dots \\ a_{m1} & a_{m2} & \dots & a_{mn} \end{bmatrix}$

Der Koeffizient a_{ij} ist also die Zahl in der i-ten Zeile und j-ten Spalte der Matrix $\mathbf{A}$ (*Zeilenindex* vor *Spaltenindex*).

BEMERKUNG 4.1
Matrizen werden in diesem Buch (wie in vielen Büchern üblich) zur besseren Unterscheidung mit großen fetten Buchstaben bezeichnet: $\mathbf{A}, \mathbf{B}, \mathbf{C}, \ldots$
In alten Büchern finden sich manchmal noch große Frakturbuchstaben: $\mathfrak{A}, \mathfrak{B}, \mathfrak{C}, \ldots$

4.1.1 Spezielle Matrizen

Einige spezielle Matrizen sind im folgenden aufgelistet. Ihre besondere Bedeutung wird später ersichtlich.

- Eine $n \times 1$-Matrix wird als **(Spalten-)Vektor** bezeichnet.
- Eine $1 \times n$-Matrix wird als **Zeilenvektor** bezeichnet.

BEISPIEL 4.1
$\begin{pmatrix} 1 \\ 2 \end{pmatrix}$ ist ein Spaltenvektor, $(1, 2, 3, 4)$ ist ein Zeilenvektor. Die einzelnen Koeffizienten des Zeilenvektors sind hier zur besseren Lesbarkeit durch Beistriche getrennt.

Vektoren werden mit *kleinen* lateinischen Buchstaben bezeichnet. Da Vektoren nur aus einer Spalte (bzw. Zeile) bestehen, werden dessen Komponenten nur mit einem Index versehen: $\mathbf{x} = (x_i) = \begin{pmatrix} x_1 \\ \vdots \\ x_n \end{pmatrix}$

- Ein Vektor, indem die i-te Komponente gleich 1 und alle anderen gleich 0 sind, heißt der i-te **Einheitsvektor** und wird mit $\mathbf{e}_i$ bezeichnet.

BEISPIEL 4.2
Die drei Einheitsvektoren mit drei Komponenten sind

$$\mathbf{e}_1 = \begin{pmatrix} 1 \\ 0 \\ 0 \end{pmatrix}, \mathbf{e}_2 = \begin{pmatrix} 0 \\ 1 \\ 0 \end{pmatrix} \text{ und } \mathbf{e}_3 = \begin{pmatrix} 0 \\ 0 \\ 1 \end{pmatrix}.$$

- Eine Matrix, in der alle Koeffizienten gleich Null sind, heißt **Nullmatrix** und wird mit $\mathbf{O}$ bezeichnet.
- Eine $n \times n$-Matrix heißt **quadratische Matrix**.
- Eine **obere Dreiecksmatrix** ist eine *quadratische* Matrix, deren Komponenten **unterhalb** der *Hauptdiagonale* alle Null sind.

BEISPIEL 4.3
Die folgende 3×3-Matrix ist eine obere Dreiecksmatrix. Die Hauptdiagonalelemente sind hervorgehoben.

$$\begin{pmatrix} \boxed{-1} & -3 & 1 \\ 0 & \boxed{2} & 3 \\ 0 & 0 & \boxed{-2} \end{pmatrix}$$

- Eine **untere Dreiecksmatrix** ist eine *quadratische* Matrix, deren Elemente **oberhalb** der *Hauptdiagonale* alle Null sind.

- Eine **Diagonalmatrix** ist eine *quadratische* Matrix, bei der alle Komponenten außerhalb der *Hauptdiagonale* gleich Null sind.

- Die **Einheitsmatrix** ist eine *Diagonalmatrix*, bei der die Hauptdiagonale nur aus Einsen besteht. Die Einheitsmatrix wird mit $\mathbf{I}$ bezeichnet[2].

BEISPIEL 4.4
Die 3×3-Einheitsmatrix lautet

$$\mathbf{I} = \begin{pmatrix} 1 & 0 & 0 \\ 0 & 1 & 0 \\ 0 & 0 & 1 \end{pmatrix}$$

- Die **Transponierte**[3] $\mathbf{A}^t$ einer Matrix $\mathbf{A}$ erhalten wir, wenn wir aus Zeilen Spalten machen und umgekehrt, d.h. indem wir Zeilen- und Spaltenindex der Koeffizienten vertauschen:

$$\boxed{(a^t_{ij}) = (a_{ji})}$$

BEISPIEL 4.5

$$\begin{pmatrix} 1 & 2 & 3 \\ 4 & 5 & 6 \end{pmatrix}^t = \begin{pmatrix} 1 & 4 \\ 2 & 5 \\ 3 & 6 \end{pmatrix}$$

4.2 Rechenoperationen mit Matrizen

4.2.1 Gleichheit zweier Matrizen

Zwei Matrizen heißen **gleich**, $\mathbf{A} = \mathbf{B}$, falls die Anzahl der *Zeilen* und *Spalten* übereinstimmen und die Matrizen *koeffizientenweise* gleich sind, d.h. $a_{ij} = b_{ij}$.

[2] manchmal auch: $\mathbf{E}$

[3] alternative Schreibweisen für die transponierte Matrix: $\mathbf{A}^T$ und (sehr häufig) $\mathbf{A}'$, manchmal auch $\mathbf{A}^*$. Die Schreibweise $\mathbf{A}^t$ wurde hier wegen der besseren Lesbarkeit gewählt.

4.2.2 Skalarmultiplikation
Multiplikation mit einer Konstanten

Eine Matrix **A** wird mit einer Konstanten $\alpha \in \mathbb{R}$ multipliziert, indem die Koeffizienten von **A** mit α multipliziert werden:

$$\alpha \cdot \mathbf{A} = (\alpha \cdot a_{ij})$$

BEISPIEL 4.6

$$3 \cdot \begin{pmatrix} 1 & 2 \\ 3 & 4 \end{pmatrix} = \begin{pmatrix} 3 & 6 \\ 9 & 12 \end{pmatrix}$$

4.2.3 Addition zweier Matrizen

Die Summe zweier $m \times n$-Matrizen **A** und **B** erhalten wir, indem wir koeffizientenweise addieren:

$$\mathbf{A} + \mathbf{B} = (a_{ij}) + (b_{ij}) = (a_{ij} + b_{ij})$$

Die Addition zweier Matrizen ist nur möglich wenn die Anzahl der Zeilen und Spalten der beiden Matrizen übereinstimmen.

BEISPIEL 4.7

$$\begin{aligned} \begin{pmatrix} 1 & 2 \\ 3 & 4 \end{pmatrix} + \begin{pmatrix} 5 & 6 \\ 7 & 8 \end{pmatrix} &= \begin{pmatrix} 1+5 & 2+6 \\ 3+7 & 4+8 \end{pmatrix} \\ &= \begin{pmatrix} 6 & 8 \\ 10 & 12 \end{pmatrix} \end{aligned}$$

4.2.4 Multiplikation zweier Matrizen

Das Produkt zweier Matrizen **A** und **B** ist nur dann definiert, wenn die Anzahl der Spalten der ersten Matrix gleich der Anzahl der Zeilen der zweiten Matrix ist.

D.h., wenn **A** eine $m \times n$-Matrix ist, so muß **B** eine $n \times k$-Matrix sein. Die Produktmatrix $\mathbf{C} = \mathbf{A} \cdot \mathbf{B}$ ist dann eine $m \times k$-Matrix.

Zur Berechnung des Koeffizienten c_{ij} der Produktmatrix wird die i-te Zeile der ersten Matrix mit der j-ten Spalte der zweiten Matrix „multipliziert" (im Sinne eines Skalarprodukts, ☞ Def. 4.1 auf Seite 29):

$$c_{ij} = \sum_{s=1}^{n} a_{is} \cdot b_{sj}$$

BEISPIEL 4.8
Seien

$$\mathbf{A} = \begin{pmatrix} 1 & 2 & 3 \\ 4 & 5 & 6 \\ 7 & 8 & 9 \end{pmatrix} \quad \text{und} \quad \mathbf{B} = \begin{pmatrix} 1 & 2 \\ 3 & 4 \\ 5 & 6 \end{pmatrix}$$

Zur Berechnung der Produktmatrix $\mathbf{C} = \mathbf{A} \cdot \mathbf{B}$ ist es sinnvoll, die Matrizen höhenversetzt nebeneinander zu schreiben (*Falksches Schema*).

			1	2
			3	4
			5	6
1	2	3	c_{11}	c_{12}
4	5	6	c_{21}	c_{22}
7	8	9	c_{31}	c_{32}

$$\begin{array}{rcccccccc} c_{11} & = & 1 \cdot 1 & + & 2 \cdot 3 & + & 3 \cdot 5 & = & 22 \\ c_{12} & = & 1 \cdot 2 & + & 2 \cdot 4 & + & 3 \cdot 6 & = & 28 \\ \| c_{21} & = & 1 \cdot 4 & + & 5 \cdot 3 & + & 6 \cdot 5 & = & 49 \\ c_{22} & = & 4 \cdot 2 & + & 5 \cdot 4 & + & 6 \cdot 6 & = & 64 \\ c_{31} & = & 7 \cdot 1 & + & 8 \cdot 3 & + & 9 \cdot 5 & = & 76 \\ c_{32} & = & 7 \cdot 2 & + & 8 \cdot 4 & + & 9 \cdot 6 & = & 100 \end{array}$$

Also

$$\mathbf{C} = \mathbf{A} \cdot \mathbf{B} = \begin{pmatrix} 22 & 28 \\ 49 & 64 \\ 76 & 100 \end{pmatrix}$$

Die Matrizenmultiplikation ist **nicht kommutativ**, d.h.

im allgemeinen gilt: $\mathbf{A} \cdot \mathbf{B} \neq \mathbf{B} \cdot \mathbf{A}$

BEISPIEL 4.9
$\mathbf{B} \cdot \mathbf{A}$ muß nicht immer existieren, falls $\mathbf{A} \cdot \mathbf{B}$ existiert (etwa die Matrizen in Bsp. 4.8).

BEMERKUNG 4.2
$\mathbf{A} \cdot \mathbf{B}$ *und* $\mathbf{B} \cdot \mathbf{A}$ existieren nur dann, wenn $\mathbf{A}$ eine $n \times k$-Matrix und $\mathbf{B}$ eine $k \times n$-Matrix ist.

BEISPIEL 4.10
Falls $\mathbf{A}$ eine $n \times k$-Matrix und $\mathbf{B}$ eine $k \times n$-Matrix ist, dann ist $\mathbf{A} \cdot \mathbf{B}$ eine $n \times n$-Matrix und $\mathbf{B} \cdot \mathbf{A}$ eine $k \times k$-Matrix. Also ist auf jeden Fall $\mathbf{A} \cdot \mathbf{B} \neq \mathbf{B} \cdot \mathbf{A}$, falls $n \neq k$.

BEISPIEL 4.11
Auch wenn wir zwei quadratische Matrizen multiplizieren, ist die Matrizenmultiplikation meist nicht kommutativ.

$$\begin{pmatrix} 1 & 1 \\ 0 & 1 \end{pmatrix} \cdot \begin{pmatrix} 1 & 0 \\ 1 & 1 \end{pmatrix} = \begin{pmatrix} 2 & 1 \\ 1 & 1 \end{pmatrix}$$

$$\begin{pmatrix} 1 & 0 \\ 1 & 1 \end{pmatrix} \cdot \begin{pmatrix} 1 & 1 \\ 0 & 1 \end{pmatrix} = \begin{pmatrix} 1 & 1 \\ 1 & 2 \end{pmatrix}$$

BEMERKUNG 4.3
Wie bei der Multiplikation von Variablen, kann das Multiplikationszeichen „·" weggelassen werden: $\mathbf{A}\,\mathbf{B}$ bedeutet das gleiche wie $\mathbf{A} \cdot \mathbf{B}$.

BEMERKUNG 4.4
Die Einheitsmatrix $\mathbf{I}$ spielt bei der Matrizenmultiplikation die gleiche Rolle wie die Zahl 1 beim Multiplizieren von Zahlen. D.h. für alle Matrizen $\mathbf{A}$ gilt:

$$\mathbf{I} \cdot \mathbf{A} = \mathbf{A} \cdot \mathbf{I} = \mathbf{A}$$

4.2.5 Potenzen einer Matrix

Analog zu Zahlen, können auch Potenzen mit natürlichen Exponenten von Matrizen gebildet werden:

$$\begin{aligned} \mathbf{A}^2 &= \mathbf{A} \cdot \mathbf{A} \\ \mathbf{A}^3 &= \mathbf{A} \cdot \mathbf{A} \cdot \mathbf{A} \\ \mathbf{A}^n &= \underbrace{\mathbf{A} \cdot \ldots \cdot \mathbf{A}}_{n \text{ mal}} \end{aligned}$$

4.3 Was ist ein Vektor?

In §4.1.1 haben wird Vektoren als Spezialfälle von Matrizen definiert, nämlich als $(n \times 1)$-Matrizen (Spaltenvektoren) oder $(1 \times n)$-Matrizen (Zeilenvektoren). Vektoren werden jedoch mit *kleinen* lateinischen Buchstaben bezeichnet.

BEMERKUNG 4.5
Wenn wir nicht explizit *„Zeilenvektor"* sagen, dann ist immer ein Spaltenvektor gemeint, auch dann, wenn der besagte Vektor als Zeilenvektor angeschrieben ist. Mathematikerinnen und Mathematiker sind diesbezüglich manchmal sehr schlampig.

BEMERKUNG 4.6
Vektoren werden in diesem Skriptum zur besseren Unterscheidung mit kleinen fetten Buchstaben bezeichnet: $\mathbf{x}, \mathbf{y}, \mathbf{z}, \ldots$
Eine andere Form, um Vektoren von Variablen zu unterscheiden, sind Pfeile über den Buchstaben: $\vec{x}, \vec{y}, \vec{z}, \ldots$
In alten Büchern finden sich manchmal noch kleine Frakturbuchstaben: $\mathfrak{x}, \mathfrak{y}, \mathfrak{z}, \ldots$
In vielen Büchern wird jedoch in der Bezeichnung keinerlei Unterschied zwischen Variablen und Vektoren gemacht. Was gemeint ist, geht ohnehin aus dem Kontext hervor, bzw. es werden die Variablen als Vektoren mit einer Komponente interpretiert.

4.3.1 Eine geometrische Interpretation

Wir können jeden Vektor $\begin{pmatrix} x_1 \\ x_2 \end{pmatrix}$ mit zwei Komponenten als Tupel von zwei Zahlen auffassen, (x_1, x_2). Wir können nun dieses Tupel als Punkt in der xy-Ebene interpretieren und einzeichnen. Wir können aber auch einen Pfeil vom Ursprung[4] zu diesem Punkt zeichnen. Unser Vektor wird dann sowohl durch diesen *Punkt* als auch durch den *Pfeil* geometrisch repräsentiert (☞ Abb. 4.1, (a)).

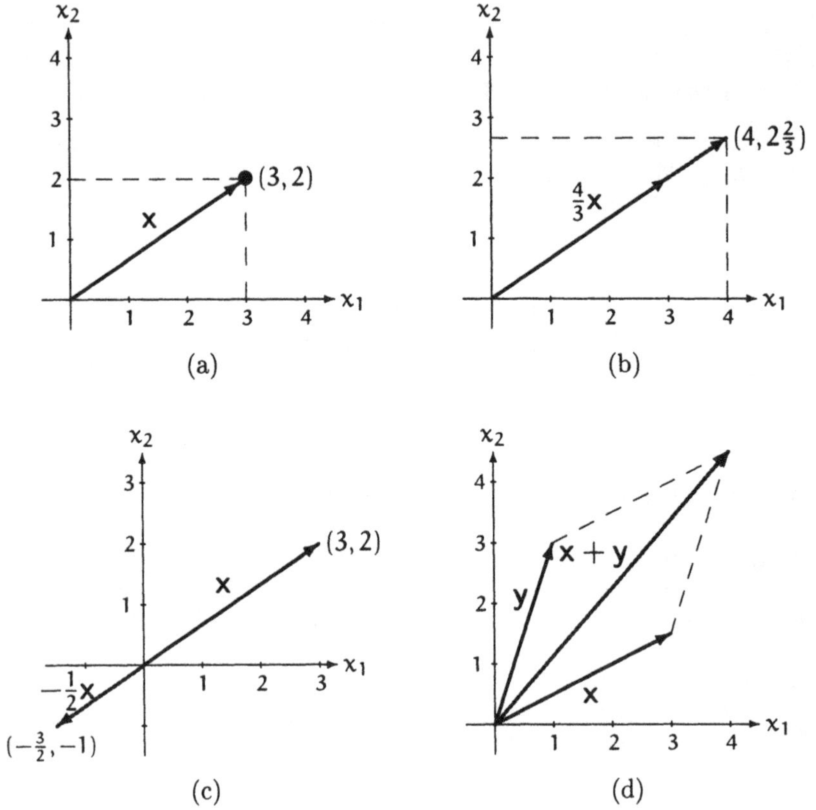

ABBILDUNG 4.1: Geometrische Interpretation von Vektoren, Skalarmultiplikation und Addition von Vektoren

Untersuchen wir nun die geometrischen Eigenschaften der Vektoroperationen. Die Skalarmultiplikation ändert nur die Länge des Pfeiles (bzw. den Abstand des Punktes vom Ursprung), die Richtung des Pfeiles bleibt dagegen unverändert (☞ Abb. 4.1, (b) und (c)). Wenn wir den Vektor mit einer *negativen*

[4]= der Punkt mit den Koordinaten $(0, 0)$

Zahl multiplizieren, dann wechselt die Orientierung des Pfeiles (☞ Abb. 4.1, (c)).
Die Vektoraddition können wir geometrisch ausführen, indem wir den ersten Pfeil so verschieben, daß dessen Schaft mit der Spitze des anderen Pfeiles zusammenfällt. Die Summe der beiden Vektoren ist dann der Pfeil vom Ursprung des zweiten Pfeiles zur Spitze des ersten Pfeiles. Wir könnten aber genauso den zweiten Pfeil verschieben, bis dessen Schaft mit der Spitze des ersten Pfeils zusammenfällt (☞ Abb. 4.1, (d)).

4.3.2 Punkte und Ortsvektoren

Wie wir in §4.3.1 gesehen habe können wir uns Vektoren sowohl als Pfeile als auch als Punkte in einem Raum (etwa der xy-Ebene) vorstellen. Umgekehrt können wir uns daher auch einen Punkt im Raum als Vektor denken. Dazu müssen wir bloß einen Pfeil vom Ursprung zu dem Punkt zeichnen. Ein *Pfeil* vom Ursprung zu einem beliebigen *Punkt* wird als **Ortsvektor** bezeichnet.

Wir werden im folgenden keine Unterscheidung zwischen Punkten und Vektoren machen. Wir werden daher auch Punkte zu Vektoren oder anderen Punkten addieren. Wir werden Punkte so wie Vektoren skalarmultiplizieren, und wir werden Punkte so wie Vektoren mit kleinen lateinischen Buchstaben bezeichnen.

Stellen Sie sich Punkte stets als Ortsvektoren vor!

4.3.3 Norm und inneres Produkt

Wenn wir zwei Pfeile (als Repräsentanten zweier Vektoren) zeichnen, dann schließen diese einen Winkel ein. Als Maß für diesen Winkel eignet sich das *innere Produkt* der beiden Vektoren.

DEFINITION 4.1 (INNERES PRODUKT, SKALARPRODUKT)
*Das **innere Produkt** (oder **Skalarprodukt**[5]) zweier Vektoren $\mathbf{x}$ und $\mathbf{y}$ ist*

$$\mathbf{x}^t\,\mathbf{y} = \sum_{i=1}^{n} x_i\, y_i$$

*Zwei Vektoren heißen **orthogonal**, wenn $\mathbf{x}^t\,\mathbf{y} = 0$. D.h. die beiden Vektoren stehen normal (senkrecht, im rechten Winkel) aufeinander.*

BEMERKUNG 4.7
$\mathbf{x}^t\,\mathbf{y}$ ist eine Multiplikation eines Zeilenvektors mit einem Spaltenvektor. Das Produkt ist eine reelle Zahl („Skalar"). Für das Rechnen mit inneren Produkten gelten daher die Rechenregeln der Matrizenmultiplikation.

[5] Nicht zu verwechseln mit der Skalarmultiplikation, bei der ein Vektor mit einer Zahl („Skalar") multipliziert wird.

BEISPIEL 4.12

Sei $\mathbf{x} = \begin{pmatrix} 1 \\ 2 \\ 3 \end{pmatrix}$ und $\mathbf{y} = \begin{pmatrix} 4 \\ 5 \\ 6 \end{pmatrix}$. Dann ist $\mathbf{x}^t \cdot \mathbf{y} = 1 \cdot 4 + 2 \cdot 5 + 3 \cdot 6 = 32$.

BEMERKUNG 4.8

Verschiedene andere Schreibweisen für das innere Produkt zweier Vektoren $\mathbf{x}$ und $\mathbf{y}$ sind: $\langle \mathbf{x}, \mathbf{y} \rangle$, $\langle \mathbf{x} | \mathbf{y} \rangle$, $(\mathbf{x} | \mathbf{y})$ oder einfach[6] $\mathbf{x} \cdot \mathbf{y}$.

Wir können auch die Länge eines Pfeiles abmessen bzw. die Länge eines Vektors (x_1, x_2) mit Hilfe des pythagoräischen Lehrsatzes ausrechen: $Länge^2 = x_1^2 + x_2^2$. Das gleiche läßt sich auch dann noch so rechnen, wenn der Vektor drei oder mehr Komponenten hat. Die Länge eines Vektors wird als Norm des Vektors bezeichnet.

DEFINITION 4.2 (NORM)

Die Norm (oder Länge) $\|\mathbf{x}\|$ eines Vektors $\mathbf{x}$ ist

$$\|\mathbf{x}\| = \sqrt{\mathbf{x}^t \mathbf{x}} = \sqrt{\sum_{i=1}^{n} x_i^2}$$

Ein Vektor $\mathbf{x}$ heißt normiert, falls $\|\mathbf{x}\| = 1$ (d.h. der Vektor hat Länge 1).

BEISPIEL 4.13

Sei $\mathbf{x} = \begin{pmatrix} 1 \\ 2 \\ 3 \end{pmatrix}$. Dann ist $\|\mathbf{x}\| = \sqrt{1^2 + 2^2 + 3^2} = \sqrt{14}$.

BEMERKUNG 4.9

Der Zusammenhang zwischen Winkel, Skalarprodukt und Norm ergibt sich aus

$$\cos \sphericalangle(\mathbf{x}, \mathbf{y}) = \frac{\mathbf{x}^t \mathbf{y}}{\|\mathbf{x}\| \cdot \|\mathbf{y}\|}$$

BEMERKUNG 4.10

In der Mathematik wichtige Ungleichungen mit Norm und Skalarprodukt sind die Cauchy-Schwarz'sche[7] Ungleichung

$$|\mathbf{x}^t \mathbf{y}| \leq \|\mathbf{x}\| \cdot \|\mathbf{y}\|$$

sowie die Dreiechsungleichung[8]

$$\|\mathbf{x} - \mathbf{y}\| \leq \|\mathbf{x} - \mathbf{z}\| + \|\mathbf{z} - \mathbf{y}\|$$

[6] Wie gesagt (☞ Bem. 4.5), Mathematikerinnen und Mathematiker sind hier manchmal etwas schlampig.

[7] AUGUSTIN LOUIS CAUCHY, 1789–1857. HERMANN AMANDUS SCHWARZ, 1843–1921

[8] Wenn $\mathbf{x}$, $\mathbf{y}$ und $\mathbf{z}$ die Eckpunkte eines Dreiecks sind, dann sind $\|\mathbf{x}-\mathbf{y}\|$, $\|\mathbf{x}-\mathbf{z}\|$ und $\|\mathbf{z}-\mathbf{y}\|$ dessen Seitenkanten.

Der Satz von Pythagoras[9,10] besagt für orthogonale Vektoren $\mathbf{x}_1, \ldots, \mathbf{x}_k$, daß

$$\|\mathbf{x}_1 + \cdots + \mathbf{x}_k\|^2 = \|\mathbf{x}_1\|^2 + \cdots + \|\mathbf{x}_k\|^2$$

4.4 Matrixdarstellung

In §3.1 haben wir ein einfaches Leontief-Modell kennengelernt. Durch die *Variablen* x_1, x_2 und x_3 wird die Produktion der drei städtischen Betriebe beschrieben. Wir können diese drei Variablen zu einem *Vektor* zusammenfassen und mit einem eigenen Symbol versehen:

$$\mathbf{x} = \begin{pmatrix} x_1 \\ x_2 \\ x_3 \end{pmatrix}$$

Ebenso können wir die Nachfrage durch einen Vektor $\mathbf{b}$ und den internen Verbrauch durch einen Vektor $\mathbf{y}$ beschreiben.

$$\mathbf{y} = \begin{pmatrix} y_1 \\ y_2 \\ y_3 \end{pmatrix} = \begin{pmatrix} 0{,}0\,x_1 & + & 0{,}2\,x_2 & + & 0{,}2\,x_3 \\ 0{,}4\,x_1 & + & 0{,}2\,x_2 & + & 0{,}1\,x_3 \\ 0{,}0\,x_1 & + & 0{,}5\,x_2 & + & 0{,}1\,x_3 \end{pmatrix}$$

Mit Hilfe von *Matrizenrechnung* können wir $\mathbf{y}$ auch darstellen als

$$\mathbf{y} = \underbrace{\begin{pmatrix} 0{,}0 & 0{,}2 & 0{,}2 \\ 0{,}4 & 0{,}2 & 0{,}1 \\ 0{,}0 & 0{,}5 & 0{,}1 \end{pmatrix}}_{=\mathbf{V}} \cdot \begin{pmatrix} x_1 \\ x_2 \\ x_3 \end{pmatrix}$$

oder kurz als

$$\mathbf{y} = \mathbf{V} \cdot \mathbf{x}$$

Für die Nachfrage erhalten wir:

$$\mathbf{b} = \mathbf{x} - \mathbf{V} \cdot \mathbf{x} = \mathbf{I} \cdot \mathbf{x} - \mathbf{V} \cdot \mathbf{x} = (\mathbf{I} - \mathbf{V})\mathbf{x}$$

$$\mathbf{b} = (\mathbf{I} - \mathbf{V})\mathbf{x}$$

[9]Im Falle von zwei Vektoren bilden $\mathbf{x}$, $\mathbf{y}$ und $\mathbf{x}+\mathbf{y}$ ein rechtwinkeliges Dreieck, wobei $\mathbf{x}+\mathbf{y}$ die Hypothenuse ist. Wenn wir $a = \|\mathbf{x}\|$, $b = \|\mathbf{y}\|$ und $c = \|\mathbf{x}+\mathbf{y}\|$ setzen, dann erhalten wir die bekannte Formel $a^2 + b^2 = c^2$.

[10]Pythagoras, 570?–497? v.Chr.

Vorteile:

- Abgekürzte, kompakte Schreibweise.
- Die Anzahl der Variablen geht in dieser Darstellung nicht mehr ein.
- Die Lösungen können mit Hilfe der Matrizenrechnung berechnet und interpretiert werden.
- Wir können die einzelnen Bestandteile mit Namen versehen, etwa *„Produktionsvektor"*, *„Nachfragevektor"*, *„Verbrauchsmatrix"*, etc.

(Siehe auch §4.5.3 auf Seite 36ff)

4.5 Lineare Unabhängigkeit und Rang einer Matrix

4.5.1 Was heißt linear unabhängig?

In §4.3 haben wir Vektoren addiert und skalarmultipliziert. Betrachten wir die Vektoren $\mathbf{x}_1$ und $\mathbf{x}_2$. Wir können nun jeden dieser zwei Vektoren mit einer Zahl α_i multiplizieren und die resultierenden Vektoren addieren. Auf diese Weise erhalten wir einen neuen Vektor $\mathbf{x}$:

$$\mathbf{x} = \alpha_1\,\mathbf{x}_1 + \alpha_2\,\mathbf{x}_2$$

Dieser Vektor $\mathbf{x}$ wird als **Linearkombination** der Vektoren $\mathbf{x}_1$ und $\mathbf{x}_2$ bezeichnet. Genauso können wir aus den Vektoren $\mathbf{x}_1, \dots, \mathbf{x}_n$ Linearkombinationen erzeugen:

$$\mathbf{x} = \alpha_1\,\mathbf{x}_1 + \cdots + \alpha_n\,\mathbf{x}_n$$

BEISPIEL 4.14

Seien $\mathbf{x}_1 = \begin{pmatrix} 1 \\ 2 \\ 3 \end{pmatrix}$, $\mathbf{x}_2 = \begin{pmatrix} 4 \\ 5 \\ 6 \end{pmatrix}$, $\mathbf{x}_3 = \begin{pmatrix} -1 \\ -2 \\ -3 \end{pmatrix}$ und $\mathbf{x}_4 = \begin{pmatrix} -4 \\ -5 \\ -6 \end{pmatrix}$.

Dann sind $\mathbf{x} = 1\,\mathbf{x}_1 + 0\,\mathbf{x}_2 + 3\,\mathbf{x}_3 - 2\,\mathbf{x}_4 = \begin{pmatrix} 6 \\ 6 \\ 6 \end{pmatrix}$ und $\mathbf{y} = -\mathbf{x}_1 + \mathbf{x}_2 - 2\,\mathbf{x}_3 + 3\,\mathbf{x}_4 = \begin{pmatrix} -7 \\ -8 \\ -9 \end{pmatrix}$ Linearkombinationen der Vektoren $\mathbf{x}_1$, $\mathbf{x}_2$, $\mathbf{x}_3$ und $\mathbf{x}_4$.

Es kann nun sein, daß sich ein Vektor $\mathbf{x}$ durch verschiedene Linearkombination der selben Vektoren darstellen läßt.

BEISPIEL 4.15

Wir könnten in Beispiel 4.14 den Vektor $\mathbf{x} = \begin{pmatrix} 6 \\ 6 \\ 6 \end{pmatrix}$ auch durch die Linearkombination $-3\,\mathbf{x}_1 + \mathbf{x}_2 - \mathbf{x}_3 - \mathbf{x}_4$ erhalten.

Die Darstellung eines Vektors als Linearkombination von gegebenen Vektoren ist somit nicht immer eindeutig. Wir bezeichnen dann die Vektoren (in unserem Beispiel $\mathbf{x}_1, \ldots, \mathbf{x}_4$) als *linear abhängig*.

DEFINITION 4.3 (LINEAR UNABHÄNGIG)
Falls das Gleichungssystem[11]

$$\alpha_1 \mathbf{x}_1 + \alpha_2 \mathbf{x}_2 + \cdots + \alpha_n \mathbf{x}_n = 0$$

nur die Lösung $\alpha_1 = \alpha_2 = \cdots = \alpha_n = 0$ *besitzt,*
heißen die Vektoren $\mathbf{x}_1, \mathbf{x}_2, \ldots, \mathbf{x}_n$ ***linear unabhängig***.

*Sie heißen **linear abhängig**, wenn das Gleichungssystem andere Lösungen besitzt.*

Wenn Vektoren linear abhängig sind (und nur dann), dann läßt sich *ein* Vektor (aber nicht notwendigerweise *jeder*!) als *Linearkombination* der anderen Vektoren darstellen.

BEISPIEL 4.16

Seien $\mathbf{x}_1 = \begin{pmatrix} 1 \\ 2 \\ 3 \end{pmatrix}$, $\mathbf{x}_2 = \begin{pmatrix} 4 \\ 5 \\ 6 \end{pmatrix}$ und $\mathbf{x}_3 = \begin{pmatrix} -1 \\ -2 \\ -3 \end{pmatrix}$. Diese Vektoren sind linear abhängig,
da z.B. $3\mathbf{x}_1 + 0\mathbf{x}_2 + 3\mathbf{x}_3 = 0$. Wir können nun $\mathbf{x}_3 = -\mathbf{x}_1 + 0\mathbf{x}_2$ durch eine Linearkombination der anderen beiden Vektoren darstellen. Es ist jedoch trotz der linearen Abhängigkeit nicht möglich $\mathbf{x}_2$ als Linearkombination von $\mathbf{x}_1$ und $\mathbf{x}_3$ auszudrücken.

Zur Bestimmung der linearen Unabhängigkeit von Vektoren müssen wir die Anzahl der Lösungen der Gleichung aus Definition 4.3 bestimmen. Dazu eignet sich das Gaußsche Eliminationsverfahren (☞ §3.3, Seite 17). Da die Konstante der Gleichung in jedem Umformungsschritt der Nullvektor ist, brauchen wir sie in der Rechnung nicht berücksichtigen. Wir erhalten das folgende Verfahren:

(1) Wir fassen die Vektoren als Spaltenvektoren einer Matrix auf.

(2) Wir formen die Matrix mit den Umformungsschritten des Gaußschen Eliminationsverfahrens (☞ Tab. 3.1 auf Seite 18), in die Staffelform um.

(3) Wir zählen die Zeilen, die ungleich dem Nullvektor sind, d.h. mindestens ein Koeffizient in der Zeile muß ungleich Null sein.

(4) Ist diese Anzahl gleich der Anzahl der Vektoren, so sind diese Vektoren linear unabhängig. Ist sie kleiner, so sind die Vektoren linear abhängig.

[11]Statt dem Zeichen $\mathbf{o}$ schreiben wir für den Nullvektor schlampigerweise meist nur 0.

BEISPIEL 4.17

Sind die Vektoren $\mathbf{x}_1 = \begin{pmatrix} 3 \\ 2 \\ 2 \end{pmatrix}$, $\mathbf{x}_2 = \begin{pmatrix} 1 \\ 4 \\ 1 \end{pmatrix}$ und $\mathbf{x}_3 = \begin{pmatrix} 3 \\ 1 \\ 1 \end{pmatrix}$ linear unabhängig?

(1) Wir bringen diese drei Vektoren in Matrixform:

$$\begin{pmatrix} 3 & 1 & 3 \\ 2 & 4 & 1 \\ 2 & 1 & 1 \end{pmatrix}$$

(2) Durch Umformung erhalten wir

$$Z2 \leftarrow 3 \times Z2 - 2 \times Z1, Z3 \leftarrow 3 \times Z3 - 2 \times Z1$$

$$\begin{pmatrix} 3 & 1 & 3 \\ 0 & 10 & -3 \\ 0 & 1 & -3 \end{pmatrix}$$

$$Z3 \leftarrow 10 \times Z3 - Z2$$

$$\begin{pmatrix} 3 & 1 & 3 \\ 0 & 10 & -3 \\ 0 & 0 & -27 \end{pmatrix}$$

(3+4) Die Anzahl der von Null verschiedenen Zeilen (3) stimmt mit der Anzahl der Vektoren überein. Die drei Vektoren $\mathbf{x}_1, \mathbf{x}_2, \mathbf{x}_3$ sind daher linear unabhängig.

BEISPIEL 4.18

Sind die Vektoren $\mathbf{x}_1 = \begin{pmatrix} 3 \\ 2 \\ 5 \end{pmatrix}$, $\mathbf{x}_2 = \begin{pmatrix} 1 \\ 4 \\ 5 \end{pmatrix}$ und $\mathbf{x}_3 = \begin{pmatrix} 3 \\ 1 \\ 4 \end{pmatrix}$ linear unabhängig?

(1) Wir bringen diese drei Vektoren in Matrixform:

$$\begin{pmatrix} 3 & 1 & 3 \\ 2 & 4 & 1 \\ 5 & 5 & 4 \end{pmatrix}$$

(2) Durch Umformung erhalten wir

$$Z2 \leftarrow 3 \times Z2 - 2 \times Z1, Z3 \leftarrow 3 \times Z3 - 5 \times Z1$$

$$\begin{pmatrix} 3 & 1 & 3 \\ 0 & 10 & -3 \\ 0 & 10 & -3 \end{pmatrix}$$

$$Z3 \leftarrow Z3 - Z2$$

$$\begin{pmatrix} 3 & 1 & 3 \\ 0 & 10 & -3 \\ 0 & 0 & 0 \end{pmatrix}$$

(3+4) Die Anzahl der von Null verschiedenen Zeilen (2) ist kleiner als die Anzahl der Vektoren (3). Die drei Vektoren $\mathbf{x}_1, \mathbf{x}_2, \mathbf{x}_3$ sind daher linear abhängig.

4.5.2 Der Rang einer Matrix

Wir können auch die Spalten einer Matrix **A** als (Spalten-)Vektoren auffassen und deren lineare Unabhängigkeit bestimmen. Auf diese Weise erhalten wir eine Kenngröße für Matrizen.

DEFINITION 4.4 (RANG EINER MATRIX)
*Der **Rang** rank(**A**) einer Matrix **A** ist die maximale Anzahl an linear unabhängigen Spalten dieser Matrix.*

BEMERKUNG 4.11
Genauso können wir den **Zeilenrang** einer Matrix **A** definieren als die maximale Anzahl an linear unabhängigen Zeilen dieser Matrix. Es läßt sich aber zeigen, daß (Spalten-)Rang und Zeilenrang einer Matrix immer gleich sind.

Es gilt die folgende Rechenregel:

$$\operatorname{rank}(\mathbf{A}^t) = \operatorname{rank}(\mathbf{A})$$

D.h. der Rang einer Matrix bleibt beim Transponieren unverändert.

BEMERKUNG 4.12
Der Rang einer $m \times n$-Matrix ist immer $\leq \min(m, n)$[12].

Für die Berechnung des Ranges wenden wir wieder (wie in §4.5.1) die Methodik des Gaußschen Eliminationsverfahrens an:

(1) Wir formen die Matrix mit den Umformungsschritten des Gaußschen Eliminationsverfahrens (☞ Tab. 3.1 auf Seite 18) in die Staffelform um.

(2) Die Anzahl der von Null verschiedenen Zeilen ergibt den Rang der Matrix.

BEISPIEL 4.19
Die Matrix $\mathbf{A} = \begin{pmatrix} 3 & 1 & 3 \\ 2 & 4 & 1 \\ 2 & 1 & 1 \end{pmatrix}$ hat Rang 3, $\operatorname{rank}(\mathbf{A}) = 3$ (☞ Bsp. 4.17).

Die Matrix $\mathbf{B} = \begin{pmatrix} 3 & 1 & 3 \\ 2 & 4 & 1 \\ 5 & 5 & 4 \end{pmatrix}$ hat Rang 2, $\operatorname{rank}(\mathbf{B}) = 2$ (☞ Bsp. 4.18).

Wichtig sind quadratische Matrizen, in der alle Spaltenvektoren linear unabhängig sind.

DEFINITION 4.5 (REGULÄRE MATRIX)
*Eine $n \times n$-Matrix heißt **regulär**, falls sie **vollen Rang** hat, d.h. $\operatorname{rank}(A) = n$.*

[12] $\min(m, n)$ ist die kleinere der beiden Zahlen m und n.

4.5.3 Koeffizientenmatrix und erweitere Koeffizientenmatrix

Wie wir in §4.4 gesehen haben, können wir mit Hilfe von Vektoren ein beliebiges lineares Gleichungssystem

$$\begin{aligned} a_{11}x_1 + a_{12}x_2 + \cdots + a_{1n}x_n &= b_1 \\ a_{21}x_1 + a_{22}x_2 + \cdots + a_{2n}x_n &= b_2 \\ \cdots\cdots\cdots\cdots\cdots \\ a_{m1}x_1 + a_{m2}x_2 + \cdots + a_{mn}x_n &= b_m \end{aligned}$$

mit Hilfe von Vektoren und Matrizen anschreiben:

$$\mathbf{A} \cdot \mathbf{x} = \mathbf{b}$$

wobei die Matrix $\mathbf{A} = (a_{ij})$ als Koeffizientenmatrix des Gleichungssystems bezeichnet wird.

Beim Gaußschen Eliminationsverfahren zum Lösen von linearen Gleichungssystemen (☞ §3.3, Seite 17) haben wir die Koeffizienten $\mathbf{A}$ und die Konstanten $\mathbf{b}$ zu einer Matrix $(\mathbf{A}, \mathbf{b})$, der sognannten erweiterten Koeffizientenmatrix, zusammenfaßt.

BEISPIEL 4.20
Das lineare Gleichungssystem aus Beispiel 3.2 auf Seite 19 können wir auch in Matrixform schreiben als

$$\mathbf{A} \cdot \mathbf{x} = \mathbf{b} \quad \text{mit} \quad \mathbf{A} = \begin{pmatrix} 3 & 4 & 5 \\ 1 & 1 & -1 \\ 5 & 6 & 3 \end{pmatrix} \quad \text{und } \mathbf{b} = \begin{pmatrix} 1 \\ 2 \\ 4 \end{pmatrix}$$

Die Koeffizientenmatrix und die erweiterte Koeffizientenmatrix[13] lauten daher

$$\mathbf{A} = \begin{pmatrix} 3 & 4 & 5 \\ 1 & 1 & -1 \\ 5 & 6 & 3 \end{pmatrix} \quad \text{und} \quad (\mathbf{A}, \mathbf{b}) = \left(\begin{array}{ccc|c} 3 & 4 & 5 & 1 \\ 1 & 1 & -1 & 2 \\ 5 & 6 & 3 & 4 \end{array}\right)$$

Mit Hilfe der Ränge dieser beiden Matrizen können wir nun feststellen, wieviele Lösungen das lineare Gleichungssystem besitzt:

- Das Gleichungssystem hat genau eine Lösung, falls $\operatorname{rank}(\mathbf{A}) = \operatorname{rank}(\mathbf{A}, \mathbf{b}) = n$.
- Das Gleichungssystem hat unendlich viele Lösungen, falls $\operatorname{rank}(\mathbf{A}) = \operatorname{rank}(\mathbf{A}, \mathbf{b}) < n$.
- Das Gleichungssystem ist inkonsistent, falls $\operatorname{rank}(\mathbf{A}) < \operatorname{rank}(\mathbf{A}, \mathbf{b})$.

[13]Der senkrechte Strich ist nur eine Lesehilfe, um die Koeffizienten (a_{ij}) und Konstante (b_i) optisch zu trennen

BEISPIEL 4.20 (FORTSETZUNG)
Durch Umformen der (erweiterten) Koeffizientenmatrix erhalten wir die Staffelform

$$\left(\begin{array}{ccc|c} 3 & 4 & 5 & 1 \\ 0 & -1 & -8 & 5 \\ 0 & 0 & 0 & -3 \end{array}\right)$$

Also $\operatorname{rank}(\mathbf{A}) = 2 < \operatorname{rank}(\mathbf{A}, \mathbf{b}) = 3$, d.h. das Gleichungssystem ist inkonsistent.

BEMERKUNG 4.13
In §5.3.2 auf Seite 52 werden wir noch eine Interpretation des Ranges einer Matrix kennenlernen, mit der wir auch die „Größe" der Lösungsmenge bestimmen können.

4.6 Die inverse Matrix

4.6.1 Was ist die inverse Matrix?

Wir wollen unser einfaches Leontief-Modell aus §3.1 weiter betrachten. Wir wollen jedem Nachfragevektor $\mathbf{b}$ den entsprechenden Produktionsvektor $\mathbf{x}$ zuordnen, ohne daß wir dabei für jedes $\mathbf{b}$ ein lineares Gleichungssystem lösen müssen. Dazu müssen wir die Gleichung $\mathbf{b} = (\mathbf{I} - \mathbf{V})\mathbf{x}$ nach $\mathbf{x}$ auflösen.

Wäre $(\mathbf{I} - \mathbf{V})$ eine reelle Zahl, könnten wir dies durch Division erreichen. Eine Division ist aber in der Matrixalgebra nicht definiert. Wir können aber eine Gleichung mit reellen Zahlen auch dadurch lösen, daß wir statt zu dividieren mit dem Kehrwert der entsprechenden Zahl multiplizieren. Der Kehrwert (oder reziproke Wert) a^{-1} einer reellen Zahl a ist definiert durch die Eigenschaft $a \cdot a^{-1} = 1$ (z.B. der Kehrwert von 4 ist $\frac{1}{4}$, da $4 \cdot \frac{1}{4} = 1$). Das ermuntert uns, genauso eine *inverse Matrix* zu definieren.

DEFINITION 4.6 (INVERSE MATRIX)
Falls für eine quadratische Matrix $\mathbf{A}$ eine Matrix $\mathbf{A}^{-1}$ mit der Eigenschaft

$$\boxed{\mathbf{A} \cdot \mathbf{A}^{-1} = \mathbf{A}^{-1} \cdot \mathbf{A} = \mathbf{I}}$$

existiert, dann heißt $\mathbf{A}^{-1}$ die inverse Matrix von $\mathbf{A}$.

Die Matrix $\mathbf{A}$ heißt invertierbar falls sie eine Inverse besitzt. Andernfalls heißt sie singulär.

Die inverse Matrix ist eindeutig bestimmt, falls sie existiert.

BEMERKUNG 4.14
Wegen der Rechenregeln für die Matrizenmultiplikation (vgl. Bsp. 4.10), kann die inverse Matrix nur für *quadratische* Matrizen existieren.

Es sei an dieser Stelle nochmals darauf hingewiesen, daß es **keine** Division von Matrizen gibt!

Wenn nun die inverse Matrix von $(\mathbf{I}-\mathbf{V})$ existiert, dann können wir leicht $\mathbf{x}$ aus jedem beliebigen Nachfragevektor $\mathbf{b}$ ausrechnen:

$$\begin{aligned} (\mathbf{I}-\mathbf{V})\cdot\mathbf{x} &= \mathbf{b} \qquad \mid (\mathbf{I}-\mathbf{V})^{-1}\cdot \\ \underbrace{(\mathbf{I}-\mathbf{V})^{-1}\cdot(\mathbf{I}-\mathbf{V})}_{=\mathbf{I}}\cdot\mathbf{x} &= (\mathbf{I}-\mathbf{V})^{-1}\cdot\mathbf{b} \\ \mathbf{x} &= (\mathbf{I}-\mathbf{V})^{-1}\cdot\mathbf{b} \end{aligned}$$

Wird eine Matrixgleichung mit einer Matrix multipliziert, so muß dies auf beiden Seiten des Gleichheitszeichens von **derselben** Seite (**entweder** *„von links"* **oder** *„von rechts"*) erfolgen!

4.6.2 Wann existiert die inverse Matrix?

Genauso wie es nicht zu jeder reellen Zahl einen Kehrwert geben muß (der Kehrwert von 0 existiert nicht), sind auch nicht alle quadratischen Matrizen invertierbar. Betrachten wir etwa die Matrix

$$\mathbf{A}=\begin{pmatrix}1&2&3\\4&5&6\\0&0&0\end{pmatrix}.$$

Jedes Produkt $\mathbf{A}\cdot\mathbf{B}$ dieser Matrix mit einer beliebigen anderen Matrix enthält in der letzten Zeile ausschließlich 0. Diese Matrix kann daher nicht invertierbar sein. Sie ist singulär. Diese Matrix hat aber nicht vollen Rang.
Mit Hilfe des Ranges können wir tatsächlich feststellen[14], ob eine *quadratische* Matrix invertierbar ist:

$$\mathbf{A} \text{ ist invertierbar} \quad \Leftrightarrow \quad \mathbf{A} \text{ ist regulär}$$

4.6.3 Berechnung der inversen Matrix

Wenn wir die erste Spalte $\mathbf{s}_1$ der inversen Matrix $\mathbf{A}^{-1}$ berechnen wollen, so müssen wir das lineare Gleichungssystem $\mathbf{A}\cdot\mathbf{s}_1=\mathbf{e}_1$ lösen. Genauso erhalten wir je ein Gleichungssystem für die zweite Spalte, für die dritte Spalte und so weiter. Um alle diese Gleichungssysteme „simultan" zu lösen, eignet sich wieder das Gaußsche Eliminationsverfahren in einer modifizierten Form: Das Verfahren nach Gauß-Jordan[15].

[14] Wir werden das in §5.3.3 auf Seite 53 noch genauer begründen.
[15] CAMILLE JORDAN, 1838–1922

(1) Wir stellen eine erweiterte Matrix auf, die *links* die zu invertierende Matrix und *rechts* die (entsprechend dimensionierte) Einheitsmatrix enthält.

(2) Wir formen die erweiterte Matrix mit den Umformungsschritten des Gaußschen Eliminationsverfahrens (☞ Tab. 3.1, Seite 18) so lange um, bis auf der *linken* Seite die Einheitsmatrix steht. Es ist ratsam die linke Matrix zuerst in eine obere Dreiecksmatrix und anschließend in eine Diagonalmatrix umzuformen.

(3) Entweder ist die Matrix singulär (d.h. sie hat *nicht* vollen Rang), dann bricht das Verfahren ab. (Wir erhalten auf der linken Seite eine Zeile aus Nullen.)

(4) Oder das Verfahren ist erfolgreich, dann erhalten wir auf der *rechten* Seite die inverse Matrix.

Bemerkung 4.15
Für $n \times n$-Matrizen $\mathbf{A}$ und $\mathbf{B}$ läßt sich sich zeigen, daß aus $\mathbf{A} \cdot \mathbf{B} = \mathbf{I}$ bereits $\mathbf{B} \cdot \mathbf{A} = \mathbf{I}$ folgt.

Beispiel 4.21
Wir suchen die inverse Matrix zu

$$\mathbf{A} = \begin{pmatrix} 3 & 2 & 6 \\ 1 & 1 & 3 \\ -3 & -2 & -5 \end{pmatrix}$$

(1) Wir stellen die erweitere Matrix[16] auf:

$$\left(\begin{array}{rrr|rrr} 3 & 2 & 6 & 1 & 0 & 0 \\ 1 & 1 & 3 & 0 & 1 & 0 \\ -3 & -2 & -5 & 0 & 0 & 1 \end{array}\right)$$

(2) Durch Umformen erhalten wir daraus

$$Z2 \leftarrow 3 \times Z2 - Z1, \quad Z3 \leftarrow Z3 + Z1$$

$$\left(\begin{array}{rrr|rrr} 3 & 2 & 6 & 1 & 0 & 0 \\ 0 & 1 & 3 & -1 & 3 & 0 \\ 0 & 0 & 1 & 1 & 0 & 1 \end{array}\right)$$

Die ursprüngliche Matrix liegt nun in oberer Dreiecksform vor. Weiteres Umformen ergibt

$$Z1 \leftarrow Z1 - 6 \times Z3, \quad Z2 \leftarrow Z2 - 3 \times Z3$$

$$\left(\begin{array}{rrr|rrr} 3 & 2 & 0 & -5 & 0 & -6 \\ 0 & 1 & 0 & -4 & 3 & -3 \\ 0 & 0 & 1 & 1 & 0 & 1 \end{array}\right)$$

Und schließlich

$$Z1 \leftarrow Z1 - 2 \times Z2$$

[16] Der senkrechte Strich ist nur eine Lesehilfe, um die zu invertierende Matrix $\mathbf{A}$ von der Einheitsmatrix optisch zu trennen

$$\left(\begin{array}{ccc|ccc} 3 & 0 & 0 & 3 & -6 & 0 \\ 0 & 1 & 0 & -4 & 3 & -3 \\ 0 & 0 & 1 & 1 & 0 & 1 \end{array}\right)$$

Zuletzt müssen wir noch die Diagonalmatrix in eine Einheitsmatrix umformen.

$$Z1 \leftarrow \tfrac{1}{3} \times Z1$$

$$\left(\begin{array}{ccc|ccc} 1 & 0 & 0 & 1 & -2 & 0 \\ 0 & 1 & 0 & -4 & 3 & -3 \\ 0 & 0 & 1 & 1 & 0 & 1 \end{array}\right)$$

(3+4) Die Matrix ist daher invertierbar und ihre Inverse ist

$$\mathbf{A}^{-1} = \begin{pmatrix} 1 & -2 & 0 \\ -4 & 3 & -3 \\ 1 & 0 & 1 \end{pmatrix}$$

BEISPIEL 4.22
Wir suchen die Inverse von

$$\mathbf{A} = \begin{pmatrix} 3 & 1 & 3 \\ 2 & 4 & 1 \\ 5 & 5 & 4 \end{pmatrix}$$

(1) Die erweitere Matrix:

$$\left(\begin{array}{ccc|ccc} 3 & 1 & 3 & 1 & 0 & 0 \\ 2 & 4 & 1 & 0 & 1 & 0 \\ 5 & 5 & 4 & 0 & 0 & 1 \end{array}\right)$$

(2) Durch Umformen erhalten wir

$$Z2 \leftarrow 3 \times Z2 - 2 \times Z1, \quad 3 \times Z3 \leftarrow Z3 - 5 \times Z1$$

$$\left(\begin{array}{ccc|ccc} 3 & 1 & 3 & 1 & 0 & 0 \\ 0 & 10 & -3 & -2 & 3 & 0 \\ 0 & 10 & -3 & -5 & 0 & 3 \end{array}\right)$$

$$Z3 \leftarrow Z3 - Z2$$

$$\left(\begin{array}{ccc|ccc} 3 & 1 & 3 & 1 & 0 & 0 \\ 0 & 10 & -3 & -2 & 3 & 0 \\ 0 & 0 & 0 & -3 & -3 & 3 \end{array}\right)$$

(3+4) Die Matrix **A** hat nicht vollen Rang und ist daher auch nicht invertierbar.

4.7 Matrixgleichungen

4.7.1 Rechengesetze für Matrizen

Für geeignet dimensionierte Matrizen gelten ähnliche Rechengesetze wie für die reellen Zahlen (☞ Tab. 4.1).

TABELLE 4.1: Rechengesetze für Matrizen

$$\begin{aligned}
\mathbf{A}+\mathbf{0} &= \mathbf{A}\\
\mathbf{A}+\mathbf{B} &= \mathbf{B}+\mathbf{A}\\
(\mathbf{A}+\mathbf{B})+\mathbf{C} &= \mathbf{A}+(\mathbf{B}+\mathbf{C})
\end{aligned}$$

$$\begin{aligned}
\mathbf{A}\cdot\mathbf{I}=\mathbf{I}\cdot\mathbf{A} &= \mathbf{A}\\
(\mathbf{A}\cdot\mathbf{B})\cdot\mathbf{C} &= \mathbf{A}\cdot(\mathbf{B}\cdot\mathbf{C})\\
(\alpha\mathbf{A})\cdot\mathbf{B}=\mathbf{A}\cdot(\alpha\mathbf{B}) &= \alpha(\mathbf{A}\cdot\mathbf{B})\\
\mathbf{C}\cdot(\mathbf{A}+\mathbf{B}) &= \mathbf{C}\cdot\mathbf{A}+\mathbf{C}\cdot\mathbf{B}\\
(\mathbf{A}+\mathbf{B})\cdot\mathbf{D} &= \mathbf{A}\cdot\mathbf{D}+\mathbf{B}\cdot\mathbf{D}
\end{aligned}$$

$$(\mathbf{A}\cdot\mathbf{B})^t = \mathbf{B}^t\cdot\mathbf{A}^t$$

Für reguläre Matrizen gilt:

$$\begin{aligned}
\mathbf{A}\text{ und }\mathbf{B}\text{ sind regulär} &\Rightarrow \mathbf{A}\cdot\mathbf{B}\text{ ist regulär}\\
(\mathbf{A}^{-1})^{-1} &= \mathbf{A}\\
(\mathbf{A}\cdot\mathbf{B})^{-1} &= \mathbf{B}^{-1}\cdot\mathbf{A}^{-1}\\
(\mathbf{A}^t)^{-1} &= (\mathbf{A}^{-1})^t
\end{aligned}$$

BEMERKUNG 4.16
Die Nullmatrix $\mathbf{0}$ spielt in der Matrizenaddition die gleiche Rolle, wie die Zahl 0 für die Addition von reellen Zahlen.
Die Einheitsmatrix $\mathbf{I}$ spielt in der Matrizenmultiplikation eine ähnliche Rolle, wie die Zahl 1 für die Multiplikation von reellen Zahlen.

An dieser Stelle sei noch einmal darauf hingewiesen, daß die Matrizenmultiplikation nicht kommutativ ist, d.h. im allgemeinen gilt:

$$\mathbf{A}\cdot\mathbf{B}\neq\mathbf{B}\cdot\mathbf{A}$$

Es gibt keine Division von Matrizen.

4.7.2 Gleichungen mit Matrizen

In §4.6.1 haben wir bereits eine Gleichung mit Matrizen (und Vektoren) kennengelernt. Derartige Gleichungen lassen sich auf Grund der Rechenregeln für die Matrizenrechnung ähnlich umformen wie Gleichungen mit reellen Zahlen. Wir müssen aber jetzt beachten, daß die in der Gleichung enthaltenen Matrizen (und Vektoren) entsprechend *dimensioniert* sind, d.h. daß die Anzahl an Zeilen und Spalten die Rechenoperationen auch erlauben (☞ §4.2, Seite 24). Es gibt jedoch keine *Division* von Matrizen sondern nur die *Multiplikation mit der inversen Matrix* (Vorausgesetzt, daß die Matrix regulär ist)!

BEISPIEL 4.23
$(\mathbf{A}+\mathbf{B})^2 = \mathbf{A}^2 + \mathbf{A}\cdot\mathbf{B} + \mathbf{B}\cdot\mathbf{A} + \mathbf{B}^2$

$$\mathbf{A}^{-1}\cdot(\mathbf{A}+\mathbf{B})\cdot\mathbf{B}^{-1}\mathbf{x} = (\mathbf{A}^{-1}\cdot\mathbf{A}+\mathbf{A}^{-1}\mathbf{B})\cdot\mathbf{B}^{-1}\mathbf{x} = (\mathbf{I}+\mathbf{A}^{-1}\mathbf{B})\cdot\mathbf{B}^{-1}\mathbf{x} =$$
$$= (\mathbf{B}^{-1}+\mathbf{A}^{-1}\cdot\mathbf{B}\mathbf{B}^{-1})\mathbf{x} = (\mathbf{B}^{-1}+\mathbf{A}^{-1})\mathbf{x} = \mathbf{B}^{-1}\mathbf{x}+\mathbf{A}^{-1}\mathbf{x}$$

Wird eine Matrixgleichung mit einer Matrix multipliziert, so muß dies auf beiden Seiten des Gleichheitszeichens von **derselben** Seite (**entweder** *„von links"* **oder** *„von rechts"*) erfolgen! (Die Matrizenmultiplikation ist nicht kommutativ!)

BEISPIEL 4.24
Sei $\mathbf{B}+\mathbf{A}\mathbf{X} = 2\mathbf{A}$, wobei $\mathbf{A}$ und $\mathbf{B}$ bekannte reguläre Matrizen sind. Wie lautet $\mathbf{X}$?

$$\begin{aligned}
\mathbf{B}+\mathbf{A}\mathbf{X} &= 2\mathbf{A} && \mid \mathbf{A}^{-1}\cdot\\
\mathbf{A}^{-1}\cdot\mathbf{B}+\mathbf{A}^{-1}\cdot\mathbf{A}\mathbf{X} &= 2\mathbf{A}^{-1}\cdot\mathbf{A} &&\\
\mathbf{A}^{-1}\cdot\mathbf{B}+\mathbf{I}\cdot\mathbf{X} &= 2\mathbf{I} && \mid -\mathbf{A}^{-1}\cdot\mathbf{B}\\
\mathbf{X} &= 2\mathbf{I}-\mathbf{A}^{-1}\cdot\mathbf{B} &&
\end{aligned}$$

BEMERKUNG 4.17
In obiger Gleichung ist natürlich darauf zu achten, daß die Matrizenoperationen tatsächlich definiert sind.

BEISPIEL 4.25
Seien $\mathbf{A}$, $\mathbf{B}$ und $\mathbf{X}$ reguläre Matrizen, und $\mathbf{X}\cdot\mathbf{A}\cdot\mathbf{X}^{-1} = \mathbf{A}(\mathbf{X}\cdot\mathbf{B}^{-1})^{-1}$.
$\mathbf{A}$ und $\mathbf{B}$ sind bekannt. Gesucht ist die Matrix $\mathbf{X}$.

$$\begin{aligned}
\mathbf{X}\cdot\mathbf{A}\cdot\mathbf{X}^{-1} &= \mathbf{A}(\mathbf{X}\cdot\mathbf{B}^{-1})^{-1} &&\\
\mathbf{X}\cdot\mathbf{A}\cdot\mathbf{X}^{-1} &= \mathbf{A}\cdot\mathbf{B}\cdot\mathbf{X}^{-1} && \mid \cdot\mathbf{X}\\
\mathbf{X}\cdot\mathbf{A}\cdot\mathbf{I} &= \mathbf{A}\cdot\mathbf{B}\cdot\mathbf{I} &&\\
\mathbf{X}\cdot\mathbf{A} &= \mathbf{A}\cdot\mathbf{B} && \mid \cdot\mathbf{A}^{-1}\\
\mathbf{X}\cdot\mathbf{I} &= \mathbf{A}\cdot\mathbf{B}\cdot\mathbf{A}^{-1} &&\\
\mathbf{X} &= \mathbf{A}\cdot\mathbf{B}\cdot\mathbf{A}^{-1} &&
\end{aligned}$$

BEMERKUNG 4.18
Die Matrizenmultiplikation ist nicht kommutativ, d.h. wir müssen annehmen, daß

$$\mathbf{X}\cdot\mathbf{A}\cdot\mathbf{X}^{-1} \neq \mathbf{A}\cdot\mathbf{X}\cdot\mathbf{X}^{-1} = \mathbf{A}\cdot\mathbf{I} = \mathbf{A}$$

Übungen

16. Seien

$$\mathbf{A} = \begin{pmatrix} 1 & -6 & 5 \\ 2 & 1 & -3 \end{pmatrix}, \quad \mathbf{B} = \begin{pmatrix} 1 & 4 & 3 \\ 8 & 0 & 2 \end{pmatrix} \quad \text{und} \quad \mathbf{C} = \begin{pmatrix} 1 & -1 \\ 1 & 2 \end{pmatrix}.$$

Berechnen Sie

(a) $\mathbf{A}+\mathbf{B}$	(b) $\mathbf{A}\cdot\mathbf{B}$	(c) $3\mathbf{A}^t$	(d) $\mathbf{A}^t\cdot\mathbf{C}$
(e) $\mathbf{A}\cdot\mathbf{B}^t$	(f) $\mathbf{B}^t\cdot\mathbf{A}$	(g) $\mathbf{C}\cdot\mathbf{A}$	(h) $\mathbf{C}+\mathbf{A}$
(i) $\mathbf{C}\cdot\mathbf{A}+\mathbf{C}\cdot\mathbf{B}$	(j) $\mathbf{B}^t-3\mathbf{A}^t$	(k) $\mathbf{C}^2$	(l) $\mathbf{C}^3$

17. Demonstrieren Sie an Hand der Matrizen $\mathbf{A} = \begin{pmatrix} 1 & -1 \\ 1 & 2 \end{pmatrix}$ und $\mathbf{B} = \begin{pmatrix} 3 & 2 \\ -1 & 0 \end{pmatrix}$, daß im allgemeinen $\mathbf{A} \cdot \mathbf{B} \neq \mathbf{B} \cdot \mathbf{A}$.

18. Überlegen Sie die Form der Produktmatrix (beliebig, Diagonal-, obere bzw. untere Dreiecksmatrix) bei der Multiplikation

(a) einer Diagonalmatrix mit einer Diagonalmatrix,

(b) einer oberen Dreiecksmatrix mit einer oberen Dreiecksmatrix,

(c) einer Diagonalmatrix mit einer unteren Dreiecksmatrix.

19. Berechnen Sie Norm und Skalarprodukt der Vektoren

(a) $\mathbf{x} = \begin{pmatrix} 1 \\ -2 \\ 4 \end{pmatrix}, \quad \mathbf{y} = \begin{pmatrix} -3 \\ -1 \\ 0 \end{pmatrix}$ (b) $\mathbf{x} = \begin{pmatrix} 0 \\ -1 \\ 3 \\ 2 \end{pmatrix}, \quad \mathbf{y} = \begin{pmatrix} 1 \\ -3 \\ 1 \\ 2 \end{pmatrix}$

20. Geben Sie eine Linearkombination der Vektoren $\mathbf{x}_1$ und $\mathbf{x}_2$ an.

(a) $\mathbf{x}_1 = \begin{pmatrix} 1 \\ 2 \end{pmatrix}, \quad \mathbf{x}_2 = \begin{pmatrix} 3 \\ 1 \end{pmatrix}$ (b) $\mathbf{x}_1 = \begin{pmatrix} 2 \\ 0 \\ 1 \end{pmatrix}, \quad \mathbf{x}_2 = \begin{pmatrix} 1 \\ 1 \\ 0 \end{pmatrix}$

21. Überprüfen Sie, ob die gegebenen Vektoren linear unabhängig oder linear abhängig sind.

(a) $\mathbf{x}_1 = \begin{pmatrix} 2 \\ 4 \\ 1 \end{pmatrix}, \quad \mathbf{x}_2 = \begin{pmatrix} 3 \\ 3 \\ 2 \end{pmatrix}, \quad \mathbf{x}_3 = \begin{pmatrix} 4 \\ 1 \\ 4 \end{pmatrix}$

(b) $\mathbf{x}_1 = \begin{pmatrix} 2 \\ 4 \\ 1 \end{pmatrix}, \quad \mathbf{x}_2 = \begin{pmatrix} 3 \\ 3 \\ 2 \end{pmatrix}$

(c) $\mathbf{x}_1 = \begin{pmatrix} 2 \\ 3 \\ 1 \end{pmatrix}, \quad \mathbf{x}_2 = \begin{pmatrix} 2 \\ 5 \\ 2 \end{pmatrix}, \quad \mathbf{x}_3 = \begin{pmatrix} 1 \\ 2 \\ 1 \end{pmatrix}, \quad \mathbf{x}_4 = \begin{pmatrix} 3 \\ -1 \\ -1 \end{pmatrix}$

22. Bestimmen Sie die Ränge der folgenden Matrizen.

(a) $\mathbf{A} = \begin{pmatrix} 1 & 0 & 0 \\ 0 & 1 & 0 \\ 0 & 0 & 1 \end{pmatrix}$ (b) $\mathbf{B} = \begin{pmatrix} 2 & 3 & 4 \\ 4 & 3 & 1 \\ 1 & 2 & 4 \end{pmatrix}$ (c) $\mathbf{C} = \begin{pmatrix} 2 & 3 \\ 4 & 3 \\ 1 & 2 \end{pmatrix}$

(d) $\mathbf{D} = \begin{pmatrix} 2 & 4 & 1 \\ 3 & 3 & 2 \end{pmatrix}$ (e) $\mathbf{E} = \begin{pmatrix} 2 & 2 & 1 & 3 \\ 3 & 5 & 2 & -1 \\ 1 & 2 & 1 & -1 \end{pmatrix}$

23. Veranschaulichen Sie an hand der Matrizen

$$\mathbf{A} = \begin{pmatrix} 2 & 2 & 3 \\ 0 & 1 & 0 \\ 1 & -5 & 2 \end{pmatrix} \quad \text{und} \quad \mathbf{B} = \begin{pmatrix} 1 & 2 & 3 \\ 3 & 2 & 1 \\ 2 & 0 & -2 \end{pmatrix},$$

daß $\mathrm{rank}(\mathbf{A} \cdot \mathbf{B}) = \min(\mathrm{rank}(\mathbf{A}), \mathrm{rank}(\mathbf{B}))$.

24. Bringen Sie die lineare Gleichungssysteme in den Aufgaben 12–15 in Matrixform. Stellen Sie mit Hilfe der Ränge von Koeffizientenmatrix und erweiterter Koeffizientenmatrix die Anzahl der Lösungen fest.

25. (a) Wieviele Lösungen hat ein *homogenes* Gleichungssystem $\mathbf{A} \cdot \mathbf{x} = \mathbf{o}$?

(b) Kann $\text{rank}(\mathbf{A}) > \text{rank}(\mathbf{A}, \mathbf{b})$ sein?

26. Sind die folgenden Matrizen regulär, bzw. invertierbar? Geben Sie die jeweilige Inverse an.

(a) $\mathbf{A} = \begin{pmatrix} 2 & 2 & 3 \\ 0 & 1 & 0 \\ 1 & -5 & 2 \end{pmatrix}$ (b) $\mathbf{B} = \begin{pmatrix} 1 & 2 & 3 \\ 3 & 2 & 1 \\ 2 & 0 & -2 \end{pmatrix}$

27. Gegeben sind die regulären Matrizen

$$\mathbf{A} = \begin{pmatrix} 1 & 2 \\ 1 & 3 \end{pmatrix} \quad \text{und} \quad \mathbf{B} = \begin{pmatrix} 2 & 1 \\ 1 & 1 \end{pmatrix}$$

Illustrieren Sie am Beispiel dieser Matrizen die folgenden Aussagen:

(a) Sind $\mathbf{A}$ und $\mathbf{B}$ regulär, so ist sind auch $\mathbf{A} \cdot \mathbf{B}$ und $\mathbf{B} \cdot \mathbf{A}$ regulär.

(b) $(\mathbf{A}\,\mathbf{B})^{-1} = \mathbf{B}^{-1}\,\mathbf{A}^{-1}$.

(c) $(\mathbf{A}^{-1})^t = (\mathbf{A}^t)^{-1}$.

28. Zeigen Sie, daß für beliebige reguläre Matrizen $\mathbf{A}$ und $\mathbf{B}$: $(\mathbf{A}\,\mathbf{B})^{-1} = \mathbf{B}^{-1}\,\mathbf{A}^{-1}$.

29. Lösen Sie das lineare Gleichungssytem $\mathbf{A} \cdot \mathbf{x} = \mathbf{b}$ mit $\mathbf{A}$ aus Aufgabe 26(a) und $\mathbf{b} = \begin{pmatrix} 1 \\ -4 \\ 2 \end{pmatrix}$ mit Hilfe der Inversen von $\mathbf{A}$.

30. Lösen Sie die folgenden Matrixgleichungen nach $\mathbf{X}$ auf. Nehmen Sie dabei an, daß alle Matrizen quadratische Matrizen gleicher Größe sind. Welche Bedingungen müssen außerdem noch erfüllt sein?

(a) $\mathbf{A}\,\mathbf{X} + \mathbf{B}\,\mathbf{X} = \mathbf{C}\,\mathbf{X} + \mathbf{I}$ (b) $(\mathbf{A} - \mathbf{B})\,\mathbf{X} = -\mathbf{B}\,\mathbf{X} + \mathbf{C}$

(c) $\mathbf{A}\,\mathbf{X}\,\mathbf{A}^{-1} = \mathbf{B}$ (d) $\mathbf{X}\,\mathbf{A}\,\mathbf{X}^{-1} = \mathbf{C}\,(\mathbf{X}\,\mathbf{B})^{-1}$

5

Vektorräume

Man kann der Tatsache nicht entrinnen, daß wir eine Welt erschaffen, wenn wir einen Satz bilden.

Neil Postman

»Keine Götter mehr«

5.1 Was ist ein Vektorraum?

Wir bezeichnen die Menge aller Vektoren **x** mit drei Komponenten mit

$$\mathbb{R}^3 = \left\{ \begin{pmatrix} x_1 \\ x_2 \\ x_3 \end{pmatrix} \mid x_i \in \mathbb{R},\ 1 \leq i \leq 3 \right\}$$

bzw. allgemein die Menge aller Vektoren mit n Komponenten mit

$$\mathbb{R}^n = \left\{ \begin{pmatrix} x_1 \\ \vdots \\ x_n \end{pmatrix} \mid x_i \in \mathbb{R},\ 1 \leq i \leq n \right\}$$

$\mathbb{R}^n$ ist ein n-dimensionaler Vektorraum.

DEFINITION 5.1 (VEKTORRAUM)
*Ein **Vektorraum** $\mathcal{V}$ ist eine Menge, deren Elemente sich addieren und skalarmultiplizieren[1] lassen, wobei die Summe von Vektoren und das Vielfache*

[1]zur Erinnerung: = Multiplikation mit einer Zahl („Skalar"), nicht zu verwechseln mit dem Skalarprodukt zweier Vektoren

eines Vektors wieder Elemente der Menge sind[2]. *Die Elemente so eines Vektorraumes sind (heißen) Vektoren.*

Offensichtlich ist der $\mathbb{R}^3$ (bzw. $\mathbb{R}^n$) so eine Menge.

BEMERKUNG 5.1
Wegen diesen Eigenschaften werden Vektorräume auch als lineare Räume bezeichnet.

BEISPIEL 5.1
Nach dieser Definition ist die Menge aller 2×2-Matrizen $\left\{ \begin{pmatrix} a_{11} & a_{12} \\ a_{21} & a_{22} \end{pmatrix} \middle| \; a_{ij} \in \mathbb{R} \right\}$ ebenfalls ein Vektorraum, da diese Matrizen ebenfalls addiert und skalarmultipliziert werden können.

BEISPIEL 5.2
Die Menge aller Polynome vom Grad kleiner gleich 2, $\{a_0 + a_1 x + a_2 x^2 \,|\, a_i \in \mathbb{R}\}$, ist nach obiger Definition ein Vektorraum.

Seien nun $\mathbf{v}_1, \mathbf{v}_2, \ldots, \mathbf{v}_k$ Elemente eines Vektorraumes $\mathcal{V}$ (z.B. des $\mathbb{R}^n$). Wir betrachten die Menge aller Linearkombinationen dieser Vektoren. Diese Menge wird mit

$$\operatorname{span}(\mathbf{v}_1, \mathbf{v}_2, \ldots, \mathbf{v}_k) = \{a_1\mathbf{v}_1 + a_2\mathbf{v}_2 + \cdots + a_k\mathbf{v}_k \,|\, a_i \in \mathbb{R}\}$$

bezeichnet und heißt der von $\mathbf{v}_1, \mathbf{v}_2, \ldots, \mathbf{v}_k$ aufgespannte Unterraum von $\mathcal{V}$. Auch diese Menge ist wieder ein Vektorraum, da die Summe zweier Linearkombinationen und das Vielfache einer Linearkombination wieder Linearkombinationen ergeben.

DEFINITION 5.2 (UNTERRAUM)
Ein Unterraum (oder Teilraum) ist eine Teilmenge eines Vektorraumes, die selbst wieder einen Vektorraum bildet[3].

BEISPIEL 5.3
Sei $\mathbf{v} = \begin{pmatrix} 1 \\ 2 \end{pmatrix}$. Dann ist $\operatorname{span}(\mathbf{v})$ eine Gerade durch den Ursprung im $\mathbb{R}^2$.

BEISPIEL 5.4
Seien $\mathbf{v}_1 = \begin{pmatrix} 1 \\ 2 \\ 3 \end{pmatrix}$, $\mathbf{v}_2 = \begin{pmatrix} 1 \\ 3 \\ 5 \end{pmatrix}$, $\mathbf{v}_3 = \begin{pmatrix} 1 \\ 3 \\ 6 \end{pmatrix}$. Dann ist $\operatorname{span}(\mathbf{v}_1, \mathbf{v}_2, \mathbf{v}_3) = \mathbb{R}^3$.

[2] Die exakte Definition listet alle erforderlichen Eigenschaften der Addition und Skalarmultiplikation auf.
[3] mit der gleichen Addition und Skalarmultiplikation

BEISPIEL 5.5

Seien $\mathbf{v}_1 = \begin{pmatrix} 0 \\ 1 \\ 0 \\ 3 \end{pmatrix}$ und $\mathbf{v}_2 = \begin{pmatrix} 0 \\ 2 \\ 0 \\ 5 \end{pmatrix}$.

Dann ist $\operatorname{span}(\mathbf{v}_1, \mathbf{v}_2) = \left\{ \begin{pmatrix} 0 \\ x_2 \\ 0 \\ x_4 \end{pmatrix} \mid x_2, x_4 \in \mathbb{R} \right\}$ eine Ebene im $\mathbb{R}^4$.

5.2 Basis, Dimension und Basiswechsel

Eine Menge von Vektoren $\{\mathbf{v}_1, \mathbf{v}_2, \ldots, \mathbf{v}_k\}$ **erzeugt** einen Vektorraum $\mathcal{V}$, falls

$$\operatorname{span}(\mathbf{v}_1, \ldots, \mathbf{v}_k) = \mathcal{V}$$

Wir sagen dafür auch: *die Vektoren spannen den Vektorraum $\mathcal{V}$ auf.* Wichtig sind für uns Mengen $\{\mathbf{v}_1, \mathbf{v}_2, \ldots, \mathbf{v}_n\}$ von *linear unabhängigen* Vektoren, die den Vektorraum erzeugen. Solche Mengen heißen **Basis** des Vektorraumes. Die *Anzahl* dieser Vektoren ist die **Dimension** des Vektorraumes:

$$\dim(\mathcal{V}) = n$$

BEISPIEL 5.6

Die drei Vektoren $\mathbf{v}_1$, $\mathbf{v}_2$ und $\mathbf{v}_3$ in Beispiel 5.4 sind linear unabhängig[4] und bilden somit eine Basis des $\mathbb{R}^3$. Daher ist $\dim(\mathbb{R}^3) = 3$.

BEISPIEL 5.7 (KANONISCHE BASIS)

Die Menge der drei Einheitsvektoren mit drei Komponenten[5] $\{\mathbf{e}_1, \mathbf{e}_2, \mathbf{e}_3\}$ ist eine Basis des $\mathbb{R}^3$. $\dim(\mathbb{R}^3) = 3$.

Eine Basis aus *Einheitsvektoren* heißt **kanonische Basis** des $\mathbb{R}^n$.

Wie wir in den beiden Beispielen gesehen haben, ist die Basis eines Vektorraumes nicht eindeutig bestimmt. Die Dimension hängt jedoch *nicht* von der gewählten Basis ab, d.h. (z.B.) jede Basis des $\mathbb{R}^3$ besteht aus drei Vektoren.

Die Bedeutung der Basis liegt darin, daß sich jeder Vektor aus einem Vektorraum **eindeutig** als Linearkombination von Basisvektoren darstellen läßt.

BEISPIEL 5.8

Sei $\mathbf{x} = \begin{pmatrix} x_1 \\ x_2 \\ x_3 \end{pmatrix} \in \mathbb{R}^3$. Dann ist

$$\mathbf{x} = x_1 \begin{pmatrix} 1 \\ 0 \\ 0 \end{pmatrix} + x_2 \begin{pmatrix} 0 \\ 1 \\ 0 \end{pmatrix} + x_3 \begin{pmatrix} 0 \\ 0 \\ 1 \end{pmatrix} = x_1\,\mathbf{e}_1 + x_2\,\mathbf{e}_2 + x_3\,\mathbf{e}_3$$

[4]Der/Die Leserin möge sich davon überzeugen (☞ §4.5.1, Seite 32)

[5]☞ Beispiel 4.2, Seite 23

BEMERKUNG 5.2
Ein jeder Vektor $\mathbf{x} \in \mathbb{R}^3$ läßt sich als Linearkombination von genau drei Basisvektoren darstellen. Diese Vektoren werden daher auch als *3-dimensionale* Vektoren bezeichnet.

Die Koordinaten[6] $\tilde{\mathbf{x}}$ eines Vektors $\mathbf{x}$ des $\mathbb{R}^n$ bezüglich einer Basis $\{\mathbf{v}_1, \mathbf{v}_2, \dots, \mathbf{v}_n\}$ erhalten wir durch Lösen des linearen Gleichungssystems

$$\tilde{x}_1\mathbf{v}_1 + \tilde{x}_2\mathbf{v}_2 + \cdots + \tilde{x}_n\mathbf{v}_n = \mathbf{x}$$

In Matrixschreibweise:

$$\mathbf{V} \cdot \tilde{\mathbf{x}} = \mathbf{x}$$

wobei die Matrix $\mathbf{V} = (\mathbf{v}_1, \mathbf{v}_2, \dots, \mathbf{v}_n)$ die Basisvektoren als Spaltenvektoren enthält.

BEISPIEL 5.9
Wir suchen die Koordinaten von $\mathbf{x} = \begin{pmatrix} 1 \\ -1 \\ 2 \end{pmatrix}$ bezüglich der Basis[7] $\mathbf{v}_1 = \begin{pmatrix} 1 \\ 2 \\ 3 \end{pmatrix}$, $\mathbf{v}_2 = \begin{pmatrix} 1 \\ 3 \\ 5 \end{pmatrix}$, $\mathbf{v}_3 = \begin{pmatrix} 1 \\ 3 \\ 6 \end{pmatrix}$.

Dazu lösen wir das Gleichungssystem

$$\begin{pmatrix} 1 & 1 & 1 \\ 2 & 3 & 3 \\ 3 & 5 & 6 \end{pmatrix} \cdot \begin{pmatrix} \tilde{x}_1 \\ \tilde{x}_2 \\ \tilde{x}_3 \end{pmatrix} = \begin{pmatrix} 1 \\ -1 \\ 2 \end{pmatrix}$$

mittels Gaußschem Eliminationsverfahren (☞ §3.3, Seite 17):

$$\left(\begin{array}{ccc|c} 1 & 1 & 1 & 1 \\ 2 & 3 & 3 & -1 \\ 3 & 5 & 6 & 2 \end{array}\right) \Rightarrow \left(\begin{array}{ccc|c} 1 & 1 & 1 & 1 \\ 0 & 1 & 1 & -3 \\ 0 & 2 & 3 & -1 \end{array}\right) \Rightarrow \left(\begin{array}{ccc|c} 1 & 1 & 1 & 1 \\ 0 & 1 & 1 & -3 \\ 0 & 0 & 1 & 5 \end{array}\right)$$

Daraus erhalten wir durch Rücksubstitution $\tilde{x}_1 = 4$, $\tilde{x}_2 = -8$ und $\tilde{x}_3 = 5$.

Die Koordinaten des Vektors $\mathbf{x}$ bezüglich der Basis $\{\mathbf{v}_1, \mathbf{v}_2, \mathbf{v}_3\}$ sind also $\tilde{\mathbf{x}} = \begin{pmatrix} 4 \\ -8 \\ 5 \end{pmatrix}$.

[6] Die Notation $\tilde{\mathbf{x}}$ wird hier zur Unterscheidung zwischen dem Vektor $\mathbf{x}$ und seinen Koordinaten $\tilde{\mathbf{x}}$ verwendet und ist in der Literatur nicht üblich! Wenn wir ganz genau sein wollen, dann ist der Spaltenvektor $\mathbf{x}$ eigentlich auch nur der Koordinatenvektor bezüglich der kanonischen Basis.

[7] ☞ Beispiel 5.6

5.2.1 Basiswechsel

Wie können wir eine Basis für einen Vektorraum $\mathcal{V}$ in eine andere Basis von $\mathcal{V}$ umformen?

Seien $\{\mathbf{v}_1, \mathbf{v}_2, \ldots, \mathbf{v}_n\}$ und $\{\mathbf{w}_1, \mathbf{w}_2, \ldots, \mathbf{w}_n\}$ zwei Basen für $\mathcal{V}$.
Die Vektoren $\mathbf{w}_i$ müssen sich als Linearkombination der Basisvektoren $\mathbf{v}_j$ darstellen lassen. Etwa

$$\mathbf{w}_1 = u_{11}\,\mathbf{v}_1 + u_{21}\,\mathbf{v}_2 + \cdots + u_{n1}\,\mathbf{v}_n$$

oder allgemeiner

$$\mathbf{w}_i = \sum_{j=1}^{n} u_{ji}\,\mathbf{v}_j = \mathbf{V} \cdot \begin{pmatrix} u_{1i} \\ u_{2i} \\ \vdots \\ u_{ni} \end{pmatrix}$$

wobei die Matrix $\mathbf{V} = (\mathbf{v}_1, \mathbf{v}_2, \ldots, \mathbf{v}_n)$ die Basisvektoren $\mathbf{v}_i$ als Spaltenvektoren enthält. Genauso sei $\mathbf{W} = (\mathbf{w}_1, \mathbf{w}_2, \ldots, \mathbf{w}_n)$ und $\mathbf{U} = (u_{ji})$, d.h. $\mathbf{U}$ enthält die Koeffizienten für die Basistransformation. Dann erhalten wir

$$\boxed{\mathbf{W} = \mathbf{V} \cdot \mathbf{U}}$$

Die Matrix $\mathbf{U}$ heißt Transformationsmatrix.

BEMERKUNG 5.3
Da $\mathbf{V}$ und $\mathbf{W}$ nach Voraussetzung[8] regulär sind, ist auch die Transformationsmatrix $\mathbf{U}$ regulär.

Es gibt auch eine Basistransformation von $\{\mathbf{w}_i\}$ nach $\{\mathbf{v}_j\}$.

$$\boxed{\mathbf{V} = \mathbf{W} \cdot \mathbf{U}^{-1}}$$

Wie können wir die Transformationsmatrix $\mathbf{U}$ berechnen?

Wenn $\{\mathbf{v}_i\}$ die kanonische Basis ist, dann ist $\mathbf{V} = \mathbf{I}$ und wir erhalten $\mathbf{U} = \mathbf{W}$.

Allgemein können wir eine Basis $\{\mathbf{v}_i\}$ in eine Basis $\{\mathbf{w}_j\}$ transformieren, indem wir als Zwischenschritt die kanonische Basis verwenden. $\mathbf{V}$ ist die Transformationsmatrix des Basiswechsels von $\{\mathbf{e}_i\}$ nach $\{\mathbf{v}_j\}$. $\mathbf{W}$ ist die Transformationsmatrix des Basiswechsels von $\{\mathbf{e}_i\}$ nach $\{\mathbf{w}_j\}$. Daraus erhalten wir

$$\boxed{\mathbf{U} = \mathbf{V}^{-1} \cdot \mathbf{W}}$$

[8] Die Spaltenvektoren bilden ja eine Basis und sind daher linear unabhängig (☞ Seite 47). Die entsprechenden Matrizen haben daher vollen Rang und sind regulär (☞ §4.5.2, Seite 35) und invertierbar (☞ §4.6.2, Seite 38).

BEISPIEL 5.10
Wir suchen die Transformationsmatrix für den Basiswechsel von

$$\left\{\begin{pmatrix}1\\2\\3\end{pmatrix},\begin{pmatrix}1\\3\\5\end{pmatrix},\begin{pmatrix}1\\3\\6\end{pmatrix}\right\} \text{ in } \left\{\begin{pmatrix}1\\1\\1\end{pmatrix},\begin{pmatrix}-2\\1\\1\end{pmatrix},\begin{pmatrix}3\\5\\6\end{pmatrix}\right\}.$$

$$\mathbf{V}=\begin{pmatrix}1&1&1\\2&3&3\\3&5&6\end{pmatrix} \qquad \mathbf{W}=\begin{pmatrix}1&-2&3\\1&1&5\\1&1&6\end{pmatrix}$$

Zur Berechnung von $\mathbf{V}^{-1}$ eignet sich das Verfahren nach Gauß-Jordan (☞ §4.6.3):

$$\left(\begin{array}{ccc|ccc}1&1&1&1&0&0\\2&3&3&0&1&0\\3&5&6&0&0&1\end{array}\right) \Rightarrow \left(\begin{array}{ccc|ccc}1&1&1&1&0&0\\0&1&1&-2&1&0\\0&2&3&-3&0&1\end{array}\right)$$

$$\Rightarrow \left(\begin{array}{ccc|ccc}1&1&1&1&0&0\\0&1&1&-2&1&0\\0&0&1&1&-2&1\end{array}\right) \Rightarrow \left(\begin{array}{ccc|ccc}1&1&0&0&2&-1\\0&1&0&-3&3&-1\\0&0&1&1&-2&1\end{array}\right)$$

$$\Rightarrow \left(\begin{array}{ccc|ccc}1&0&0&3&-1&0\\0&1&0&-3&3&-1\\0&0&1&1&-2&1\end{array}\right)$$

$$\Rightarrow \quad \mathbf{V}^{-1}=\begin{pmatrix}3&-1&0\\-3&3&-1\\1&-2&1\end{pmatrix}$$

Die Transformationsmatrix lautet daher

$$\mathbf{U}=\mathbf{V}^{-1}\cdot\mathbf{W}=\begin{pmatrix}2&-7&4\\-1&8&0\\0&-3&-1\end{pmatrix}$$

Wie ändern sich nun die Koordinaten $\tilde{\mathbf{x}}$ eines Vektors $\mathbf{x}$ beim Basiswechsel? Sei $\tilde{\mathbf{x}}_v$ die Koordinatendarstellung von $\mathbf{x}$ bezüglich der Basis $\{\mathbf{v}_i\}$ und $\tilde{\mathbf{x}}_w$ die Koordinatendarstellung bez. $\{\mathbf{w}_i\}$.

$$\mathbf{x}=\sum_{i=1}^{n}\tilde{x}_{vi}\,\mathbf{v}_i=\mathbf{V}\cdot\tilde{\mathbf{x}}_v \qquad \mathbf{x}=\sum_{i=1}^{n}\tilde{x}_{wi}\,\mathbf{w}_i=\mathbf{W}\cdot\tilde{\mathbf{x}}_w$$

Wir erhalten daher

$$\mathbf{W}\cdot\tilde{\mathbf{x}}_w=\mathbf{V}\cdot\tilde{\mathbf{x}}_v=\mathbf{W}\cdot\mathbf{U}^{-1}\cdot\tilde{\mathbf{x}}_v$$

Also

$$\boxed{\tilde{\mathbf{x}}_w=\mathbf{U}^{-1}\cdot\tilde{\mathbf{x}}_v}$$

5.2.2 Versuch einer Motivation

In §3.1 haben wir ein einfaches Leontief-Modell kennengelernt, und dieses in §4.4 in Matrixdarstellung formuliert. Dabei haben wir die Produktion durch die *Basis*produktionen *öffentlicher Verkehr*, *Elektrizität* und *Gas* beschrieben. x_2 ist dabei etwa die Produktion an *Strom*. Wir können diese Produktion an *Strom* auch darstellen als $x_2\,\mathbf{e}_2$. $\mathbf{e}_2$ können wir damit als die Basisproduktion *Strom* interpretieren. Die Gesamtproduktion ist dann $x_1\,\mathbf{e}_1 + x_2\,\mathbf{e}_2 + x_3\,\mathbf{e}_3$. Unsere Basis ist also die kanonische Basis.

Wir könnten aber auch drei Normverbraucher für diese drei Produkte definieren, z.B. einen *Haushalt*, einen *Industriebetrieb* und ein *Dienstleistungsunternehmen*. Für jeden dieser Normverbraucher erhalten wir einen Verbrauchsvektor. Wir könnten nun diese drei Vektoren (vorausgesetzt sie sind linear unabhängig) als Basis für unsere Vektorräume (in beiden Fällen der $\mathbb{R}^3$) benutzen. Die Produktion, der interne Verbrauch oder der Output läßt sich auch als Linearkombination dieser drei Vektoren ausdrücken. Die Koeffizienten geben dann nicht mehr an, wieviele Einheiten an (z.B.) *Strom* produziert wurde, sondern (z.B.) wieviel Verbrauchseinheiten *Haushalt* produziert wurden.

5.3 Lineare Abbildungen

5.3.1 Matrizen und lineare Abbildungen

Wir können nun Vektorräume als Definitions- und Wertemenge einer Abbildung verwenden. Die einfachsten dieser Abbildungen sind lineare Abbildungen.

DEFINITION 5.3 (LINEARE ABBILDUNG)
Eine Abbildung $\varphi\colon \mathcal{V} \to \mathcal{W}$ *heißt linear, falls*

(1) $\varphi(\mathbf{x}+\mathbf{y}) = \varphi(\mathbf{x}) + \varphi(\mathbf{y})$

(2) $\varphi(\alpha\,\mathbf{x}) = \alpha\,\varphi(\mathbf{x})$

für alle $\mathbf{x}, \mathbf{y} \in \mathcal{V}$

BEMERKUNG 5.4
Eine solche lineare Abbildung zwischen Vektorräumen wird auch *(Vektorraum-) Homomorphismus* genannt und meist mit einem kleinen griechischen Buchstaben bezeichnet.

Sei etwa $\mathcal{V} = \mathbb{R}^n$ und $\mathcal{W} = \mathbb{R}^m$. Dann wird durch eine $m \times n$-Matrix $\mathbf{A}$ so eine lineare Abbildung definiert[9]:

$$\mathbf{x} \in \mathbb{R}^n \mapsto \varphi(\mathbf{x}) = \mathbf{A}\,\mathbf{x} \in \mathbb{R}^m$$

Wegen der Rechenregeln für Matrizen ist diese Abbildung linear:

$$\begin{aligned}
\varphi(\mathbf{x}+\mathbf{y}) &= \mathbf{A}\cdot(\mathbf{x}+\mathbf{y}) = \mathbf{A}\cdot\mathbf{x} + \mathbf{A}\cdot\mathbf{y} = \varphi(\mathbf{x}) + \varphi(\mathbf{y}) \\
\varphi(\alpha\,\mathbf{x}) &= \mathbf{A}\cdot(\alpha\,\mathbf{x}) = \alpha\,(\mathbf{A}\cdot\mathbf{x}) = \alpha\,\varphi(\mathbf{x})
\end{aligned}$$

[9] Um hervorzuheben, daß diese lineare Abbildung durch die Matrix $\mathbf{A}$ erzeugt wird, schreiben wir manchmal auch: $\varphi_{\mathbf{A}}(\mathbf{x})$.

Es gilt aber auch die Umkehrung: Jede lineare Abbildung φ zwischen Vektorräumen läßt sich durch eine (geeignete) Matrix $\mathbf{A}$ darstellen: $\varphi(\mathbf{x}) = \mathbf{A}\,\mathbf{x}$.

BEMERKUNG 5.5
Diese Tatsache ist der Grund für die große Bedeutung von Matrizen. Wenn wir Modelle beschreiben wollen, die mehr als eine Variable enthalten, dann benötigen wir als Definitions- und Wertemenge Vektorräume. Damit mit den Funktionen auch gerechnet werden kann, sollten diese möglichst einfach, d.h. linear, sein. Die Matrizenrechnung erlaubt es, diese einfachen Funktionen zu studieren. Wenn wir lineare Funktionen durch etwas kompliziertere Funktionen ersetzen, dann wird alles viel schwieriger.

Betrachten wir nun die *Bildmenge*, das Bild[10], $\operatorname{Im}\varphi = \{\varphi(\mathbf{v}) | \mathbf{v} \in \mathcal{V}\}$, so einer linearen Funktion $\varphi: \mathcal{V} \to \mathcal{W}$, $\varphi(\mathbf{x}) = \mathbf{A}\,\mathbf{x}$ genauer. Wenn wir $\mathbf{A}\,\mathbf{e}_i$ für den i-ten Einheitsvektor berechnen, dann erhalten wir gerade den i-ten Spaltenvektor $\mathbf{a}_i$ von $\mathbf{A}$, d.h.

$$\mathbf{A}\,\mathbf{e}_i = \mathbf{a}_i$$

Das Bild eines beliebigen Vektors $\mathbf{x}$ ist daher wegen der Linearität der Matrizenmultiplikation eine Linearkombination der Spaltenvektoren von $\mathbf{A}$.

$$\mathbf{A} \cdot \mathbf{x} = x_1\,\mathbf{A}\,\mathbf{e}_1 + x_2\,\mathbf{A}\,\mathbf{e}_2 + x_3\,\mathbf{A}\,\mathbf{e}_3 = x_1\,\mathbf{a}_1 + x_2\,\mathbf{a}_2 + x_3\,\mathbf{a}_3$$

Das Bild $\operatorname{Im}\varphi$ ist somit ein Unterraum von $\mathcal{W}$ der von den Spaltenvektoren von $\mathbf{A}$ aufgespannt wird. Falls $\mathbf{A}$ regulär ist, dann bilden die Spaltenvektoren eine Basis dieses Unterraumes.

Das *Urbild*[11] des Nullvektors $\mathbf{o}$, der sogenannte Kern $\operatorname{Ker}\varphi = \{\mathbf{v} | \varphi(\mathbf{v}) = \mathbf{o}\}$ von φ, ist ein Unterraum von $\mathcal{V}$:

$$\begin{aligned} \varphi(\mathbf{v}) = \mathbf{o} \quad &\Rightarrow \quad \varphi(\alpha\,\mathbf{v}) = \alpha\,\varphi(\mathbf{v}) = \mathbf{o} \\ \varphi(\mathbf{v}_1) = \varphi(\mathbf{v}_2) = \mathbf{o} \quad &\Rightarrow \quad \varphi(\mathbf{v}_1 + \mathbf{v}_2) = \varphi(\mathbf{v}_1) + \varphi(\mathbf{v}_2) = \mathbf{o} + \mathbf{o} = \mathbf{o} \end{aligned}$$

BEMERKUNG 5.6
Es gilt folgender Zusammenhang zwischen der Definitionsmenge $\mathcal{V}$, $\operatorname{Im}\varphi$ und $\operatorname{Ker}\varphi$:

$$\dim(\mathcal{V}) = \dim(\operatorname{Im}\varphi) + \dim(\operatorname{Ker}\varphi)$$

5.3.2 Lineare Abbildung und Rang einer Matrix

Wir betrachten eine $(m \times n)$-Matrix $\mathbf{A}$ mit der korrespondierenden linearen Abbildung $\varphi_{\mathbf{A}}$ (☞ §5.3.1).

Der Rang von $\mathbf{A}$ ist die maximale Anzahl an linear unabhängigen Spaltenvektoren (☞ §4.5.2). Diese Spaltenvektoren erzeugen einen Unterraum des $\mathbb{R}^m$, nämlich das *Bild* $\operatorname{Im}\varphi_{\mathbf{A}}$ der linearen Abbildung (☞ §5.3.1). Der Rang von $\mathbf{A}$

[10] Die Bezeichnung $\operatorname{Im}\varphi$ stammt vom englischen Ausdruck für „Bild“: „*image*“.
[11] Das ist die Menge aller Vektoren in $\mathcal{V}$ die auf den Nullvektor in $\mathcal{W}$ abgebildet werden, ☞ §2.3, Seite 10ff

gibt somit die Dimension des Bildes der entsprechenden linearen Abbildung an:

$$\operatorname{rank}(\mathbf{A}) = \dim(\operatorname{Im} \varphi_{\mathbf{A}})$$

In §4.5.3 haben wir den Rang der Matrix $\mathbf{A}$ benützt, um festzustellen, ob ein lineares Gleichungssystem

$$\mathbf{A}\,\mathbf{x} = \mathbf{b}$$

eine Lösung besitzt. Aus unserer Interpretation der Matrix als lineare Abbildung können wir sogar feststellen, wie die Lösungsmenge aussieht. Wir betrachten dazu das *homogene* Gleichungssystem

$$\mathbf{A}\,\mathbf{x} = \mathbf{o}$$

Die Lösungsmenge L dieses Gleichungssystem ist nach §5.3.1 ein Unterraum des $\mathbb{R}^n$, nämlich $\operatorname{Ker} \varphi_{\mathbf{A}}$. Die Dimension der Lösungsmenge ist somit nach Bemerkung 5.6 gerade

$$\dim(\mathsf{L}) = \dim(\operatorname{Ker} \varphi_{\mathbf{A}}) = \dim(\mathbb{R}^n) - \dim(\operatorname{Im} \varphi_{\mathbf{A}}) = n - \operatorname{rank}(\mathbf{A})$$

BEMERKUNG 5.7
Wenn $\operatorname{rank}(\mathbf{A}) = n$ ist, dann ist $\dim(\mathsf{L}) = 0$, d.h. $\mathsf{L} = \{\mathbf{o}\}$.

Die Lösungsmenge des *inhomogenen* linearen Gleichungssystem $\mathbf{A}\,\mathbf{x} = \mathbf{b}$ ist[12]

$$\mathbf{x}_0 + \operatorname{Ker} \varphi_{\mathbf{A}},$$

wobei $\mathbf{x}_0$ *irgendein* Punkt aus der Lösungsmenge des Gleichungssystems ist.

5.3.3 Rechenregeln für Matrizen aus der Sicht linearer Abbildungen

Aus der Sicht der linearen Abbildungen werden einige Rechenregeln für Matrizen verständlicher.

Die inverse Matrix $\mathbf{A}^{-1}$ einer *quadratischen* Matrix $\mathbf{A}$ existiert genau dann, wenn die lineare Abbildung $\mathbf{x} \mapsto \varphi_{\mathbf{A}}(\mathbf{x}) = \mathbf{A}\,\mathbf{x}$ *bijektiv*[13] ist. Für lineare Abbildungen heißt das aber gerade, daß $\varphi_{\mathbf{A}}(\mathbf{x}) = \mathbf{o} \Leftrightarrow \mathbf{x} = \mathbf{o}$. Wie wir in §5.3.1 gesehen haben, ist $\operatorname{Im} \varphi_{\mathbf{A}}(\mathbf{x})$ eine Linearkombination der Spaltenvektoren von $\mathbf{A}$. $\mathbf{A}$ ist daher genau dann invertierbar, wenn seine Spaltenvektoren linear unabhängig sind, d.h. wenn die Matrix $\mathbf{A}$ vollen Rang hat und damit regulär ist.

Sei nun $\mathbf{A}$ eine $k \times m$-Matrix und $\mathbf{B}$ eine $m \times n$-Matrix. Aus §4.2.4 wissen wir bereits, daß $\mathbf{A} \cdot \mathbf{B}$ eine $k \times n$-Matrix ist.

---

[12] Die Schreibweise $\mathbf{x} + \mathcal{V}$ bezeichnet eine Menge, deren Elemente die Summen von $\mathbf{x}$ mit jedem Vektor aus dem Unterraum $\mathcal{V}$ sind: $\mathbf{x} + \mathcal{V} = \{\mathbf{x} + \mathbf{v} \mid \mathbf{v} \in \mathcal{V}\}$. $\mathbf{x} + \mathcal{V}$ ist für $\mathbf{x} \notin \mathcal{V}$ *kein* Unterraum.

[13] ☞ §2.3.2, Seite 12

Aus §5.3.1 wissen wir, daß durch $\varphi_A(x) = Ax$ eine lineare Abbildung $\mathbb{R}^n \to$ $\mathbb{R}^m$ und durch $\varphi_B(x) = Bx$ eine lineare Abbildung $\mathbb{R}^m \to \mathbb{R}^k$ beschrieben wird. Durch die Multiplikation der beiden Matrizen $A \cdot B$ erhalten wir eine zusammengesetzte[14] lineare Abbildung $\mathbb{R}^n \to \mathbb{R}^k$, $x \mapsto (\varphi_A \circ \varphi_B)(x)$:

$$(\varphi_A \circ \varphi_B)(x) = \varphi_A(\varphi_B(x)) = A(Bx) = (A \cdot B)x$$

Das Multiplizieren zweier Matrizen entspricht somit dem Zusammensetzen zweier linearer Abbildungen.

$$\mathbb{R}^n \xrightarrow[\quad\quad A \cdot B \quad\quad]{\quad B \quad} \mathbb{R}^m \xrightarrow{\quad A \quad} \mathbb{R}^k$$

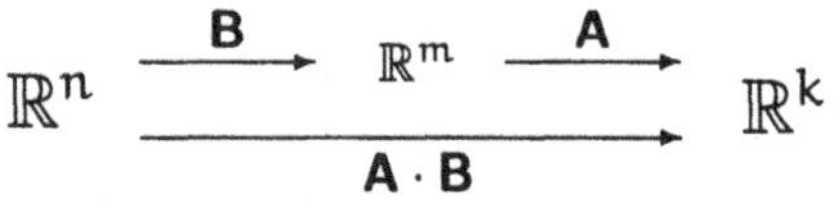

Daher wird verständlich warum etwa[15] $(A \cdot B)^{-1} = B^{-1} \cdot A^{-1}$:

$$\mathbb{R}^n \underset{B^{-1}}{\overset{B}{\rightleftarrows}} \mathbb{R}^m \underset{A^{-1}}{\overset{A}{\rightleftarrows}} \mathbb{R}^k$$

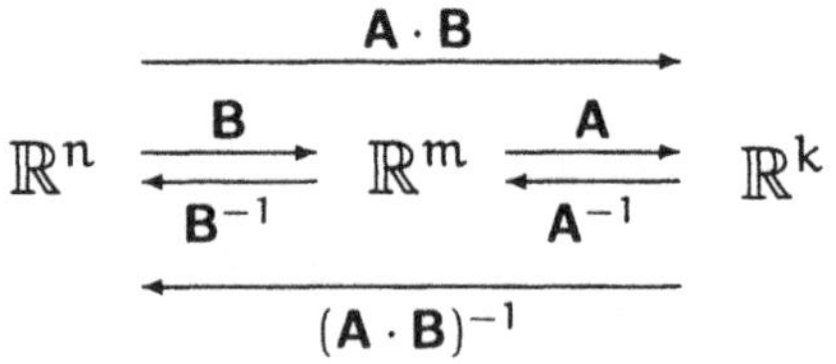

5.3.4 Ähnliche Matrizen

Wir haben in §5.2ff gesehen, daß die Basis für einen Vektorraum $\mathcal{V}$ nicht eindeutig bestimmt ist und daß die Koordinaten $\tilde{x}$ eines Vektors x von der gewählten Basis abhängen. Jede lineare Abbildung $\varphi \colon \mathbb{R}^n \to \mathbb{R}^n$ kann durch eine $(n \times n)$-Matrix A dargestellt werden ($\Rightarrow$ §5.3.1). Diese Matrix A hängt aber genauso von der gewählten Basis des $\mathbb{R}^n$ ab, während die lineare Abbildung φ davon nicht verändert wird.

Seien also $B_1 = \{v_1, \dots, v_n\}$ und $B_2 = \{w_1, \dots, w_n\}$ zwei Basen für den $\mathbb{R}^n$ mit der Transformationsmatrix U,

$$W = V \cdot U$$

Falls $\tilde{y}$ der Koordinatenvektor eines Vektors bezüglich der Basis B_1 ist, und $\tilde{x}$ der Koordinatenvektor des gleichen Vektors bezüglich der Basis B_2, dann wissen wir bereits ($\Rightarrow$ §5.2.1, Seite 49ff)

$$\tilde{x} = U^{-1} \tilde{y} \quad \text{und} \quad \tilde{y} = U \tilde{x}$$

---

[14]Zusammengesetzte Funktionen, $\Rightarrow$ 2.3.1, Seite 12
[15]$\Rightarrow$ Tab. 4.1, Seite 41

Sei nun $\mathbf{A}$ die Matrix bezüglich der Basis B_1. Wie sieht nun die entsprechende Matrix $\mathbf{C}$ bezüglich der Basis B_2 aus?

$$\begin{array}{lccc}
\text{Basis } B_1 & \mathbf{U}\tilde{\mathbf{x}} & \xrightarrow{\mathbf{A}} & \mathbf{A}\,\mathbf{U}\tilde{\mathbf{x}} \\
 & \mathbf{U}\uparrow & & \downarrow \mathbf{U}^{-1} \\
\text{Basis } B_2 & \tilde{\mathbf{x}} & \xrightarrow{\mathbf{C}} & \mathbf{U}^{-1}\mathbf{A}\,\mathbf{U}\tilde{\mathbf{x}}
\end{array}$$

$$\mathbf{C}\tilde{\mathbf{x}} = \mathbf{U}^{-1}\mathbf{A}\,\mathbf{U}\tilde{\mathbf{x}}$$

Die Matrix $\mathbf{C} = \mathbf{U}^{-1}\mathbf{A}\,\mathbf{U}$ beschreibt also die lineare Abbildung φ bezüglich der Basis B_2. Die beiden Matrizen $\mathbf{A}$ und $\mathbf{C}$ repräsentieren in diesem Sinne dieselbe lineare Abbildung $\varphi\colon \mathbb{R}^n \to \mathbb{R}^n$.

DEFINITION 5.4 (ÄHNLICHE MATRIZEN)
Zwei $(n \times n)$-Matrizen $\mathbf{A}$ und $\mathbf{C}$ heißen ähnlich, falls es eine invertierbare Matrix $\mathbf{U}$ gibt, mit

$$\boxed{\mathbf{C} = \mathbf{U}^{-1}\mathbf{A}\,\mathbf{U}}$$

5.3.5 Ein Beispiel

In §4.4 auf Seite 31 haben wir unser Leontief-Modell in Matrixdarstellung formuliert. Wir können jetzt unser Modell auch aus der Sicht linearer Abbildungen interpretieren.

Durch die Matrizen $\mathbf{V}$ und $\mathbf{K} = (\mathbf{I} - \mathbf{V})$ werden lineare Abbildungen $\varphi_{\mathbf{V}}$ bzw. $\varphi_{\mathbf{K}}$ definiert. $\varphi_{\mathbf{V}}$ bildet jeden Produktionsvektor $\mathbf{x}$ auf den internen Verbrauch $\mathbf{y}$ ab: $\mathbf{x} \mapsto \mathbf{y} = \mathbf{V}\mathbf{x}$. $\varphi_{\mathbf{K}}$ bildet die Produktion auf den Output ab: $\mathbf{x} \mapsto \mathbf{b} = \mathbf{K}\mathbf{x} = (\mathbf{I} - \mathbf{V})\,\mathbf{x}$.

Da diese Abbildungen linear sind, verdoppelt sich der interne Verbrauch und der Output, wenn wir die Produktion verdoppeln. Wenn wir die Produktion in verschiedenen Zeiträumen betrachten, dann wird nicht nur die Gesamtproduktion die Summe der Produktionen in den einzelnen Zeiträumen sein, sondern auch der gesamte interne Verbrauch und der Gesamtoutput wird die Summe über die einzelnen Zeiträume sein.

Übungen

31. Die Menge $\mathcal{M}$ aller 2×2-Matrizen ist ein Vektorraum.

(a) Begründen Sie diese Behauptung?

(b) Geben Sie eine Basis für diesen Vektorraum an. Welche Dimension hat dieser Vektorraum?

(c) Ist die Menge $\mathcal{N}$ aller regulären 2×2-Matrizen ein Unterraum von $\mathcal{M}$. Wenn ja, geben Sie eine Basis an. Welche Dimension hat der Vektorraum?

(d) Ist die Menge $\mathcal{D}$ aller 2×2-Diagonalmatrizen ein Unterraum von $\mathcal{M}$. Wenn ja, geben Sie eine Basis an. Welche Dimension hat der Vektorraum?

32. Sind die angegebenen Vektoren aus dem $\mathbb{R}^3$ linear unabhängig und welche Dimension hat der von ihnen aufgespannte Unterraum? In welchen Fällen handelt es sich um eine Basis für den $\mathbb{R}^3$?

(a) $\mathbf{x} = \begin{pmatrix} 2 \\ 0 \\ 1 \end{pmatrix}, \quad \mathbf{y} = \begin{pmatrix} 1 \\ 1 \\ 2 \end{pmatrix}, \quad \mathbf{z} = \begin{pmatrix} 1 \\ -1 \\ -1 \end{pmatrix}$

(b) $\mathbf{v}_1 = \begin{pmatrix} -1 \\ 1 \\ 2 \end{pmatrix}, \quad \mathbf{v}_2 = \begin{pmatrix} 1 \\ 1 \\ 4 \end{pmatrix}, \quad \mathbf{v}_3 = \begin{pmatrix} -1 \\ 1 \\ 8 \end{pmatrix}$

(c) $\mathbf{v}_1$, $\mathbf{v}_2$ und $\mathbf{v}_3$ aus (b) sowie $\mathbf{v}_4 = \begin{pmatrix} -1 \\ 3 \\ 14 \end{pmatrix}$.

33. Geben Sie die Koordinaten der Vektoren $\mathbf{x} = \begin{pmatrix} 2 \\ 0 \\ 1 \end{pmatrix}$, $\mathbf{y} = \begin{pmatrix} 1 \\ 1 \\ 4 \end{pmatrix}$ und des Nullvektors $\mathbf{o}$ unter der

(a) kanonischen Basis: $\mathbf{e}_1 = \begin{pmatrix} 1 \\ 0 \\ 0 \end{pmatrix}, \quad \mathbf{e}_2 = \begin{pmatrix} 0 \\ 1 \\ 0 \end{pmatrix}, \quad \mathbf{e}_3 = \begin{pmatrix} 0 \\ 0 \\ 1 \end{pmatrix}$

(b) unter der Basis $\mathbf{v}_1 = \begin{pmatrix} 2 \\ 0 \\ 1 \end{pmatrix}, \quad \mathbf{v}_2 = \begin{pmatrix} 1 \\ 1 \\ 2 \end{pmatrix}, \quad \mathbf{v}_3 = \begin{pmatrix} 2 \\ 0 \\ 0 \end{pmatrix}$

an.

34. Gegeben ist die Matrix

$$\mathbf{U} = \begin{pmatrix} 2 & 0 & 3 \\ 1 & 0 & 1 \\ 1 & 1 & 1 \end{pmatrix}$$

(a) Transformieren Sie die Basis aus Aufgabe 33(b) mit der Transformationsmatrix $\mathbf{U}$. Wie lautet die neue Basis?

(b) Wie lautet die Matrix für die zu (a) umgekehrte Transformation?

(c) Geben Sie die Matrix für die Transformation der Basis aus 33(a) zur Basis in 33(b) an.

35. Sei $\mathbf{A} = \begin{pmatrix} 2 & 3 & 4 \\ 4 & 3 & 1 \\ 1 & 2 & 4 \end{pmatrix}$ und $\varphi_{\mathbf{A}}\colon \mathbf{x} \mapsto \mathbf{A}\mathbf{x}$ die durch $\mathbf{A}$ erzeugte lineare Abbildung. Berechnen Sie die Dimension des Bildes $\mathrm{Im}(\varphi_{\mathbf{A}})$ und geben Sie eine Basis für diesen Unterraum an.

6

Determinanten

6.1 Was ist eine Determinante?

In vielen Problemen tritt die Frage nach der linearen Unabhängigkeit von Vektoren auf. Wir wollen nun eine Funktion finden, die *„mißt"*, ob n Vektoren im $\mathbb{R}^n$ linear abhängig sind bzw. wie weit sie davon entfernt sind.

6.1.1 Die Idee

Zwei Vektoren im $\mathbb{R}^2$ spannen ein Parallelogramm[1] auf (☞ Abb. 6.1). Stehen die beiden Vektoren normal[2] aufeinander, so ist der Flächeninhalt dieses Parallelogramms groß. Sind die beiden Vektoren linear abhängig, so ist der Flächeninhalt gleich Null.

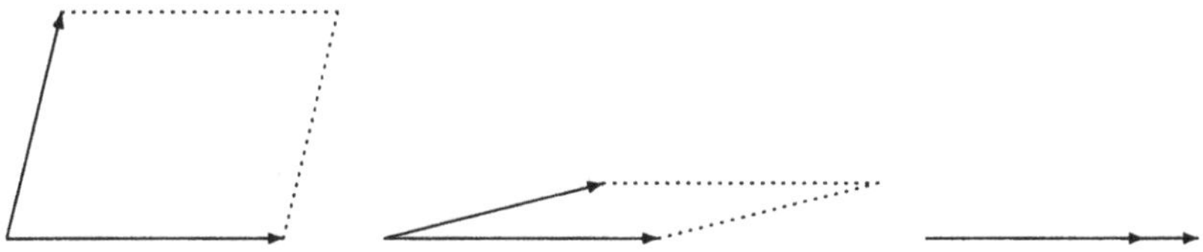

ABBILDUNG 6.1: Lineare Abhängigkeit und Flächeninhalt des aufgespannten Parallelogramms zweier Vektoren $\mathbf{x}$ und $\mathbf{y}$

[1]Ein **Parallelogramm** ist ein „verzerrtes" Rechteck, in dem gegenüberliegende Seiten parallel sind.

[2]d.h. die Vektoren bilden einen rechten Winkel

Genauso spannen drei Vektoren im $\mathbb{R}^3$ ein Parallelepiped[3] auf. Wiederum ist das Volumen dieses Parallelepipeds genau dann gleich Null, falls die drei Vektoren linear abhängig sind[4].

Wir verwenden daher das n-dimensionale Volumen[5] für unsere Funktion zum *„Messen"* der linearen Abhängigkeit. Wir definieren unsere Funktion allerdings indirekt durch die Eigenschaften, die wir von einem Volumen verlangen[6].

Für das Volumen gilt:

- Multiplizieren wir einen Vektor mit einer Zahl α erhalten wir das α-fache Volumen (☞ Abb. 6.2, links).
- Addieren wir zu einem Vektor das Vielfache eines anderen Vektors, so bleibt das Volumen konstant (☞ Abb. 6.2, rechts[7]).
- Ist ein Vektor der Nullvektor, so ist das Volumen gleich Null.
- Das Volumen eines Würfels mit Seitenlänge eins ist gleich eins.

Wir bezeichnen diese Funktion als **Determinante**.

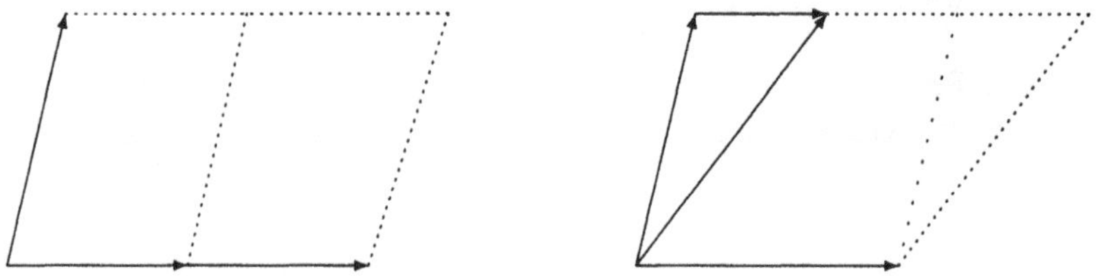

ABBILDUNG 6.2: Grundlegende Eigenschaften des Volumens

6.1.2 Die Ausführung

Wir fassen die Vektoren $\mathbf{a}_1, \mathbf{a}_2, \ldots, \mathbf{a}_n$ als Spaltenvektoren einer $(n \times n)$-Matrix $\mathbf{A} = (\mathbf{a}_1, \mathbf{a}_2, \ldots, \mathbf{a}_n)$ auf.

DEFINITION 6.1 (DETERMINANTE)
*Die **Determinante** ist eine Funktion, die jeder $(n \times n)$-Matrix $\mathbf{A}$ eine reelle Zahl $\det(\mathbf{A})$ zuordnet und die folgenden Eigenschaften besitzt:*

---

[3]Ein **Parallelepiped** ist ein „verzerrter" Quader (Würfel), in dem gegenüberliegende Kanten und Seiten parallel sind.

[4]Das Parallelepiped wird in diesem Fall zu einem zweidimensionalen Vieleck und dieses hat kein (dreidimensionales) Volumen.

[5]Das 2-dimensionale Volumen ist der Flächeninhalt.

[6]Diese Eigenschaften gelten dann nämlich auch für einen 4-dimensionalen Quader, auch wenn wir uns so ein Gebilde nicht mehr vorstellen können.

[7]Der Flächeninhalt ist bekanntlich *„Grundlinie × Höhe"*.

(1) die Determinante ist linear in jeder Spalte

(a) $\det(\ldots, \mathbf{a}_i + \mathbf{b}_i, \ldots) = \det(\ldots, \mathbf{a}_i, \ldots) + \det(\ldots, \mathbf{b}_i, \ldots)$

(b) $\det(\ldots, \alpha\,\mathbf{a}_i, \ldots) = \alpha \det(\ldots, \mathbf{a}_i, \ldots)$

(2) die Determinante ist Null, falls zwei Spaltenvektoren gleich sind

$\det(\ldots, \mathbf{a}_i, \ldots, \mathbf{a}_i, \ldots) = 0$

(3) die Determinante ist normiert

$\det(\mathbf{I}) = 1$

Eine andere Schreibweise für die Determinante ist:

$$\det(\mathbf{A}) = |\mathbf{A}|$$

BEMERKUNG 6.1
Man kann nun zeigen, daß es tatsächlich eine Funktion gibt, die diese drei Eigenschaften besitzt und die dadurch bereits eindeutig definiert ist, d.h. es gibt keine andere derartige Funktion.

BEMERKUNG 6.2
Die so definierte Determinante kann — im Gegensatz zum Volumen — auch negative Werte annehmen.

BEMERKUNG 6.3
Dem/Der aufmerksamen Leserin sollte nicht entgangen sein, daß die Eigenschaften (1) - (3) nicht identisch sind mit den Eigenschaften, die wir oben für das Volumen aufgelistet haben. Die Eigenschaften (1) - (3) ergeben aber die gleiche Funktion und sind leichter handhabbar.

6.2 Eigenschaften der Determinante

In Definition 6.1 haben wir bereits drei grundlegende Eigenschaften der Determinante kennengelernt. Aus den Eigenschaften (1) - (3) lassen sich — auch ohne Kenntnis der Berechnung — weitere wichtige Eigenschaften der Determinante herleiten:

(4) die Determinante ist *alternierend*

$\det(\ldots, \mathbf{a}_i, \ldots, \mathbf{a}_k, \ldots) = -\det(\ldots, \mathbf{a}_k, \ldots, \mathbf{a}_i, \ldots)$

(5) die Determinante ist Null, falls ein Spaltenvektor der Nullvektor ist

$\det(\ldots, \mathbf{o}, \ldots) = 0$

(6) der Wert der Determinante ändert sich nicht, wenn zu einer Spalte das Vielfache einer anderen Spalte addiert wird

$\det(\ldots, \mathbf{a}_i + \alpha\,\mathbf{a}_k, \ldots, \mathbf{a}_k, \ldots) = \det(\ldots, \mathbf{a}_i, \ldots, \mathbf{a}_k, \ldots)$

(7) die Spaltenvektoren von $\mathbf{A}$ sind genau dann linear abhängig, wenn $\det(\mathbf{A}) = 0$

(8) die Matrix $\mathbf{A}$ ist genau dann invertierbar, wenn $\det(\mathbf{A}) \neq 0$

(9) die Determinante einer Dreiecksmatrix ist das Produkt der Diagonalelemente

$$\begin{vmatrix} a_{11} & a_{12} & a_{13} & \dots & a_{1n} \\ 0 & a_{22} & a_{23} & \dots & a_{2n} \\ 0 & 0 & a_{33} & \dots & a_{3n} \\ \vdots & & & \ddots & \\ 0 & 0 & 0 & \dots & a_{nn} \end{vmatrix} = a_{11} \cdot a_{22} \cdot a_{33} \cdot \ldots \cdot a_{nn}$$

(10) beim Transponieren ändert sich der Wert der Determinante nicht, d.h. insbesondere: Die Aussagen über Spalten gelten analog für Zeilen

$$\det(\mathbf{A}^t) = \det(\mathbf{A})$$

(11) die Determinante des Produktes zweier Matrizen ist gleich dem Produkt der Determinanten

$$\det(\mathbf{A} \cdot \mathbf{B}) = \det(\mathbf{A}) \cdot \det(\mathbf{B})$$

(12) die Determinante der inversen Matrix ist gleich dem Kehrwert der Determinante

$$\det(\mathbf{A}^{-1}) = (\det(\mathbf{A}))^{-1} = \frac{1}{\det(\mathbf{A})}$$

BEMERKUNG 6.4
Eine weitere Eigenschaft der Determinante werden wir noch in §7.5 kennenlernen.

BEMERKUNG 6.5
Wegen den Eigenschaften (1) und (4) werden Determinanten auch als n-*Linearformen* oder *Multilinearformen* bezeichnet.

Im folgenden sollen einige Eigenschaften an Beispielen gezeigt werden.

BEISPIEL 6.1
ad (1a)

$$\begin{vmatrix} 1 & 2+10 & 3 \\ 4 & 5+11 & 6 \\ 7 & 8+12 & 9 \end{vmatrix} = \begin{vmatrix} 1 & 2 & 3 \\ 4 & 5 & 6 \\ 7 & 8 & 9 \end{vmatrix} + \begin{vmatrix} 1 & 10 & 3 \\ 4 & 11 & 6 \\ 7 & 12 & 9 \end{vmatrix}$$

ad (1b)

$$\begin{vmatrix} 1 & 3 \cdot 2 & 3 \\ 4 & 3 \cdot 5 & 6 \\ 7 & 3 \cdot 8 & 9 \end{vmatrix} = 3 \cdot \begin{vmatrix} 1 & 2 & 3 \\ 4 & 5 & 6 \\ 7 & 8 & 9 \end{vmatrix}$$

ad (2)

$$\begin{vmatrix} 1 & 2 & 1 \\ 4 & 5 & 4 \\ 7 & 8 & 7 \end{vmatrix} = 0 \qquad \text{(erste und dritte Spalte gleich)}$$

ad (4)

$$\begin{vmatrix} 1 & 2 & 3 \\ 4 & 5 & 6 \\ 7 & 8 & 9 \end{vmatrix} = - \begin{vmatrix} 1 & 3 & 2 \\ 4 & 6 & 5 \\ 7 & 9 & 8 \end{vmatrix} \qquad \text{(zweite und dritte Spalte vertauscht)}$$

ad (6)

$$\begin{vmatrix} 1 & 2-2\cdot 1 & 3 \\ 4 & 5-2\cdot 4 & 6 \\ 7 & 8-2\cdot 7 & 9 \end{vmatrix} = \begin{vmatrix} 1 & 2 & 3 \\ 4 & 5 & 6 \\ 7 & 8 & 9 \end{vmatrix}$$

(das doppelte der ersten Spalte wird von der zweiten Spalte subtrahiert)

BEMERKUNG 6.6
Einige Eigenschaften lassen sich besonders leicht herleiten. Z.B.

(1) + (2) ⇒ (4):

$$\begin{aligned} 0 &= \det(\ldots, \mathbf{a}_i + \mathbf{a}_k, \ldots, \mathbf{a}_i + \mathbf{a}_k, \ldots) \\ &= \det(\ldots, \mathbf{a}_i, \ldots, \mathbf{a}_i, \ldots) + \det(\ldots, \mathbf{a}_i, \ldots, \mathbf{a}_k, \ldots) \\ &\quad + \det(\ldots, \mathbf{a}_k, \ldots, \mathbf{a}_i, \ldots) + \det(\ldots, \mathbf{a}_k, \ldots, \mathbf{a}_k, \ldots) \\ &= \det(\ldots, \mathbf{a}_i, \ldots, \mathbf{a}_k, \ldots) + \det(\ldots, \mathbf{a}_k, \ldots, \mathbf{a}_i, \ldots) \end{aligned}$$

(1) + (2) ⇒ (5):

$$\begin{aligned} \det(\ldots, \mathbf{o}, \ldots, \mathbf{a}_k, \ldots) &= \det(\ldots, \mathbf{a}_k - \mathbf{a}_k, \ldots, \mathbf{a}_k, \ldots) \\ &= \det(\ldots, \mathbf{a}_k, \ldots, \mathbf{a}_k, \ldots) - \det(\ldots, \mathbf{a}_k, \ldots, \mathbf{a}_k, \ldots) \\ &= 0 - 0 = 0 \end{aligned}$$

(1) + (2) ⇒ (6):

$$\begin{aligned} &\det(\ldots, \mathbf{a}_i + \alpha\,\mathbf{a}_k, \ldots, \mathbf{a}_k, \ldots) = \\ &\quad = \det(\ldots, \mathbf{a}_i, \ldots, \mathbf{a}_k, \ldots) + \alpha \det(\ldots, \mathbf{a}_k, \ldots, \mathbf{a}_k, \ldots) \\ &\quad = \det(\ldots, \mathbf{a}_i, \ldots, \mathbf{a}_k, \ldots) \end{aligned}$$

6.3 Die Berechnung der Determinante

6.3.1 (2×2)-Matrizen

$$\begin{vmatrix} a_{11} & a_{12} \\ a_{21} & a_{22} \end{vmatrix} = a_{11} \cdot a_{22} - a_{12} \cdot a_{21}$$

BEISPIEL 6.2

$$\begin{vmatrix} 1 & 2 \\ 3 & 4 \end{vmatrix} = 1 \cdot 4 - 2 \cdot 3 = -2$$

6.3.2 Die Regel von Sarrus

Determinanten von (3×3)-Matrizen lassen sich mit Hilfe der **Regel von Sarrus** berechnen, die hier an einem Beispiel demonstriert werden soll. Dabei werden die ersten beiden Spalten der Matrix auf der rechten Seite noch einmal angeschrieben, die Elemente entlang von „Diagonalen" multipliziert und addiert bzw. subtrahiert:

$$\begin{vmatrix} 1 & 2 & 3 \\ 4 & 5 & 6 \\ 7 & 8 & 9 \end{vmatrix}\begin{matrix} 1 & 2 \\ 4 & 5 \\ 7 & 8 \end{matrix} = 1\cdot5\cdot9+2\cdot6\cdot7+3\cdot4\cdot8-7\cdot5\cdot3-8\cdot6\cdot1-9\cdot4\cdot2=0$$

Die Regel von Sarrus darf **nur** auf (3 × 3)-Matrizen angewendet werden!

6.3.3 Der Laplace'sche Entwicklungssatz

Determinanten von $(n \times n)$-Matrizen lassen sich durch den **Laplace'schen**[8] **Entwicklungssatz** *rekursiv* berechnen.

Entwicklung nach der k-ten Spalte bzw. i-ten Zeile:

$$\det(\mathbf{A}) = \sum_{i=1}^{n} a_{ik}\cdot(-1)^{i+k}|\mathbf{S}_{ik}| = \sum_{k=1}^{n} a_{ik}\cdot(-1)^{i+k}|\mathbf{S}_{ik}|$$

$\mathbf{S}_{ik}$ ist dabei die $((n-1)\times(n-1))$-Matrix, die wir erhalten, wenn die i-te Zeile und k-te Spalte gestrichen wird (*„Streichungsmatrix"*).

Es ist dabei völlig egal, nach welcher Zeile oder Spalte entwickelt wird.

BEISPIEL 6.3
Wir berechnen die Determinante von $\begin{pmatrix} 1 & 2 & 3 \\ 4 & 5 & 6 \\ 7 & 8 & 9 \end{pmatrix}$

Entwicklung nach der ersten Zeile:

$$\begin{aligned} \begin{vmatrix} \boxed{1\ 2\ 3} \\ 4\ 5\ 6 \\ 7\ 8\ 9 \end{vmatrix} &= 1\cdot(-1)^{1+1}\begin{vmatrix} 5 & 6 \\ 8 & 9 \end{vmatrix} + 2\cdot(-1)^{1+2}\begin{vmatrix} 4 & 6 \\ 7 & 9 \end{vmatrix} + 3\cdot(-1)^{1+3}\begin{vmatrix} 4 & 5 \\ 7 & 8 \end{vmatrix} \\ &= 1\cdot(-3) - 2\cdot(-6) + 3\cdot(-3) = 0 \end{aligned}$$

Wir können aber auch nach der zweiten Spalte entwickeln:

$$\begin{aligned} \begin{vmatrix} 1 & \boxed{\begin{matrix}2\\5\\8\end{matrix}} & 3 \\ 4 & & 6 \\ 7 & & 9 \end{vmatrix} &= 2\cdot(-1)^{1+2}\begin{vmatrix} 4 & 6 \\ 7 & 9 \end{vmatrix} + 5\cdot(-1)^{2+2}\begin{vmatrix} 1 & 3 \\ 7 & 9 \end{vmatrix} + 8\cdot(-1)^{3+2}\begin{vmatrix} 1 & 3 \\ 4 & 6 \end{vmatrix} \\ &= -2\cdot(-6) + 5\cdot(-12) - 8\cdot(-6) = 0 \end{aligned}$$

[8] PIERRE SIMON LAPLACE, 1749–1827

BEMERKUNG 6.7
Bei der Anwendung des Entwicklungssatzes werden wir stets eine Zeile oder Spalte auswählen, mit der die Berechnung der Determinante möglichst einfach wird, z.B. dadurch, daß die entsprechende Zeile viele Nullen enthält.

BEISPIEL 6.4

$$\begin{vmatrix} 1 & 2 & 2 & 3 \\ 4 & 5 & 0 & 6 \\ \boxed{0 \quad 0 \quad 6 \quad 0} \\ 7 & 8 & 1 & 9 \end{vmatrix} = 6 \cdot (-1)^{3+3} \begin{vmatrix} 1 & 2 & 3 \\ 4 & 5 & 6 \\ 7 & 8 & 9 \end{vmatrix} = 6 \cdot 0 = 0$$

BEMERKUNG 6.8
Die Vorzeichen bei der Anwendung des Laplace'schen Entwicklungssatzes können wir auch erhalten, wenn wir zur ersten Komponente links oben ein „+" schreiben, und anschließend die ganze Matrix alternierend mit Vorzeichen („+" und „−") wie ein Schachbrett auffüllen:

$$\begin{vmatrix} + & - & + \\ - & + & - \\ + & - & + \end{vmatrix}$$

6.3.4 Umformen in Dreiecksmatrix

Alternativ zum Entwicklungssatz können wir auch die Eigenschaft (6)[9] benützen und die Matrix in eine Dreiecksmatrix umzuformen. Die Determinante ist dann das Produkt der Diagonalelemente der Dreiecksmatrix (Eigenschaft (9)). Das Verfahren ist ähnlich dem Gaußschen Eliminationsverfahren (☞ §3.3, Seite 17ff). Das Vertauschen von zwei Zeilen (Eigenschaft (4)) oder das Multiplizieren einer Zeile mit einer Zahl (Eigenschaft (1b)) verändert aber hier den Wert der Determinante und muß entsprechend berücksichtigt werden: Wenn wir zum Beispiel die zweite Zeile mit 2 multiplizieren, müssen wir die neue Determinante mit $\frac{1}{2}$ multiplizieren.

BEISPIEL 6.5

$$\begin{vmatrix} 1 & 2 & 3 \\ 4 & 5 & 6 \\ 7 & 8 & 9 \end{vmatrix} = \begin{vmatrix} 1 & 2 & 3 \\ 0 & -3 & -6 \\ 7 & 8 & 9 \end{vmatrix} = \begin{vmatrix} 1 & 2 & 3 \\ 0 & -3 & -6 \\ 0 & -6 & -12 \end{vmatrix} = \begin{vmatrix} 1 & 2 & 3 \\ 0 & -3 & -6 \\ 0 & 0 & 0 \end{vmatrix} = 1 \cdot (-3) \cdot 0 = 0$$

6.4 Determinante und Inverse

6.4.1 Die inverse Matrix

Wir wissen bereits (Eigenschaft (8)), daß eine $(n \times n)$-Matrix genau dann invertierbar ist, wenn $\det(\mathbf{A}) \neq 0$. Mit Hilfe von Determinanten können wir

[9]Der Wert der Determinante ändert sich nicht, wenn zu einer Zeile das Vielfache einer anderen Zeile addiert wird.

aber auch die Inverse einer Matrix $\mathbf{A}$ berechnen.

Dazu benötigen wir ein paar Begriffe:

Sei $A_{ik} = (-1)^{i+k}|\mathbf{S}_{ik}|$, wobei $\mathbf{S}_{ik}$ die Streichungsmatrix ist (☞ Laplace Entwicklung, §6.3.3). A_{ik} heißt[10] Kofaktor von a_{ik}. Wir können diese Kofaktoren in einer Matrix zusammenfassen (Kofaktorenmatrix) und transponieren. Wir erhalten dadurch die adjungierte Matrix $\mathbf{A}^{*t}$ von $\mathbf{A}$.

$$\mathbf{A}^{*t} = \begin{pmatrix} A_{11} & A_{21} & \dots & A_{n1} \\ A_{12} & A_{22} & \dots & A_{n2} \\ \vdots & \dots & \ddots & \vdots \\ A_{1n} & A_{2n} & \dots & A_{nn} \end{pmatrix}$$

Wie sieht das Produkt $\mathbf{A}^{*t} \cdot \mathbf{A}$ aus?

Das Produkt aus k-ter Zeile von $\mathbf{A}^{*t}$ und j-ter Spalte von $\mathbf{A}$ ist (nach dem Entwicklungssatz — Entwicklung nach einer Spalte)

$$\sum_{i=1}^{n} a_{ij} \cdot A_{ik} = \sum_{i=1}^{n} a_{ij} \cdot (-1)^{i+k}|\mathbf{S}_{ik}| = \det(\mathbf{a}_1, \dots, \underbrace{\mathbf{a}_j}_{\text{k-te Spalte}}, \dots, \mathbf{a}_n)$$

Die $\mathbf{a}_i$ sind dabei die einzelnen Spaltenvektoren von $\mathbf{A}$.
Falls $j = k$, dann ist dieses Produkt gerade $\det(\mathbf{A})$.
Andernfalls haben diese Determinanten die Form $\det(\dots, \mathbf{a}_j, \dots, \mathbf{a}_j, \dots)$ und sind nach Eigenschaft (2) gleich Null. $\mathbf{A}^{*t} \cdot \mathbf{A}$ ist daher eine Diagonalmatrix und es gilt

$$\mathbf{A}^{*t} \cdot \mathbf{A} = \det(\mathbf{A}) \cdot \mathbf{I}$$

Die Inverse der Matrix $\mathbf{A}$ (falls sie existiert) läßt sich daher darstellen als

$$\boxed{\mathbf{A}^{-1} = \frac{1}{\det(\mathbf{A})} \cdot \mathbf{A}^{*t}}$$

BEISPIEL 6.6
Gesucht ist die Inverse von $A = \begin{pmatrix} 1 & 2 \\ 3 & 4 \end{pmatrix}$

$\det(\mathbf{A}) = -2$, $A_{11} = 4$, $A_{12} = -3$, $A_{21} = -2$, $A_{22} = 1$ und somit $\mathbf{A}^{*t} = \begin{pmatrix} 4 & -2 \\ -3 & 1 \end{pmatrix}$.

Daher: $\mathbf{A}^{-1} = -\frac{1}{2} \begin{pmatrix} 4 & -2 \\ -3 & 1 \end{pmatrix}$.

BEMERKUNG 6.9
Dieses Verfahren ist zur Berechnung der inversen Matrix höchst ineffizient.

[10] Der Kofaktor ist eine Zahl und keine Matrix!

6.4.2 Die Cramersche Regel

Die Cramersche[11] Regel ist eine Methode die Lösung eines linearen Gleichungssystems in n Gleichungen und n Unbekannten zu finden, sofern die Lösung *existiert und eindeutig* ist. Falls $\mathbf{A}$ regulär ist ($\det(\mathbf{A}) \neq 0$), dann gilt

$$\mathbf{A} \cdot \mathbf{x} = \mathbf{b} \qquad \Leftrightarrow \qquad \mathbf{x} = \mathbf{A}^{-1} \cdot \mathbf{b} = \frac{1}{\det(\mathbf{A})} \mathbf{A}^{*t} \cdot \mathbf{b}$$

Wir erhalten daher für x_k

$$\begin{aligned} x_k &= \frac{1}{\det(\mathbf{A})} \sum_{i=1}^{n} b_i \cdot A_{ik} = \frac{1}{\det(\mathbf{A})} \sum_{i=1}^{n} b_i \cdot (-1)^{i+k} |\mathbf{S}_{ik}| \\ &= \frac{1}{\det(\mathbf{A})} \det(\mathbf{a}_1, \ldots, \underbrace{\mathbf{b}}_{\text{k-te Spalte}}, \ldots, \mathbf{a}_n) \end{aligned}$$

Wenn wir mit $\mathbf{A}_k$ die Matrix bezeichnen, die wir aus $\mathbf{A}$ erhalten, wenn wir die k-te Spalte durch den Vektor $\mathbf{b}$ ersetzen, dann können wir diese Formel noch weiter vereinfachen:

$$\boxed{x_k = \frac{|\mathbf{A}_k|}{|\mathbf{A}|}}$$

BEMERKUNG 6.10
Dieses Verfahren eignet sich nur, wenn $\mathbf{A}$ eine reguläre quadratische Matrix ist. Die Cramersche Regel ist aber auch dann ein sehr ineffizientes Verfahren zum Lösen eines linearen Gleichungssystems. (Eine bessere Methode, die immer funktioniert, ist z.B. das Gaußsche Eliminationsverfahren.)

BEISPIEL 6.7
Gesucht ist die Lösung von

$$\begin{pmatrix} 9 & 11 & 3 \\ 9 & 13 & 4 \\ 2 & 3 & 1 \end{pmatrix} \cdot \begin{pmatrix} x_1 \\ x_2 \\ x_3 \end{pmatrix} = \begin{pmatrix} 1 \\ 2 \\ 3 \end{pmatrix}$$

$$|\mathbf{A}| = \begin{vmatrix} 9 & 11 & 3 \\ 9 & 13 & 4 \\ 2 & 3 & 1 \end{vmatrix} = 1$$

$$|\mathbf{A}_1| = \begin{vmatrix} 1 & 11 & 3 \\ 2 & 13 & 4 \\ 3 & 3 & 1 \end{vmatrix} = 12, \quad |\mathbf{A}_2| = \begin{vmatrix} 9 & 1 & 3 \\ 9 & 2 & 4 \\ 2 & 3 & 1 \end{vmatrix} = -22, \quad |\mathbf{A}_3| = \begin{vmatrix} 9 & 11 & 1 \\ 9 & 13 & 2 \\ 2 & 3 & 3 \end{vmatrix} = 45$$

$$\mathbf{x} = \begin{pmatrix} x_1 \\ x_2 \\ x_3 \end{pmatrix} = \frac{1}{|\mathbf{A}|} \begin{pmatrix} |\mathbf{A}_1| \\ |\mathbf{A}_2| \\ |\mathbf{A}_3| \end{pmatrix} = \begin{pmatrix} 12 \\ -22 \\ 45 \end{pmatrix}$$

[11] GABRIEL CRAMER, 1704–1752

Übungen

36. Berechnen Sie die Determinanten der folgenden Matrizen:

(a) $\begin{pmatrix} 1 & 2 \\ 2 & 1 \end{pmatrix}$ (b) $\begin{pmatrix} 3 & 1 & 1 \\ 0 & 1 & 0 \\ 3 & 2 & 1 \end{pmatrix}$ (c) $\begin{pmatrix} 3 & 1 & 0 \\ 0 & 1 & 0 \\ 1 & 0 & 1 \end{pmatrix}$

(d) $\begin{pmatrix} 1 & 2 & 3 & -2 \\ 0 & 4 & 5 & 0 \\ 0 & 0 & 6 & 3 \\ 0 & 0 & 0 & 2 \end{pmatrix}$ (e) $\begin{pmatrix} 2 & 0 & 0 & 1 \\ 0 & 1 & 0 & 2 \\ 0 & 0 & 7 & 0 \\ 1 & 2 & 0 & 1 \end{pmatrix}$ (f) $\begin{pmatrix} 1 & 0 & 0 & 1 \\ 0 & 1 & 1 & 0 \\ 0 & 2 & 1 & 0 \\ 1 & 0 & 0 & 2 \end{pmatrix}$

37. (a) Berechnen Sie die Ränge der Matrizen aus Aufgabe 36.

(b) Welche dieser Matrizen sind regulär?

(c) Welche dieser Matrizen sind invertierbar?

(d) Sind die Spaltenvektoren dieser Matrizen linear unabhängig?

38. Gegeben sind die Matrizen

$$\mathbf{A} = \begin{pmatrix} 3 & 1 & 0 \\ 0 & 1 & 0 \\ 1 & 0 & 1 \end{pmatrix}, \quad \mathbf{B} = \begin{pmatrix} 3 & 2\times 1 & 0 \\ 0 & 2\times 1 & 0 \\ 1 & 2\times 0 & 1 \end{pmatrix} \quad \text{und} \quad \mathbf{C} = \begin{pmatrix} 3 & 5\times 3+1 & 0 \\ 0 & 5\times 0+1 & 0 \\ 1 & 5\times 1+0 & 1 \end{pmatrix}$$

Berechnen Sie mit Hilfe der Eigenschaften (1)–(12) der Determinante

(a) $\det(\mathbf{A})$ (b) $\det(5\,\mathbf{A})$ (c) $\det(\mathbf{B})$ (d) $\det(\mathbf{A}^t)$

(e) $\det(\mathbf{C})$ (f) $\det(\mathbf{A}^{-1})$ (g) $\det(\mathbf{A}\cdot\mathbf{C})$

39. Lösen Sie das lineare Gleichungssystem mit Hilfe der Cramerschen Regel.

$$\begin{pmatrix} 7 & 1 & 3 \\ 2 & 1 & 0 \\ 0 & 1 & 1 \end{pmatrix} \cdot \begin{pmatrix} x_1 \\ x_2 \\ x_3 \end{pmatrix} = \begin{pmatrix} 0 \\ 2 \\ 0 \end{pmatrix}$$

7

Eigenwerte und Eigenvektoren

7.1 Was sind Eigenwerte und Eigenvektoren?

Wir betrachten das Leontief-Modell (vgl. §3.1) einer Volkswirtschaft. Sei $\mathbf{x}$ die Produktion und $\mathbf{V}$ die „Verbrauchsmatrix“. Der Konsum innerhalb der Volkswirtschaft ist daher $\mathbf{V} \cdot \mathbf{x}$. Wenn der Konsum gleich der Produktion ist, d.h. wenn

$$\mathbf{V} \cdot \mathbf{x} = \mathbf{x}$$

so haben wir ein **geschlossenes** Leontief-Modell.

Wir suchen nun nach einer Methode, um festzustellen, ob ein Leontief-Modell geschlossen ist. Bei der Gleichung $\mathbf{V} \cdot \mathbf{x} = \mathbf{x}$ handelt es sich um einen Spezialfall des sogenannten **Eigenwertproblems**.

DEFINITION 7.1 (EIGENWERT UND EIGENVEKTOR)
Ein Vektor $\mathbf{x} \in \mathbb{R}^n$ mit $\mathbf{x} \neq \mathbf{o}$ heißt **Eigenvektor** *einer $(n \times n)$-Matrix $\mathbf{A}$ zum (reellen)* **Eigenwert** *$\lambda \in \mathbb{R}$, falls*

$$\boxed{\mathbf{A}\mathbf{x} = \lambda \mathbf{x}}$$

Die Eigenwerte der Matrix $\mathbf{A}$ sind alle λ, für die ein Eigenvektor existiert.

BEISPIEL 7.1
Sei $\mathbf{A}$ eine (3×3)-Diagonalmatrix und $\mathbf{x} = \mathbf{e}_1$ der erste Einheitsvektor. Dann ist

$$\mathbf{A}\mathbf{x} = \begin{pmatrix} a_{11} & 0 & 0 \\ 0 & a_{22} & 0 \\ 0 & 0 & a_{33} \end{pmatrix} \begin{pmatrix} 1 \\ 0 \\ 0 \end{pmatrix} = \begin{pmatrix} a_{11} \\ 0 \\ 0 \end{pmatrix} = a_{11} \cdot \mathbf{x}$$

Der erste Einheitsvektor $\mathbf{x}$ ist also ein Eigenvektor zum Eigenwert $\lambda = a_{11}$.

7.2 Berechnung der Eigenwerte und Eigenvektoren

7.2.1 Die Eigenwerte

Sei $\mathbf{A}$ eine $(n \times n)$-Matrix. Wir müssen die Gleichung

$$\mathbf{A}\,\mathbf{x} = \lambda\mathbf{x} = \lambda\mathbf{I}\mathbf{x} \qquad \Leftrightarrow \qquad (\mathbf{A} - \lambda\mathbf{I})\mathbf{x} = \mathbf{o}$$

lösen. Falls $(\mathbf{A} - \lambda\mathbf{I})$ invertierbar ist, gilt

$$\mathbf{x} = (\mathbf{A} - \lambda\mathbf{I})^{-1}\mathbf{o} = \mathbf{o}$$

Der Vektor $\mathbf{x}$ ist somit kein Eigenvektor und λ kein Eigenwert. λ ist daher genau dann ein Eigenwert, wenn $(\mathbf{A} - \lambda\mathbf{I})$ nicht invertierbar ist, d.h. wenn[1]

$$\boxed{\det(\mathbf{A} - \lambda\mathbf{I}) = 0}$$

$\det(\mathbf{A} - \lambda\mathbf{I})$ ist ein Polynom n-ten Grades und heißt das **charakteristische Polynom** der Matrix $\mathbf{A}$.

Die Eigenwerte von $\mathbf{A}$ sind gerade die Nullstellen des charakteristischen Polynoms.

BEISPIEL 7.2
Wir suchen die Eigenwerte von $\mathbf{A} = \begin{pmatrix} 1 & -2 \\ 1 & 4 \end{pmatrix}$. Dazu bilden wir das charakteristische Polynom und berechnen dessen Nullstellen[2]

$$\det(\mathbf{A} - \lambda\mathbf{I}) = \begin{vmatrix} 1-\lambda & -2 \\ 1 & 4-\lambda \end{vmatrix} = \lambda^2 - 5\lambda + 6 = 0$$

Die Lösungen dieser quadratischen Gleichung sind

$$\lambda_1 = 2 \quad \text{und} \quad \lambda_2 = 3.$$

$\mathbf{A}$ besitzt daher die Eigenwerte 2 und 3.

BEMERKUNG 7.1
Es kann sein, daß eine, mehrere oder alle Nullstellen des charakteristischen Polynoms komplex sind. In diesem Fall sprechen wir von *komplexen* Eigenwerten.

---

[1] ☞ §6.2, Seite 59ff
[2] Berechnung der Nullstellen von Polynome ☞ §A.3.7 auf Seite 267

7.2.2 Die Eigenvektoren

Wir können die Eigenvektoren $\mathbf{x}$ zum *bekannten* Eigenwert λ durch Einsetzen in $(\mathbf{A}-\lambda\mathbf{I})\mathbf{x}=\mathbf{o}$ berechnen.

BEISPIEL 7.3
Wir suchen die Eigenvektoren von $\mathbf{A}=\begin{pmatrix}1 & -2\\ 1 & 4\end{pmatrix}$. Die Eigenwerte (☞ Beispiel 7.2) sind $\lambda_1=2$ und $\lambda_2=3$.

Die Eigenvektoren zum Eigenwert $\lambda_1=2$ erhalten wir aus

$$(\mathbf{A}-\lambda_1\mathbf{I})\mathbf{x}=\begin{pmatrix}-1 & -2\\ 1 & 2\end{pmatrix}\begin{pmatrix}x_1\\ x_2\end{pmatrix}=\begin{pmatrix}0\\ 0\end{pmatrix}$$

Die Lösung ist[3] $x_2=\alpha$ und $x_1=-2\alpha$, für ein $\alpha\in\mathbb{R}\setminus\{0\}$, bzw. in Vektorform

$$\mathbf{x}=\alpha\begin{pmatrix}-2\\ 1\end{pmatrix}$$

Die Eigenvektoren zum ersten Eigenwert λ_1 sind daher $\begin{pmatrix}-2\\ 1\end{pmatrix}$ und jedes nichtverschwindende Vielfache[4] davon.

Genauso erhalten wir die Eigenvektoren zum Eigenwert $\lambda_2=3$ aus

$$(\mathbf{A}-\lambda_2\mathbf{I})\mathbf{x}=\begin{pmatrix}-2 & -2\\ 1 & 1\end{pmatrix}\begin{pmatrix}x_1\\ x_2\end{pmatrix}=\begin{pmatrix}0\\ 0\end{pmatrix}$$

Die Eigenvektoren zum zweiten Eigenwert λ_2 sind $\begin{pmatrix}-1\\ 1\end{pmatrix}$ und jedes nichtverschwindende Vielfache davon.

BEMERKUNG 7.2
Falls $\mathbf{x}$ ein Eigenvektor zum Eigenwert λ ist, dann ist auch jedes Vielfache $\alpha\mathbf{x}$ ein Eigenvektor zum Eigenwert λ, da $\mathbf{A}(\alpha\mathbf{x})=\alpha(\mathbf{A}\mathbf{x})=\alpha\lambda\mathbf{x}=\lambda(\alpha\mathbf{x})$.

Falls $\mathbf{x}$ und $\mathbf{y}$ Eigenvektoren zum gleichen Eigenwert λ sind, dann ist auch $\mathbf{x}+\mathbf{y}$ ein Eigenvektor zum Eigenwert λ, da $\mathbf{A}(\mathbf{x}+\mathbf{y})=\mathbf{A}\mathbf{x}+\mathbf{A}\mathbf{y}=\lambda\mathbf{x}+\lambda\mathbf{y}=\lambda(\mathbf{x}+\mathbf{y})$.

Die Menge aller Eigenvektoren zum Eigenwert λ vereinigt mit dem Nullvektor ist daher ein *Unterraum*[5] des $\mathbb{R}^n$ und wird als Eigenraum bezeichnet.

BEISPIEL 7.4
Gesucht sind die Eigenwerte und Eigenvektoren von

$$\mathbf{A}=\begin{pmatrix}2 & 0 & 1\\ 0 & 3 & 1\\ 0 & 6 & 2\end{pmatrix}$$

[3] mittels Gaußschem Eliminationsverfahren, ☞ §3.3, Seite 17ff

[4] d.h. jedes Vielfache $\alpha\begin{pmatrix}-2\\ 1\end{pmatrix}$ mit $\alpha\neq 0$

[5] ☞ §5.1, Seite 45ff

Wir bilden das charakteristische Polynom und berechnen deren Nullstellen.

$$\begin{aligned}
\det(\mathbf{A}-\lambda\mathbf{I}) &= \left|\begin{pmatrix} 2 & 0 & 1 \\ 0 & 3 & 1 \\ 0 & 6 & 2 \end{pmatrix} - \begin{pmatrix} \lambda & 0 & 0 \\ 0 & \lambda & 0 \\ 0 & 0 & \lambda \end{pmatrix}\right| \\
&= \begin{vmatrix} 2-\lambda & 0 & 1 \\ 0 & 3-\lambda & 1 \\ 0 & 6 & 2-\lambda \end{vmatrix} \\
&= (2-\lambda)\cdot\begin{vmatrix} 3-\lambda & 1 \\ 6 & 2-\lambda \end{vmatrix} = \\
&= (2-\lambda)((3-\lambda)\cdot(2-\lambda)-1\cdot 6) \\
&= (\lambda-2)\lambda(\lambda-5) = 0
\end{aligned}$$

Wir erhalten die Eigenwerte $\lambda_1 = 2$, $\lambda_2 = 0$ und $\lambda_3 = 5$.

Die Eigenvektoren zum Eigenwert $\lambda_1 = 2$ sind die Lösungen der Gleichung

$$(\mathbf{A}-\lambda_1\mathbf{I})\mathbf{x} = \begin{pmatrix} (2-2) & 0 & 1 \\ 0 & (3-2) & 1 \\ 0 & 6 & (2-2) \end{pmatrix}\begin{pmatrix} x_1 \\ x_2 \\ x_3 \end{pmatrix} = \begin{pmatrix} 0 \\ 0 \\ 0 \end{pmatrix}$$

Das Gaußsche Eliminationsverfahren ergibt

$$\left(\begin{array}{ccc|c} 0 & 0 & 1 & 0 \\ 0 & 1 & 1 & 0 \\ 0 & 6 & 0 & 0 \end{array}\right) \longrightarrow \left(\begin{array}{ccc|c} 0 & 1 & 1 & 0 \\ 0 & 0 & 1 & 0 \\ 0 & 6 & 0 & 0 \end{array}\right) \longrightarrow$$

$$\longrightarrow \left(\begin{array}{ccc|c} 0 & 1 & 1 & 0 \\ 0 & 0 & 1 & 0 \\ 0 & 0 & -6 & 0 \end{array}\right) \longrightarrow \left(\begin{array}{ccc|c} 0 & 1 & 1 & 0 \\ 0 & 0 & 1 & 0 \\ 0 & 0 & 0 & 0 \end{array}\right)$$

und somit $x_3 = 0$, $x_2 = 0$ und $x_1 = \alpha_1$ für ein beliebiges $\alpha_1 \in \mathbb{R}$. Die Eigenvektoren für λ_1 sind $\mathbf{x}_1 = \alpha_1 \begin{pmatrix} 1 \\ 0 \\ 0 \end{pmatrix}$, für $\alpha_1 \in \mathbb{R}\setminus\{0\}$.

Genauso erhalten wir für den Eigenwert $\lambda_2 = 0$

$$\left(\begin{array}{ccc|c} 2 & 0 & 1 & 0 \\ 0 & 3 & 1 & 0 \\ 0 & 6 & 2 & 0 \end{array}\right) \longrightarrow \left(\begin{array}{ccc|c} 2 & 0 & 1 & 0 \\ 0 & 3 & 1 & 0 \\ 0 & 0 & 0 & 0 \end{array}\right)$$

die Eigenvektoren $\mathbf{x}_2 = \alpha_2 \begin{pmatrix} -\frac{1}{2} \\ -\frac{1}{3} \\ 1 \end{pmatrix}$, für $\alpha_2 \in \mathbb{R}\setminus\{0\}$.

Und für $\lambda_3 = 5$

$$\left(\begin{array}{ccc|c} -3 & 0 & 1 & 0 \\ 0 & -2 & 1 & 0 \\ 0 & 6 & -3 & 0 \end{array}\right) \longrightarrow \left(\begin{array}{ccc|c} -3 & 0 & 1 & 0 \\ 0 & -2 & 1 & 0 \\ 0 & 0 & 0 & 0 \end{array}\right)$$

die Eigenvektoren $\mathbf{x}_3 = \alpha_2 \begin{pmatrix} \frac{1}{3} \\ \frac{1}{2} \\ 1 \end{pmatrix}$, für ein $\alpha_3 \in \mathbb{R}\setminus\{0\}$.

7.3 Eine geometrische Interpretation

Betrachten wir eine symmetrische[6] (2×2)-Matrix $\mathbf{A}$. Das Bild des Einheitskreises[7] unter der linearen Abbildung $\mathbf{x} \mapsto \mathbf{A}\mathbf{x}$ ist dann eine Ellipse (☞ Abb. 7.1). Die Eigenvektoren von $\mathbf{A}$ sind gerade die Achsen dieser Ellipse und die Eigenwerte sind die Längen dieser Hauptachsen.

BEISPIEL 7.5
Abbildung 7.1 illustriert die Situation für die Matrix $\mathbf{A} = \begin{pmatrix} 1 & 2 \\ 2 & 1 \end{pmatrix}$ (vgl. Bsp. 7.7).

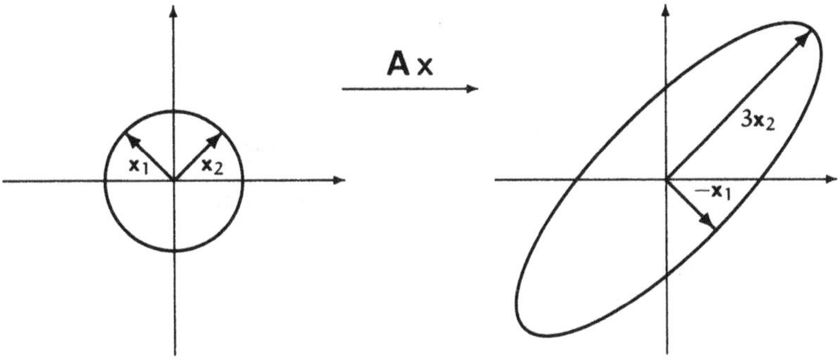

ABBILDUNG 7.1: Das Bild des Einheitskreises unter der linearen Abbildung $\mathbf{x} \mapsto \mathbf{A}\mathbf{x}$. $\mathbf{A}$ ist symmetrisch, $\mathbf{x}_1$ und $\mathbf{x}_2$ sind die Eigenvektoren von $\mathbf{A}$ zu den Eigenwerten $\lambda_1 = -1$ und $\lambda_2 = 3$

7.4 Diagonalisieren

7.4.1 Eigenwerte und ähnliche Matrizen

$\mathbf{A}$ und $\mathbf{C}$ seien zwei *ähnliche Matrizen*[8], d.h. es gibt eine invertierbare Matrix $\mathbf{U}$, sodaß $\mathbf{C} = \mathbf{U}^{-1}\mathbf{A}\mathbf{U}$. In §5.3.4 auf Seite 54 haben wir gesehen, daß $\mathbf{A}$ und $\mathbf{C}$ dieselbe lineare Abbildung $\varphi\colon \mathbb{R}^n \to \mathbb{R}^n$ beschreiben — allerdings bezüglich verschiedener Basen. Die Transformationsmatrix für den Basiswechsel ist dabei gerade $\mathbf{U}$. $\mathbf{A}$ und $\mathbf{C}$ sollten daher dieselben Eigenwerte und (unter Berücksichtigung des Basiswechsels) dieselben Eigenvektoren besitzen.

Sei also $\mathbf{x}$ ein Eigenvektor von $\mathbf{A}$ zum Eigenwert λ. Dann ist $\mathbf{U}^{-1}\mathbf{x}$ ein Eigenvektor von $\mathbf{C}$ zum gleichen Eigenwert λ:

$$\mathbf{C}\,(\mathbf{U}^{-1}\mathbf{x}) = (\mathbf{U}^{-1}\mathbf{A}\,\mathbf{U})\,\mathbf{U}^{-1}\mathbf{x} = \mathbf{U}^{-1}\mathbf{A}\,\mathbf{x} = \mathbf{U}^{-1}\lambda\mathbf{x} = \lambda(\mathbf{U}^{-1}\mathbf{x})$$

[6]☞ Definition 7.2 auf Seite 72
[7]$= \{\mathbf{x} \in \mathbb{R}^2 : \|\mathbf{x}\| = 1\}$
[8]☞ §5.3.4 auf Seite 54

BEMERKUNG 7.3
Die Umkehrung ist allerdings falsch: Zwei Matrizen mit denselben Eigenwerten müssen nicht *ähnlich* sein.

7.4.2 Diagonalisieren von symmetrischen Matrizen

Wir untersuchen nun eine lineare Abbildung $\varphi: \mathbb{R}^n \to \mathbb{R}^n$, die durch eine Matrix $\mathbf{A}$ dargestellt wird. Wir können die Basis des $\mathbb{R}^n$ immer willkürlich wählen[9] und bei jeder Wahl der Basis erhalten wir eine andere Matrix[10]. Um diese lineare Abbildung zu untersuchen, können wir daher eine Darstellung mit einer möglichst einfachen Matrix wählen. Die einfachsten Matrizen sind Diagonalmatrizen.

Können wir immer eine Darstellung durch eine Diagonalmatrix finden? Anders ausgedrückt:

Ist $\mathbf{A}$ ähnlich einer Diagonalmatrix?

Wir beschränken uns hier auf symmetrische Matrizen.

DEFINITION 7.2 (SYMMETRISCHE MATRIX)
Eine $(n \times n)$*-Matrix* $\mathbf{A}$ *heißt symmetrisch, falls* $a_{ij} = a_{ji}$ *für alle* i, j*, d.h.*

$$\boxed{\mathbf{A}^t = \mathbf{A}}$$

BEISPIEL 7.6
Die Matrix $\begin{pmatrix} 1 & 2 \\ 2 & 3 \end{pmatrix}$ ist symmetrisch. Die Matrix $\begin{pmatrix} 1 & 2 \\ 3 & 2 \end{pmatrix}$ ist *nicht* symmetrisch.

Die Eigenwerte und Eigenvektoren einer *symmetrischen* Matrix $\mathbf{A}$ haben folgende wichtige Eigenschaften:

- Alle n Eigenwerte sind reell.
- Die Eigenvektoren $\mathbf{x}_i$ zu verschiedenen Eigenwerten λ_i sind *orthogonal.*
- Es gibt eine Basis $\{\mathbf{v}_1, \dots, \mathbf{v}_n\}$ aus Eigenvektoren von $\mathbf{A}$ für den $\mathbb{R}^n$, in der die $\mathbf{v}_i$ paarweise orthogonal[11] und normiert[11] sind. So eine Basis wird als **Orthonormalbasis** bezeichnet.

Betrachten wir nun die Transformationsmatrix $\mathbf{U} = (\mathbf{v}_1, \dots, \mathbf{v}_n)$, deren Spaltenvektoren $\mathbf{v}_i$ die Eigenvektoren der symmetrischen Matrix $\mathbf{A}$ zu den Eigenwerten λ_i sind. Wegen der Orthonormiertheit ist $\mathbf{v}_i^t \cdot \mathbf{v}_j$ entweder gleich 1, falls $i = j$, und gleich 0, falls $i \neq j$. Daher gilt[12]

[9] ☞ §5.2 auf Seite 47
[10] ☞ §5.3.4 auf Seite 54
[11] ☞ §4.3.3, Seite 29
[12] Eine Matrix $\mathbf{A}$ mit der Eigenschaft $\mathbf{A}^t \cdot \mathbf{A} = \mathbf{I}$ heißt **Orthonormalmatrix**

$$\mathbf{U}^t \cdot \mathbf{U} = \mathbf{I} \quad \Leftrightarrow \quad \boxed{\mathbf{U}^{-1} = \mathbf{U}^t}$$

Für jeden Einheitsvektor $\mathbf{e}_i$ erhalten wir

$$\mathbf{U}^t \mathbf{A} \mathbf{U} \mathbf{e}_i = \mathbf{U}^t \mathbf{A} \mathbf{v}_i = \mathbf{U}^t \lambda_i \mathbf{v}_i = \lambda_i \mathbf{U}^t \mathbf{v}_i = \lambda_i \mathbf{e}_i$$

und somit

$$\mathbf{U}^t \mathbf{A} \mathbf{U} = \mathbf{D} = \begin{pmatrix} \lambda_1 & 0 & \dots & 0 \\ 0 & \lambda_2 & \dots & 0 \\ \vdots & & \ddots & \vdots \\ 0 & 0 & \dots & \lambda_n \end{pmatrix}$$

Jede symmetrische Matrix ist somit ähnlich zu einer Diagonalmatrix.

Jede symmetrische Matrix wird bezüglich einer Orthonormalbasis aus Eigenvektoren zu einer Diagonalmatrix, deren Diagonalelemente die Eigenwerte von $\mathbf{A}$ sind. Wir nennen diesen Vorgang Diagonalisieren.

Wir können uns eine symmetrische Matrix als Diagonalmatrix vorstellen, mit den Eigenwerten als Diagonalelemente.

BEMERKUNG 7.4
Viele — aber nicht alle — nichtsymmetrischen Matrizen lassen sich ebenfalls diagonalisieren.

BEISPIEL 7.7
Wir wollen $\mathbf{A} = \begin{pmatrix} 1 & 2 \\ 2 & 1 \end{pmatrix}$ diagonalisieren.

Das charakteristische Polynom ist

$$\begin{vmatrix} 1-\lambda & 2 \\ 2 & 1-\lambda \end{vmatrix} = \lambda^2 - 2\lambda - 3 = 0$$

Die Eigenwerte sind daher $\lambda_1 = -1$ und $\lambda_2 = 3$.
Die normierten Eigenvektoren sind

$$\mathbf{v}_1 = \begin{pmatrix} -\frac{1}{\sqrt{2}} \\ \frac{1}{\sqrt{2}} \end{pmatrix} \text{ bzw. } \mathbf{v}_2 = \begin{pmatrix} \frac{1}{\sqrt{2}} \\ \frac{1}{\sqrt{2}} \end{pmatrix}$$

Bezüglich dieser Basis wird $\mathbf{A}$ zur Diagonalmatrix

$$\begin{pmatrix} -1 & 0 \\ 0 & 3 \end{pmatrix}$$

7.5 Einige Eigenschaften von Eigenwerten

(1) Die Matrizen $\mathbf{A}$ und $\mathbf{A}^t$ besitzen dieselben Eigenwerte.

(2) Seien $\mathbf{A}$ und $\mathbf{B}$ $(n \times n)$-Matrizen. Dann besitzen die Matrizen $\mathbf{A}\mathbf{B}$ und $\mathbf{B}\mathbf{A}$ dieselben Eigenwerte.

(3) Ist λ ein Eigenwert der regulären Matrix $\mathbf{A}$, so ist $\frac{1}{\lambda}$ ein Eigenwert von $\mathbf{A}^{-1}$. $\mathbf{A}$ und $\mathbf{A}^{-1}$ haben dieselben Eigenvektoren.

(4) Ist λ ein Eigenwert von $\mathbf{A}$, dann ist λ^k ein Eigenwert von $\mathbf{A}^k$.

(5) Die Determinante einer $n \times n$-Matrix $\mathbf{A}$ ist gleich dem Produkt der Eigenwerte λ_i von $\mathbf{A}$:

$$\det(\mathbf{A}) = \prod_{i=1}^{n} \lambda_i$$

(6) Die Spur $\mathrm{Sp}(\mathbf{A})$ einer $n \times n$-Matrix $\mathbf{A}$ ist definiert als die Summe der Diagonalelemente von $\mathbf{A}$. Die Summe der Eigenwerte λ_i der Matrix $\mathbf{A}$ ist immer gleich der Spur: $\mathrm{Sp}(\mathbf{A}) = \sum_{i=1}^{n} \lambda_i$

BEMERKUNG 7.5
Von diesen Eigenschaften können wir uns leicht[13] überzeugen:

(1) Zwei Matrizen haben dieselben Eigenwerte, wenn die sie die gleichen charakteristischen Polynome haben: $\det(\mathbf{A} - \lambda\mathbf{I}) = \det((\mathbf{A}^t - \lambda\mathbf{I})^t) = \det(\mathbf{A}^t - \lambda\mathbf{I})$

(2) Im einfachen Fall, wo $\mathbf{A}$ und $\mathbf{B}$ regulär sind, gilt:
$\det(\mathbf{A}\,\mathbf{B} - \lambda\mathbf{I}) = \det(\mathbf{A}\,\mathbf{B} - \lambda\,\mathbf{B}^{-1}\,\mathbf{B}) = \det(\mathbf{A} - \lambda\,\mathbf{B}^{-1}) \cdot \det(\mathbf{B}) =$
$\det(\mathbf{B}) \cdot \det(\mathbf{A} - \lambda\,\mathbf{B}^{-1}) = \det(\mathbf{B}\,\mathbf{A} - \lambda\,\mathbf{B}\,\mathbf{B}^{-1}) = \det(\mathbf{B}\,\mathbf{A} - \lambda\mathbf{I})$

(3) $\mathbf{A}\,\mathbf{x} = \lambda\,\mathbf{x} \quad \Leftrightarrow \quad \mathbf{x} = \lambda\,\mathbf{A}^{-1}\,\mathbf{x} \quad \Leftrightarrow \quad \frac{1}{\lambda}\mathbf{x} = \mathbf{A}^{-1}\,\mathbf{x}$

(4) $\mathbf{A}^k\,\mathbf{x} = \mathbf{A}^{k-1}\,\mathbf{A}\,\mathbf{x} = \mathbf{A}^{k-1}\,\lambda\,\mathbf{x} = \lambda\,\mathbf{A}^{k-1}\,\mathbf{x} = \ldots = \lambda^k\,\mathbf{x}$

(5) Für symmetrische Matrizen durch Diagonalisieren (☞ §7.4).

7.6 Quadratische Formen

Mit Hilfe von Matrizen können nicht nur lineare Abbildungen definiert werden[14], sondern auch solche Funktionen, die quadratische Terme enthalten.

DEFINITION 7.3 (QUADRATISCHE FORM)
Sei $\mathbf{A}$ eine symmetrische $n \times n$-Matrix. Die Abbildung $q_{\mathbf{A}}: \mathbb{R}^n \to \mathbb{R}$, $\mathbf{x} \mapsto q_{\mathbf{A}}(\mathbf{x})$ mit

$$q_{\mathbf{A}}(\mathbf{x}) = \mathbf{x}^t \cdot \mathbf{A} \cdot \mathbf{x}$$

heißt quadratische Form.

[13] unter Verwendung der Rechenregeln für Matrizen (☞ Tab. 4.1, Seite 41) und den Eigenschaften der Determinante (☞ §6.2 auf Seite 59)
[14] ☞ §5.3 auf Seite 51ff

BEISPIEL 7.8

Sei $\mathbf{A} = \begin{pmatrix} 1 & 0 & 0 \\ 0 & 2 & 0 \\ 0 & 0 & 3 \end{pmatrix}$. Dann ist

$$q_{\mathbf{A}}(\mathbf{x}) = \begin{pmatrix} x_1 \\ x_2 \\ x_3 \end{pmatrix}^t \cdot \begin{pmatrix} 1 & 0 & 0 \\ 0 & 2 & 0 \\ 0 & 0 & 3 \end{pmatrix} \cdot \begin{pmatrix} x_1 \\ x_2 \\ x_3 \end{pmatrix} = \begin{pmatrix} x_1 \\ x_2 \\ x_3 \end{pmatrix}^t \cdot \begin{pmatrix} x_1 \\ 2x_2 \\ 3x_3 \end{pmatrix} = x_1^2 + 2\,x_2^2 + 3\,x_3^2$$

BEISPIEL 7.9

Sei $\mathbf{A} = \begin{pmatrix} 1 & 1 & -2 \\ 1 & 2 & 3 \\ -2 & 3 & 1 \end{pmatrix}$. Dann ist

$$\begin{aligned} q_{\mathbf{A}}(\mathbf{x}) &= \begin{pmatrix} x_1 \\ x_2 \\ x_3 \end{pmatrix}^t \cdot \begin{pmatrix} 1 & 1 & -2 \\ 1 & 2 & 3 \\ -2 & 3 & 1 \end{pmatrix} \cdot \begin{pmatrix} x_1 \\ x_2 \\ x_3 \end{pmatrix} = \begin{pmatrix} x_1 \\ x_2 \\ x_3 \end{pmatrix}^t \cdot \begin{pmatrix} x_1 + x_2 - 2x_3 \\ x_1 + 2x_2 + 3x_3 \\ -2x_1 + 3x_2 + x_3 \end{pmatrix} \\ &= x_1^2 + 2x_1x_2 - 4x_1x_3 + 2x_2^2 + 6x_2x_3 + x_3^2 \end{aligned}$$

BEMERKUNG 7.6

Allgemein gilt: Falls $\mathbf{A} = (a_{ij})$, dann ist

$$q_{\mathbf{A}}(\mathbf{x}) = \sum_{i=1}^{n} \sum_{j=1}^{n} a_{ij}\, x_i x_j$$

Wir werden uns später (§§14 und 17) vor allem für das Vorzeichen (Definitheit) dieser quadratischen Formen interessieren.

DEFINITION 7.4 (DEFINITHEIT)

Eine quadratische Form $q_{\mathbf{A}}$ heißt

- *positiv definit, wenn für alle $\mathbf{x} \neq \mathbf{o}$, $q_{\mathbf{A}}(\mathbf{x}) > 0$.*
- *positiv semidefinit, wenn für alle $\mathbf{x}$, $q_{\mathbf{A}}(\mathbf{x}) \geq 0$.*
- *negativ definit, wenn für alle $\mathbf{x} \neq \mathbf{o}$, $q_{\mathbf{A}}(\mathbf{x}) < 0$.*
- *negativ semidefinit, wenn für alle $\mathbf{x}$, $q_{\mathbf{A}}(\mathbf{x}) \leq 0$.*
- *indefinit in allen anderen Fällen.*

Eine Matrix $\mathbf{A}$ heißt positiv (negativ) definit (semidefinit), wenn die entsprechende quadratische Form positiv (negativ) definit (semidefinit) ist.

TABELLE 7.1: Bestimmung der Definitheit (Methode 1)
Sei $\mathbf{A}$ eine symmetrische Matrix mit den Eigenwerten λ_i.
Die quadratische Form $q_\mathbf{A}$ und $\mathbf{A}$ sind genau dann

- *positiv definit*, wenn alle $\lambda_i > 0$ sind.
- *positiv semidefinit*, wenn alle $\lambda_i \geq 0$ sind.
- *negativ definit*, wenn alle $\lambda_i < 0$ sind.
- *negativ semidefinit*, wenn alle $\lambda_i \leq 0$ sind.
- *indefinit* in allen anderen Fällen, d.h. wenn es Eigenwerte > 0 und Eigenwerte < 0 gibt.

Wir wissen aus §7.4, daß jede symmetrische Matrix *diagonalisierbar* ist. Sei daher $\{\mathbf{v}_1, \ldots, \mathbf{v}_n\}$ eine Orthonormalbasis des $\mathbb{R}^n$ aus Eigenvektoren von $\mathbf{A}$. Jeder Vektor $\mathbf{x}$ läßt sich dann darstellen als

$$\mathbf{x} = \alpha_1 \mathbf{v}_1 + \cdots + \alpha_n \mathbf{v}_n$$

und wir erhalten für die quadratische Form

$$\begin{aligned} q_\mathbf{A}(\mathbf{x}) &= \mathbf{x}^t \cdot \mathbf{A} \cdot \mathbf{x} = (\alpha_1 \mathbf{v}_1^t + \cdots + \alpha_n \mathbf{v}_n^t) \cdot (\alpha_1 \underbrace{\mathbf{A}\mathbf{v}_1}_{=\lambda_1 \mathbf{v}_1} + \cdots \alpha_n \underbrace{\mathbf{A}\mathbf{v}_n}_{=\lambda_n \mathbf{v}_n}) \\ &= \sum_{i=1}^{n} \sum_{j=1}^{n} \alpha_i \alpha_j \lambda_j \mathbf{v}_i^t \cdot \mathbf{v}_j = \sum_{i=1}^{n} \alpha_i^2 \lambda_i \end{aligned}$$

Dieser Ausdruck ist genau dann für alle $\mathbf{x}$ größer gleich 0 (kleiner gleich 0), wenn alle Eigenwerte λ_i größer gleich 0 (bzw. kleiner gleich 0) sind. Wir erhalten dadurch ein Kriterium für die Definitheit einer quadratischen Form (☞ Tab. 7.1).

Die Berechnung von Eigenwerten ist manchmal sehr schwierig. Die Definitheit einer Matrix kann aber auch mit Hilfe der *Hauptminoren* der Matrix bestimmt werden (☞ Tab. 7.2).

DEFINITION 7.5 (HAUPTMINOR)
*Sei $\mathbf{A} = (a_{ij})$ eine symmetrische $n \times n$-Matrix. Dann heißt die Determinante der Untermatrix $\mathbf{A}_k$ der k-te **Hauptminor** von $\mathbf{A}$.*

$$|\mathbf{A}_k| = \begin{vmatrix} a_{11} & \ldots & a_{1k} \\ \vdots & \ddots & \vdots \\ a_{k1} & \ldots & a_{kk} \end{vmatrix}$$

TABELLE 7.2: Bestimmung der Definitheit (Methode 2a)
Sei $\mathbf{A}$ eine symmetrische Matrix mit den Hauptminoren $|\mathbf{A}_k|$.
Die quadratische Form $q_{\mathbf{A}}$ und $\mathbf{A}$ sind genau dann

- *positiv definit*, wenn alle $|\mathbf{A}_k| > 0$ sind.
- *negativ definit*, wenn für alle k, $(-1)^k |\mathbf{A}_k| > 0$, d.h. wenn $|\mathbf{A}_1|, |\mathbf{A}_3|, \ldots < 0$ und $|\mathbf{A}_2|, |\mathbf{A}_4|, \ldots > 0$.
- Falls $\det(\mathbf{A}) \neq 0$ ist, und keine der beiden Fälle zutrifft, ist $\mathbf{A}$ *indefinit.*

BEISPIEL 7.10

Gesucht ist die Definitheit der Matrix $\mathbf{A} = \begin{pmatrix} 1 & 1 & -2 \\ 1 & 2 & 3 \\ -2 & 3 & 1 \end{pmatrix}$.

$|\mathbf{A}_1| = \det(a_{11}) = \det(1) = 1 > 0$

$$|\mathbf{A}_2| = \begin{vmatrix} a_{11} & a_{12} \\ a_{21} & a_{22} \end{vmatrix} = \begin{vmatrix} 1 & 1 \\ 1 & 2 \end{vmatrix} = 1 > 0$$

$$|\mathbf{A}_3| = |\mathbf{A}| = \begin{vmatrix} 1 & 1 & -2 \\ 1 & 2 & 3 \\ -2 & 3 & 1 \end{vmatrix} = -28 < 0$$

$\mathbf{A}$ und $q_{\mathbf{A}}$ sind indefinit.

BEISPIEL 7.11

Gesucht ist die Definitheit der Matrix $\mathbf{A} = \begin{pmatrix} 2 & 1 & 0 \\ 1 & 3 & -1 \\ 0 & -1 & 2 \end{pmatrix}$.

$|\mathbf{A}_1| = 2$, $|\mathbf{A}_2| = 5$, $|\mathbf{A}_3| = |\mathbf{A}| = 8$. Alle Hauptminoren sind > 0, $\Rightarrow$ $\mathbf{A}$ und $q_{\mathbf{A}}$ sind positiv definit.

BEMERKUNG 7.7
Um die Bedingungen von Tabelle 7.2 zu verstehen, stellen wir uns $\mathbf{A}$ als Diagonalmatrix[15] vor.

[15]In §7.4.2 auf Seite 72 haben wir gesehen, daß dies auch gerechtfertigt ist.

TABELLE 7.3: Bestimmung der Definitheit (Methode 2b)
Sei $\mathbf{A}$ eine symmetrische Matrix mit den Hauptminoren $|\tilde{\mathbf{A}}_k|$.
Die quadratische Form $q_{\mathbf{A}}$ und $\mathbf{A}$ sind genau dann

- *positiv semidefinit*, wenn alle $|\tilde{\mathbf{A}}_k| \geq 0$ sind.
- *negativ semidefinit*, wenn für alle k, $(-1)^k\,|\tilde{\mathbf{A}}_k| \geq 0$.
- *indefinit* in allen anderen Fällen.

Leider ist die Bedingung für Semidefinitheit nicht so einfach. Wir benötigen dazu die allgemeinen Hauptminoren

$$|\tilde{\mathbf{A}}_k| = \begin{vmatrix} a_{i_1,i_1} & \cdots & a_{i_1,i_k} \\ \vdots & \ddots & \vdots \\ a_{i_k,i_1} & \cdots & a_{i_k,i_k} \end{vmatrix}$$

wobei $1 \leq i_1 < i_2 < \ldots < i_k \leq n$. Es gilt dann das in Tabelle 7.3 gezeigte (aufwendige[16]) Kriterium.

BEISPIEL 7.12
Die allgemeinen Hauptminoren $|\tilde{\mathbf{A}}_k|$ der Matrix $\mathbf{A} = \begin{pmatrix} 1 & 2 \\ 2 & 3 \end{pmatrix}$ lauten $|\tilde{\mathbf{A}}_1| = 1$ und 3 sowie $|\tilde{\mathbf{A}}_2| = \begin{vmatrix} 1 & 2 \\ 2 & 3 \end{vmatrix} = -1$. Die Matrix ist somit indefinit.

BEMERKUNG 7.8
Die Untersuchen der Hauptminoren $|\mathbf{A}_k|$ wie in Tabelle 7.2 reicht für die Untersuchung der Semidefinitheit einer Matrix nicht aus. So ist die Matrix $\mathbf{A} = \begin{pmatrix} 0 & 0 \\ 0 & -1 \end{pmatrix}$ nicht positiv semidefinit (die Eigenwerte lauten: 0 und -1), obwohl alle Hauptminoren ≥ 0 sind ($|\mathbf{A}_1| = 0$, $|\mathbf{A}_2| = 0$). Die allgemeinen Hauptminoren sind $|\tilde{\mathbf{A}}_1| = 0$ und -1, sowie $|\tilde{\mathbf{A}}_2| = 0$. Alle ersten allgemeinen Hauptminoren sind somit ≤ 0, alle zweiten ≥ 0. Die Matrix ist daher nach Tabelle 7.3 negativ semidefinit.

[16] Eine $n \times n$-Matrix $\mathbf{A}$ hat $\binom{n}{k}$ viele allgemeine k-te Hauptminoren $|\tilde{\mathbf{A}}_k|$.

Übungen

40. Berechnen Sie Eigenwerte und Eigenvektoren der Matrizen

(a) $\mathbf{A} = \begin{pmatrix} 3 & 2 \\ 2 & 6 \end{pmatrix}$ (b) $\mathbf{B} = \begin{pmatrix} 2 & 3 \\ 4 & 13 \end{pmatrix}$

41. Berechnen Sie Eigenwerte und Eigenvektoren der Matrizen

(a) $\mathbf{A} = \begin{pmatrix} 11 & 4 & 14 \\ 4 & -1 & 10 \\ 14 & 10 & 8 \end{pmatrix}$ (b) $\mathbf{B} = \begin{pmatrix} 4 & 0 & 1 \\ -2 & 1 & 0 \\ -2 & 0 & 1 \end{pmatrix}$

(c) $\mathbf{C} = \begin{pmatrix} 1 & 2 & 2 \\ 1 & 2 & -1 \\ -1 & 1 & 4 \end{pmatrix}$ (d) $\mathbf{D} = \begin{pmatrix} 1 & -3 & 3 \\ 3 & -5 & 3 \\ 6 & -6 & 4 \end{pmatrix}$

Welche Definitheitseigenschaften besitzen diese Matrizen?

42. Berechnen Sie Eigenwerte und Eigenvektoren der Matrizen

(a) $\mathbf{A} = \begin{pmatrix} 1 & 0 & 0 \\ 0 & 1 & 0 \\ 0 & 0 & 1 \end{pmatrix}$ (b) $\mathbf{B} = \begin{pmatrix} 1 & 1 & 1 \\ 0 & 1 & 1 \\ 0 & 0 & 1 \end{pmatrix}$

43. Illustrieren Sie die Eigenschaften (1), (5) und (6) aus §7.5 an der Matrix

$$\mathbf{A} = \begin{pmatrix} 2 & 1 & 0 \\ 0 & 1 & 1 \\ 2 & 2 & 1 \end{pmatrix}$$

44. Illustrieren Sie die Eigenschaften (3) und (4) aus §7.5 an der Matrix

$$\mathbf{A} = \begin{pmatrix} 1 & 2 \\ 2 & 1 \end{pmatrix}$$

45. Illustrieren Sie die Eigenschaft (2) aus §7.5 an den Matrizen

$$\mathbf{A} = \begin{pmatrix} 2 & 1 \\ 1 & 2 \end{pmatrix} \quad \text{und} \quad \mathbf{B} = \begin{pmatrix} 1 & 0 \\ 0 & 2 \end{pmatrix}$$

8

Reihen und ihre Folgen

"Can you do Addition?" the White Queen asked. "What's one and one and one and one and one and one and one and one and one and one?"
"I don't know," said Alice. "I lost count."

Lewis Carroll (1832–1898)
»Through the Looking Glass«

8.1 Was sind Folgen und Reihen?

8.1.1 Folgen

In einem Sparbuch sind alle Buchungsposten (Gutschriften, Belastungen, usw.) für ein bestimmtes Sparkonto, aufgelistet — **geordnet** nach dem Buchungstag. Die Buchungsbeträge in den einzelnen Zeilen bilden somit eine *„geordnete Menge"* von (reellen) Zahlen[1].

DEFINITION 8.1 (FOLGE)
*Eine **Folge** ist eine Anordnung von reellen Zahlen. Die einzelnen Zahlen heißen **Glieder** der Folge.*

BEMERKUNG 8.1
Die abstrakte Definition lautet: Eine Folge ist eine Abbildung[2] $\mathbb{N} \rightarrow \mathbb{R}$, $n \mapsto a_n$. (Wir ordnen jeder natürlichen Zahl n das n-te Folgeglied zu.)

Folgen werden mit $\left\langle a_i \right\rangle_{i=1}^{n}$ oder kurz $\left\langle a_i \right\rangle$ bezeichnet[3].

Folgen können definiert werden

- durch **Aufzählen** der Glieder,

[1]Der Ausdruck ist umgangssprachlich gemeint. Bei Mengen kommt es ja auf die Reihenfolge der Elemente *nicht* an (☞ §2, Seite 5).
[2]☞ §2.3, Seite 10
[3]Statt *spitzen* Klammern sind auch *runde* Klammern üblich: (a_i).

- durch Angabe eines Bildungsgesetzes oder
- durch Rekursion[4].

BEISPIEL 8.1
Aufzählung: $\langle a_i \rangle = \langle 1, 3, 5, 7, 9, \ldots \rangle$
Bildungsgesetz: $\langle a_i \rangle = \langle 2i - 1 \rangle$
Rekursion: $\langle a_i \rangle$, $a_1 = 1$, $a_{i+1} = a_i + 2$

Eine Folge $\langle a_i \rangle$ kann graphisch dargestellt werden, indem man

(1) die einzelnen Folgeglieder in der Zahlengerade aufträgt, oder

(2) die Zahlenpaare (n, a_n) in der Zahlenebene einzeichnet.

BEISPIEL 8.2
Abbildung 8.1 zeigt die ersten 10 Glieder der Folge $\langle \frac{1}{n} \rangle$ in beiden Darstellungsmöglichkeiten.

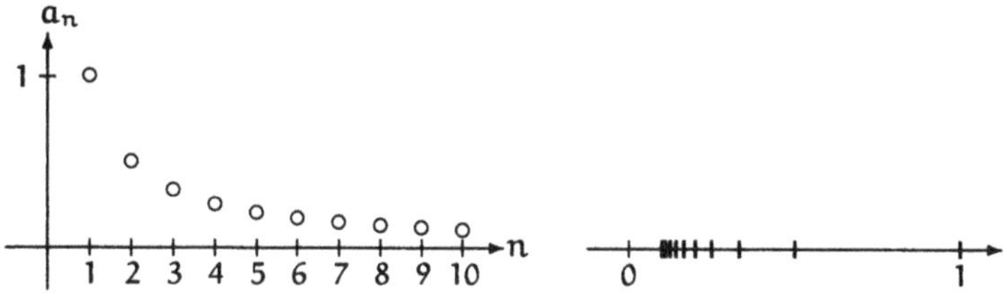

ABBILDUNG 8.1: Die ersten 10 Glieder der Folge $\langle \frac{1}{n} \rangle$

In Tabelle 8.1 sind einige Eigenschaften von Folgen aufgelistet.

TABELLE 8.1: Eigenschaften von Folgen $\langle a_i \rangle$

Bezeichnung	Definition
monoton steigend	$a_{i+1} \geq a_i$
monoton fallend	$a_{i+1} \leq a_i$
alternierend	$a_{i+1} \cdot a_i < 0$, d.h. das Vorzeichen wechselt.
beschränkt	$\lvert a_i \rvert \leq M$, für ein $M \in \mathbb{R}$.

[4] Jedes Folgeglied wird durch seine(n) Vorgänger bestimmt.

8.1.2 Reihen

Wir können nun in unserem Sparbuchbeispiel die ersten k Buchungsbeträge addieren: $s_k = \sum_{i=1}^{k} b_i$. So eine Summe heißt die k-te Teilsumme (Partialsumme) der Folge $\langle b_i \rangle$. Da bei Kontoeröffnung das Guthaben genau 0 Geldeinheiten betragen hat, ist dieses s_k gerade der Kontostand nach k Buchungszeilen. Diese Kontostände bilden wiederum eine Folge.

DEFINITION 8.2 (REIHE)
Die Folge $\langle s_k \rangle$ aller Teilsummen einer Folge $\langle a_i \rangle$ heißt die Reihe der Folge $\langle a_i \rangle$.

BEISPIEL 8.3
Die Reihe der Folge $\langle a_i \rangle = \langle 2i - 1 \rangle$ lautet

$$\langle s_k \rangle = \langle \sum_{i=1}^{k} (2i-1) \rangle = \langle 1, 4, 9, 16, 25, \ldots \rangle = \langle k^2 \rangle$$

8.2 Grenzwerte und ihre Berechnung

Betrachten wir die Folge $\langle \frac{(-1)^n}{n} \rangle$. In Abbildung 8.2 sind die ersten Glieder dieser Folge auf der Zahlengerade aufgetragen.

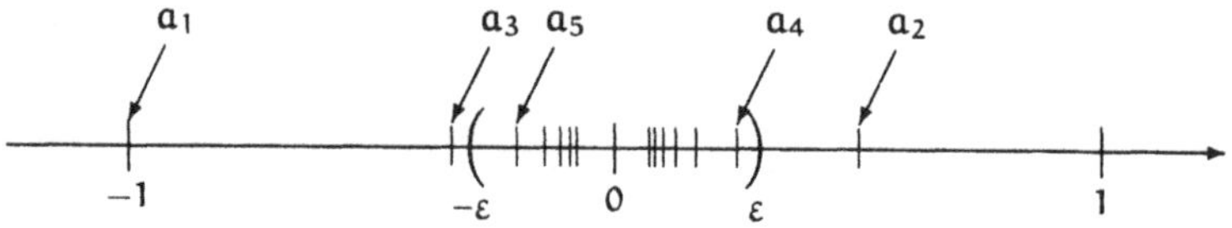

ABBILDUNG 8.2: Grenzwert der Folge $\langle \frac{(-1)^n}{n} \rangle$

Es fällt auf, daß sich die Glieder immer mehr dem Wert 0 nähern, je größer n wird. Sie *„streben“* mit wachsendem n gegen 0. Wir sagen, *die Folge $\langle a_n \rangle$* **konvergiert** *gegen* 0.

DEFINITION 8.3 (LIMES)
*Eine Zahl $a \in \mathbb{R}$ heißt **Grenzwert** (oder **Limes**) einer Folge $\langle a_n \rangle$, wenn es für jedes noch so kleine Intervall $(a-\varepsilon, a+\varepsilon)$ ein a_N gibt, sodaß $a_n \in (a-\varepsilon, a+\varepsilon)$ für alle $n \geq N$ (m.a.W.: alle Folgeglieder ab a_N liegen im Intervall).*

Wir schreiben dafür

$$\langle a_n \rangle \to a \quad \text{oder} \quad \lim_{n \to \infty} a_n = a$$

Eine Folge, die einen Grenzwert besitzt, heißt **konvergent**. Sie **konvergiert** gegen ihren Grenzwert. Wir sprechen dabei auch von **Grenzübergang**.

In unserem Beispiel ist $a = 0$. In Abbildung 8.2 ist das Intervall $(a - \varepsilon, a + \varepsilon)$ für $\varepsilon = 0{,}3$ eingezeichnet. Alle Folgeglieder ab a_4 liegen in diesem Intervall. Wenn wir ein kleineres Intervall betrachten, etwa für $\varepsilon = \frac{1}{1\,000\,000}$, so liegen wiederum alle Folgeglieder ab dem 1 000 001-ten Glied in diesem Intervall.

Nicht jede Folge besitzt einen Grenzwert. So eine Folge heißt dann **divergent**.

Beispiel 8.4
Die Folge $\langle n^2 \rangle = \langle 1, 4, 9, 16, 25, \ldots \rangle$ besitzt keinen Grenzwert, da sie größer als jede beliebige natürliche Zahl wird. Sie strebt gegen ∞.

Folgen wie in Beispiel 8.4 heißen **bestimmt divergent** gegen $+\infty$ (oder $-\infty$). Wir schreiben dafür

$$\lim_{n\to\infty} a_n = +\infty \quad (\text{bzw. } \lim_{n\to\infty} a_n = -\infty)$$

Beispiel 8.5
Die Folge $\langle (-1)^n \rangle = \langle -1, 1, -1, 1, -1, \ldots \rangle$ besitzt keinen Grenzwert. Es liegen zwar alle geraden Folgeglieder in jedem noch so kleinem Intervall um 1. Es enthält aber kein einziges ungerades Folgeglied. Die Folge strebt auch nicht gegen $+\infty$ oder $-\infty$.

Die Folge aus Beispiel 8.5 heißt **(unbestimmt) divergent**.

Es ist im allgemeinen schwierig, Grenzwerte zu berechnen. In Tabelle 8.2 sind daher die Grenzwerte einiger besonders wichtiger Folgen aufgelistet. Aus diesen Grenzwerten lassen sich viele weitere Grenzwerte mit Hilfe der Regeln aus Tabelle 8.3 herleiten.

Beispiel 8.6 ([5])

$$\lim_{n\to\infty} (2^{-n} \cdot n^{-1}) \overset{(3)}{=} \lim_{n\to\infty} 2^{-n} \cdot \lim_{n\to\infty} n^{-1} = 0 \cdot 0 = 0$$

$$\lim_{n\to\infty} \frac{(-1)^n}{2^n} = \lim_{n\to\infty} \underbrace{(-1)^n}_{\text{beschränkt}} \cdot \underbrace{2^{-n}}_{\lim=0} \overset{(5)}{=} 0$$

$$\lim_{n\to\infty} \left(2 + \frac{1}{n^2}\right) \overset{(1)}{=} 2 + \lim_{n\to\infty} \frac{1}{n^2} = 2 + 0 = 2$$

Wir müssen beim Anwenden dieser Rechenregeln darauf achten, daß wir keine Ausdrücke der Form $\frac{0}{0}$, $\frac{\infty}{\infty}$ oder $0 \cdot \infty$ erhalten (☞ Beispiel 8.7). Diese Ausdrücke sind *nicht definiert* und der Grenzwert könnte jeder beliebige Wert bzw. die Folge könnte divergent sein. Wir können auch aus $\lim = \frac{1}{0}$ *nicht* schließen, daß $\lim = \infty$ (oder $\lim = -\infty$).

[5]Die Zahlen über den Gleichheitszeichen geben die verwendeten Rechenregeln aus Tabelle 8.3 an.

TABELLE 8.2: Grenzwerte wichtiger Folgen

$$\lim_{n\to\infty} c = c \quad \text{für alle } c \in \mathbb{R}$$

$$\lim_{n\to\infty} n^\alpha = \begin{cases} +\infty & \text{für } \alpha > 0 \\ 1 & \text{für } \alpha = 0 \\ 0 & \text{für } \alpha < 0 \end{cases}$$

$$\lim_{n\to\infty} q^n = \begin{cases} +\infty & \text{für } q > 1 \\ 1 & \text{für } q = 1 \\ 0 & \text{für } -1 < q < 1 \\ \text{existiert nicht} & \text{für } q \leq -1 \end{cases}$$

$$\lim_{n\to\infty} \frac{1}{n^\alpha} = \lim_{n\to\infty} n^{-\alpha}$$

$$\lim_{n\to\infty} \frac{1}{q^n} = \lim_{n\to\infty} q^{-n}$$

$$\lim_{n\to\infty} n^\alpha \cdot q^n = \lim_{n\to\infty} q^n \quad \text{falls } q \neq 1$$

BEISPIEL 8.7

$$\lim_{n\to\infty} \frac{n^2+1}{n^2-1} = \frac{\lim\limits_{n\to\infty} n^2+1}{\lim\limits_{n\to\infty} n^2-1} = \frac{\infty}{\infty} (= \text{nicht definiert})$$

Trick: *Kürzen* durch die ***höchste*** *vorkommende Potenz im* ***Nenner***.

$$\lim_{n\to\infty} \frac{n^2+1}{n^2-1} = \lim_{n\to\infty} \frac{n^2}{n^2} \cdot \frac{1+n^{-2}}{1-n^{-2}} = \frac{\lim\limits_{n\to\infty} 1+n^{-2}}{\lim\limits_{n\to\infty} 1-n^{-2}} = \frac{1}{1} = 1$$

8.3 Arithmetische und geometrische Folgen

Arithmetische und geometrische Folgen sind von grundlegender Bedeutung für die *Finanzmathematik* (☞ §8.4). Tabelle 8.4 zeigt wichtige Eigenschaften dieser Folgen.

BEMERKUNG 8.2
Es ist manchmal üblich, bei Folgen und Reihen bei 0 anstatt bei 1 zu zählen zu beginnen. Die Bildungsgesetze und Summenformeln für die arithmetische Folge lauten dann

$$a_n = a_0 + n \cdot d \quad \text{bzw.} \quad s_n = \frac{n+1}{2}(a_0 + a_n)$$

und für die geometrische Folge

$$a_n = a_0 \cdot q^n \quad \text{bzw.} \quad s_n = a_0 \cdot \frac{q^{n+1}-1}{q-1} \quad (\text{für } q \neq 1)$$

TABELLE 8.3: Rechenregeln für Limiten

Gegeben sind zwei konvergente Folgen $\langle a_n \rangle$ und $\langle b_n \rangle$ mit $\lim_{n\to\infty} a_n = a$ und $\lim_{n\to\infty} b_n = b$. $\langle c_n \rangle$ sei eine beschränkte Folge (☞ Tab. 8.1).

	Regel	
(1)	$\lim_{n\to\infty}(c \cdot a_n + d) = c \cdot a + d$	
(2)	$\lim_{n\to\infty}(a_n + b_n) = a + b$	
(3)	$\lim_{n\to\infty}(a_n \cdot b_n) = a \cdot b$	
(4)	$\lim_{n\to\infty} \frac{a_n}{b_n} = \frac{a}{b}$	für $b \neq 0$
(5)	$\lim_{n\to\infty}(a_n \cdot c_n) = 0$	falls $a = 0$
(6)	$\lim_{n\to\infty} a_n^k = a^k$	für $k \in \mathbb{N}$

8.4 Zinsen, Renten und Kredite

8.4.1 Zinsenrechnung

Ein Sparer legt seine Ersparnisse von $K = K_0$ Geldeinheiten auf ein Sparbuch und bekommt dafür $p = 5\%$ Zinsen p.a. Wie groß ist sein Guthaben nach 1, 2, ..., n Jahren?

$$\begin{aligned}
\text{Guthaben nach einem Jahr: } & K_1 = K_0 + \overbrace{p \cdot K_0}^{\text{Zinsen}} = K_0(1+p) = K_0 \cdot q \\
\text{nach dem zweiten Jahr: } & K_2 = K_1 \cdot q = (K_0 \cdot q) \cdot q = K_0 \cdot q^2 \\
& \cdots\cdots \\
\text{nach dem } n\text{-ten Jahr: } & K_n = K_{n-1} \cdot q = (K_{n-2} \cdot q) \cdot q = \ldots = K_0 \cdot q^n
\end{aligned}$$

Das Kapital wird also jedes Jahr (jede *Verzinsungsperiode*) durch Multiplikation des Kapitals des vorangegangenen Jahres mit einem konstanten Faktor $q = (1 + p)$ berechnet. Dieser Faktor wird als **Aufzinsungsfaktor** bezeichnet. Die Guthaben in den einzelnen Jahren bilden somit eine *geometrische Folge*[6].

[6] In §8.1 haben wir gelernt, daß die Folgeglieder mit 1 beginnend numeriert werden, hier beginnen wir jedoch mit 0! Daraus ergibt sich auch der Unterschied von unserer Formel und dem Bildungsgesetz für die geometrische Folge (☞ §8.3, Bem. 8.2). Wir erlauben uns hier jedoch diese Inkonsequenz. Unsere Formel ist dafür verständlicher als $K_n = K_1 \cdot q^{n-1}$ für das Kapital im $(n-1)$-ten Jahr. Solche „Schummeleien" werden Ihnen noch das eine oder andere mal begegnen, und zwar nicht nur in diesem Buch.

TABELLE 8.4: Grundlegende Eigenschaften von arithmetischen und geometrischen Folgen

Arithmetische Folge:	Geometrische Folge:
Die *Differenz* aufeinanderfolgender Glieder ist konstant:	Der *Quotient* aufeinanderfolgender Glieder ist konstant:
$a_{n+1} - a_n = d$	$\frac{a_{n+1}}{a_n} = q$
Bildungsgesetz:	
$a_n = a_1 + (n-1) \cdot d$	$a_n = a_1 \cdot q^{n-1}$
Jedes Glied ist das *arithmetische Mittel* seiner Nachbarglieder:	Jedes Glied ist das *geometrische Mittel* seiner Nachbarglieder:
$a_n = \frac{1}{2}(a_{n+1} + a_{n-1})$	$a_n = \sqrt{a_{n+1} \cdot a_{n-1}}$
Summenformel: Arithmetische Reihe:	Geometrische Reihe:
$s_n = \frac{n}{2}(a_1 + a_n)$	$s_n = a_1 \cdot \frac{q^n - 1}{q - 1}$ für $q \neq 1$

Wir haben hier die Veränderung eines Kapitals oder Geldbetrages im Zeitverlauf durch Verzinsung oder Wertsteigerung betrachtet. Dieser Begriff der **Verzinsung** kann aber auch auf andere Veränderungen, z.B. durch Inflation, erweitert werden. Der betrachtete Zeitraum wird in Perioden, an deren Ende eine Verzinsung stattfindet, untergliedert. Die Dauer einer Periode ist von Fall zu Fall unterschiedlich und beträgt z.B. bei Sparkonten typischerweise ein Jahr.

Wir können daher die Formel $K_n = K_0 \cdot q^n$ auf den allgemeinen Fall des Wertzuwachses bzw. der Wertabnahme eines Kapitals im Zeitablauf erwei-

---

Überprüfen Sie bitte daher immer die Voraussetzungen für eine Formel vor deren Verwendung.

tern. Es seien K_n und K_m die Werte eines Kapitals zu zwei unterschiedlichen Zeitpunkten n und m bei einem Zinssatz p. Dann ist

$$K_n = K_m \cdot q^{n-m} \quad \text{mit } q = 1 + p$$

Wenn $n < m$, spricht man von einer **Abzinsung** oder **Diskontierung** von K_m auf K_n. Wenn $n > m$ wird K_m auf K_n **aufgezinst**.

BEISPIEL 8.8
Ein Guthaben G auf einem Sparbuch beträgt 1990 17 683 Geldeinheiten. Wie hoch war das Guthaben im Jahre 1988 bzw. wie hoch wird es im Jahr 1995 bei einer Verzinsung von 8% sein?

1988: $G_{1988} = G_{1990} \cdot (1 + 0{,}08)^{1988-1990} = 17\,683 \cdot 1{,}08^{-2} \approx 15\,160{,}32$
1995: $G_{1995} = G_{1990} \cdot (1 + 0{,}08)^{1995-1990} = 17\,683 \cdot 1{,}08^{5} \approx 25\,982{,}13$

8.4.2 Rentenrechnung (nachschüssig)

Eine Zahlung, die in gleicher Höhe in regelmäßigen Abständen erfolgt, heißt eine **Rente**. Wird die Rente jeweils zu Beginn einer Periode bezahlt, so heißt sie **vorschüssig**, andernfalls **nachschüssig**. Wir werden hier nur auf **nachschüssige** Renten eingehen.

Der **Endwert** einer Rente ist die Summe aller Zahlungen auf den Endzeitpunkt der Rente *aufgezinst*.
Sei R die Rente, p die Verzinsung (Zinssatz), $q = (1 + p)$ und n die Anzahl der Zahlungen so erhält man den Endwert durch

$$E_n = \underbrace{R \cdot q^{n-1}}_{\text{erste Zahlung}} + \underbrace{R \cdot q^{n-2}}_{\text{zweite Zahlung}} + \cdots + \underbrace{R \cdot q^{0}}_{\text{letzte Zahlung}}$$

Nach der Summenformel für geometrische Folgen (☞ Tab. 8.4, geometrische Reihe) gilt daher

$$E_n = R \cdot \frac{q^n - 1}{q - 1}$$

Der **Barwert** ist die Summe aller Rentenzahlungen auf den Beginn der Rente *abgezinst*. Er wird durch Abzinsung des Endwertes für n Perioden berechnet.

$$B_n = \frac{E_n}{q^n} = R \cdot \frac{q^n - 1}{q^n(q - 1)}$$

Ein Spezialfall ist die **ewige Rente**. Darunter verstehen wir eine Rente, die unendlich oft gezahlt wird. Ihr Endwert ist immer unendlich[7]. Ihr Barwert läßt sich durch den Grenzübergang der Anzahl der Zahlungen n berechnen.

$$B_\infty = \lim_{n\to\infty} B_n = \frac{R}{q-1}$$

BEISPIEL 8.9
Berechnen Sie Bar- und Endwert einer jährlichen Rente von 2000 Geldeinheiten für 10 Jahre bei einer Verzinsung von 5%. Wie hoch wäre der Barwert für eine ewige Rente gleicher Höhe und Verzinsung?
$R = 2000$, $n = 10$, $p = 0{,}05$, $q = 1 + p = 1{,}05$.

$$\text{Endwert: } E_{10} = 2000 \cdot \frac{1{,}05^{10} - 1}{1{,}05 - 1} \approx 25\,155{,}79$$

$$\text{Barwert: } B_{10} = \frac{E_{10}}{1{,}05^{10}} \approx 15\,443{,}47$$

$$\text{ewige Rente: } B_\infty = \frac{2000}{1{,}05 - 1} \approx 40\,000$$

8.4.3 Tilgungsrechnung

In der Tilgungsrechnung geht es um die Rückzahlung von Krediten, Darlehen udg. Im Falle gleichbleibender Rückzahlungsraten können wir zur Berechnung der Kreditrate die Rentenrechnung verwenden. Dabei muß der Barwert der Tilgungszahlungen gleich der ursprünglichen Kredithöhe K sein. Sei im folgenden X die Höhe der Tilgungsraten, p der Zinssatz und n die Laufzeit des Kredits, dann muß gelten

$$K = B_n = X \cdot \frac{q^n - 1}{q^n(q-1)}$$

Daraus erhalten wir durch Umformen die Höhe der Kreditrate.

$$X = K \cdot q^n \frac{q-1}{q^n - 1}$$

Falls die Kreditrate bekannt ist, läßt sich aus dieser Formel auch die Laufzeit des Kredits berechnen. Durch Umformung (☞ §A.3.3, Seite 265) erhalten wir

[7] falls $p > 0$ und damit $q > 1$ ist.

$$n = \frac{\ln X - \ln(X - K(q-1))}{\ln q}$$

BEISPIEL 8.10
Ein Kredit über 50 000 Geldeinheiten wird mit 9% p.a. verzinst.

(a) Wie hoch sind die jährlichen Tilgungszahlungen bei einer Laufzeit von 10 Jahren?
$K = 50\,000$, $q = 1{,}09$ und $n = 10$:

$$X = 50\,000 \cdot 1{,}09^{10} \frac{1{,}09 - 1}{1{,}09^{10} - 1} \approx 7791$$

(b) Wie hoch muß die Laufzeit des Kredits angesetzt werden, damit die Rückzahlungsraten 10 000 Geldeinheiten nicht übersteigen.
Für eine jährliche Tilgungszahlung von $X = 10\,000$, $q = (1+p) = 1{,}09$ und $K = 50\,000$ erhalten wir

$$n = \frac{\ln 10\,000 - \ln(10\,000 - 50\,000 \cdot 0{,}09)}{\ln 1{,}09} \approx 6{,}94$$

Die Laufzeit muß daher mindestens[8] 7 Jahre betragen.

Unter **Konversion** einer Schuld versteht man die Änderung der Tilgungsbedingungen während der Laufzeit des Kredits, z.B. durch Änderung des Zinssatzes. Es gilt:

Die Restschuld[9] des alten Tilgungsplanes ist das neue Schuldkapital für den neuen Tilgungsplan.

BEISPIEL 8.10 (FORTSETZUNG)
(c) Im Kredit aus Beispiel (a) steigt nach 4 Jahren die Verzinsung auf 10% p.a.. Wie hoch ist die neue Kreditrate?

$$\begin{aligned}\text{Restschuld} &= \text{Kredit aufgezinst um 4 Jahre} - \text{Endwert der ersten 4 Tilgungsraten}\\ &= 50\,000 \cdot 1{,}09^4 - 7791 \frac{1{,}09^4 - 1}{1{,}09 - 1} \approx 34\,949{,}83\end{aligned}$$

Berechnen neuen Kredit mit $K = 34\,949{,}83$, $n = 10 - 4 = 6$ und $q = 1 + p = 1{,}10$:

$$X_{neu} = 34\,949{,}83 \cdot 1{,}10^6 \frac{1{,}10 - 1}{1{,}10^6 - 1} \approx 8024{,}74$$

Übungen

46. Berechnen Sie die ersten zehn Glieder der Folgen und stellen Sie diese graphisch dar:

(a) $2n$ (b) $\frac{1}{2+n}$ (c) $n^{1/3}$ (d) $(-1)^n e^{-\sqrt{n}}$

Was vermuten Sie über das Konvergenzverhalten dieser Folgen?

[8] immer aufrunden
[9] die um die bisher geleisteten Tilgungszahlungen verminderte Schuld.

47. Berechnen Sie die ersten fünf Partialsummen der Folgen und stellen Sie diese graphisch dar:

(a) $2n$ (b) $\frac{1}{2+n}$ (c) $n^{1/3}$ (d) $(-1)^n e^{-\sqrt{n}}$

48. Berechnen Sie die folgenden Grenzwerte:

(a) $\lim_{n\to\infty} \left(7 + \left(\frac{1}{2}\right)^n\right)$ (b) $\lim_{n\to\infty} \frac{2n^3-6n^2+3n-1}{7n^3-16}$

(c) $\lim_{n\to\infty} \frac{n \bmod 10}{(-2)^n}$ (d) $\lim_{n\to\infty} \frac{n^2+1}{n+1}$

(e) $\lim_{n\to\infty} \left(n^2 - (-1)^n n^3\right)$ (f) $\lim_{n\to\infty} \left(\frac{7n}{2n-1} - \frac{4n^2-1}{5-3n^2}\right)$

Hinweis: Die Operation $a \bmod b$ hat als Ergebnis den Rest der ganzzahligen Division von a durch b, also z.B. $17 \bmod 5 = 2$, $12 \bmod 4 = 0$ und $33 \bmod 7 = 5$.

49. Untersuchen Sie die Konvergenz der Folgen $\langle a_n \rangle$ mit

(a) $a_n = (1 + \frac{2}{n})^n$ (b) $a_n = \frac{4+\sqrt{n}}{n}$ (c) $a_n = \frac{n}{n+1} + \frac{1}{\sqrt{n}}$

(d) $a_n = (1 - \frac{2}{n})^n$ (e) $a_n = \frac{n}{(n+1)^2}$ (f) $a_n = \frac{n}{n+1} + \sqrt{n}$

Hinweis: $\lim_{n\to\infty} (1 + \frac{1}{n})^n = e$ (Eulersche Zahl).

50. $\langle a_n \rangle$ sei eine geometrische Folge. Wie lautet das Bildungsgesetz von $\langle a_n \rangle$ und wie lautet a_{10} wenn

(a) $a_1 = 2$ und die relativen Zuwachsrate 10% beträgt?

(b) $a_7 = 12$ und die relativen Zuwachsrate −30% beträgt?

51. Berechnen Sie die ersten 10 Partialsummen der arithmetischen Reihe für $a_1 = 0$, $d = 1$, bzw. $a_1 = 1$, $d = 2$.

52. Berechnen Sie $\sum_{i=1}^{n} a_i$ für

(a) $n = 7$ und $a_i = 3^{i-2}$ (b) $n = 7$ und $a_i = 2(-\frac{1}{4})^i$

(c) $n = 10$ und $a_i = 100 \cdot (1{,}1)^i$ (d) $n = \infty$ und $a_i = 0{,}95^i$

53. Die Bevölkerung eines Landes betrug 1960 4,0 Millionen und 1975 5,0 Millionen. In welchem Jahr wird sie die Bevölkerungszahl im Vergleich zu 1960 verdoppelt haben (gerundet), wenn ein konstantes relatives Wachstum angenommen werden kann?

54. Ein Kapital von 12 000 Geldeinheiten wird bei einer Verzinsung von 6% p.a. fünf Jahre angelegt.

(a) Auf welchen Wert ist es bei Berechnung von Zinseszinsen angestiegen?

(b) Wie hoch ist der Barwert der Anlage bezüglich einer jährlichen Inflationsrate von 2,4%?

55. Welcher nominelle Zinssatz verdreifacht bei kontinuierlicher Verzinsung ein Kapital im Lauf von 15 Jahren?

56. Welcher Zinssatz führt nach 8 Jahren zum selben Kapitalwachstum wie der Zinssatz von 5% in 10 Jahren? Wie hoch ist der Endwert des Kapitals?

57. In einem Mietvertrag ist eine Wertsicherungsklausel vereinbart. Die Höhe der Miete beträgt zu Beginn 1989 73 792,43 Geldeinheiten. Wie hoch war die Miete ursprünglich bei Vertragsabschluß zu Beginn 1982 und wie hoch wird sie zu Beginn des Jahres 2000 sein, wenn die Inflationsrate 3% beträgt?

Hinweis: Bei einem wertgesicherten Mietvertrag wird die Höhe der Miete regelmäßig an die Inflation angepaßt. Nehmen Sie für dieses Beispiel an, daß die Anpassung jährlich erfolgt.

58. Eine Rente von jährlich 2000 Geldeinheiten wird bei einer Verzinsung von 7% für 15 Jahre nachschüssig ausbezahlt.

(a) Wie hoch sind der Barwert und der Endwert der Rente?

(b) Wie hoch ist der Barwert der ewigen Rente?

(c) Wieviele Jahre müßte diese Rente ausbezahlt werden, damit ihr Barwert 21 188,03 Geldeinheiten beträgt?

59. 1990 wird ein Kredit in der Höhe von 80 000 Geldeinheiten gewährt.

(a) Wie hoch ist die jährliche Rückzahlungsrate bei einer Verzinsung von 12% und einer Laufzeit von 7 Jahren?

(b) Wie müßte die Laufzeit dieses Kredits verändert werden, damit die jährliche Rückzahlungsrate 14 800 Geldeinheiten nicht übersteigt?

(c) Nach drei Jahren steigt die Verzinsung auf 14%. Wie hoch ist die neue Kreditrate?

(d) Ein Kunde möchte die jährliche Rückzahlungsrate auf 8 000 GE reduzieren. Wie müßte die Laufzeit des Kredites festgelegt werden? Kann die Bank diesen Kredit akzeptieren?

60. Jemand zahlt zu *Beginn* jedes Jahres einen Geldbetrag auf ein Sparbuch ein, um nach 10 Jahren eine Reise im Wert von 100 000 GE finanzieren zu können. Wie hoch muß der Geldbetrag mindestens sein, wenn die Verzinsung jährlich 5% beträgt?

Hinweis: Da die Zahlungen immer zu Beginn einer Periode bezahlt werden, handelt es sich hier um eine *vorschüssige Rente*. Ihr Endwert ergibt sich durch

$$E_{\text{vorschüssig}} = q \cdot E_{\text{nachschüssig}}.$$

61. Ein Kapital von 10 000 Geldeinheiten soll durch Verzinsung nach einem Jahr auf 10 800 Geldeinheiten wachsen. Wie hoch muß der nominelle Jahreszins bei kontinuierlicher Verzinsung, bei 1, 2 oder 12 Verzinsungsperioden sein?

Hinweis: Bei n Verzinsungsperioden wird das Jahr in n gleich lange Perioden eingeteilt. Nach jeder derartigen Periode wird das Kapital mit einem n-tel des nominellen Jahreszinssatzes verzinst.

62. Welches Kapital ermöglicht es, bei einem Zinsfuß von 4,5% eine ewige nachschüssige Rente von 4500 Geldeinheiten zu finanzieren?

9

Funktionen

Jede Entdeckung wird gleich in die Gesamtheit der Wissenschaften geleitet und hört damit gewissermaßen auf, Entdeckung zu sein, sie geht im Ganzen auf und verschwindet, man muß schon einen wissenschaftlich geschulten Blick haben, um sie dann noch zu erkennen.

Franz Kafka (1883–1924)
»Der Dorfschullehrer«

9.1 Reelle Funktionen

In §2.3 auf Seite 10 haben wir reelle Funktionen als Spezialfälle von Abbildungen kennengelernt. Eine reelle Funktion f ist definiert durch (i) eine Definitionsmenge $D \subseteq \mathbb{R}$, (ii) eine Wertemenge $W \subseteq \mathbb{R}$ und (iii) eine Abbildungsvorschrift $x \in D \mapsto f(x) \in W$.

Bei reellen Funktionen werden aber meist weder Definitionsmenge noch Wertemenge angegeben. Trotzdem sind sie Bestandteil der Funktion. In diesem Fall ist die Definitionsmenge die größtmögliche (sinnvolle[1]) Teilmenge von $\mathbb{R}$, in der die Zuordnungsvorschrift definiert ist, und die Wertemenge die Bildmenge $f(D) = \{y | y = f(x) \text{ für ein } x \in D\}$ (manchmal auch ganz $\mathbb{R}$).

Beispiel 9.1
$f(x) = \frac{1}{x}$ ist eine Abkürzung für $f: \mathbb{R} \setminus \{0\} \to \mathbb{R} \setminus \{0\}$, $x \mapsto f(x) = \frac{1}{x}$. 0 kann im Definitionsbereich nicht enthalten sein, da $\frac{1}{0}$ nicht definiert ist.

[1]Wenn wir z.B. eine Kostenfunktion betrachten, so ist ein negatives Argument sinnlos. Es werden keine „negativen Güter“ betrachtet.

9.1.1 Elementare Funktionen

Tabelle 9.1 zeigt die wichtigsten Funktionen[2]. In den Abbildungen 9.1 und 9.2 sind die Graphen einiger dieser Funktionen dargestellt.

TABELLE 9.1: Elementare Funktionen

Lineare Funktionen:	$x \mapsto kx + d$ k heißt **Steigung** oder **Anstieg** der linearen Funktion	$\mathbb{R} \to \mathbb{R}$
Potenzfunktionen:	$x \mapsto x^n \quad n \in \mathbb{Z}$ $D = W = \mathbb{R}$ falls $n > 0$ $D = W = \mathbb{R} \setminus \{0\}$ falls $n < 0$	$D \to W$
Wurzelfunktionen:	$x \mapsto \sqrt[n]{x} \quad n \in \mathbb{N}$ $D = W = \mathbb{R}_0^+$ falls n gerade $D = W = \mathbb{R}$ falls n ungerade	$D \to W$
Polynome:	$x \mapsto p(x) = \sum_{k=0}^{n} a_k x^k$	$\mathbb{R} \to \mathbb{R}$
Rationale Funktionen:	$x \mapsto \frac{p(x)}{q(x)}$ $p(x)$, $q(x)$ Polynome $D = \mathbb{R} \setminus \{\text{Nullstellen von } q\}$	$D \to \mathbb{R}$
Exponentialfunktion:	$x \mapsto \exp(x) = e^x$	$\mathbb{R} \to \mathbb{R}^+$
allgemein:	$x \mapsto a^x \quad a \in \mathbb{R}^+$	$\mathbb{R} \to \mathbb{R}^+$
Logarithmusfunktion:	$x \mapsto \log(x) = \ln(x)$ Inverse Funktion zur Exponentialfunktion	$\mathbb{R}^+ \to \mathbb{R}$
allgemein:	$x \mapsto \log_a(x) \quad a \in \mathbb{R}^+$	$\mathbb{R}^+ \to \mathbb{R}$
Winkelfunktionen:	$x \mapsto \sin(x)$ $x \mapsto \cos(x)$	$\mathbb{R} \to [-1, 1]$ $\mathbb{R} \to [-1, 1]$

9.2 Wie zeichne ich einen Graphen?

Jedem Paar $(x, f(x))$ entspricht ein Punkt in der Zahlenebene (xy-Ebene). Die Menge aller dieser Punkte bildet eine Kurve in dieser Ebene, den sogenannten **Graphen** der Funktion. Viele Eigenschaften von Funktionen lassen sich unmittelbar aus deren Graphen herauslesen.

[2] Die Funktionsterme werden in §A.2 erklärt.

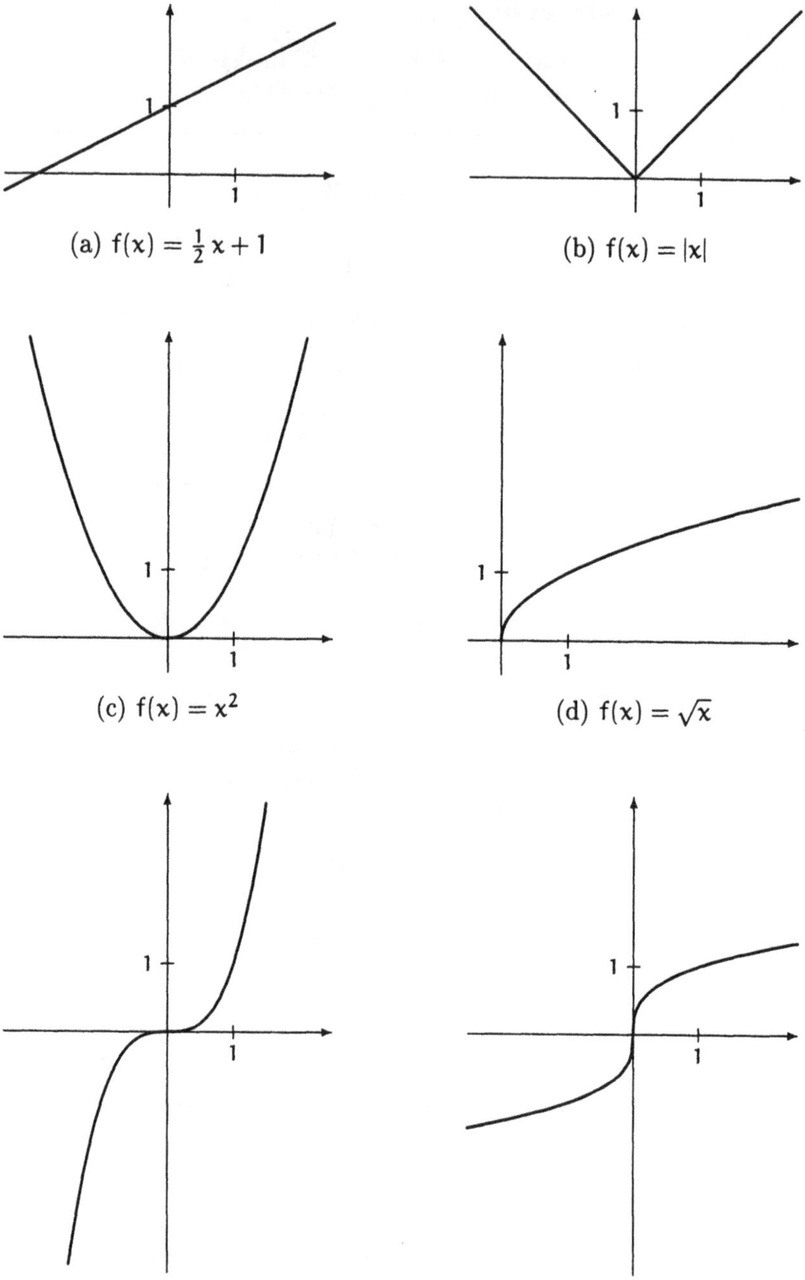

(a) $f(x) = \frac{1}{2}x + 1$

(b) $f(x) = |x|$

(c) $f(x) = x^2$

(d) $f(x) = \sqrt{x}$

(e) $f(x) = x^3$

(f) $f(x) = \sqrt[3]{x}$

ABBILDUNG 9.1: Elementare Funktionen (Teil 1)

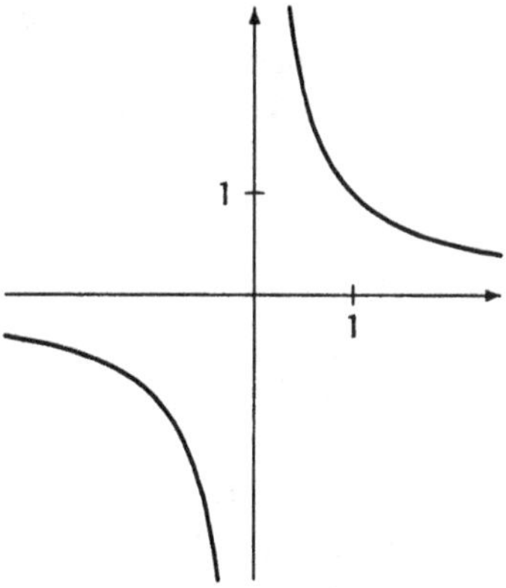

(g) $f(x) = \frac{1}{x}$

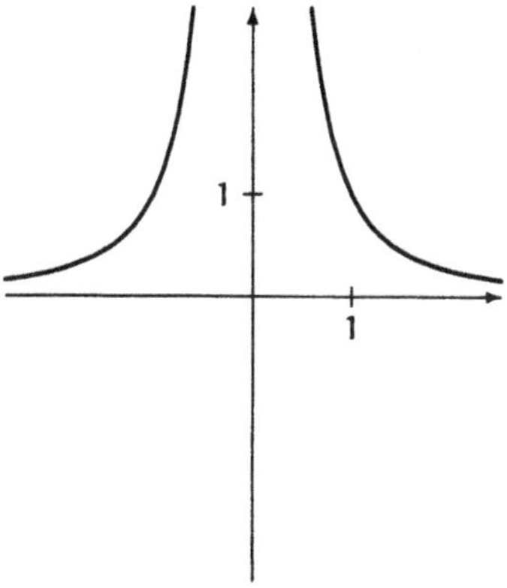

(h) $f(x) = \frac{1}{x^2}$

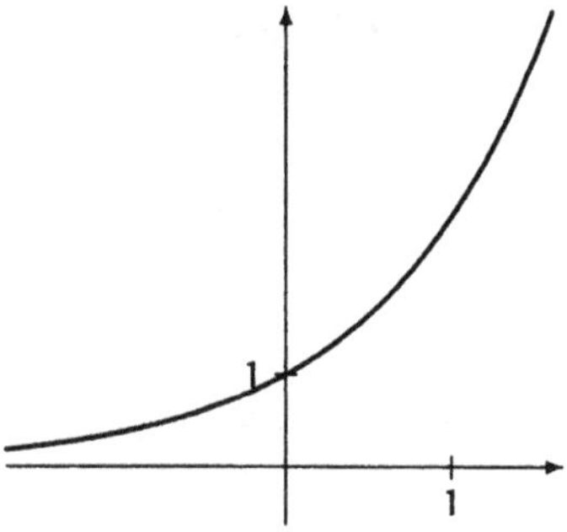

(i) $f(x) = \exp(x)$

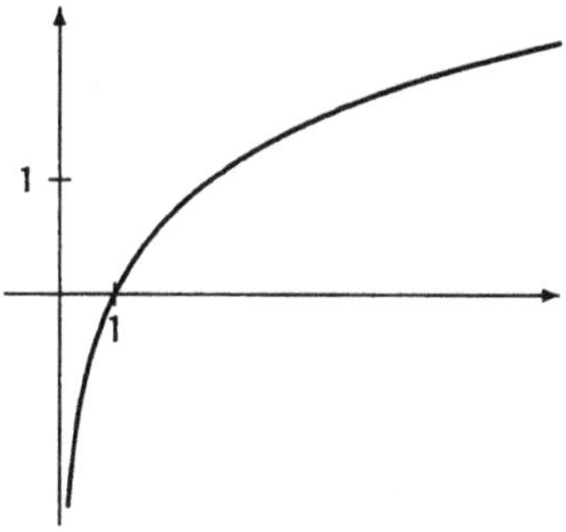

(j) $f(x) = \ln(x)$

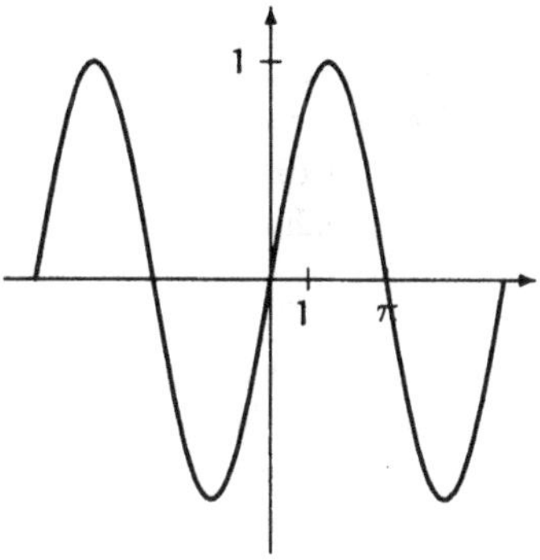

(k) $f(x) = \sin(x)$

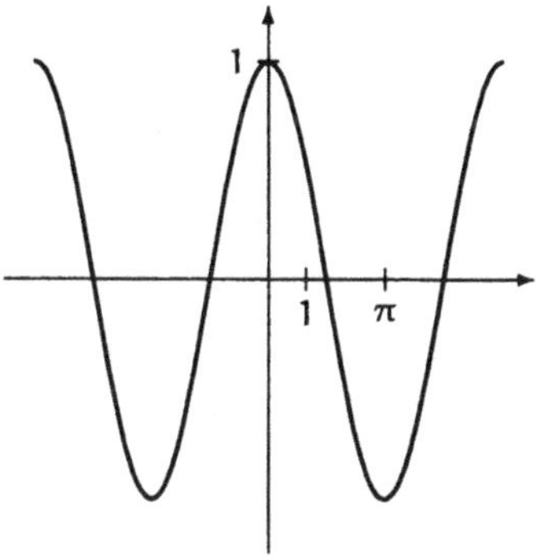

(l) $f(x) = \cos(x)$

ABBILDUNG 9.2: Elementare Funktionen (Teil 2)

Es ist natürlich unmöglich, zu jeder der unendlich vielen Zahlen im Intervall $(0, 1)$ des Zahlenpaar $(x, f(x))$ in die xy-Ebene zu zeichnen.
Die Abbildungen 9.3 und 9.4 demonstrieren daher die Vorgangsweise beim Zeichnen eines Graphen am Beispiel der Funktion $f(x) = 2(x - \ln x - 1)$.

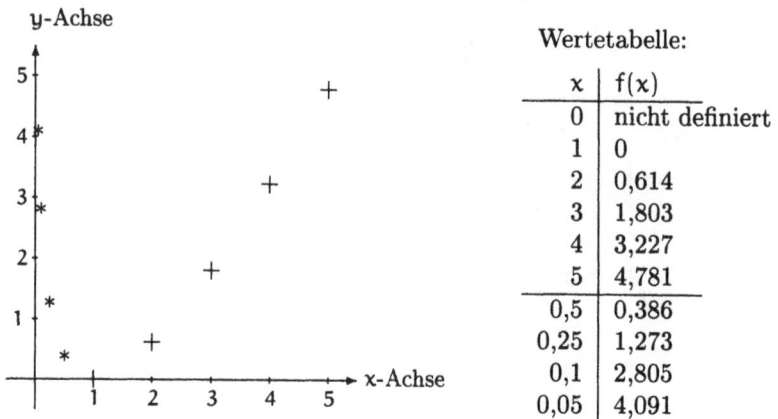

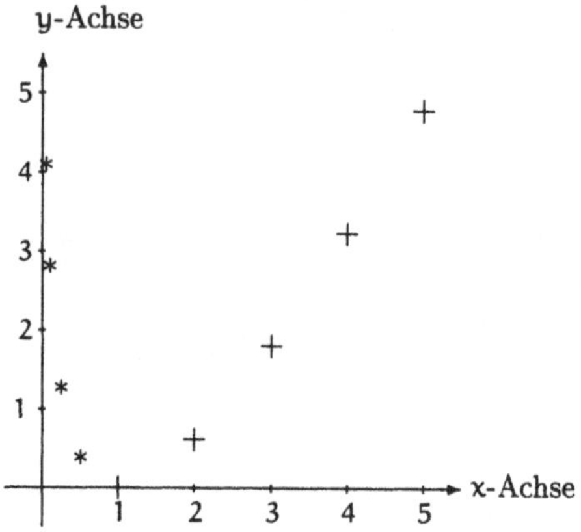

Wertetabelle:

x	f(x)
0	nicht definiert
1	0
2	0,614
3	1,803
4	3,227
5	4,781
0,5	0,386
0,25	1,273
0,1	2,805
0,05	4,091

ABBILDUNG 9.3: Konstruktion des Graphen der Funktion $f(x) = 2(x - \ln x - 1)$ im Intervall $(0, 5)$

(1) Wir überlegen uns zuerst wie der Graph wahrscheinlich aussehen wird. Graphen von elementaren Funktionen (☞ §9.1.1, Abb. 9.1 und 9.2) sollten bereits aus dem Gedächtnis skizziert werden können. (In unserem Beispiel wird die Funktion in der Nähe von 0 (wegen $-2\log(x)$) und für sehr große Werte von x (wegen $2x$) sehr große Funktionswerte annehmen. Dazwischen muß ein Bereich mit kleineren Funktionswerten liegen.)

(2) Wir wählen einen geeigneten Bereich auf der x-Achse aus, in dem wir den Graphen zeichnen wollen. Dieser Bereich sollte so gewählt werden, daß er einen charakteristischen Ausschnitt zeigt. Dabei ist die Definitionsmenge der Funktion zu beachten. (In unserem Beispiel wählen wir das Intervall $(0, 5)$.)

(3) Wir erstellen eine Wertetabelle, d.h. wir berechnen für einige ausgewählte x-Werte die y-Werte (In unserem Beispiel für die Werte $0, 1, \ldots, 5$, ☞ Abb. 9.3 rechts), und zeichnen die entsprechenden Zahlenpaare in der xy-Ebene ein (in Abb. 9.3 links mit $+$ gekennzeichnet).

(4) Wir überprüfen, ob aus den gezeichneten Punkten der Verlauf der Kurve ersichtlich ist. Sollte das nicht der Fall sein, verlängern wir die Wertetabelle um einige geeignete Werte (in Abb. 9.3 sind diese zusätzlichen Punkte mit $*$ gekennzeichnet), und überprüfen noch einmal.

(5) Die eingezeichneten Punkte werden in geeigneter Weise miteinander verbunden[3] (☞ Abb. 9.4).

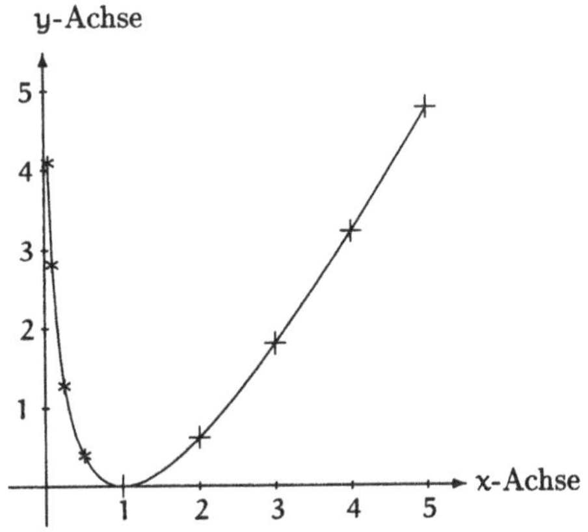

Abbildung 9.4: Graph der Funktion $f(x) = 2(x - \ln x - 1)$

Es ist meist auch hilfreich oder notwendig, charakteristische Punkte — wie etwa lokale Extrema (☞ §10.4.1, Seite 119) oder Wendepunkte — zu berechnen („*Kurvendiskussion*") und als Stützpunkte zum Zeichnen des Graphen zu verwenden.

Bemerkung 9.1

Der häufigste Fehler beim Zeichnen eines Graphen ist eine zu kleine Wertetabelle. Punkt (4) in der obigen Vorgangsweise wird einfach ignoriert. Stattdessen werden verschiedene Spekulationen angestellt. Etwa die, daß $f(x) = 2(x - \ln x - 1)$ an der Stelle 0 den Funktionswert 0 besitzen müßte, wenn der Taschenrechner als Ergebnis `Error` anzeigt. Oder jene, wonach der Graph in Abbildung 9.4 bei nur im Bereich $[1, 5]$ definiert sei.

Wenn die Verlauf des Graphen noch nicht klar ersichtlich ist, sollten weitere (geeignete) Funktionswerte berechnet werden.

Bemerkung 9.2

Zum Zeichnen des Graphen einer linearen Funktion genügt eine Wertetabelle mit *zwei* Funktionswerten. (Warum? vgl. dazu Abbildung 9.1 (a), Seite 94).

Bemerkung 9.3

Es sei nocheinmal ausdrücklich darauf hingewiesen, daß Sie in der Lage sein sollten, die Graphen der Funktionen in den Abbildungen 9.1 und 9.2 auf den Seiten 94 und 95 sowie daraus abgeleitete Funktionen (wie etwa in Beispiel 9.2) auch ohne Verwendung einer Wertetabelle zu gezeichnen (skizzieren).

[3] Wir haben hier allerdings vorausgesetzt, daß die Funktion stetig (☞ 9.6, Seite 103) ist.

BEISPIEL 9.2
Den Graph von $f(x) = (x-1)^2 + 2$ erhalten wir, indem wir den Graphen von $g(x) = x^2$ (☞ Abb. 9.1 (c), Seite 94) um eine Einheit nach *rechts* und zwei Einheiten nach *oben* verschieben.

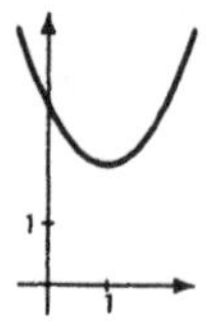

BEMERKUNG 9.4
Es ist wichtig, sich zuerst Gedanken über das mögliche Aussehen des Graphen zu machen, wenn möglich zuerst eine (ungefähre) Skizze anzufertigen. Das gilt natürlich genauso, wenn ein Computerprogramm verwendet wird. Im Extremfall kann nämlich ein auf obiger Weise gezeichneter oder ein mit Computerhilfe erzeugter Graph wenig mit dem tatsächlichen Graphen gemeinsam haben. Z.B. schwankt die Funktion $(0,1) \to [-1,1]$, $x \mapsto \sin(\frac{1}{x})$ unendlich oft zwischen -1 und 1. Wird der Graph jedoch mit einem Computer gezeichnet, so erhält man eine Kurve mit völlig unregelmäßigen Zacken, die fast nie -1 oder 1 erreichen.

Die Zuordnungsvorschrift einer Funktion muß nicht immer so einfach sein wie etwa in der Funktion $f(x) = 2(x - \ln x - 1)$. Es ist durchaus möglich, daß diese Zuordnungsvorschrift in verschiedenen Intervallen des Definitionsbereichs verschieden definiert ist. Beim Zeichnen des Graphen so einer Funktion gehen wir in jedem einzelnen der Intervalle genauso wie oben beschrieben vor. Wir müssen dann allerdings an den Intervallgrenzen kennzeichnen, welche Punkte Bestandteil des Graphen sind und welche nicht. Dies geschieht üblicherweise durch • (Bestandteil) und ∘ (nicht Bestandteil).

BEISPIEL 9.3
Der Definitionsbereich der Funktion

$$f(x) = \begin{cases} 1, & \text{für } x < 0 \\ 1 - \frac{x^2}{2}, & \text{für } 0 \le x < 1 \\ x, & \text{für } x \ge 1 \end{cases}$$

zerfällt in die Intervalle $(-\infty, 0)$, $[0,1)$ und $[1,\infty)$. Im ersten Intervall wird der Graph der Funktion $x \mapsto 1$, im zweiten von $x \mapsto 1 - \frac{x^2}{2}$ und im dritten von $x \mapsto x$ gezeichnet. Danach muß noch geklärt werden, daß der Punkt $(1,1)$ Bestandteil des Graphen ist, der Punkt $(1, \frac{1}{2})$ hingegen nicht (☞ Abb. 9.5).

9.3 Ist *f* injektiv und surjektiv?

Unsere Aufgabe ist es festzustellen, wieviele Urbilder jedes $y \in W$ besitzt (vgl. §2.3). Dazu eignet sich der *„Horizontalen-Test"*.

(1) Wir zeichnen den Graphen der zu untersuchenden Funktion (☞ §9.2).

(2) Wir zeichnen ein $y \in W$ auf der y-Achse ein und legen eine Gerade parallel zur x-Achse (Horizontale) durch diesen y-Wert.

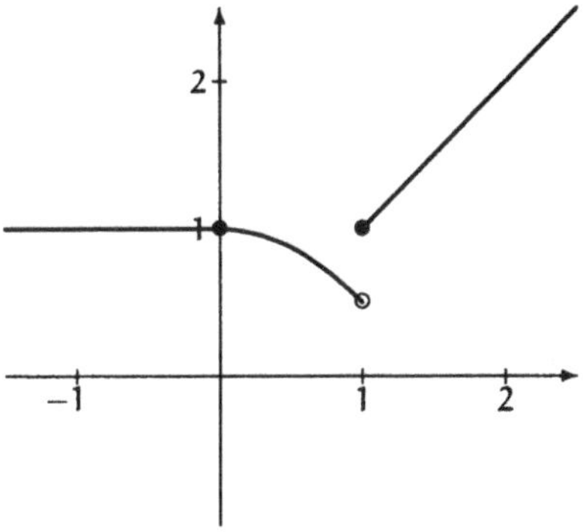

ABBILDUNG 9.5

(3) Die Anzahl der Schnittpunkte von Horizontale und Graph ist die Anzahl der Urbilder von y.

(4) Wir wiederholen (2) und (3) für eine *repräsentative* Auswahl von y-Werten.

(5) Interpretation: Schneidet jede Horizontale den Graphen in

   (a) *höchstens* einem Punkt, so ist f *injektiv*;

   (b) *mindestens* einem Punkt, so ist f *surjektiv*;

   (c) *genau* einem Punkt, so ist f *bijektiv*.

BEISPIEL 9.4
Ist die Funktion $f\colon [-1,2] \to \mathbb{R}$, $x \mapsto x^2$ injektiv und surjektiv?
Abbildung 9.6 zeigt den Graphen der Funktion (Er ist nur im Intervall $[-1,2]$ definiert!). Die Horizontale durch 5 ($\in W = \mathbb{R}$) scheidet den Graphen in keinem Punkt ($\Rightarrow$ nicht surjektiv), die Horizontale durch $\frac{1}{2}$ in zwei Punkten ($\Rightarrow$ nicht injektiv). Die Funktion ist daher weder injektiv noch surjektiv.

BEMERKUNG 9.5
Definitions- und Wertemenge sind Bestandteil der Funktion.
Die Funktion $f\colon [-1,2] \to [0,4]$ ist surjektiv ($5 \notin W$).
Die Funktion $f\colon [0,2] \to [0,4]$ ist sogar bijektiv. (vgl. Abb. 9.6)

9.4 Die inverse Funktion

Wir erhalten die Zuordnungsvorschrift der inversen Funktion f^{-1} einer Funktion f durch Vertauschen der Rollen von Argument x und Bild y (☞ §2.3.2, Seite 12). Mit anderen Worten, wir drücken x als Funktion von y aus.

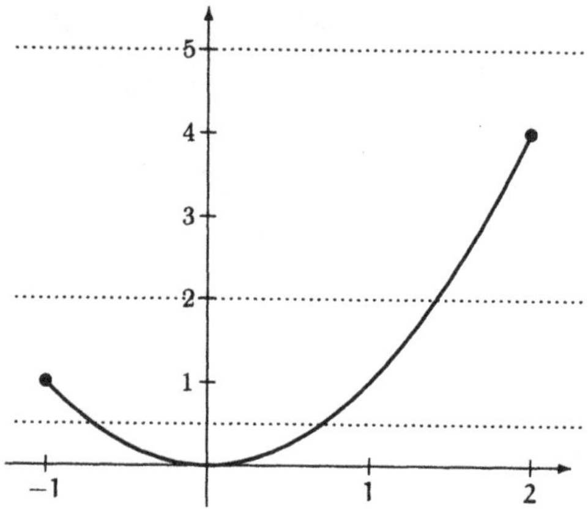

ABBILDUNG 9.6

BEISPIEL 9.5
Wir suchen die Umkehrfunktion von $y = f(x) = 2x - 1$.
Durch Umformung erhalten wir: $y = 2x - 1 \Leftrightarrow y + 1 = 2x \Leftrightarrow \frac{1}{2}(y + 1) = x$. Die Umkehrfunktion lautet daher $f^{-1}(y) = \frac{1}{2}(y + 1)$. Da es üblich ist, das Argument mit x zu bezeichnen, schreiben wir $f^{-1}(x) = \frac{1}{2}(x + 1)$.

BEISPIEL 9.6
Die Umkehrfunktion von $f(x) = x^3$ ist $f^{-1}(x) = \sqrt[3]{x}$.

Dieses Vertauschen von x und y spiegelt sich auch im Graphen der Umkehrfunktion wieder. Ist nämlich (a, b) ein Punkt des Graphen von f (i.e. $f(a) = b$), dann ist (b, a) ein Punkt des Graphen von f^{-1}. Die beiden Graphen sind also spiegelsymmetrisch bezüglich der 1. Mediane (☞ Abb. 9.7).

Die Inverse einer Funktion muß nicht immer existieren.

BEISPIEL 9.7
Besitzt die Funktion $f: \mathbb{R} \to \mathbb{R}$, $x \mapsto f(x) = x^2$ eine Inverse?
Nein! Die Abbildungsvorschrift der Umkehrfunktion müßte nämlich $x \mapsto \pm\sqrt{x}$ lauten. Aber diese Vorschrift ist weder eindeutig (das Bild von 4 ist sowohl 2 als auch −2) noch ist es für alle Argumente (z.B. $x = -1$) definiert. (Es reicht natürlich darauf hinzuweisen, daß $f(x) = x^2$ nicht bijektiv ist.)

BEMERKUNG 9.6
Definitions- und Wertemenge sind Bestandteil der Funktion. So ist z.B. die Funktion $f: \mathbb{R}^+ \to \mathbb{R}^+$, $x \mapsto x^2$ bijektiv und besitzt sehr wohl eine Umkehrfunktion, nämlich $f^{-1}: \mathbb{R}^+ \to \mathbb{R}^+$, $x \mapsto \sqrt{x}$. (Beachten Sie bitte den Unterschied zum Beispiel 9.7. Vgl. auch Bemerkung 9.5)

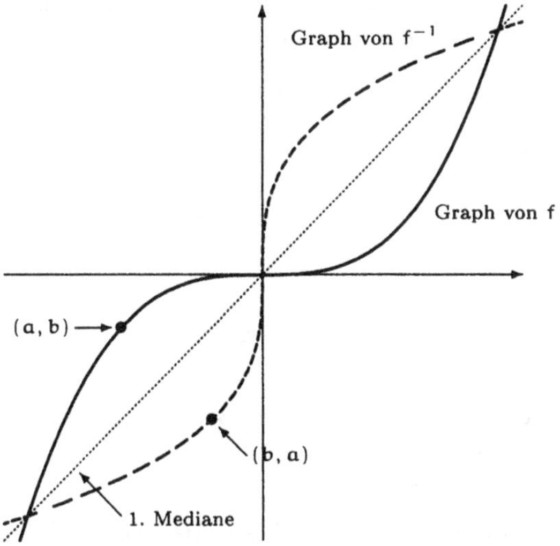

ABBILDUNG 9.7: Graph der Funktion $f(x) = x^3$ und ihrer Inversen

9.5 Limiten

Was passiert mit dem Funktionswert einer Funktion f, wenn das Argument x gegen einen bestimmten Wert x_0 strebt?
Wir nehmen eine Folge $\langle x_n \rangle \to x_0$ von Argumenten, die gegen x_0 konvergiert, und betrachten die Folge der Funktionswerte $\langle f(x_n) \rangle$. Diese Folge kann nun gegen einen Grenzwert a konvergieren[4] oder auch nicht.

DEFINITION 9.1 (LIMES)
*Wenn für jede Folge von Argumenten $\langle x_n \rangle \to x_0$ die Folge der Funktionswerte $\langle f(x_n) \rangle$ gegen die gleiche Zahl a konvergiert, so heißt a der **Grenzwert** (oder **Limes**) der Funktion f **an der Stelle** x_0. Wir schreiben dafür*

$$\lim_{x \to x_0} f(x) = a \quad \textit{oder} \quad f(x) \to a \textit{ für } x \to x_0$$

BEMERKUNG 9.7
x_0 muß nicht in der Definitionsmenge liegen und kann daher auch ∞ sein. Genauso muß a nicht in der Wertemenge der Funktion liegen.

Natürlich können wir nicht *jede* Folge von Argumenten untersuchen. Für „einfache“ Funktionen oder Funktionen mit stückweise unterschiedlichen Zu-

---
[4] ☞ §8.2, Seite 82ff

ordnungsvorschriften (wie etwa die Funktion in Beispiel 9.3 auf Seite 98), empfiehlt sich folgende Vorgangsweise (☞ Abb. 9.8):

(1) Wir zeichnen den Graphen der Funktion (☞ §9.2, Seite 93ff).

(2) Wir zeichnen den Wert x_0 auf der x-Achse ein.

(3) Wir setzen den Bleistift auf den Graphen und führen ihn auf dem Graphen von *rechts* bis zum x_0-Wert.

(4) Wir lesen den y-Wert dieses Punktes von y-Achse ab. Dieser Wert heißt der **rechtsseitige Grenzwert** von f an der Stelle x_0: $\lim_{\substack{x \to x_0 \\ x > x_0}} f(x)$.

(5) Analog erhalten wir von der *linken* Seite den **linksseitige Grenzwert** von f an der Stelle x_0: $\lim_{\substack{x \to x_0 \\ x < x_0}} f(x)$.

(6) Wenn beide Limiten *gleich* sind, so existiert der Grenzwert und es gilt $\lim_{x \to x_0} f(x) = \lim_{\substack{x \to x_0 \\ x > x_0}} f(x) = \lim_{\substack{x \to x_0 \\ x < x_0}} f(x)$.

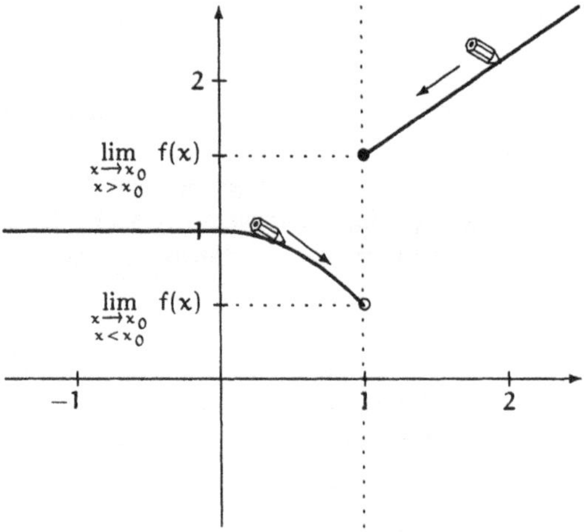

ABBILDUNG 9.8: $\lim_{\substack{x \to x_0 \\ x < x_0}} f(x) = 0{,}5$, $\lim_{\substack{x \to x_0 \\ x > x_0}} f(x) = 1{,}5$, d.h. der Grenzwert an der Stelle $x_0 = 1$ existiert nicht.

Für Limiten von Funktionen gelten analoge Rechenregeln wie für Grenzewerte von Folgen (☞ Tab. 9.2; vgl. §8.2, Tab. 8.3, Seite 85).

BEMERKUNG 9.8
Falls eine Funktion an der Stelle x_0 stetig ist (☞ §9.6), so ist der Grenzwert gerade der Funktionswert an der Stelle x_0.

TABELLE 9.2: Rechenregeln für Limiten
Seien $\lim_{x \to x_0} f(x) = a$ und $\lim_{x \to x_0} g(x) = b$.

	Regel	Gültigkeit
(1)	$\lim_{x \to x_0} (c \cdot f(x) + d) = c \cdot a + d$	für $c, d \in \mathbb{R}$
(2)	$\lim_{x \to x_0} (f(x) + g(x)) = a + b$	
(3)	$\lim_{x \to x_0} (f(x) \cdot g(x)) = a \cdot b$	
(4)	$\lim_{x \to x_0} \frac{f(x)}{g(x)} = \frac{a}{b}$	für $b \neq 0$
(5)	$\lim_{x \to x_0} (f(x))^k = a^k$	

BEMERKUNG 9.9
Wenn bei der Bestimmung des Grenzwertes $\lim_{x \to x_0} \frac{f(x)}{g(x)}$ Zähler *und* Nenner gegen 0 (oder ∞) streben, kann dieser Limes mit Hilfe der Ableitungen $f'(x)$ und $g'(x)$ berechnet werden (Regel von de l'Hospital, §10.7, Seite 127).

9.6 Stetigkeit

Beim Zeichen von Graphen fällt auf, daß es Funktionen gibt, die sich *ohne Absetzen des Bleistifts* zeichnen lassen (etwa in Abb. 9.4 auf Seite 97). Andere Funktionen besitzen *Sprungstellen* und man muß beim Zeichnen den Bleistift vom Papier heben (etwa an der Stelle $x = 1$ in der Abbildung 9.8).
Solche *Sprungstellen* heißen **Unstetigkeitsstellen** der Funktion. An allen anderen Punkten ist die Funktion **stetig**. Formal läßt sich das so ausdrücken:

DEFINITION 9.2 (STETIGKEIT)
Eine Funktion f *heißt* **stetig** *an der Stelle* $x_0 \in D$, *falls* $\lim_{x \to x_0} f(x)$ *existiert und* $\lim_{x \to x_0} f(x) = f(x_0)$. *Die Funktion heißt* **stetig**, *falls sie in allen Punkten des Definitionsbereichs stetig ist.*

Die elementaren Funktionen in Tabelle 9.1 auf Seite 93 sind stetig.

Funktionen mit stückweise unterschiedlichen Zuordnungsvorschriften (etwa die Funktion aus Beispiel 9.3 auf Seite 98) haben meist nur wenige Unstetigkeitsstellen, die sich durch die folgende Vorgangsweise finden lassen:

(1) Wir zeichnen den Graphen der Funktion (☞ §9.2, Seite 93ff).

(2) In allen Punkten des *Definitionsbereichs*, in denen wir beim Zeichnen *nicht* den Bleistift absetzen müssen, ist die Funktion stetig.

(3) In allen Punkten des *Definitionsbereichs* in denen wir absetzen müssen, ist die Funktion nicht stetig.

BEISPIEL 9.8
Die Funktion in Abbildung 9.8 ist überall stetig, außer im Punkt $x = 1$.

BEMERKUNG 9.10
Die Funktion $f: \mathbb{R} \setminus \{0\} \to \mathbb{R}, x \mapsto \frac{1}{x}$ ist stetig. Die *Sprungstelle* bei 0 gehört *nicht* zum Definitionsbereich (☞ Abb. 9.2 (g), Seite 95).

Übungen

63. Gegeben ist ein Funktionsterm. Was ist der größtmögliche Definitionsbereich einer reellen Funktion mit diesem Funktionsterm? Zeichnen Sie den Funktionsgraphen der Funktionen mit den angegebenen Funktionstermen, versuchen Sie dabei zuerst den Graphen ohne Verwendung einer Wertetabelle zu skizzieren.

(a) $h(x) = \frac{x-1}{x-2}$ (b) $D(p) = \frac{2p+3}{p-1}$ (c) $F(y) = -\sqrt{3y-2}$
(d) $G(u) = \frac{2}{\sqrt{3-2u}}$ (e) $f(x) = \sqrt{4-x^2}$ (f) $f(x) = \frac{-3}{x-2}$
(g) $f(x) = 1 - x^3$ (h) $f(x) = |x+3|$ (i) $f(x) = \frac{|x-3|}{x-3}$

64. Zeichnen Sie die Graphen der Funktionen

(a) $f(x) = \frac{1}{4}x - 2$ (b) $f(x) = -2x + 4$ (c) $f(x) = ax + 3$ mit $f(4) = 11$.

65. Skizzieren Sie die Graphen folgender Funktionen möglichst ohne Verwendung einer Wertetabelle

(a) $f(x) = \frac{2}{\sqrt{x^2+1}}$ (b) $f(x) = \frac{2}{(x+1)^3+1}$ (c) $f(x) = x(1-x)$
(d) $f(x) = \frac{1}{\sqrt{x(1-x)}}$ (e) $f(x) = x^7$ (f) $f(x) = \sqrt{|x-1|}$
(g) $f(x) = |x(1-x)|$ (h) $f(x) = (x-1)^2(x+1)^2$

66. Ordnen Sie die Funktionsterme den Funktionsgraphen in Abb 9.9 zu[5]:

(a) $f(x) = x^2$ (b) $f(x) = \frac{x}{x+1}$ (c) $f(x) = \frac{1}{x+1}$
(d) $f(x) = \sqrt{x}$ (e) $f(x) = x^3 - 3x^2 + 2x$ (f) $f(x) = \sqrt{|2x - x^2|}$
(g) $f(x) = -x^2 + 2x$ (h) $f(x) = (x^3 - 3x^2 + 2x)\,\mathrm{sgn}(1-x) + 1$

67. Wie lautet $h(12)$, wenn $h(x) = (f \circ g)(x)$, $f(x) = \sqrt{x^2+12}$ und $g(x) = \sqrt{\ln(x)}$?

---

[5] $\mathrm{sgn}(x) = \begin{cases} -1 & \text{für } x < 0 \\ 0 & \text{für } x = 0 \\ 1 & \text{für } x > 0 \end{cases}$ Signum-Funktion, Vorzeichenfunktion.

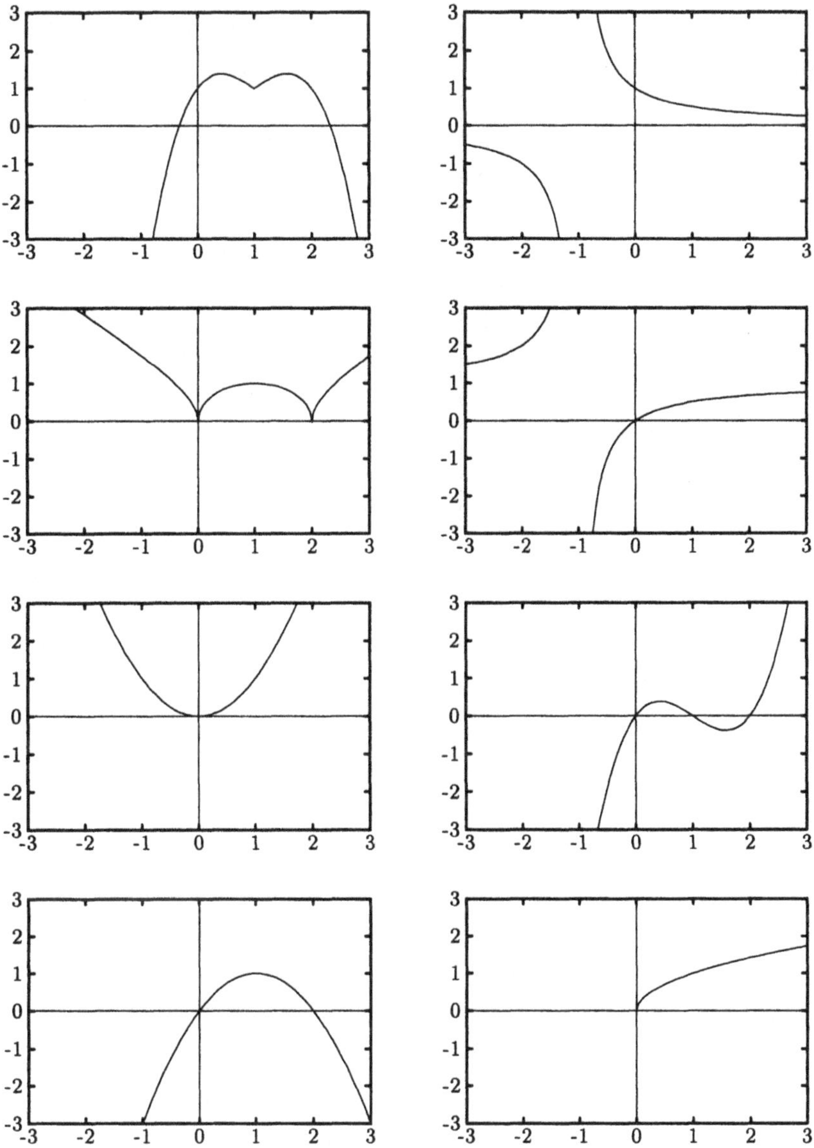

ABBILDUNG 9.9

68. Bestimmen Sie $f \circ g$ und $g \circ f$. Bestimmen Sie die maximalen Definitionsbereiche und die Bildmengen von f, g, $f \circ g$ und $g \circ f$.

(a) $f(x) = \sqrt{x} + 1, \quad g(x) = x^2$ (b) $f(x) = x^2 + 2, \quad g(x) = x - 3$

(c) $f(x) = \frac{1}{1+x^2}, \quad g(x) = \frac{1}{x}$ (d) $f(x) = \log x, \quad g(x) = \exp(x^2)$

69. Bilden Sie Summe, Differenz, Produkt und Quotient[6], sowie $f \circ g$ der Funktionsterme f und g. Bestimmen Sie die maximalen Definitionsbereiche der Funktionen f und g.

(a) $f(x) = x^2$, $g(x) = \frac{1}{x-1}$ (b) $f(x) = x^2 + 1$, $g(x) = \sqrt{x}$

(c) $f(x) = 1 + \sqrt{x}$, $g(x) = \frac{2x+1}{x+2}$ (d) $f(x) = (x+1)^2$, $g(x) = \frac{1}{x^2-1}$

70. Zeichnen Sie den Graphen der folgenden Funktionen und überprüfen Sie, ob Injektivität, Surjektivität oder Bijektivität vorliegt.

(a) $f\colon [-2, 2] \to \mathbb{R}, x \mapsto 2x + 1$ (b) $f\colon \mathbb{R} \setminus \{0\} \to \mathbb{R}, x \mapsto \frac{1}{x}$

(c) $f\colon \mathbb{R} \to \mathbb{R}, x \mapsto x^3$ (d) $f\colon [2, 6] \to \mathbb{R}, x \mapsto (x-4)^2 - 1$

(e) $f\colon [2, 6] \to [-1, 3]$, $x \mapsto (x-4)^2 - 1$ (f) $f\colon [4, 8] \to [-1, 15]$, $x \mapsto (x-4)^2 - 1$

71. Seien $f\colon \mathbb{R} \to \mathbb{R}, x \mapsto f(x) = -x + 1$ und $g\colon \mathbb{R} \to \mathbb{R}, x \mapsto g(x) = x^3$. Berechnen und zeichnen Sie die zusammengesetzte Funktion $g \circ f$ und deren Umkehrfunktion $(g \circ f)^{-1} = [g(f)]^{-1}$.

72. Bestimmen Sie die Inversen der folgenden Funktionen, zeichnen Sie den Funktionsgraphen und den der Inversen.

(a) $y = -3x - 4$ (b) $y = x - 1$ (c) $p = 4 - \frac{2}{5}x$

(d) $q = 3p + 6$ (e) $y = \sqrt{3x - 4}$ (f) $y = \sqrt{\frac{1}{4} + 2x}$

(g) $y = x^5$ (h) $y = \sqrt{x}$ (i) $y = \sqrt{4 - x}$

73. Zeichnen Sie den Graphen der Funktion

$$f(x) = \begin{cases} -\frac{x^2}{2} & \text{für } x \leq -2 \\ x + 1 & \text{für } -2 < x < 2 \\ \frac{x^2}{2} & \text{für } x \geq 2 \end{cases}$$

Berechnen Sie $\lim\limits_{\substack{x \to x_0 \\ x > x_0}} f(x)$, $\lim\limits_{\substack{x \to x_0 \\ x < x_0}} f(x)$ und $\lim\limits_{x \to x_0} f(x)$ für $x_0 = -2$, 0 und 2. Ist f in diesen Punkten stetig?

74. Geben Sie folgende Grenzwerte an, soferne sie existieren.

(a) $\lim\limits_{x \to \infty} \frac{1}{x+1}$ (b) $\lim\limits_{x \to 0} \ln|x|$ (c) $\lim\limits_{x \to \infty} \frac{x+1}{x-1}$

(d) $\lim\limits_{\substack{x \to 0 \\ x < 0}} \frac{1}{x}$, (e) $\lim\limits_{x \to 0} \frac{1}{x}$ (f) $\lim\limits_{\substack{x \to 1 \\ x > 1}} \frac{x-1}{\sqrt{x-1}}$

(g) $\lim\limits_{\substack{x \to 2 \\ x > 2}} \frac{2x^2-3x-2}{|x-2|}$ (h) $\lim\limits_{\substack{x \to 2 \\ x < 2}} \frac{2x^2-3x-2}{|x-2|}$ (i) $\lim\limits_{\substack{x \to 1 \\ x < 1}} \frac{x+1}{x^2-1}$

(j) $\lim\limits_{x \to 0} \frac{5x^3-x+6}{3x^4+x^2+x-3}$ (k) $\lim\limits_{x \to \infty} \frac{9x^2+5-3\pi}{5x^3+3x^2-2x+1}$

---

[6]gemeint sind $(f+g)(x) = f(x) + g(x)$, $(f-g)(x) = f(x) - g(x)$, $(f \cdot g)(x) = f(x) \cdot g(x)$ bzw. $(\frac{f}{g})(x) = \frac{f(x)}{g(x)}$

Hinweis: Bei Brüchen (falls möglich) zuerst kürzen und dann Limes berechnen. Beachten Sie bitte auch die Definition des Absolutbetrages (☞ §A.2.2, Seite 251).

75. Sind die folgenden Funktionen stetig auf dem Definitionsbereich? Skizzieren Sie die Funktionen.

(a) $D = \mathbb{R}$, $f(x) = x$ (b) $D = \mathbb{R}$, $f(x) = 3x + 1$

(c) $D = \mathbb{R}$, $f(x) = e^{-x} - 1$ (d) $D = \mathbb{R}$, $f(x) = |x|$

(e) $D = \mathbb{R}^+$, $f(x) = \ln(x)$ (f) $D = \mathbb{R}, f(x) = [x]$

(g) $D = \mathbb{R}$, $f(x) = \begin{cases} 1 & \text{für } x \leq 0 \\ x+1 & \text{für } 0 < x \leq 2 \\ x^2 & \text{für } x > 2 \end{cases}$

Hinweis: $[x] = p$, mit $x = p + y$, $p \in \mathbb{Z}, y \in [0, 1)$, d.h. $[x]$ ist die größte ganze Zahl kleiner oder gleich x. z.B.: $[1,34] = 1$, $[-2,45] = -3$.

76. Welchen Wert muß h besitzen, damit die Funktion f stetig ist?

(a) $f(x) = \begin{cases} x^2 - 3x + 4 & \text{für } x \neq 1 \\ h & \text{für } x = 1 \end{cases}$

(b) $f(x) = \begin{cases} hx + 3 & \text{für } x \geq 1 \\ 3 - hx & \text{für } x < 1 \end{cases}$

(c) $f(x) = \begin{cases} x^2 + 2hx & \text{für } x \leq 2 \\ 3x - h & \text{für } x > 2 \end{cases}$

(d) $f(x) = \begin{cases} x^2 + h & \text{für } x \neq 1 \\ 3 & \text{für } x = 1 \end{cases}$

77. Die Einkommensteuer eines Landes sei durch 5 Steuerklassen mit den folgenden Grenzen und marginalen Steuersätzen definiert:

K_1:	0 – 10 000 GE:	5%
K_2:	10 000 – 25 000 GE:	15%
K_3:	25 000 – 40 000 GE:	25%
K_4:	40 000 – 60 000 GE:	35%
K_5:	> 60 000 GE:	40%

(Verdient jemand 15 000 GE, so zahlt er 5% für (die ersten) 10 000 GE und 15% für (die weiteren) 5 000 GE.)

(a) Wie hoch ist die Einkommensteuer bei einem Einkommen von 50 000 GE? Wie hoch ist das Einkommen eines Steuerzahlers, der 12 000 GE Einkommensteuer bezahlt?

(b) Wie lautet die Funktion $f(x)$, die die Einkommensteuer bei einem Einkommen von x GE angibt.

(c) Zeichen Sie den Graphen dieser Funktion.

10

Differentialquotient und Ableitung

Ein neuer Zweig der Mathematik, der bis zu der Kunst vorgedrungen ist, mit unendlich kleinen Größen zu rechnen, gibt jetzt auch in anderen komplizierten Fällen der Bewegung Antwort auf die Fragen, die bisher unlösbar schienen.

Leo N. Tolstoi (1817–1875)
»Krieg und Frieden«

Ableitungen sind ein besonders wertvolles und mächtiges Werkzeug zur Untersuchung von Funktionen.

10.1 Was ist der Differentialquotient?

Ein Auto fährt von Wien nach Salzburg. Wir können diese Fahrt durch eine Funktion $x \mapsto f(x)$ beschreiben, die zu jedem Zeitpunkt x (Stunden) die Entfernung $f(x)$ (Kilometer) von Wien angibt.

Betrachten wir nun das Auto auf seiner Fahrt. Wenn das Auto zum Zeitpunkt x_0 in St. Pölten ist, so beträgt sein Abstand von Wien gerade $f(x_0)$ Kilometer. Ist es zum Zeitpunkt $x_1 = x_0 + \Delta x$ bereits in Linz, so beträgt seine Entfernung bereits $f(x_1)$ Kilometer. Die gefahrene Strecke zwischen diesen beiden Orten beträgt daher $f(x_1) - f(x_0)$ Kilometer, und dafür hat das Auto $x_1 - x_0$ Stunden gebraucht. Wir verwenden für diese beiden Differenzen die Symbole[1] Δf bzw. Δx. Die mittlere Geschwindigkeit des Autos zwischen St. Pölten und Linz ist nun $\frac{\textit{gefahrene Strecke}}{\textit{benötigte Zeit}}$, also

[1] sprich: „Delta" f bzw. „Delta x"

$$\frac{\Delta f}{\Delta x} = \frac{f(x_1) - f(x_0)}{x_1 - x_0} = \frac{f(x_0 + \Delta x) - f(x_0)}{\Delta x}$$

Dieser Ausdruck wird als **Differenzenquotient** bezeichnet.

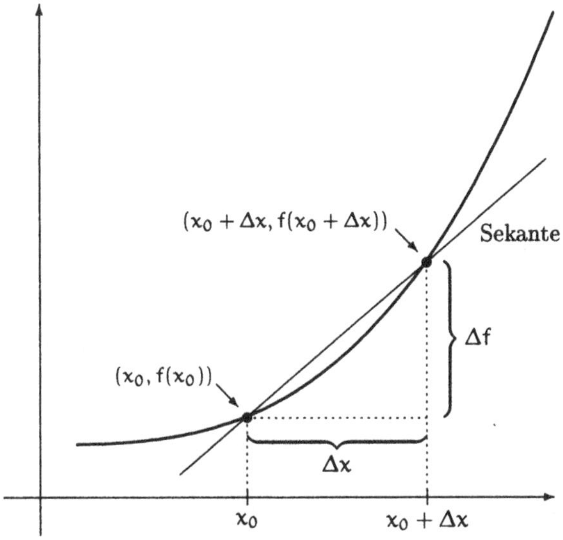

ABBILDUNG 10.1: Graphische Bedeutung des Differenzenquotienten

Wenn wir die Geschwindigkeit des Autos in St. Pölten, d.h. zum Zeitpunkt x_0, schätzen wollen, so können wir die mittlere Geschwindigkeit zwischen den Zeitpunkten x_0 und $x_1 = x_0 + \Delta x$ bestimmen. Ist Δx sehr groß (etwa 1 Stunde), kann diese Schätzung sehr daneben liegen. Verkleinern wir Δx (etwa auf 1 Minute), so wird dieser Differenzenquotient mit der tatsächlichen Geschwindigkeit besser übereinstimmen. Die Momentangeschwindigkeit erhalten wir, wenn wir $\Delta x \to 0$ streben lassen. Im Grenzübergang (Grenzwert, Limes[2]) wird aus dem Differenzenquotient der **Differentialquotient**.

DEFINITION 10.1 (DIFFERENTIALQUOTIENT)
Falls der Limes

$$\left.\frac{df}{dx}\right|_{x=x_0} = \lim_{\Delta x \to 0} \frac{f(x_0 + \Delta x) - f(x_0)}{\Delta x} = \lim_{x_1 \to x_0} \frac{f(x_1) - f(x_0)}{x_1 - x_0}$$

[2]☞ §9.5 auf Seite 101

existiert, so heißt die Funktion f ***differenzierbar an der Stelle*** x_0 *und dieser Grenzwert* ***Differentialquotient*** *oder* ***(erste) Ableitung*** *an der Stelle* x_0.

Die Funktion f heißt ***differenzierbar****, wenn sie in jedem Punkt des Definitionsbereichs differenzierbar ist.*

Andere Bezeichnungen:

$$\left.\frac{df}{dx}\right|_{x=x_0} = \left.\frac{df}{dx}\right|_{x_0} = \frac{df}{dx}(x_0) = f'(x_0)$$

BEMERKUNG 10.1
Um eine sehr kleine Änderung einer Variable auszudrücken, wird oft auch die Schreibweise $x_0 + h$ anstatt $x_0 + \Delta x$ verwendet[3]. Die Definition des Differentialquotienten liest sich dann als $\lim_{h \to 0} \frac{f(x_0+h)-f(x_0)}{h}$. Sie sollten trotz unterschiedlicher Notation in der Lage sein, das Objekt (in diesem Fall den „Differentialquotienten") wiederzuerkennen.

10.1.1 Eine graphische Interpretation

Abbildung 10.1 zeigt den Graphen einer Funktion und die Sekante durch die Funktionswerte von x_0 und $x_0 + \Delta x$. Die Steigung dieser Gerade ist $\frac{\Delta f}{\Delta x}$, der *Differenzenquotient.* Wir können nun Δx verkleinern. Für jedes Δx erhalten wir eine andere Sekante (☞ Abb. 10.2, gepunktete Linien). Im Grenzübergang $\Delta x_0 \to 0$ wird die Sekante zur **Tangente**. Der *Differentialquotient* $\frac{df}{dx}$ ist somit die **Steigung der Tangente** (☞ Abb. 10.2).

10.1.2 Änderungsrate und Grenzfunktion

Zu Beginn haben wir den Differentialquotienten als **(marginale) Änderungsrate** einer Kenngröße an einer Stelle x_0 motiviert. Wir wollen uns diese Interpretation des Differentialquotienten näher ansehen. Wenn wir eine Funktion nur in der Nähe des Punktes x_0 durch ein Vergrößerungsglas betrachten, so erscheint ihr Graph annähernd wie eine Gerade (☞ Abb. 10.3). Dieser Effekt wird umso stärker, je kleiner wir den Ausschnitt des Graphen wählen. Auf diese Weise erhalten wir den Graphen einer *linearen Funktion* mit Anstieg $\frac{df}{dx}$. Die Änderungsrate der Funktion können wir daher sehen als die Änderungsrate dieser linearen Funktion, d.h. als deren Anstieg $\frac{df}{dx}$. In den Wirtschaftswissenschaften wird diese lineare Funktion als **Grenzfunktion** von f bezeichnet[4].

[3] So auch in diesem Buch, da h optisch leichter von x unterschieden werden kann, als Δx.
[4] Die Mathematiker sagen dazu das **Differential** df von f (☞ §10.5, Seite 123).

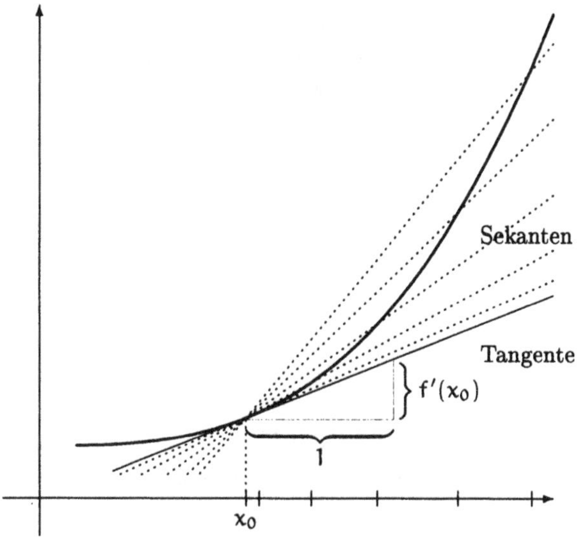

ABBILDUNG 10.2: Graphische Bedeutung des Differentialquotienten

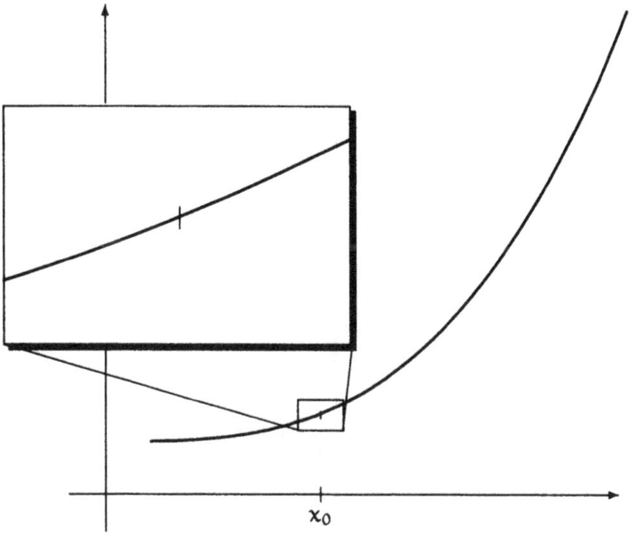

ABBILDUNG 10.3: Bedeutung der Grenzfunktion

10.1.3 Wann existiert der Differentialquotient?

Wir haben den Differentialquotienten als Anstieg der Tangente an den Graphen der Funktion interpretiert. Es gibt nun Punkte, in denen es keine eindeutige Tangente gibt. In all diesen Punkte existiert daher auch kein Differentialquotient und die Funktion ist an solchen Punkten **nicht differenzierbar**. Solche Punkte sind vor allem

(1) Sprungstellen (Unstetigkeitstellen) und

(2) *„Knicke"* im Graphen der Funktion.

(3)

In allen anderen Punkten, in denen die Tangente existiert, ist die Funktion differenzierbar.

BEMERKUNG 10.2
Rechnerisch können wir uns von der Existenz oder Nichtexistenz des Differentialquotienten durch Berechnung des Grenzwertes in Definition 10.1 auf Seite 109 überzeugen.

BEISPIEL 10.1
Die Funktion

$$f(x) = \begin{cases} 1 & \text{für } x < 0 \\ 1 - x & \text{für } 0 \leq x < 1 \\ x & \text{für } x \geq 1 \end{cases}$$

ist differenzierbar in $\mathbb{R} \setminus \{0, 1\}$. In 0 besitzt der Graph einen „Knick", in 1 ist die Funktion nicht stetig (☞ Abb. 10.4).

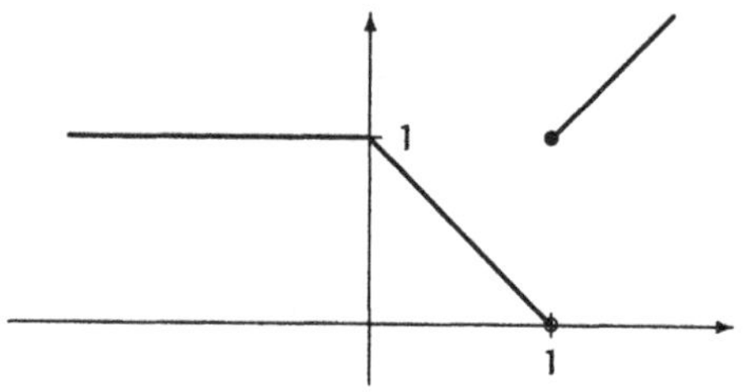

ABBILDUNG 10.4: Die Funktion ist in 0 und 1 nicht differenzierbar.

Wir können uns auch rechnerisch davon überzeugen, daß der Differentialquotient an der Stelle $x = 0$ nicht existiert. Der linksseitige und rechtsseitige Grenzwert des Differenzenquotienten and dieser Stelle sind verschieden:

$$\lim_{\substack{h \to 0 \\ h < 0}} \frac{f(0+h) - f(0)}{h} = \lim_{\substack{h \to 0 \\ h < 0}} \frac{1-1}{h} = \lim_{\substack{h \to 0 \\ h < 0}} \frac{0}{h} = 0$$

$$\lim_{\substack{h \to 0 \\ h > 0}} \frac{f(0+h) - f(0)}{h} = \lim_{\substack{h \to 0 \\ h > 0}} \frac{(1-h) - 1}{h} = \lim_{\substack{h \to 0 \\ h > 0}} \frac{-h}{h} = -1$$

10.1.4 Die Berechnung des Differentialquotienten

Die Berechnung des Differentialquotienten erfolgt durch Einsetzen in die Definition (☞ Definition 10.1, Seite 109) und Bestimmen des entsprechenden Grenzwertes.

BEISPIEL 10.2
Gesucht ist der Differentialquotient der Funktion $f(x) = x^2$ an der Stelle $x_0 = 5$.

$$\begin{aligned} \left.\frac{df}{dx}\right|_{x=5} &= \lim_{h\to 0} \frac{(5+h)^2 - 5^2}{h} \\ &= \lim_{h\to 0} \frac{5^2 + 2\cdot 5\cdot h + h^2 - 5^2}{h} = \lim_{h\to 0} \frac{10h + h^2}{h} \\ &= \lim_{h\to 0} \frac{h(10+h)}{h} = \lim_{h\to 0} (10+h) = 10 \end{aligned}$$

10.2 Die Ableitungen einer Funktion

DEFINITION 10.2 (ABLEITUNG)
Die Funktion $f'\colon D \to \mathbb{R}, x \mapsto f'(x) = \left.\frac{df}{dx}\right|_x$ *heißt die erste Ableitung der Funktion* f. *Die Definitionsmenge* D *ist die Menge aller Punkte, in denen der Differentialquotient existiert.*

BEMERKUNG 10.3
Die Ableitung einer Funktion f an einer Stelle x_0 ist eine *Zahl.* Die Ableitung einer Funktion f in einem Intervall (a, b) ist eine Funktion.

Zur Berechnung der Ableitung einer Funktion (wir sagen dazu „Differenzieren der Funktion“) ist es notwendig, den Differentialquotienten an jeder Stelle des Definitionsbereichs auszurechnen. In der Praxis wäre das jedoch sehr mühsam. Daher gibt es Tabellen, in denen die Ableitungen von wichtigen Funktionen aufgelistet sind (☞ Tab. 10.1).

TABELLE 10.1: Ableitungen einiger wichtiger Funktionen

$f(x)$	$f'(x)$
c	0
x^α	$\alpha \cdot x^{\alpha-1}$
e^x	e^x
$\ln(x)$	$\frac{1}{x}$
$\sin(x)$	$\cos(x)$
$\cos(x)$	$-\sin(x)$

10.2.1 Differentiationsregeln

Mit Hilfe von *Rechenregeln* (☞ Tab. 10.2) ist es möglich die Ableitung einer komplexeren Funktion auf die Ableitungen einfacher Funktionen zurückzuführen.

TABELLE 10.2: Differentiationsregeln

Bezeichnung	Regel
	$(c \cdot f(x))' = c \cdot f'(x)$
Summenregel	$(f(x) + g(x))' = f'(x) + g'(x)$
Produktregel	$(f(x) \cdot g(x))' = f'(x) \cdot g(x) + f(x) \cdot g'(x)$
Kettenregel	$(f(g(x)))' = f'(g(x)) \cdot g'(x)$
Quotientenregel	$\left(\frac{f(x)}{g(x)}\right)' = \frac{f'(x) \cdot g(x) - f(x) \cdot g'(x)}{(g(x))^2}$

BEISPIEL 10.3

$$\begin{aligned}
\left(3x^3 + 2x - 4\right)' &= 3 \cdot 3 \cdot x^2 + 2 \cdot 1 - 0 = 9x^2 + 2 \\
\left(e^x \cdot x^2\right)' &= (e^x)' \cdot x^2 + e^x \cdot \left(x^2\right)' = e^x \cdot x^2 + e^x \cdot 2x \\
\left((3x^2 + 1)^2\right)' &= 2(3x^2 + 1) \cdot 6x \\
\left(\sqrt{x}\right)' &= \left(x^{\frac{1}{2}}\right)' = \frac{1}{2} \cdot x^{-\frac{1}{2}} = \frac{1}{2\sqrt{x}} \\
(2^x)' &= \left(e^{\ln(2) \cdot x}\right)' = e^{\ln(2) \cdot x} \cdot \ln(2) = 2^x \ln(2) \\
(a^x)' &= \left(e^{\ln(a) \cdot x}\right)' = e^{\ln(a) \cdot x} \cdot \ln(a) =^{5} a^x \ln(a) \\
\left(\frac{x^4 + 4x^2 + 4}{x^2 + 2}\right)' &= \frac{(4x^3 + 8x) \cdot (x^2 + 2) - (x^4 + 4x^2 + 4) \cdot (2x)}{(x^2 + 2)^2} \\
\left(\frac{x^4 + 4x^2 + 4}{x^2 + 2}\right)' &= \left(\frac{(x^2 + 2)^2}{x^2 + 2}\right)' = \left(x^2 + 2\right)' = 2x
\end{aligned}$$

Auch sehr komplizierte Funktionen lassen sich — die konsequente Anwendung der Differentiationsregeln vorausgesetzt — differenzieren.

[5] ☞ §A.2.7

BEISPIEL 10.4

$$\underbrace{(x \cdot e^{-x^2} + \sin(2x^2-5)\cdot\ln(x^4))'}_{\text{Additionsregel}}$$

$$= \underbrace{(x\cdot e^{-x^2})'}_{\text{Produktregel}} + \underbrace{(\sin(2x^2-5)\cdot\ln(x^4))'}_{\text{Produktregel}}$$

$$= 1\cdot e^{-x^2} + x\cdot \underbrace{(e^{-x^2})'}_{\text{Kettenregel}} + \underbrace{(\sin(2x^2-5))'}_{\text{Kettenregel}}\cdot\ln(x^4) + \sin(2x^2-5)\cdot \underbrace{(\ln(x^4))'}_{\text{Kettenregel}}$$

$$= 1\cdot e^{-x^2} + x\cdot(-2x)e^{-x^2} + 4x\cos(2x^2-5)\cdot\ln(x^4) + \sin(2x^2-5)\cdot 4x^3\frac{1}{x^4}$$

10.2.2 Höhere Ableitungen

Wir haben in Definition 10.2 die Ableitung einer Funktion eingeführt. Diese Funktion kann nun ihrerseits wieder differenzierbar sein, und wir erhalten so die Ableitung der (ersten) Ableitung der Funktion. Wir bezeichnen diese Funktion als die **zweite Ableitung** $f''(x)$ der Funktion f. Läßt sich auch diese Funktion differenzieren erhalten wir die **dritte Ableitung** $f'''(x)$, **vierte Ableitung** $f''''(x)$, ..., **n-te Ableitung** $f^{(n)}(x)$, usw.
Alternative Schreibweisen für die zweite, dritte, ..., n-te Ableitung sind:

$$\frac{d^2f}{dx^2}, \frac{d^3f}{dx^3}, \dots, \frac{d^nf}{dx^n}.$$

BEISPIEL 10.5
Die ersten 5 Ableitungen der Funktion $f(x) = x^4 + 2x^2 + 5x - 3$ sind

$$\begin{aligned} f'(x) &= (x^4+2x^2+5x-3)' = 4x^3+4x+5 \\ f''(x) &= (4x^3+4x+5)' = 12x^2+4 \\ f'''(x) &= (12x^2+4)' = 24x \\ f''''(x) &= (24x)' = 24 \\ f^V(x) &= 0 \end{aligned}$$

BEISPIEL 10.6
Die ersten 5 Ableitungen von $f(x) = \sin(x)$ sind

$$\begin{aligned} f'(x) &= \cos(x) \\ f''(x) &= -\sin(x) \\ f'''(x) &= -\cos(x) \\ f''''(x) &= \sin(x) \\ f^V(x) &= \cos(x) \end{aligned}$$

10.3 Monotonie und Krümmungsverhalten

In diesem Abschnitt lernen wir eine einfache Anwendung der Differentialrechnung kennen. Wir wollen untersuchen, wie sich der Funktionswert ändert, wenn das Argument (ein wenig) variiert.

10.3.1 Die Monotonie

DEFINITION 10.3 (MONOTONIE)
Eine Funktion f *heißt* **monoton steigend**[6] *in einem Intervall* $[a, b]$, *falls für alle* $x_1, x_2 \in [a, b]$ *gilt*

$$x_1 \geq x_2 \Leftrightarrow f(x_1) \geq f(x_2).$$

Sie heißt **monoton fallend**, *falls*

$$x_1 \geq x_2 \Leftrightarrow f(x_1) \leq f(x_2).$$

BEMERKUNG 10.4
Es gibt auch den Begriff „streng monoton steigend", der definiert ist durch $x_1 > x_2 \Leftrightarrow f(x_1) > f(x_2)$. Eine „monoton steigende" Funktion darf auch konstant sein, eine „*streng* monoton steigende" Funktion hingegen nicht. Z.B. ist nach dieser Definition die Funktion $f\colon x \mapsto 1$ monoton steigend, da immer $1 \geq 1$ gilt, aber nicht *streng* monoton steigend, da $1 \not> 1$.

BEMERKUNG 10.5
Eine konstante Funktion, z.B. $f\colon x \mapsto 1$, ist nach unserer Definition sowohl monoton steigend als auch monoton fallend.

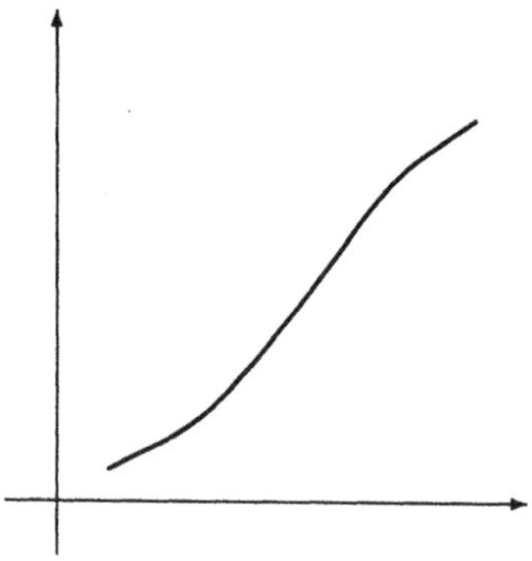

monoton steigend

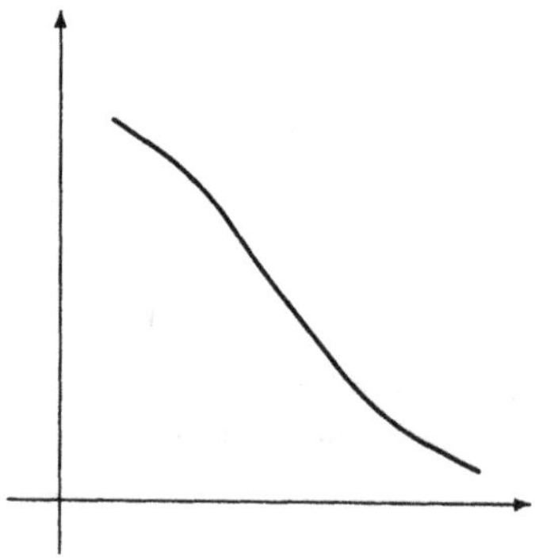

monoton fallend

ABBILDUNG 10.5: Monotone Funktionen

[6] auch: monoton wachsend

In Abbildung 10.5 ist zu erkennen, daß die Steigung der Tangente an den Graphen einer monotonen Funktion entweder immer *positiv* (*steigend*) oder *negativ* (*fallend*) ist.
Für *differenzierbare* Funktionen[7] erhalten wir daher folgendes Kriterium für die Monotonie von Funktionen in einem Intervall $[a,b]$:

f monoton steigend	$\Leftrightarrow$	$f'(x) \geq 0$	für alle x
f monoton fallend	$\Leftrightarrow$	$f'(x) \leq 0$	für alle x

BEISPIEL 10.7
In welchem Bereich ist die Funktion $f: \mathbb{R}^+ \to \mathbb{R}$, $x \mapsto 2(x - \ln x - 1)$ monoton steigend (☞ Abb. 9.4, Seite 97)?
Wir müssen die Ungleichung $f'(x) = 2(1 - \frac{1}{x}) \geq 0$ lösen.

$$2(1-\frac{1}{x}) \geq 0 \Leftrightarrow 1-\frac{1}{x} \geq 0 \Leftrightarrow \frac{1}{x} \leq 1 \stackrel{8}{\Leftrightarrow} x \geq 1.$$

f ist im Intervall $[1,\infty)$ monoton steigend.

10.3.2 Die Krümmung

Eine weitere Eigenschaft von Funktionen ist die Krümmung. Sie gibt an, wie der Graph der Funktion *gekrümmt* ist (☞ Abb. 10.6).

DEFINITION 10.4 (KRÜMMUNG)
Eine Funktion f heißt konvex in einem Intervall $[a,b]$, falls der Graph der Funktion immer unter der Sekante[9] liegt, in Formeln: falls für alle $x_1, x_2 \in [a,b]$ und für alle $h \in [0,1]$

$$f(hx_1 + (1-h)x_2) \leq hf(x_1) + (1-h)f(x_2).$$

Die Funktion heißt konkav, falls

$$f(hx_1 + (1-h)x_2) \geq hf(x_1) + (1-h)f(x_2).$$

BEMERKUNG 10.6
Der Ausdruck „$hx_1 + (1-h)x_2$" ergibt in obiger Definition alle Punkte im Intervall $[x_1, x_2]$, wenn wir h von 0 nach 1 variieren. Mit $f(hx_1 + (1-h)x_2)$ erhalten wir die entsprechenden Funktionswerte von f, mit dem Ausdruck „$hf(x_1) + (1-h)f(x_2)$" die entsprechenden Werte auf der Sekante.

[7] ☞ §10.1, Seite 108
[8] Beachten Sie bitte, daß nach Definition von f, $x > 0$. Zur Lösung von Ungleichungen ☞ §A.4 auf Seite 270
[9] oder *Sehne*, ☞ Abb. 10.6

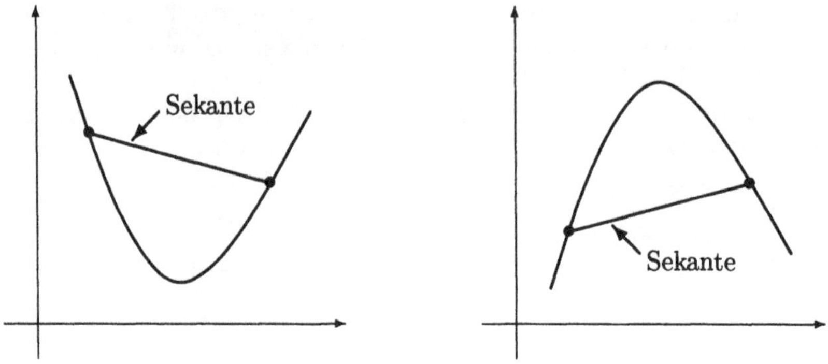

ABBILDUNG 10.6: Konvex und konkav

BEMERKUNG 10.7
Statt *konvex* wird manchmal auch der Begriff „*nach unten gewölbt*" verwendet, statt *konkav* „*nach oben gewölbt*".

Beim Betrachten von Abbildung 10.6 fällt auf, daß die Steigung der Tangente von konvexen Funktionen immer größer wird, je größer x wird. Mit anderen Worten, die erste Ableitungsfunktion ist monoton steigend. Für *differenzierbare* Funktionen erhalten wir daher folgendes Kriterium für die Krümmung von Funktionen in einem Intervall $[a, b]$:

f konvex	$\Leftrightarrow$	$f''(x) \geq 0$	für alle x
f konkav	$\Leftrightarrow$	$f''(x) \leq 0$	für alle x

BEISPIEL 10.8
In welchem Bereich ist die Funktion $f: \mathbb{R}^+ \to \mathbb{R}, x \mapsto 2(x - \ln x - 1)$ konvex (☞ Abb. 9.4, Seite 97)?
Wir müssen die Ungleichung $f''(x) = 2\frac{1}{x^2} \geq 0$ lösen.

$$2\frac{1}{x^2} \geq 0 \Leftrightarrow x^2 \geq 0.$$

f ist im gesamten Definitionsbereich $\mathbb{R}^+$ konvex.

10.4 Lokale und globale Extremwerte

Bei der Untersuchung einer Funktion will man oft Punkte finden, an denen die Funktion einen größtmöglichen oder kleinstmöglichen Wert annimmt (Denken wir etwa an eine Gewinnfunktion oder an eine Kostenfunktion). Solche

Punkte werden als **Extremwerte** (oder **Extrema**) bezeichnet. Wir unterscheiden dabei zwischen Punkten, in denen diese Extremwerteigenschaft im gesamten Definitionsbereich — also global — gilt (**globale Extrema**), und solchen Punkten, wo diese Eigenschaft zumindest in einem kleinen Bereich — also regional oder lokal — gilt (**lokale Extrema**).

DEFINITION 10.5 (LOKALES EXTREMUM)
$x_0 \in D$ *heißt **lokales Maximum**[10] der Funktion* $f\colon D \to \mathbb{R}$, *falls für alle* x *in einem Intervall* $(x_0 - \varepsilon, x_0 + \varepsilon)$ *gilt:* $f(x) \leq f(x_0)$.
x_0 *heißt **lokales Minimum**, falls* $f(x) \geq f(x_0)$.

DEFINITION 10.6 (GLOBALES EXTREMUM)
$x_0 \in D$ *heißt **globales Maximum** der Funktion* $f\colon D \to \mathbb{R}$, *falls für alle* x *im Definitionsbereich gilt:* $f(x) \leq f(x_0)$.
x_0 *heißt **globales Minimum**, falls* $f(x) \geq f(x_0)$.

BEMERKUNG 10.8
Jedes *globale* Minimum ist auch ein *lokales* Minimum. Umgekehrt kann ein lokales Minimum ein globales Minimum sein, muß aber nicht.

Abbildung 10.7 zeigt den Graphen der Funktion $f\colon [0{,}5; 8{,}5] \to \mathbb{R}$, $x \mapsto \frac{1}{12}x^3 - x^2 + 3x + 1$. Es ist leicht ersichtlich, daß die Punkte a und x_2 lokale Minima, die Punkte x_1 und b lokale Maxima der Funktion sind. Die globalen Extrema sind x_2 und b ($f(x_2)$ ist der kleinstmögliche Funktionswert, $f(b)$ der größtmögliche Funktionswert).

10.4.1 Berechnung der lokalen Extrema

Es fällt auf, daß die Steigung der Tangente an den Graphen der Funktion in Abbildung 10.7 an den inneren lokalen Extrema x_1 und x_2 gleich 0 ist, und daß die Funktion in der Nähe dieser lokalen Extrema *konkav* (x_1) bzw. *konvex* (x_2) ist (☞ §10.3).
Punkte, in denen $f'(x) = 0$ ist, heißen **stationäre Punkte**[11] der Funktion f.
Alle lokalen Extrema im Inneren des Definitionsbereichs (d.s. alle, die nicht am Rand liegen) einer *differenzierbaren* Funktion sind stationäre Punkte.
Die Umkehrung ist allerdings falsch! Nicht jeder stationäre Punkt ist ein lokales Extremum. 0 ist kein Extremum von $f(x) = x^3$, aber $f'(0) = 0$ (Graph ☞ Abb. 9.1(e) auf Seite 94).

[10] auch: **relatives Maximum**
[11] auch: **singulärer Punkt** oder **kritischer Punkt**. Diese beiden Begriffe bezeichnen zwar auch Punkte, in denen die erste Ableitung gleich 0 wird, sie werden aber in einem anderen Zusammenhang verwendet.

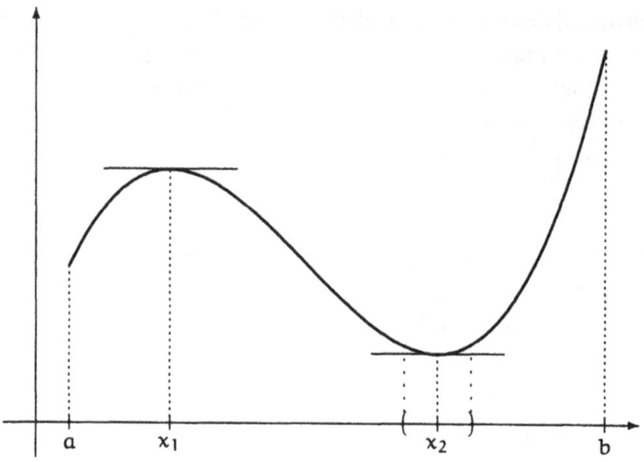

ABBILDUNG 10.7: Extremwerte der Funktion
$f: [0{,}5; 8{,}5] \to \mathbb{R},\ x \mapsto \frac{1}{12}x^3 - x^2 + 3x + 1$

Ein Punkt x_0 ist genau dann ein *lokales* Minimum (Maximum) einer *differenzierbaren* Funktion, falls

- $f'(x_0) = 0$ und
- f in einem „geeigneten" Intervall um x_0 *konvex* (bzw. *konkav*) ist.

BEMERKUNG 10.9
Lokale Extrema können (aber müssen nicht!) auch an Randpunkten (☞ Abb. 10.7), an Stellen, an denen die Funktion nicht differenzierbar ist (☞ Abb. 10.8), oder an Stellen, an denen die Funktion nicht stetig ist (☞ §9.6, Seite 103), auftreten.

Für *differenzierbare* Funktionen (☞ §10.1, Seite 108) erhalten wir daher die folgende Vorgangsweise zur Berechnung der **lokalen Extrema**, die nicht am Rande eines Intervalls liegen:

(1) Berechne $f'(x)$ und $f''(x)$.

(2) Suche alle stationären Punkte x_i (d.h. mit $f'(x_i) = 0$).

(3) $f''(x_i) > 0 \quad \Rightarrow x_i$ ist ein *lokales Minimum*
$f''(x_i) < 0 \quad \Rightarrow x_i$ ist ein *lokales Maximum*
$f''(x_i) = 0 \quad \Rightarrow$ *keine* Aussage möglich.

BEMERKUNG 10.10
Wenn $f''(x_0) > 0$ ist, dann ist $f''(x)$ auch noch in der „Nähe" von x_0 größer 0. Daher ist f auch in der Nähe von x_0 konvex und damit x_0 ein Minimum.

BEISPIEL 10.9
Gesucht sind die lokalen Extrema von $f(x) = \frac{1}{12}x^3 - x^2 + 3x + 1$ (☞ Abb. 10.7).

(1) $f'(x) = \frac{1}{4}x^2 - 2x + 3$, $f''(x) = \frac{1}{2}x - 2$.

(2) $\frac{1}{4}x^2 - 2x + 3 = 0$ besitzt die Lösungen $x_1 = 2$ und $x_2 = 6$.

(3) $f''(2) = -1 \Rightarrow x_1$ ist lokales Maximum.
$f''(6) = 1 \Rightarrow x_2$ ist lokales Minimum.

Im Fall $f''(x_i) = 0$ müssen weitere Untersuchungen angestellt werden, um festzustellen, ob die Funktion in der Nähe von x_i konvex ($\Rightarrow$ lokales Minimum), konkav ($\Rightarrow$ lokales Maximum) oder keines von beiden ($\Rightarrow$ Sattelpunkt) ist. In Beispiel 10.10 wird die Problematik veranschaulicht und eine einfache Lösung gezeigt. Wir werden später (☞ §11.3) noch eine Methode kennenlernen, mit der wir diese Situation im allgemeinen untersuchen können.

BEISPIEL 10.10
Gesucht sind die lokalen Extrema der Funktion $f(x) = x^4$.

(1) $f'(x) = 4x^3$, $f''(x) = 12x^2$.

(2) $4x^3 = 0$ hat die Lösung $x_1 = 0$.

(3) $f''(0) = 0 \Rightarrow$ keine Aussage möglich.

Aber: $f''(x) = 12x^2 \geq 0$ für alle $x \in \mathbb{R} \Rightarrow f$ ist konvex und x_1 ist ein lokales Minimum.

BEMERKUNG 10.11
Die in der Schule manchmal verbreitete „Schlußfolgerung“ $f''(x) = 0 \Rightarrow$ „*x ist Sattelpunkt*“ ist falsch! (☞ Beispiel 10.10)

10.4.2 Berechnung der globalen Extrema

Das *globale* Minimum ist nun das *kleinste* aller lokalen Minima, das *globale* Maximum ist das *größte* aller lokalen Maxima. Zur Berechnung der globalen Extremwerte einer Funktion $f: [a, b] \to \mathbb{R}$ suchen wir alle Kandidaten für lokale Extrema (d.s. stationäre Punkte, Randpunkte und Punkte, in denen f nicht stetig oder differenzierbar ist; vgl. Bemerkung 10.9) und bestimmen daraus den Punkt mit dem größten und kleinsten Funktionswert.
Wir erhalten daher die folgende Vorgangsweise zur Berechnung der globalen Extrema:

(1) Suche alle Punkte x_j, an denen f nicht differenzierbar ist (☞ §10.1).

(2) Berechne alle stationären Punkte x_i von f (d.h. mit $f'(x_i) = 0$).

(3) Berechne alle $f(x_i)$ und alle $f(x_j)$ sowie $f(a)$ und $f(b)$.

(4) Der größte dieser Werte ist das *globale Maximum*, der kleinste dieser Werte ist das *globale Minimum*

BEMERKUNG 10.12
Es ist *nicht* notwendig die zweite Ableitung f'' zu berechnen!

BEISPIEL 10.11
Gesucht sind die *globalen* Extrema der Funktion (vgl. Beispiel 10.9, ☞ Abb. 10.7) $f\colon [0{,}5; 8{,}5] \to \mathbb{R},\ x \mapsto \frac{1}{12}x^3 - x^2 + 3x + 1$.

(1) f ist überall differenzierbar[12].

(2) $f'(x) = \frac{1}{4}x^2 - 2x + 3 = 0$ besitzt die Lösungen $x_1 = 2$ und $x_2 = 6$.

(3+4)
$$\begin{aligned} f(0{,}5) &= 2{,}260 \\ f(2) &= 3{,}667 \\ f(6) &= 1{,}000 && \Rightarrow && \text{globales Minimum} \\ f(8{,}5) &= 5{,}427 && \Rightarrow && \text{globales Maximum} \end{aligned}$$

Das globale Minimum liegt in 6, das globale Maximum in 8,5.

BEMERKUNG 10.13
Die globalen Extremwerte sind nicht immer eindeutig bestimmt. So hat etwa die Funktion $f\colon [-2, 2] \to \mathbb{R},\ x \mapsto x^4 - 2x^2$ drei globale Maxima an den Stellen -2, 0 und 2, und zwei globale Minima an den Stellen -1 und 1.

BEISPIEL 10.12
Wir suchen die *globalen* Extrema der Funktion (☞ Abb. 10.8)

$$f\colon [0,5] \to \mathbb{R},\ x \mapsto \begin{cases} |x-1|+1 & \text{für } 0 \le x \le 1 \\ \frac{1}{2}(-x^2+6x-3) & \text{für } 1 < x \le 5 \end{cases}$$

(1) f ist nur in $x_1 = 1$ nicht differenzierbar

(2) $|x-1|+1$ besitzt keine stationären Punkte.
Im Intervall $[1,5]$ ist $f'(x) = (\frac{1}{2}(-x^2+6x-3))' = -x+3$.
Der einzige stationäre Punkt[13] ist daher $x_2 = 3$.

(3),(4)
$$\begin{aligned} f(0) &= 2 \\ f(1) &= 1 && \Rightarrow && \text{globales Minimum} \\ f(3) &= 3 && \Rightarrow && \text{globales Maximum} \\ f(5) &= 1 && \Rightarrow && \text{globales Minimum} \end{aligned}$$

Das globale Maximum ist bei $x = 3$, die globalen Minima sind bei $x = 1$ und $x = 5$.

Im Falle eines *unbeschränkten* (z.B. $\mathbb{R}$ oder $[0,\infty)$) oder nicht abgeschlossenen (z.B. $[0,1)$ oder $(0,1)$) Definitionsbereichs berechnen wir anstatt der Funktionswerte an den Randpunkten $f(a)$ und $f(b)$ die entsprechenden Grenzwerte (z.B. $\lim_{x\to\infty} f(x)$ oder $\lim_{x\to 1} f(x)$, ☞ §9.5, Seite 101). Die Vorgangsweise ist analog zu oben. Das globale Maximum (Minimum) existiert aber in diesem Fall nur, wenn der größte (kleinste) Wert tatsächlich in einem Punkt des Definitionsbereichs (z.B. an einem lokalen Extremum) angenommen wird und nicht als einer der Grenzwerte auftritt.

[12] Es gibt daher keine Punkte an denen f nicht differenzierbar ist.
[13] Wir müssen hier allerdings darauf achten, daß dieser Punkt tatsächlich im Definitionsbereich liegt, bzw. daß an dieser Stelle die Zuordnungsvorschrift tatsächlich $x \mapsto \frac{1}{2}(-x^2+6x-3)$ lautet!

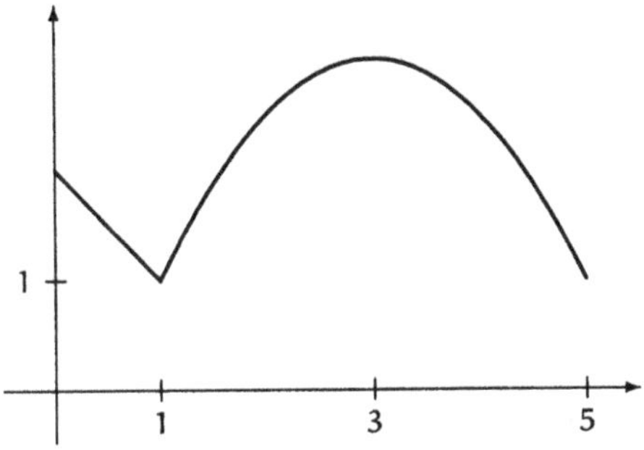

ABBILDUNG 10.8: Globales Maximum bei $x = 3$, globale Minima bei $x = 1$ und $x = 5$

BEISPIEL 10.13
Gesucht sind die globalen Extrema der Funktion $f: \mathbb{R} \to \mathbb{R}$, $x \mapsto x^2$ (☞ Abb. 9.1(c) auf Seite 94).

(1) f ist überall differenzierbar.

(2) $f'(x) = 2x$; $2x = 0$ besitzt die Lösung $x_1 = 0$.

(3), (4)

$$f(0) = 0 \quad \Rightarrow \quad \text{globales Minimum}$$
$$\lim_{x\to-\infty} f(x) = \infty \quad \Rightarrow \quad \text{das globale Maximum existiert nicht}$$
$$\lim_{x\to\infty} f(x) = \infty$$

Für konvexe (bzw. konkave) Funktionen gilt folgender hinreichender Satz:
Ist $\mathbf{x}_0$ ein stationärer Punkt von f, dann ist $\mathbf{x}_0$ ein globales Minimum (globales Maximum).

10.5 Das Differential

Unser Auto aus §10.1 ist bereits seit 2 Stunden unterwegs. Wie weit wird es (ungefähr) in der nächsten $\frac{1}{4}$ Stunde fahren?
Wir schätzen diese Wegstrecke durch *Momentangeschwindigkeit* × *Zeitdifferenz*:

$$\Delta f = f(x_0 + \Delta x) - f(x_0) \approx f'(x_0) \cdot \Delta x$$

Diese Approximation ist allerdings nur für „kleine“ Werte von Δx brauchbar. Wir sehen das sofort, wenn wir uns in Erinnerung rufen, daß der Differentialquotient der Limes des Differenzenquotienten ist, also

$$f'(x_0) = \lim_{\Delta x\to 0} \frac{\Delta f}{\Delta x} \approx \frac{\Delta f}{\Delta x} \quad \text{für kleines } \Delta x$$

Wenn wir die Differenzen Δf und Δx durch *infinitesimale* („unendlich kleine") Größen df und dx ersetzen, erhalten wir

$$df_{x_0} = f'(x_0)\,dx$$

Die *lineare* Funktion

$$df_{x_0}\colon \mathbb{R} \to \mathbb{R},\ dx \mapsto df_{x_0} = f'(x_0)\,dx$$

heißt das **Differential** der Funktion f an der Stelle x_0.
Wir können dieses Differential benützen, um die Funktion f näherungsweise in der Nähe von x_0 zu berechnen.

$$f(x_0 + dx) - f(x_0) \approx df_{x_0}$$

Wir erhalten damit die in §10.1.2 und Abbildung 10.3 beschriebene Situation.

BEISPIEL 10.14
Sei $f(x) = e^x$. Wir berechnen $f(1{,}1)$ näherungsweise mit Hilfe des Differentials an der Stelle $x_0 = 1$.

$$\begin{aligned} dx &= (x_0 + dx) - x_0 = 1{,}1 - 1 = 0{,}1 \\ df &= f'(1)\,dx = e^1\,dx = e \cdot 0{,}1 \\ f(1{,}1) &\approx f(1) + df = e^1 + 0{,}1 \cdot e \approx 2{,}990 \\ \text{(zum Vergleich: } f(1{,}1) &= 3{,}004\ldots) \end{aligned}$$

BEMERKUNG 10.14
Das Differential der Funktion $y\colon x \mapsto x$ ist gerade dx. Aus diesem Grund werden auch df und dx in obiger Formel als Differentiale bezeichnet. Wir können somit den Differentialquotient $\frac{df}{dx} = f'(x_0)$ als Quotient zweier Differentiale („unendlich kleiner" Größen) auffassen.

10.6 Die Elastizität

Die *erste Ableitung* gibt die *Änderungsrate* einer Funktion f an der Stelle x_0 in **absoluten** Zahlen an. Sie ist somit abhängig von der *Skalierung* von Argument und Funktionswert.
Tatsächlich sind wir aber in vielen Fällen an **relativen** Änderungsraten interessiert.

BEISPIEL 10.15
Betrachten wir eine *Nachfragefunktion* $q(p)$, die zu einem Preis p die Nachfrage q angibt. Wenn $q'(p_0) = -1$, dann ist die Steigung des Differentials von q an der Stelle p_0 gerade -1. D.h. wenn sich der Preis um eine (Geld-) Einheit ändert, so

verringert sich die Nachfrage ebenfalls näherungsweise um eine (Mengen-) Einheit[14]. Diese Änderungsrate ist aber unabhängig vom Preisniveau p_0 oder Nachfrageniveau $q(p_0)$, also unabhängig davon ob p_0 (oder $q(p_0)$) gleich 1 oder gleich 1 000 000 ist. Andererseits ist diese Änderungsrate abhängig von den gewählten Einheiten. Die Steigung der Funktion vergrößert sich um den Faktor 1000, wenn wir als Mengeneinheit Kilogramm anstatt Tonnen verwenden. Und Sie wird etwa um den Faktor 7 kleiner[15], wenn wir als Geldeinheit 1 DM anstatt 1 ATS verwenden.
Diese Einflüsse stören. Wir sind meistens daran interessiert, um wieviel *Prozent* sich unser Absatz ändert, wenn wir den Preis um ein Prozent erhöhen.

Diese relative Änderung der Funktion erhalten wir durch

$$\frac{\text{Änderung des Funktionswertes in \% des Funktionswertes}}{\text{Änderung des Arguments in \% des Argumentes}}$$

$$= \frac{\frac{f(x+\Delta x)-f(x)}{f(x)}}{\frac{\Delta x}{x}} = \frac{f(x+\Delta x)-f(x)}{\Delta x} \cdot \frac{x}{f(x)}$$

bzw. für die marginale Änderungsrate (vgl. §10.1)

$$\lim_{\Delta x \to 0} \frac{f(x+\Delta x)-f(x)}{\Delta x} \cdot \frac{x}{f(x)} = f'(x) \cdot \frac{x}{f(x)}$$

DEFINITION 10.7 (ELASTIZITÄT)
Der Ausdruck

$$\varepsilon_f(x) = f'(x) \cdot \frac{x}{f(x)}$$

*heißt die **Elastizität** von* f *an der Stelle* x.

BEISPIEL 10.16
Sei $f(x) = 2\,e^x$. Dann ist

$$\varepsilon_f(x) = f'(x) \cdot \frac{x}{f(x)} = 2\,e^x \cdot \frac{x}{2\,e^x} = x$$

Die Elastizität wird in der Ökonomie verwendet, um Funktionen zu charakterisieren.

DEFINITION 10.8
Eine Funktion f *heißt in* x

elastisch,	*falls* $\lvert\varepsilon_f(x)\rvert > 1$
1-elastisch,	*falls* $\lvert\varepsilon_f(x)\rvert = 1$
unelastisch,	*falls* $\lvert\varepsilon_f(x)\rvert < 1$

[14]genauer: der Wert des Differentials verringert sich um eins.
[15]im Jänner 1996

BEMERKUNG 10.15

Für eine elastische Funktion gilt daher: Ändert sich das Argument um 1% so ändert sich der Funktionswert um mindestens[16] 1%.

BEMERKUNG 10.16

A Auch eine monoton fallende Funktion kann elastisch sein. Beachten Sie bitte den Absolutbetrag.

BEISPIEL 10.17

In welchen Punkten ist $f(x) = 2\,e^x$ elastisch, 1-elastisch und unelastisch?
$\varepsilon_f(x) = x$ (☞ Bsp. 10.16)

$$\begin{aligned}
\text{1-elastisch:}\quad & |x| = 1 \;\Rightarrow\; x = 1 \lor x = -1 \;\Rightarrow\; x \in \{-1, 1\}\\
\text{elastisch:}\quad & |x| > 1 \;\Rightarrow\; x > 1 \lor x < -1 \;\Rightarrow\; x \in (-\infty, -1) \cup (1, \infty)\\
\text{unelastisch:}\quad & |x| < 1 \;\Rightarrow\; x < 1 \land x > -1 \;\Rightarrow\; x \in (-1, 1)
\end{aligned}$$

(Hinweise zum Lösen von Betragsungleichungen finden Sie in §A.4.2 auf Seite 272.)

Zum Abschluß wollen wir noch eine Eigenschaft von elastischen Funktionen veranschaulichen.

BEISPIEL 10.18

Sei $q(p)$ eine *elastische* Nachfragefunktion, p der Preis. Wir wissen bereits, daß sich die Nachfrage relativ stärker ändert, als der Preis. Was passiert aber mit dem Umsatz (= Preis × Absatz)?

Wir können voraussetzen, daß $p > 0$ und $q > 0$ und daß q monoton fallend ist[17]. Also gilt

$$\varepsilon_q(p) = q'(p) \cdot \frac{p}{q(p)} < -1$$

Für die erste Ableitung des Umsatzes $u(p) = p \cdot q(p)$ nach dem Preis p erhalten wir nach der Kettenregel (☞ Tab. 10.2)

$$u'(p) = (p \cdot q(p))' = 1 \cdot q(p) + p \cdot q'(p) = q(p) \cdot (1 + \underbrace{q'(p) \cdot \frac{p}{q(p)}}_{=\varepsilon_q < -1}) < 0$$

Das heißt, der Umsatz nimmt ab, falls wir den Preis erhöhen.

Analog erhalten wir, daß

$u'(p) > 0$, falls die Nachfragefunktion q unelastisch ist, und
$u'(p) = 0$, falls sie 1-elastisch ist.

[16]Die Aussage stimmt so nur für das Differential und ist daher für die Funktion nur für eine kleine Änderung des Arguments (etwa 1%) richtig. Die Aussage kann aber falsch werden, wenn wir das Argument um 30% oder 50% ändern!

[17]Preis und Absatz sind stets positiv, außerdem können wir in einem „vernünftigen" Modell voraussetzen, daß die Nachfrage mit steigendem Preis nicht ansteigt.

BEMERKUNG 10.17
Die Elastizität wird auch als **logarithmische Ableitung** einer Funktion f bezeichnet. Der Grund dafür wird sofort ersichtlich, wenn wir den Graphen von f in einem *doppeltlogarithmischen Koordinatensystem*[18] zeichnen. In diesem Koordinatensystem bewirkt eine Änderung der Skalierung nur eine Änderung der Lage des Graphen nicht jedoch seiner Form. Für die Steigung des Graphen erhalten wir durch den Differentialquotienten[19] unter Verwendung der Kettenregel

$$\frac{d\log(f(x))}{d\log(x)} = \frac{\frac{1}{f(x)} f'(x)\,dx}{\frac{1}{x}\,dx} = \frac{x}{f(x)} f'(x) = \varepsilon_f(x)$$

D.h.

$$\boxed{\varepsilon_f(x) = \frac{d\log(f(x))}{d\log(x)}}$$

10.7 Die Regel von de l'Hospital

Die Bestimmung des Grenzwertes $\lim\limits_{x\to x_0} \frac{f(x)}{g(x)}$ kann erhebliche Schwierigkeiten bereiten, wenn Zähler *und* Nenner gegen 0 streben und wir den — nicht definierten — Ausdruck $\frac{0}{0}$ erhalten. Trotzdem kann dieser Grenzwert bestimmt werden, wenn f und g differenzierbar sind und $g'(x_0) \neq 0$ ist. In diesem Fall ist nämlich (weil f und g dann stetig sind) $f(x_0) = g(x_0) = 0$ und somit strebt

$$\frac{f(x)}{g(x)} = \frac{f(x) - f(x_0)}{g(x) - g(x_0)} = \frac{\frac{f(x)-f(x_0)}{x-x_0}}{\frac{g(x)-g(x_0)}{x-x_0}} \to \frac{f'(x_0)}{g'(x_0)} \quad \text{für } x \to x_0.$$

Eine Verallgemeinerung dieser Überlegung führt zur **Regel von de l'Hospital**[20]:
Wenn $\lim\limits_{x\to x_0} f(x) = \lim\limits_{x\to x_0} g(x) = 0$ oder $= \infty$ oder $= -\infty$, dann ist

$$\boxed{\lim_{x\to x_0} \frac{f(x)}{g(x)} = \lim_{x\to x_0} \frac{f'(x)}{g'(x)}}$$

x_0 kann dabei eine relle Zahl oder $\pm\infty$ sein.

[18] Im doppeltlogarithmischen Koordinatensystem werden statt x und f(x) die Logarithmen log(x) und log(f(x)) verwendet. Dabei ist natürlich vorausgesetzt, daß Definitions- und Wertemenge ganz in $(0, \infty)$ liegen.
[19] Wir fassen hier den Differentialquotienten als Quotienten von Differentialen auf (☞ §10.5, Bemerkung 10.14, Seite 124).
[20] GUILLAUME FRANÇOIS ANTOINE MARQUIS DE L'HOSPITAL, 1661–1704

BEISPIEL 10.19

$$\lim_{x\to 2} \frac{x^3-7x+6}{x^2-x-2} = \lim_{x\to 2} \frac{3x^2-7}{2x-1} = \frac{5}{3}$$

$$\lim_{x\to\infty} \frac{\ln x}{x^2} = \lim_{x\to\infty} \frac{\frac{1}{x}}{2x} = \lim_{x\to\infty} \frac{1}{2x^2} = 0$$

Es kann auch vor kommen, daß die Regel von de l'Hospital öfter angewendet werden muß, falls auch $f'(x)$ und $g'(x)$ gegen 0 bzw. ∞ streben.

BEISPIEL 10.20

$$\lim_{x\to\infty} \frac{e^{2x}}{x^2} = \lim_{x\to\infty} \frac{2e^{2x}}{2x} = \lim_{x\to\infty} \frac{4e^{2x}}{2} = \infty$$

Übungen

78. Gegeben ist die Funktion $f(x) = (x+1)^3$. Berechnen Sie die Differenzenquotienten an der Stelle $x_0 = 0$ für $\Delta x = 3, 1, -1, \frac{1}{2}$ und $\frac{1}{10}$. Bestimmen Sie auch den Differrentialquotienten durch Grenzübergang. Zeichen Sie im Graphen der Funktion die entsprechenden Sekanten und die Tangente ein.

79. Bestimmen Sie die erste Ableitung folgender Funktionen durch Grenzübergang:

(a) $f(x) = 2-5x$ (b) $f(t) = \frac{1}{t+1}$ (c) $g(y) = \frac{1}{y^2}$

(d) $u(t) = \frac{1}{2t+1}$ (e) $f(y) = \frac{y+1}{y^2}$ (f) $g(x) = (x+1)^2$

80. Sind die Funktionen aus Beispiel 73 auf Seite 106 und aus Beispiel 75 auf Seite 107 differenzierbar, bzw. wo sind sie differenzierbar?

81. Zeichnen Sie den Graphen von

$$f(x) = \begin{cases} 2+x & \text{für } x \le -1 \\ x^2 & \text{für } x > -1 \end{cases}$$

Ist die Funktion injektiv, surjektiv, bijektiv?
Ist die Funktion stetig bzw. differenzierbar?

82. Die Funktion f sei gegeben durch

$$f(x) = \begin{cases} x, & \text{wenn } x < -1 \\ ax^2+bx+c, & \text{wenn } -1 \le x \le 1 \\ -2x, & \text{wenn } x > 1 \end{cases}$$

Bestimmen Sie die Werte von a, b und c, sodaß f stetig und differenzierbar ist.

83. Zwischen 1950 und 1970 wuchs das BIP[21] eines Landes nach der Formel $5 + \frac{1}{10}x + \frac{1}{100}x^2$, (1950: $x = 0$. x sind die Jahre seit 1950.). Wie groß war das durchschnittliche Wachstum zwischen 1955 und 1960? Wie hoch war die (momentane) Zuwachsrate 1958?

[21] BruttoInlandsProdukt, auch Bruttosozialprodukt

84. Differenzieren Sie:

(a) $3x^2 + 5\cos(x) + 1$ (b) $(2x+1)x^2$ (c) $x\ln(x)$

(d) $(2x+1)x^{-2}$ (e) $\frac{3x^2-1}{x+1}$ (f) $\ln(\exp(x))$

(g) $(3x-1)^2$ (h) $\sin(3x^2)$ (i) 2^x

(j) $\frac{(2x+1)(x^2-1)}{x+1}$ (k) $2e^{3x+1}(5x^2+1)^2 + \frac{(x+1)^3}{x-1} - 2x$

85. Bestimmen Sie die Tangente an $f(x)$ in $x = x_0$:

(a) $f(x) = \frac{1}{\sqrt{1+x}}$ $x_0 = 0$ (b) $f(x) = x\ln x$ $x_0 = 1$

(c) $f(x) = e^{-x}$ $x_0 = 0$ (d) $f(x) = e^{-x^2}$ $x_0 = 0$

(e) $f(x) = x^{\frac{3}{2}}$ $x_0 = 1$ (f) $f(x) = (x+1)^{\frac{1}{3}}$ $x_0 = -1$

86. Bilden Sie die zweite und dritte Ableitung von

(a) $f(x) = e^{-\frac{x^2}{2}}$ (b) $f(x) = \frac{x+1}{x-1}$ (c) $f(x) = (x-2)(x^2+3)$

87. Bestimmen Sie die marginalen Kosten (auch *Grenzkosten*) und die Änderungsrate der marginalen Kosten für folgende Kostenfunktionen:

(a) $C(x) = 500 + 30\,x - 0{,}1\,x^2 + 0{,}002\,x^3$

(b) $C(x) = 500 + 20\,x - 2\,x\,\ln x + 0{,}01\,x^2$

Wie lautet die Ableitung der durchschnittlichen Kosten?

Hinweis: Die marginalen Kosten sind die erste Ableitung $C'(x)$ der Kostenfunktion $C(x)$.

88. Bestimmen Sie die Bereiche, in denen die folgenden Funktionen monoton steigend bzw. fallend und konkav bzw. konvex sind.

(a) $f(x) = x^4 + \frac{4}{3}x^3 - 24x^2 + 8$ (b) $g(x) = \frac{x-3}{x^2}$

89. Die Funktion

$$f(x) = b\,x^{1-a} \qquad 0 < a < 1,\ b > 0,\ x > 0$$

ist ein Beispiel für eine Produktionsfunktion, d.h. mit x Einheiten Arbeit kann man $f(x)$ Güter produzieren.

Produktionsfunktionen haben i.a. folgende Eigenschaften:

(1) $f(0) = 0$, $\lim\limits_{x\to\infty} f(x) = \infty$

(2) $f'(x) > 0$, $\lim\limits_{x\to\infty} f'(x) = 0$

(3) $f''(x) < 0$

(a) Überprüfen Sie diese Eigenschaften an der obigen Funktion.

(b) Zeichnen Sie $f(x)$ und $f'(x)$.
(Setzen Sie dabei für a und b geeignete Werte ein.)

(c) Was bedeuten diese Eigenschaften inhaltlich?
(z.B.: Wenn $x = 0$, wird nichts produziert.)

90. Die Funktion

$$f(x) = b\ln(ax+1) \qquad a, b > 0,\ x > 0$$

ist ein Beispiel für eine Nutzenfunktion. Konsumenten haben einen Nutzen $f(x)$, wenn sie x Einheiten eines Gutes konsumieren.

Nutzenfunktionen haben dieselben Eigenschaften wie Produktionsfunktionen.

(a) Überprüfen Sie die in Beispiel 89 genannten Eigenschaften.

(b) Zeichnen Sie $f(x)$ und $f'(x)$.
(Setzen Sie dabei für a und b geeignete Werte ein.)

(c) Was bedeuten diese Eigenschaften in diesem Zusammenhang inhaltlich?

91. Bestimmen Sie die lokalen Extremwerte der Funktionen

(a) $f(x) = (x-3)^6$ (b) $g(x) = \frac{x^2+1}{x}$

92. Berechnen Sie die globalen Extrema der Funktionen

(a) $f\colon [-2,2] \to \mathbb{R},\ x \mapsto x^4 - 2x^2$ (b) $g\colon \mathbb{R} \to \mathbb{R},\ x \mapsto e^{-2x} + 2x$

(c) $f\colon (0,\infty) \to \mathbb{R},\ x \mapsto x\ln(x)$ (d) $f\colon [0,1] \to \mathbb{R},\ x \mapsto \frac{1}{3}x^3 - x$

(e) $f\colon [1,12] \to \mathbb{R},\ x \mapsto \frac{x^3}{12} - \frac{5}{4}x^2 + 4x - \frac{1}{2}$

93. Die Gesamtkosten $K(x)$ für die Produktion setzen sich aus fixen Kosten von 10 Geldeinheiten und variablen Kosten von fünf Geldeinheiten pro produzierter Einheit x zusammen. Der Erlös pro Einheit hängt von der verkauften Menge ab. Für Mengen größer als 0 und kleiner als 5001 Stück ist er durch folgende Funktion gegeben: $P(x) = 9 - \ln(x)$.
Berechnen Sie die Stückzahl x, die den Gewinn $x\,P(x) - K(x)$ maximiert ($x \in [1, 5000]$). Handelt es sich dabei um ein globales Maximum?

94. Der Gewinn eines Unternehmers für gegebene Preise p und einen Lohn w ist

$$\pi(x) = p \cdot f(x) - w \cdot x$$

$p \cdot f(x)$ gibt an, wieviel der Unternehmer aus dem Verkauf der Güter zum Preis p einnimmt. $w \cdot x$ gibt an, wieviel der Unternehmer an Löhnen zahlen muß.
Sei $f(x) = 4x^{\frac{1}{2}}$ die Produktionsfunktion aus Beispiel 89 mit $a = \frac{1}{2}$ und $b = 4$.

(a) Zeichnen Sie $\pi(x)$ und $\pi'(x)$ für $p = 1$ und $w = 1$.

(b) Lesen Sie aus der Zeichnung ab, wieviel der Unternehmer produzieren muß, um seinen Gewinn $\pi(x)$ zu maximieren.

(c) Lösen sie das Optimierungsproblem auch ohne Zeichung.

(d) Was passiert, wenn der Lohn auf $w = 2$ verdoppelt wird? (Zeichnung, Maximumsberechnung)

95. Sei $f(x) = \frac{\ln(x)}{x}$. Berechnen Sie die Änderung der Funktionswerte $f(3{,}1) - f(3)$ näherungsweise mit Hilfe des Differentials an der Stelle $x_0 = 3$. Vergleichen Sie das Ergebnis mit dem exakten Wert.

96. Berechnen Sie die Bereiche, in denen die folgenden Funktionen elastisch, 1-elastisch bzw. unelastisch sind.

(a) $f(x) = 3e^{2x}$ (b) $g(x) = x^3 - 2x^2$ (c) $h(x) = \alpha x^{\beta}$, $\alpha \in \mathbb{R},\ \beta > 0$

97. Welche der folgenden Aussagen ist richtig? Wenn eine Funktion $y = f(x)$ in einem Intervall elastisch ist, so gilt in diesem Intervall:

(a) Wenn sich x um eine Einheit ändert, so ändert sich y um mehr als eine Einheit.

(b) Wenn sich x um ein Prozent ändert, so ändert sich y um mehr als ein Prozent.

(c) y ändert sich relativ stärker als x.

(d) Je größer x wird, desto größer wird auch y.

98. Berechnen Sie die folgenden Grenzwerte:

(a) $\lim\limits_{x \to 4} \dfrac{x^2 - 2x - 8}{x^3 - 2x^2 - 11x + 12}$ (b) $\lim\limits_{x \to -1} \dfrac{x^2 - 2x - 8}{x^3 - 2x^2 - 11x + 12}$

(c) $\lim\limits_{x \to 2} \dfrac{x^3 - 5x^2 + 8x - 4}{x^3 - 3x^2 + 4}$ (d) $\lim\limits_{x \to 0} \dfrac{1 - \cos(x)}{x^2}$

(e) $\lim\limits_{\substack{x \to 0 \\ x > 0}} x \ln(x)$ (f) $\lim\limits_{x \to \infty} x \ln(x)$

99. Warum führt die folgende Anwendung der Regel von de l'Hospital zu einem falschen Ergebnis? (Der wahre Grenzwert ist 2.)

$$\lim_{x \to 1} \frac{x^3 + x^2 - x - 1}{x^2 - 1} = \lim_{x \to 1} \frac{3x^2 + 2x - 1}{2x} = \lim_{x \to 1} \frac{6x + 2}{2} = 4$$

11

Taylorreihen

11.1 Was sind Taylorreihen?

Wir wollen komplizierte Funktionen (z.B. die Exponentialfunktion[1]) durch möglichst einfache Funktionen approximieren.

Als einfachsten Fall haben wir bereits das Differential (☞ §10.5) kennengelernt: Wir approximieren durch eine lineare Funktion.

$$f(x+h) \approx f(x) + f'(x) \cdot h$$

Etwas weniger einfach: Approximation durch ein *Polynom* P_n vom Grad n (☞ §A.2.4, Seite 253).
Ansatz:

$$f(x) = a_0 + a_1\,x + a_2\,x^2 + \cdots + a_n\,x^n + R_n(x)$$

Dabei wird $R(x)$ als **Restglied** bezeichnet. Es gibt den Fehler an, der beim Ersetzen von $f(x)$ durch das Polynom $P_n(x)$ gemacht wird.
Diese Approximation wird dann „möglichst" gut sein, wenn die Ableitungen von f und $P_n(x)$ am Entwicklungspunkt übereinstimmen. Wir bilden daher die Ableitungen von f und P_n an der Stelle $x = 0$:

[1]Die Exponentialfunktion kommt uns nur deshalb so „einfach" vor, weil wir Sie durch eine eigene Taste auf dem Taschenrechner leicht berechnen können. Tatsächlich läßt sich diese Funktion nur durch ein numerisches Verfahren näherungsweise (allerdings beliebig genau) berechnen.

$$\begin{array}{rcllrcl}
f(x) & = & a_0 + a_1 x + \cdots + a_n x^n & \Rightarrow & f(0) & = & a_0 \\
f'(x) & = & a_1 + 2 \cdot a_2 x + \cdots + n \cdot a_n x^{n-1} & \Rightarrow & f'(0) & = & a_1 \\
f''(x) & = & 2 \cdot a_2 + 3 \cdot 2 \cdot a_3 x + \cdots + n \cdot (n-1) \cdot a_n x^{n-2} & & & & \\
& & & \Rightarrow & f''(0) & = & 2 a_2 \\
f'''(x) & = & 3 \cdot 2 \cdot a_3 + \cdots + n \cdot (n-1) \cdot (n-2) \cdot a_n x^{n-3} & & & & \\
& \vdots & & \Rightarrow & f'''(0) & = & 6 a_3 \\
f^{(n)}(x) & = & n \cdot (n-1) \cdot (n-2) \cdot \ldots \cdot 1 \cdot a_n & \Rightarrow & f^{(n)}(0) & = & n!\, a_n
\end{array}$$

$$\Rightarrow \quad a_k = \frac{f^{(k)}(0)}{k!}$$

Wir erhalten:

$$f(x) = \sum_{k=0}^{n} \frac{f^{(k)}(0)}{k!} x^k + R_n(x)$$

oder allgemeiner, wenn wir die Ableitungen an der Stelle x_0 bilden,

$$f(x) = \sum_{k=0}^{n} \frac{f^{(k)}(x_0)}{k!} (x - x_0)^k + R_n(x)$$

Dieses Polynom (ohne Restglied) heißt das n-te Taylorpolynom[2] der Funktion f im Punkt x_0. Die unendliche Reihe ($n \to \infty$) heißt Taylorreihe.
Der Spezialfall mit $x_0 = 0$ heißt MacLaurinpolynom[3] bzw. MacLaurinreihe.

Wenn $\lim_{n\to\infty} R_n(x) = 0$, dann konvergiert die Taylorreihe gegen $f(x)$. Wir sprechen dann von der Taylorreihenentwicklung von f an der Stelle x_0:

$$f(x) = \sum_{k=0}^{\infty} \frac{f^{(k)}(x_0)}{k!} (x - x_0)^k$$

BEISPIEL 11.1
Taylorreihenentwicklung von $f(x) = e^x$ an der Stelle $x_0 = 0$ (☞ Abb. 11.1).

$$\begin{array}{rcl}
f(x) = e^x & \Rightarrow & f(0) = 1 \\
f'(x) = e^x & \Rightarrow & f'(0) = 1 \\
& \vdots & \\
f^{(n)}(x) = e^x & \Rightarrow & f^{(n)}(0) = 1
\end{array}$$

[2] BROOK TAYLOR, 1685–1731
[3] COLIN MACLAURIN, 1698–1746

$$e^x = 1 + x + \frac{x^2}{2!} + \frac{x^3}{3!} + \cdots + \frac{x^n}{n!} + \cdots$$

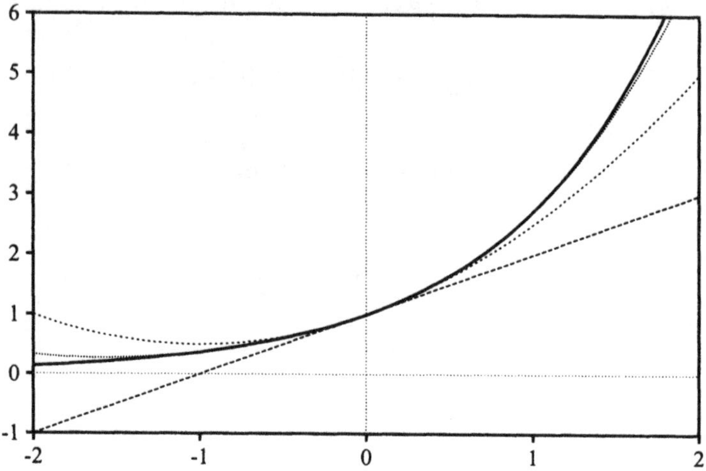

ABBILDUNG 11.1: MacLaurinreihen von $f(x) = \exp(x)$ (durchgezogene Linie) bis zur 1., 2. und 4. Ordnung

Wir sprechen von der Taylorreihenentwicklung bis zur 2. Ordnung (n-ten Ordnung), wenn wir das Taylorpolynom 2. (n-ten) Grades berechnen.

BEISPIEL 11.2
Die Taylorreihenentwicklung von $f(x) = e^x$ an der Stelle $x_0 = 0$ bis zur 4. Ordnung lautet:

$$e^x \approx 1 + x + \frac{x^2}{2!} + \frac{x^3}{3!} + \frac{x^4}{4!}$$

BEISPIEL 11.3
Taylorreihe für $f(x) = \ln(x+1)$ an der Stelle $x_0 = 0$ (☞ Abb. 11.2).

$$\begin{array}{rcllrcl}
f(x) & = & \ln(1+x) & \Rightarrow & f(0) & = & 0 \\
f'(x) & = & (1+x)^{-1} & \Rightarrow & f'(0) & = & 1 \\
f''(x) & = & -1(1+x)^{-2} & \Rightarrow & f''(0) & = & -1 \\
f'''(x) & = & 2 \cdot 1 \cdot (1+x)^{-3} & \Rightarrow & f'''(0) & = & 2 \\
f'''(x) & = & -3 \cdot 2 \cdot 1 \cdot (1+x)^{-4} & \Rightarrow & f'''(0) & = & -6
\end{array}$$

$$\begin{aligned}
\ln(1+x) &= x - \frac{x^2}{2} + 2 \cdot \frac{x^3}{3!} - 6\frac{x^4}{4!} + \cdots \\
&= x - \frac{x^2}{2} + \frac{x^3}{3} - \frac{x^4}{4} + \cdots
\end{aligned}$$

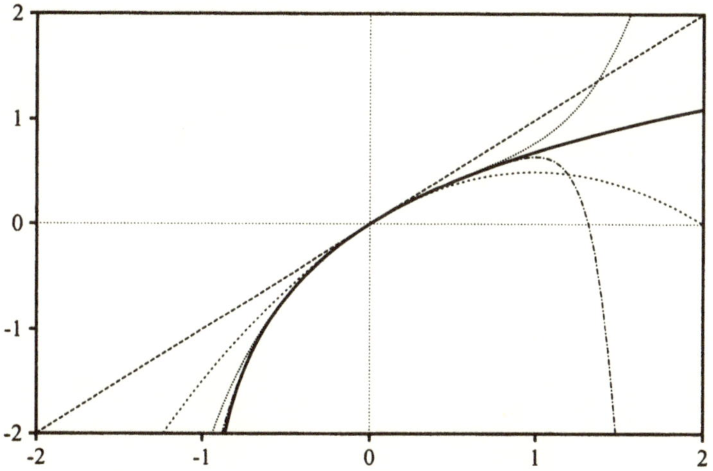

ABBILDUNG 11.2: MacLaurinreihe von $f(x) = \log(x+1)$ (durchgezogene Linie) bis zur 1., 2., 5. und 10. Ordnung

BEISPIEL 11.4
Wir suchen die MacLaurinreihe für $f(x) = \sin(x)$ (☞ Abb. 11.3).

$$\begin{aligned} f(x) &= \sin(x) & \Rightarrow && f(0) &= 0 \\ f'(x) &= \cos(x) & \Rightarrow && f'(0) &= 1 \\ f''(x) &= -\sin(x) & \Rightarrow && f''(0) &= 0 \\ f'''(x) &= -\cos(x) & \Rightarrow && f'''(0) &= -1 \\ f'''(x) &= \sin(x) & \Rightarrow && f'''(0) &= 0 \end{aligned}$$

$$\sin(x) = x - \frac{x^3}{3!} + \frac{x^5}{5!} - \frac{x^7}{7!} + \cdots$$

BEMERKUNG 11.1
Das Restglied $R(x)$ läßt sich ausrechnen. Die Lagrange-Form[4] des Restgliedes lautet:

$$R_n(x) = \frac{f^{(n+1)}(\xi))}{(n+1)!}(x - x_0)^{n+1}$$

wobei $\xi \in (x, x_0)$ ein nicht genau bekannter Punkt zwischen x und x_0 ist.

Falls $|f^{(n)}(\xi)| \leq C$ (Konstante) für alle $\xi \in [x, x_0]$ und alle $n \in \mathbb{N}$, dann können wir dieses Restglied *abschätzen*:

$$|R_n(x)| \leq C \cdot \frac{|x_0 - x|^{n+1}}{(n+1)!}$$

[4] JOSEPH LOUIS LAGRANGE, 1736–1813

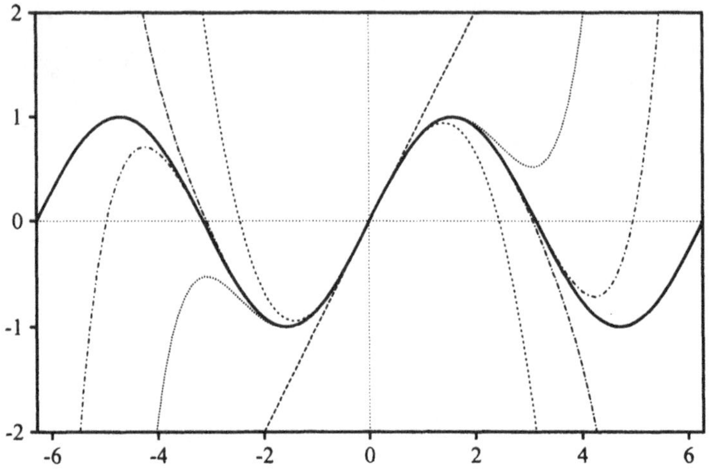

ABBILDUNG 11.3: Taylorreihenentwicklung für $f(x) = \sin(x)$

Der Fehler $R_n(x)$ ist also in diesem Fall umso kleiner, je näher x bei x_0 liegt und je größer n wird. Die Taylorreihe konvergiert[5] für alle $x \in \mathbb{R}$.

Es gibt aber auch Taylorreihen, die nicht für alle $x \in \mathbb{R}$ konvergieren.
Falls eine Taylorreihe für ein x_1 mit $|x_1 - x_0| = \rho$ konvergiert, so konvergiert sie für alle x mit $|x - x_0| < \rho$. Das größtmögliche derartige ρ heißt der **Konvergenzradius** der Taylorreihe[6].

BEISPIEL 11.5
Restgliedabschätzung der Taylorreihenentwicklung von $\exp(x)$ an der Stelle $x_0 = 0$ (☞ Beispiel 11.1). Alle Ableitungen von e^x sind gleich e^x und daher in jedem Intervall $[a, b]$ beschränkt. Daher konvergiert nach Bemerkung 11.1 die Taylorreihe für alle $x \in \mathbb{R}$ (gegen den Funktionswert e^x). Der Konvergenzradius ist daher ∞.

BEISPIEL 11.6
Der Konvergenzradius der Taylorreihenentwicklung von $\ln(x+1)$ an der Stelle $x_0 = 0$ (☞ Beispiel 11.3) ist $\rho = 1$ (ohne Beweis). $\rho \leq 1$ ist leicht daran zu erkennen, daß $\ln(x + 1)$ an der Stelle $x_0 = -1$ nicht definiert ist ($\ln(0)$), die Taylorpolynome hingegen schon.

BEMERKUNG 11.2
Es gibt sogar Funktionen, deren Taylorreihe für kein einziges $x \neq x_0$ konvergiert.

In Tabelle 11.1 sind einige Taylorreihen (MacLaurinreihen) aufgelistet.

[5] ☞ Tab. 8.2 auf Seite 84
[6] Die Berechnung von Konvergenzradien erfordert einige Kenntnisse der Grenzwertesätze für Reihen, auf die wir hier jedoch nicht eingehen wollen.

TABELLE 11.1: Einige Taylorreihen

f(x)	MACLAURINREIHE	ρ
$\exp(x)$	$1+x+\frac{x^2}{2!}+\frac{x^3}{3!}+\frac{x^4}{4!}+\cdots$	∞
$\ln(x+1)$	$x-\frac{x^2}{2}+\frac{x^3}{3}-\frac{x^4}{4}+\cdots$	1
$\sin(x)$	$x-\frac{x^3}{3!}+\frac{x^5}{5!}-\frac{x^7}{7!}+\cdots$	∞
$\cos(x)$	$1-\frac{x^2}{2!}+\frac{x^4}{4!}-\frac{x^6}{6!}+\cdots$	∞
$\frac{1}{1-x}$	$1+x+x^2+x^3+x^4+\cdots$	1

Wir können Taylorreihen

- gliedweise addieren
- gliedweise differenzieren
- gliedweise integrieren
- multiplizieren
- dividieren
- substituieren

BEISPIEL 11.7
Wir erhalten die MacLaurinreihe von $x^2 \cdot e^x$ durch Multiplizieren der MacLaurinreihe von x^2 mir der MacLaurinreihe von e^x:

$$\begin{aligned} x^2 \cdot e^x &= x^2 \cdot \left(1+x+\frac{x^2}{2!}+\frac{x^3}{3!}+\frac{x^4}{4!}+\cdots\right) \\ &= x^2+x^3+\frac{x^4}{2!}+\frac{x^5}{3!}+\frac{x^6}{4!}+\cdots \end{aligned}$$

BEISPIEL 11.8
Die MacLaurinreihe von e^{-x^2} erhalten wir durch Substituieren (Einsetzen) von $-x^2$ in die MacLaurinreihe von e^x:

$$\begin{aligned} e^{-x^2} &= 1+(-x^2)+\frac{(-x^2)^2}{2!}+\frac{(-x^2)^3}{3!}+\frac{(-x^2)^4}{4!}+\cdots \\ &= 1-x^2+\frac{x^4}{2!}-\frac{x^6}{3!}+\frac{x^8}{4!}+\cdots \end{aligned}$$

BEMERKUNG 11.3
Das Ergebnis dieser Methoden muß aber immer eine Taylorreihe sein. So erhalten wir durch Einsetzen von $5-x^2$ in die MacLaurinreihe von e^x nicht so einfach die MacLaurinreihe von e^{5-x^2}:

$$e^{5-x^2} = 1 + (5-x^2) + \frac{(5-x^2)^2}{2!} + \frac{(5-x^2)^3}{3!} + \cdots$$

Diese Reihe ist (in dieser Form) noch keine Taylorreihe (vgl. die Definition auf Seite 133).

11.2 Taylorreihen als Funktionen

Auf Grund der leichten Handhabbarkeit, werden Taylorreihen als *Definition* für Funktionen verwendet. So können wir die Exponentialfunktion definieren als

$$\exp(x) := 1 + x + \frac{x^2}{2!} + \frac{x^3}{3!} + \cdots$$

Wir können nun die Eigenschaften der Taylorreihe ausnutzen.

BEISPIEL 11.9
Wir suchen die erste Ableitungsfunktion von exp(x).

$$\begin{aligned}
(\exp(x))' &= \left(1 + x + \frac{x^2}{2!} + \frac{x^3}{3!} + \frac{x^4}{4!} + \cdots\right)' \\
&\overset{\text{gliedweise}}{=} \left(0 + 1 + 2\frac{x}{2!} + 3\frac{x^2}{3!} + 4\frac{x^3}{4!} + \cdots\right) \\
&= \left(1 + x + \frac{x^2}{2!} + \frac{x^3}{3!} + \cdots\right) \\
&= \exp(x)
\end{aligned}$$

11.3 Taylorreihen und stationäre Punkte

Mit Hilfe der Taylorreihe einer Funktion erhalten wir ein genaueres Werkzeug zur Untersuchung von stationären Punkten von Funktionen (☞ §10.4.1, Seite 119). Wenn wir eine Funktion in eine Taylorreihe um einen (stationären) Punkt x_0 entwickeln, dann dominiert in der Nähe von x_0 immer der Term mit der niedrigsten Ordnung (☞ Beispiel 11.10).
Abbildung 11.4 zeigt Potenzen verschiedenen Grades (Ordnung). In der Nähe von 0 „dominiert" ein Term niedrigerer Ordnung (z.B. x^2) einen Term höherer Ordnung (z.B. x^4), d.h. für den Funktionswert des Taylorpolynoms in der Nähe von 0 überwiegt z.B. x^2 gegenüber x^4. Der erste nicht verschwindende Term der Taylorreihenentwicklung[7] um den stationären Punkt x_0 liefert das Krümmungsverhalten der Funktion in der Nähe von x_0. Ist die Ordnung dieses Terms gerade (z.B. x^2), so ist die Funktion entweder konvex oder konkav,

[7]= der erste Term, in dem die k-te Ableitung ungleich 0 ist

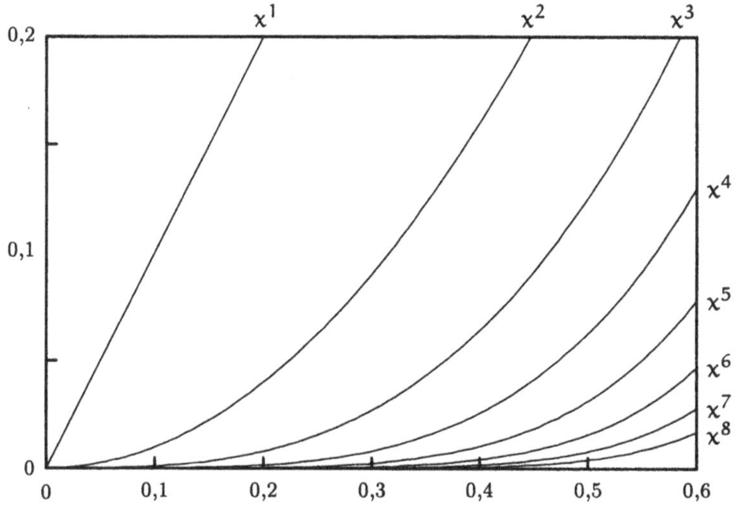

ABBILDUNG 11.4: Potenzfunktionen

je nach dem Vorzeichen der entsprechenden Ableitung (☞ Abb. 11.5(links)). Ist diese Ordnung ungerade (z.B. x^3), so ist der stationäre Punkt kein lokales Extremum.

BEISPIEL 11.10
$x_0 = 0$ ist ein stationärer Punkt von $f(x) = e^{-x^4}$.
Die Taylorreihenentwicklung an der Stelle $x_0 = 0$ lautet

$$e^{-x^4} = 1 - x^4 + \cdots$$

Der erste nicht verschwindende Term ist $-x^4$. Daher ist x_0 ein lokales Maximum. (Der nächste nicht verschwindende Term, $\frac{1}{2}x^8$, ist in der Nähe von 0 unbedeutend im Vergleich zu x^4.)

Wir erhalten für eine *differenzierbare* Funktion f die folgende Vorgangsweise zur Berechnung der **lokalen Extrema**:

(1) Berechne die stationären Punkte[8] x_i von f.

(2) Berechne alle weiteren Ableitungen von f, bis zur ersten Ableitung $f^{(n)}$, die bei x_0 nicht gleich 0 ist.

(3) (a) Wenn n gerade und $f^{(n)}(x_0) > 0 \quad \Rightarrow \quad x_0$ ist ein *lokales Minimum*
 (b) Wenn n gerade und $f^{(n)}(x_0) < 0 \quad \Rightarrow \quad x_0$ ist ein *lokales Maximum*
 (c) Wenn n ungerade $\quad \Rightarrow \quad x_0$ ist ein *Sattelpunkt*.

[8] ☞ §10.4.1 auf Seite 119

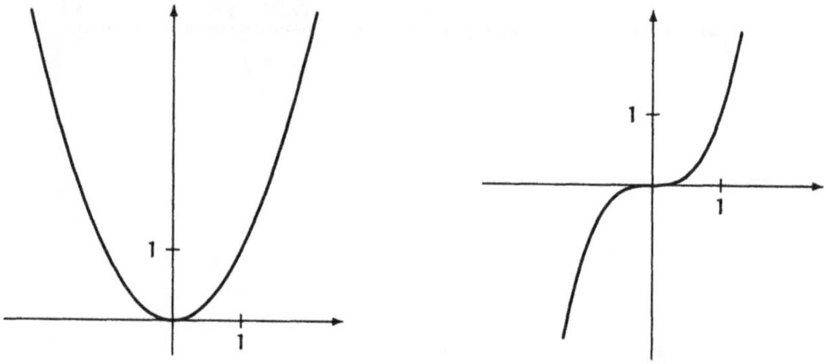

gerade Ordnung (lokales Extremum)

ungerade Ordnung (kein lokales Extremum)

ABBILDUNG 11.5: Potenzfunktionen

BEISPIEL 11.11
Wir suchen die lokalen Extrema von $f(x) = e^{-x^4}$.

$f'(x) = -4x^3 e^{-x^4} = 0 \quad \Rightarrow \quad x_0 = 0$

$f''(x) = -12x^2 e^{-x^4} + 16x^6 e^{-x^4} \quad \Rightarrow \quad f''(0) = 0$

$f'''(x) = -24x e^{-x^4} + 144x^5 e^{-x^4} - 64x^9 e^{-x^4} \quad \Rightarrow \quad f'''(0) = 0$

$f''''(x) = -24 e^{-x^4} + 816x^4 e^{-x^4} - 1152x^8 e^{-x^4} + 256x^{12} e^{-x^4}$

$\Rightarrow \quad f''''(0) = -24 < 0$

$\Rightarrow \quad x_0 = 0$ ist ein lokales Maximum.

Übungen

100. Entwickeln Sie $f(x) = \frac{1}{2-x}$ in eine MacLaurinreihe bis zur

(a) ersten Potenz (b) zweiten Potenz

Zeichnen Sie $f(x)$ und die beiden Approximationen für $-3 < x < 5$. Überlegen Sie sich, wie groß der Konvergenzradius der Taylorreihe höchstens sein kann.

101. Entwickeln Sie $f(x) = (x+1)^{1/2}$ an der Stelle 0 in eine Taylorreihe bis zur dritten Potenz und vergleichen Sie Funktionswert und Approximation an den Stellen $-0{,}5$, $-0{,}1$ und $0{,}3$. Überlegen Sie sich, wie groß der Konvergenzradius der Taylorreihe höchstens sein kann.

102. Entwickeln Sie $f(x) = \sin(x^2 - 5)$ in eine MacLaurinreihe bis zur vierten Potenz.

103. Entwickeln Sie $f(x) = \sin(x^{10})$ in eine MacLaurinreihe bis zur 30-ten Potenz.

104. Die Funktion $f(x) = x^6 \cdot \sin(x^2)$ besitzt an der Stelle $x = 0$ einen stationären Punkt. Überprüfen Sie mit Hilfe der MacLaurinreihe, ob es sich dabei um ein lokales Maximum, Minimum oder einen Sattelpunkt handelt.

105. Gegeben sei das folgende Marktmodell:

$$\begin{aligned} q_s &= \sqrt{p+1} & \text{(Angebotsfunktion)} \\ q_d &= \tfrac{5}{p} & \text{(Nachfragefunktion)} \end{aligned}$$

q_s, q_d und p mit $q_s, q_d, p > 0$ sind die angebotene und nachgefragte Menge sowie der Preis.

Berechnen Sie das (partielle) Marktgleichgewicht ($q_s = q_d$) mit Hilfe einer Approximation durch Taylorreihen. Überlegen Sie dazu mit Hilfe einer Zeichnung beider Funktionen, in welchem Bereich der Gleichgewichtspreis liegen könnte. Berechnen Sie lineare Approximationen (Entwicklung in eine Taylorreihe bis zum Glied erster Ordnung) für beide Funktionen an einer (ganzzahligen) Stelle nahe dem vermuteten Gleichgewichtspreis. Verwenden Sie dann die Näherungen an Stelle der ursprünglichen Funktionen zu seiner Berechnung.

106. Verwenden Sie anstatt der Taylorreihen erster Ordnung in Beispiel 105 solche zweiter Ordnung zur Berechnung und vergleichen Sie die Resultate.

107. Verwenden Sie die Taylorreihen für $\exp(x)$, $\sin(x)$ und $\cos(x)$ und

(a) berechnen Sie Ableitung und Stammfunktion[9] von $\sin(x)$ und $\cos(x)$.

(b) beweisen Sie die Euler'sche Formel auf Seite 279.

[9] ☞ §12.1, Seite 142

12

Stammfunktion und Integral

Doch eben aus diesem Verfahren, aus dieser willkürlichen Zergliederung einer fortdauernden Bewegung in abgerissene Einzelteile entspringen die meisten aller menschlichen Irrtümer.

Leo N. Tolstoi (1817–1875)
»Krieg und Frieden«

12.1 Was ist eine Stammfunktion?

DEFINITION 12.1 (STAMMFUNKTION)
Eine Funktion $F(x)$ *heißt* ***Stammfunktion*** *einer Funktion* $f(x)$, *falls* $F'(x) = f(x)$.

Das Auffinden von Stammfunktionen stellt die umgekehrte Operation zum Differenzieren dar. Es gibt jedoch — im Gegensatz zum Differenzieren — kein allgemein anwendbares Verfahren, das eine Stammfunktion liefert. Wir sind daher auf folgende Vorgangsweise angewiesen:

Vermuten und Verifizieren

BEISPIEL 12.1
Wir suchen die Stammfunktion von $f(x) = \ln(x)$.
Vermuten: $F(x) = x\,(\ln(x) - 1)$
Verifizieren: $F'(x) = (x\,(\ln(x) - 1))' = 1 \cdot (\ln(x) - 1) + x \cdot \frac{1}{x} = \ln(x)$

Wir hätten in Beispiel 12.1 auch $F(x) = x\,(\ln(x) - 1) + 5$ schreiben können, oder allgemeiner $F(x) = x\,(\ln(x) - 1) + c$, wobei $c \in \mathbb{R}$ eine beliebige Zahl sein kann. Jedesmal erhalten wir eine Stammfunktion von $\ln(x)$. c wird als **Integrationskonstante** bezeichnet.

Zur Erleichterung gibt es Tabellen mit bekannten Stammfunktionen, sogenannten Grundintegralen (☞ Tab. 12.1).

TABELLE 12.1: Grundintegrale

Funktion $f(x)$	Stammfunktion $F(x)$	
0	c	
x^α	$\frac{1}{\alpha+1} \cdot x^{\alpha+1} + c$	für $\alpha \neq -1$
$\frac{1}{x}$	$\ln(x) + c$	
e^x	$e^x + c$	
$\cos(x)$	$\sin(x) + c$	
$\sin(x)$	$-\cos(x) + c$	

BEMERKUNG 12.1
Tabelle 12.1 erhalten wir, indem wir in Tabelle 10.1 auf Seite 113 die beiden Spalten vertauschen.

BEMERKUNG 12.2
Die Stammfunktion wird auch mit $\int f(x)\,dx$ bezeichnet und dabei — nicht ganz richtig — als das unbestimmte Integral der Funktion bezeichnet. Das Suchen der Stammfunktion heißt daher auch Integrieren (vgl. Bemerkung 12.5, Seite 147).

12.1.1 Integrationsverfahren

Zum Auffinden von Stammfunktionen stehen ein paar Verfahren zur Verfügung, die es uns erlauben, die Stammfunktionen von komplizierten Funktionen auf Grundintegrale zurückzuführen (☞ Tab. 12.2).

TABELLE 12.2: Integrationsverfahren (Teil 1)

Bezeichnung	Verfahren
Partielles Integrieren	$\int f \cdot g'\,dx = f \cdot g - \int f' \cdot g\,dx$
Substitution	$\int f(g(x)) \cdot g'(x)\,dx = \int f(z)\,dz$ mit $z = g(x)$ und $dz = g'(x)\,dx$

BEISPIEL 12.2
Wir suchen die Stammfunktion von $f(x) = x \cdot e^x$. *Partielles Integrieren*:

$$\int \underbrace{x}_{f} \cdot \underbrace{e^x}_{g'} dx = \underbrace{x}_{f} \cdot \underbrace{e^x}_{g} - \int \underbrace{1}_{f'} \cdot \underbrace{e^x}_{g} dx = x \cdot e^x - e^x + c$$

$$\begin{aligned} f &= x & \Rightarrow \quad f' &= 1 \\ g' &= e^x & \Rightarrow \quad g &= e^x \end{aligned}$$

BEISPIEL 12.3
Wir suchen die Stammfunktion von $f(x) = 2x \cdot e^{x^2}$. *Substitution*:

$$\int \exp(\underbrace{x^2}_{g(x)}) \cdot \underbrace{2x}_{g'(x)} dx = \int \exp(z)\, dz = e^z + c = e^{x^2} + c$$

$$z = g(x) = x^2 \quad \Rightarrow \quad dz = g'(x)\, dx = 2x\, dx$$

Es kann auch sein, daß diese Integrationsverfahren mehrmals angewendet werden müssen.

BEISPIEL 12.4
Wir suchen die Stammfunktion von $f(x) = x^2 \cdot e^x$. *Partielles Integrieren*:

$$\int \underbrace{x^2}_{f} \cdot \underbrace{e^x}_{g'} dx = \underbrace{x^2}_{f} \cdot \underbrace{e^x}_{g} - \int \underbrace{2x}_{f'} \cdot \underbrace{e^x}_{g} dx$$

Durch nochmaliges *partielles Integrieren* erhalten wir (☞ Beispiel 12.2)

$$\int \underbrace{2x}_{f} \cdot \underbrace{e^x}_{g'} dx = 2(x \cdot e^x - e^x) + c$$

und somit insgesamt

$$\int x^2 \cdot e^x\, dx = x^2 \cdot e^x - 2(x \cdot e^x - e^x) + c$$

BEMERKUNG 12.3
Es sei nochmals erwähnt, daß es für das Suchen von Stammfunktionen keine „Kochrezepte" gibt. Welches Integrationsverfahren zum Ziel führt, erkennt man oft erst am Ziel. Es erfordert daher einige Übung, diese „Werkzeuge" zu verwenden.

Es gibt Funktionen, deren Stammfunktionen sich nicht durch elementare Funktionen ausdrücken lassen. Sie können daher auch nicht durch die Integrationsverfahren aus Tabelle 12.2 in Grundintegrale (☞ Tab. 12.1) übergeführt werden.

BEISPIEL 12.5
Die Stammfunktion von $e^{-\frac{1}{2}x^2}$ läßt sich nicht durch elementare Funktionen ausdrücken[1].

[1] Diese Funktion ist aber trotzdem in der Statistik von großer Bedeutung.

12.2 Was ist ein Integral?

Wir suchen eine Funktion, die uns den Flächeninhalt zwischen dem Graphen einer Funktion und der x-Achse innerhalb eines Intervalls wiedergibt. Die Fläche unterhalb der x-Achse wird dabei negativ gezählt. Diese Funktion heißt das **Integral** $\int_a^b f(x)\,dx$ der Funktion f. Im allgemeinen muß das Integral durch Approximation der Funktion f durch Treppenfunktionen berechnet werden (☞ Abb. 12.1).

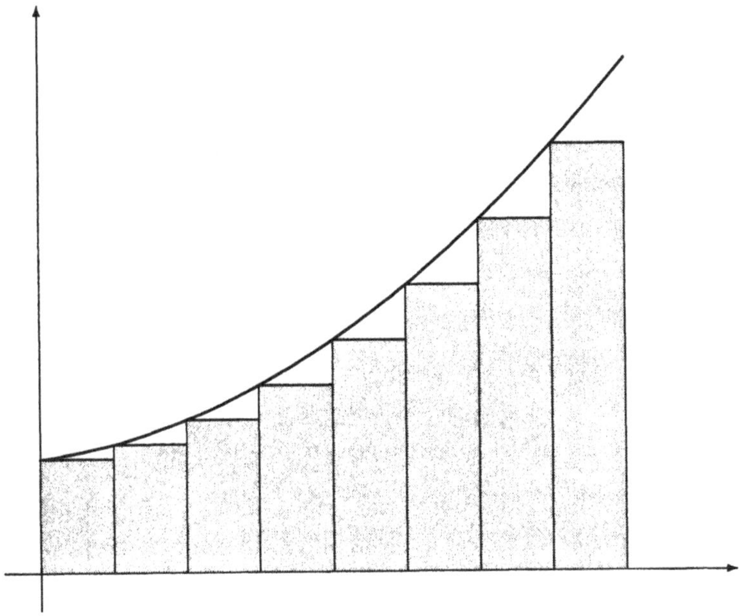

ABBILDUNG 12.1: Approximation des Integrals durch eine Treppenfunktion

Für **stetige** Funktionen gilt hingegen folgender wichtiger Satz:
Sei F(x) eine Stammfunktion von f(x), dann gilt für das *Integral*

$$\int_a^b f(x)\,dx = F(x)\Big|_a^b = F(b) - F(a)$$

BEISPIEL 12.6
Wir suchen das Integral der Funktion $f(x) = x^2$ im Intervall $[0, 1]$.

$$\int_0^1 x^2\,dx = \frac{1}{3}x^3\Big|_0^1 = \frac{1}{3}\cdot 1^3 - \frac{1}{3}\cdot 0^3 = \frac{1}{3}$$

BEMERKUNG 12.4
Dieser Zusammenhang zwischen Stammfunktion (Differentialrechnung) und Integral (Integralrechnung) ist eine Konsequenz des Hauptsatzes der Differential- und Integralrechnung. Er besagt, grob gesprochen,daß wir zur Berechnung von Integralen stetiger Funktionen genauso vorgehen dürfen, wie wir es in Schule gelernt haben.

Dieser Zusammenhang kann folgendermaßen plausibel gemacht werden:
Wir bezeichnen mit $A(x)$ die Fläche zwischen dem Graphen einer Funktion f und der x-Achse zwischen 0 und x. Die doppeltschraffierte Fläche in Abbildung 12.2 ist $A(x+h) - A(x)$ und kann durch $m_h \cdot h$ und $M_h \cdot h$ abgeschätzt[2] werden.

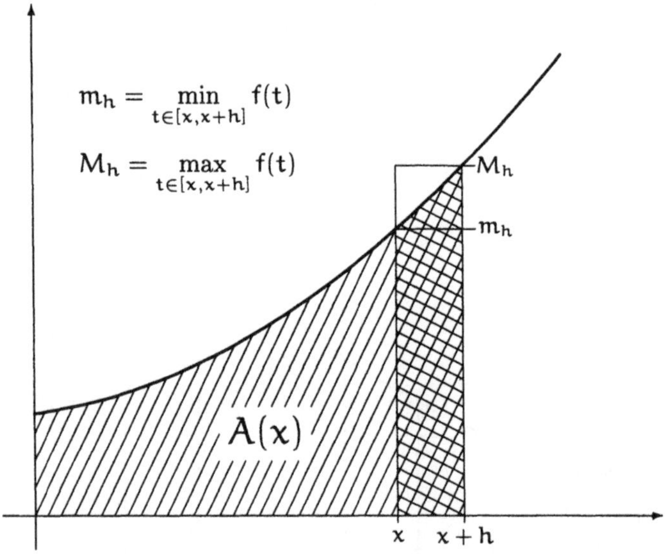

ABBILDUNG 12.2

Es gilt:

$$m_h \cdot h \leq A(x+h) - A(x) \leq M_h \cdot h$$

Dividieren wir nun durch h:

$$m_h \leq \frac{A(x+h) - A(x)}{h} \leq M_h$$

Durch den Grenzübergang $h \to 0$ erhalten wir[3] $\lim_{h\to 0} m_h = f(x)$ und $\lim_{h\to 0} M_h = f(x)$ und

$$f(x) \leq \underbrace{\lim_{h\to 0} \frac{A(x+h) - A(x)}{h}}_{= A'(x)} \leq f(x)$$

[2] $m_h \cdot h$ ist der Flächeninhalt des Rechtecks, das ganz im doppelschraffierten Bereich liegt. $M_h \cdot h$ ist der Flächeninhalt des Rechtecks, der den doppeltschraffierten Bereich ganz überdeckt.

[3] m_h ist die kleinste Zahl und M_h ist die größte Zahl im Intervall $[x, x+h]$.

Nach Definition 10.1 des Differentialquotienten auf Seite 109 gilt daher:

$$A'(x) = f(x)$$

d.h. $A(x)$ ist eine Stammfunktion von $f(x)$.

BEMERKUNG 12.5
Dieser Satz ist der Grund, warum die Stammfunktion auch als das *unbestimmte Integral* von f bezeichnet wird. Das Integral selbst heißt dann das *bestimmte Integral*.

12.2.1 Integrationsverfahren

Wir können die Integrationsverfahren für die Stammfunktionen (☞ Tab. 12.2) direkt zur Berechnung von Integralen verwenden (☞ Tab. 12.3).

TABELLE 12.3: Integrationsverfahren (Teil 2)

Bezeichnung	Verfahren
Partielles Integrieren	$\int_a^b f \cdot g' \, dx = f \cdot g \Big|_a^b - \int_a^b f' \cdot g \, dx$
Substitution	$\int_a^b f(g(x)) \cdot g'(x) \, dx = \int_{g(a)}^{g(b)} f(z) \, dz$ mit $z = g(x)$ und $dz = g'(x) \, dx$

BEISPIEL 12.7

$$\int_e^{10} \frac{1}{\ln x} \frac{1}{x} \, dx = \int_1^{\ln(10)} \frac{1}{z} \, dz = \ln(z) \Big|_1^{\ln(10)} = \ln(\ln(10)) - \ln(1) \approx 0{,}834$$

$$z = \ln(x) \quad \Rightarrow \quad dz = \frac{1}{x} \, dx$$

Die Grenzen werden beim Substituieren ebenfalls der Transformation unterworfen.

12.2.2 Einige Eigenschaften von Integralen

In Tabelle 12.4 sind einige wichtige Eigenschaften von Integralen aufgelistet. Die letzte Eigenschaft kann verwendet werden, um eine Funktion zu integrieren, deren Zuordnungsvorschrift in verschiedenen Bereichen des Definitionsbereichs verschieden definiert ist.

TABELLE 12.4: Rechenregeln für Integrale

$$\int_a^b (f(x) + g(x))\,dx = \int_a^b f(x)\,dx + \int_a^b g(x)\,dx$$

$$\int_a^b k\,f(x)\,dx = k \int_a^b f(x)\,dx$$

$$\int_a^b f(x)\,dx = -\int_b^a f(x)\,dx$$

$$\int_a^a f(x)\,dx = 0$$

$$\int_a^c f(x)\,dx = \int_a^b f(x)\,dx + \int_b^c f(x)\,dx$$

BEISPIEL 12.8
Gesucht ist $\int_0^2 f(x)\,dx$ für die Funktion (vgl. Bsp. 9.3, Seite 98)

$$f(x) = \begin{cases} 1, & \text{für } x < 0 \\ 1 - \frac{x^2}{2}, & \text{für } 0 \leq x < 1 \\ x, & \text{für } x \geq 1 \end{cases}$$

Es gilt

$$\begin{aligned} \int_0^2 f(x)\,dx &= \int_0^1 f(x)\,dx + \int_1^2 f(x)\,dx \\ &= \int_0^1 (1 - \tfrac{x^2}{2})\,dx + \int_1^2 x\,dx \\ &= (x - \tfrac{1}{6}x^3)\Big|_0^1 + \tfrac{1}{2}x^2\Big|_1^2 = \frac{7}{3} \end{aligned}$$

12.2.3 Das uneigentliche Integral

Uneigentliche Integrale sind Integrale, bei denen

- das Integrationsintervall unbeschränkt ist (☞ Abb. 12.3, links), oder
- die Funktion unbeschränkt ist (☞ Abb. 12.3, rechts), d.h. die Funktion wird unendlich, oder
- die Intervallgrenzen nicht im Definitionsbereich der Funktion liegen.

In diesem Fall müssen wir das Integral mit Hilfe eines Grenzwertes berechnen. Falls etwa f in b nicht definiert ist, oder $b = \infty$, so ist das entsprechende Integral definiert durch

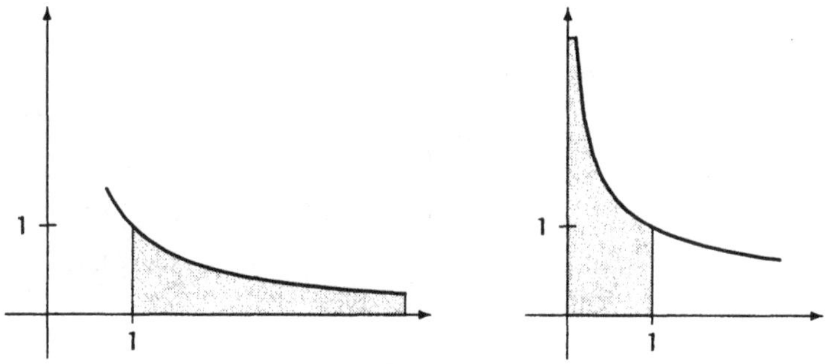

ABBILDUNG 12.3: Die uneigentlichen Integrale $\int\limits_1^\infty \frac{1}{x}\,dx$ (links) und $\int\limits_0^1 \frac{1}{\sqrt{x}}\,dx$ (rechts)

$$\int_a^b f(x)\,dx = \lim_{t\to b}\int_a^t f(x)\,dx = \lim_{t\to b}(F(t) - F(a))$$

BEISPIEL 12.9
Die Funktion $f(x) = \frac{1}{\sqrt{x}}$ ist in $x = 0$ nicht definiert. Wir fassen daher $\int\limits_0^1 \frac{1}{\sqrt{x}}\,dx$ als Abkürzung für $\lim\limits_{t\to 0}\int_t^1 \frac{1}{\sqrt{x}}\,dx$ auf.

$$\int_0^1 \frac{1}{\sqrt{x}}\,dx = \lim_{t\to 0}\int_t^1 x^{-\frac{1}{2}}\,dx = \lim_{t\to 0} 2\sqrt{x}\Big|_t^1 = \lim_{t\to 0}(2 - 2\sqrt{t}) = 2$$

BEISPIEL 12.10

$$\int_1^\infty \frac{1}{x^2}\,dx = \lim_{t\to\infty}\int_1^t x^{-2}\,dx = \lim_{t\to\infty} -\frac{1}{x}\Big|_1^t = \lim_{t\to\infty} -\frac{1}{t} - (-1) = 1$$

Uneigentliche Integrale existieren nur, falls der entsprechende Grenzwert existiert.

BEISPIEL 12.11

$$\int_1^\infty \frac{1}{x}\,dx = \lim_{t\to\infty}\int_1^t \frac{1}{x}\,dx = \lim_{t\to\infty} \ln(x)\Big|_1^t = \lim_{t\to\infty} \ln(t) - \ln(1) = \infty$$

Das uneigentliche Integral $\int\limits_1^\infty \frac{1}{x}\,dx$ existiert somit nicht.

Übungen

108. Berechnen Sie die Stammfunktionen:

(a) $\int x\ln(x)\,dx$ (b) $\int x^2\sin(x)\,dx$ (c) $\int 2x\sqrt{x^2+6}\,dx$

(d) $\int e^{x^2}x\,dx$ (e) $\int \frac{x}{3x^2+4}\,dx$ (f) $\int x\sqrt{x+1}\,dx$

(g) $\int \frac{3x^2+4}{x}\,dx$ (h) $\int x^3+4x+\frac{6}{x-1}\,dx$ (i) $\int \frac{\ln(x)}{x}\,dx$

109. Berechnen Sie das Integral $\int_0^1 f(x)\,dx$ der Treppenfunktion $f(x)$.

$$f(x)=\begin{cases} 1 & \text{für } 0\le x\le 0{,}2 \\ 0{,}5 & \text{für } 0{,}2<x\le 0{,}5 \\ 2{,}5 & \text{für } 0{,}5<x\le 0{,}7 \\ -3{,}5 & \text{für } 0{,}7<x\le 1 \end{cases}$$

110. Berechnen Sie folgende Integrale

(a) $\int_1^4 (2x^2-1)\,dx$ (b) $\int_0^2 3e^x\,dx$ (c) $\int_1^4 (3x^2+4x)\,dx$

(d) $\int_0^{\frac{\pi}{3}} \frac{-\sin(x)}{3}\,dx$ (e) $\int_0^1 \frac{3x+2}{3x^2+4x+1}\,dx$ (f) $\int_1^e \frac{\ln(x)}{x}\,dx$

111. Berechnen Sie folgende uneigentliche Integrale:

(a) $\int_0^\infty -e^{-3x}\,dx$ (b) $\int_0^1 \frac{2}{\sqrt[4]{x^3}}\,dx$ (c) $\int_1^\infty \frac{x}{x^2+1}\,dx$

112. Für welche Werte von $\alpha\in\mathbb{R}$ ist existiert das uneigentliche Integral

$$\int_0^1 2x^{\alpha+1}\,dx\,?$$

113. Die Grenzkosten einer Kostenfunktion $C(x)$ betragen $30-0{,}05\,x$. Wie lautet die Kostenfunktion, wenn die Fixkosten 2000 GE betragen?

Hinweis: Die Grenzkosten sind die erste Ableitung der Kostenfunktion.

13

Funktionen in mehreren Variablen

Eine Kuh macht Muh, viele Kühe machen Mühe.
Anonym

Bisher haben wir reelle Funktionen in einer Variable (☞ §9) und lineare Abbildungen zwischen Vektorräumen (☞ §5.3) kennengelernt. In diesem Kapitel beschäftigen wir uns mit Abbildungen von Vektoren in die reellen Zahlen.

13.1 Was sind Funktionen in mehreren Variablen?

DEFINITION 13.1
*Eine **reelle Funktion in mehreren Variablen** ist eine Abbildung* f, *die jedem Vektor* $\mathbf{x} \in \mathbb{R}^n$ *eine reelle Zahl zuordnet.*

$$f\colon\ D \subset \mathbb{R}^n \to \mathbb{R},\quad \mathbf{x} = (x_1, x_2, \ldots, x_n) \mapsto f(\mathbf{x}) = f(x_1, x_2, \ldots, x_n)$$

Die Komponenten x_i *des Vektors* $\mathbf{x}$ *heißen die **Variablen** der Funktion* f.

BEMERKUNG 13.1
Wie bei Funktionen in einer Variablen (☞ §9.1), wird der Definitionsbereich meist nicht angegeben. In diesem Fall ist immer $D = \mathbb{R}^n$ bzw. eine „sinnvolle" Teilmenge des $\mathbb{R}^n$.

BEISPIEL 13.1
$f\colon \mathbb{R}^2 \to \mathbb{R}, (x_1, x_2) \mapsto f(x_1, x_2) = \exp(-x_1^2) \cdot \exp(-x_2^2)$ ist eine Funktion in zwei Variablen.

Funktionen in zwei Variablen lassen sich durch den **Graphen** (oder **Funktionengebirge**) veranschaulichen. Dabei wird für jeden Punkt in der xy-Ebene der Funktionswert $f(x, y)$ in die z-Richtung eingezeichnet (☞ Abb. 13.1).

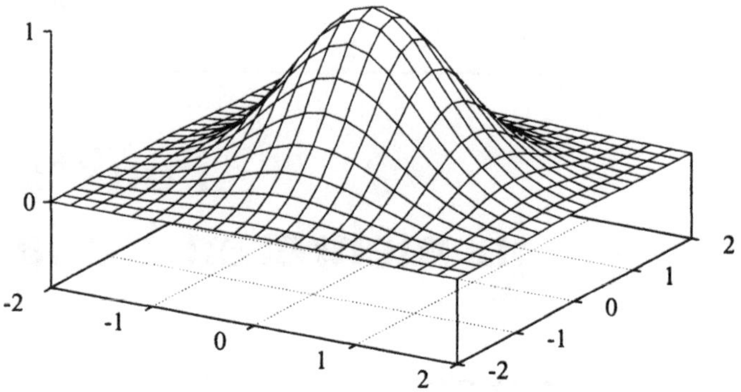

ABBILDUNG 13.1: Graph der Funktion $f(x_1, x_2) = \exp(-x_1^2) \cdot \exp(-x_2^2)$

Eine weitere Möglichkeit, Funktionen in zwei Variablen graphisch darzustellen, sind *Isoquanten*. Eine **Isoquante** (oder **Höhenlinie**, **Niveaulinie**) einer Funktion f ist die Menge aller Punkte (x_1, x_2) mit $f(x_1, x_2) = c$, für ein $c \in \mathbb{R}$. Die Funktion f hat daher auf einer Höhenlinie den gleichen Funktionswert. Durch diese Höhenlinien erhalten wir eine „Landkarte" unseres Funktionengebirges (☞ Abb. 13.2, rechte Seite).

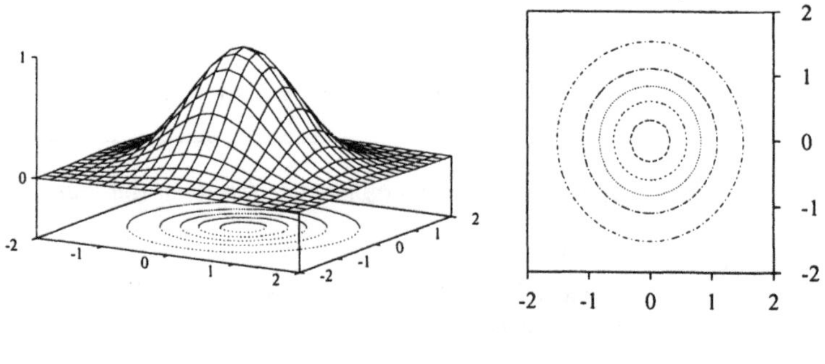

ABBILDUNG 13.2: Isoquanten (Niveaulinien) der Funktion $f(x_1, x_2) = \exp(-x_1^2) \cdot \exp(-x_2^2)$

BEMERKUNG 13.2
Im folgenden werden wir uns mit den Eigenschaften dieser Funktionen beschäftigen und dabei auch einige Werkzeuge kennenlernen. Als Vorbild dienen uns dabei die Funktionen in einer Variable aus §9ff. Einige der dort erklärten Begriffe gelten ohne (z.B. *surjektiv*) bzw. geringer Änderung (z.B. *stetig*[1]) auch für Funktionen in mehreren Variablen. Andere Begriffe werden sinnlos (z.B. *monoton steigend*), oder müssen neu konzipiert werden (z.B. die *Ableitung* einer Funktion).

13.2 Die Ableitung

Wie können wir Funktionen $f(\mathbf{x})$ in mehreren Variablen differenzieren?

13.2.1 Partielle Ableitungen

Wir fassen alle Variablen der Funktion — außer x_i — als Konstante auf. Dadurch erhalten wir eine Funktion, die nur mehr von einer Variable — nämlich x_i — abhängt. Diese Funktion können wir nun nach den bekannten Regeln für das Differenzieren[2] von Funktionen in einer Variable ableiten. Wir sagen dazu *„differenzieren nach* x_i*"*.
Diese Ableitung heißt die **partielle Ableitung** erster Ordnung von f an der Stelle $\mathbf{x}$ nach x_i. Schreibweisen:

$$f_{x_i}(\mathbf{x}) = \frac{\partial f}{\partial x_i}(\mathbf{x})$$

BEMERKUNG 13.3
$\frac{\partial f}{\partial x_i}(\mathbf{x})$ wird manchmal auch als *partieller Differentialquotient* bezeichnet.

BEISPIEL 13.2
Gesucht sind die ersten partiellen Ableitungen von $f(x_1, x_2) = \exp(-x_1^2) \cdot \exp(-x_2^2)$:

$$f_{x_1} = (-2x_1 \exp(-x_1^2)) \cdot \underbrace{\exp(-x_2^2)}_{\text{als Konstante betrachtet}}$$

$$f_{x_2} = \underbrace{\exp(-x_1^2)}_{\text{als Konstante betrachtet}} \cdot (-2x_2 \exp(-x_2^2))$$

BEISPIEL 13.3
Die ersten partiellen Ableitungen von $f(x_1, x_2) = x_1^2 + 3x_1 x_2$ sind

$$f_{x_1} = 2x_1 + 3x_2$$
$$f_{x_2} = 0 + 3x_1$$

[1] Wir werden auf die Stetigkeit von Funktionen in mehreren Variablen nicht eingehen.
[2] ☞ §10.1 auf Seite 108ff und §10.2, Seite 113ff

BEMERKUNG 13.4

Die „Schreibweisen“ $f'(x)$ und $f'(y)$ für die erste partielle Ableitung nach x bzw. y sind **falsch**! Diese Symbole bezeichnen die erste Ableitung einer Funktion f in einer Variable.

13.2.2 Der Gradient

Wir fassen die partiellen Ableitungen erster Ordnung zu einem Vektor, dem *Gradienten* an der Stelle $\mathbf{x}$, zusammen.

DEFINITION 13.2 (GRADIENT)

Der Vektor[3]

$$\nabla f(\mathbf{x}) = \begin{pmatrix} f_{x_1}(\mathbf{x}) \\ \vdots \\ f_{x_n}(\mathbf{x}) \end{pmatrix}$$

heißt der Gradient von f *an der Stelle* $\mathbf{x}$.

BEISPIEL 13.4

Der Gradient von $f(x_1, x_2) = x_1^2 + 3\,x_1\,x_2$ an der Stelle $\mathbf{x} = (3, 2)$ ist (☞ Bsp. 13.3):

$$\begin{pmatrix} f_{x_1} \\ f_{x_2} \end{pmatrix} = \begin{pmatrix} 2\,x_1 + 3\,x_2 \\ 3\,x_1 \end{pmatrix}$$

$$\nabla f(3,2) = \begin{pmatrix} 12 \\ 9 \end{pmatrix}$$

BEMERKUNG 13.5

Der *Gradient* ist die Verallgemeinerung der ersten (gewöhnlichen) Ableitung auf Funktionen in mehreren Variablen (und nicht die einzelnen partiellen Ableitungen). D.h. bei Funktionen in mehreren Variablen steht an Stelle der gewöhnlichen Ableitung der Gradient.

BEMERKUNG 13.6

Der Gradient einer Funktion f im Punkt $\mathbf{x}$ zeigt in die Richtung des steilsten Anstieges von f. Die Norm[4] des Gradienten gibt diese Steigung an. Der Gradient steht immer normal auf die Isoquanten (☞ Abb. 13.3).

---

[3] lies: „nabla f an der Stelle **x**“ oder „Gradient von f an der Stelle **x**“.
Das Symbol ∇ („*Nabla*“) ist kein Buchstabe aus dem griechischen Alphabet, sondern wurde wegen seiner Ähnlichkeit mit einem antiken phönizischen Saiteninstrument so benannt.

[4] ☞ §4.3.3, Seite 29

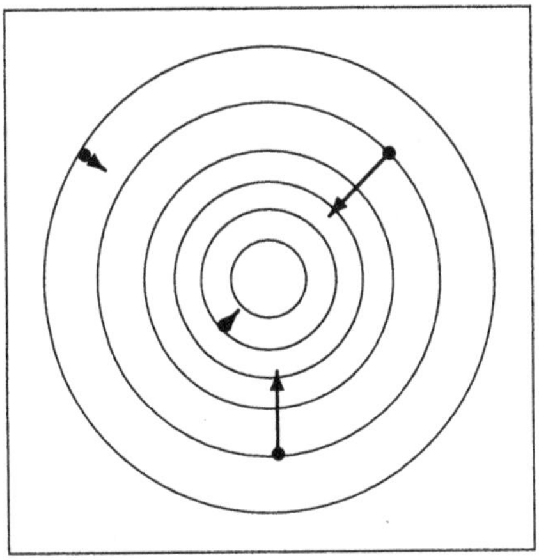

ABBILDUNG 13.3: Gradienten der Funktion $f(x_1, x_2) = 2\exp(-x_1^2) \cdot \exp(-x_2^2)$ an verschieden Stellen (vgl. auch Abb. 13.2)

13.2.3 Die Richtungsableitung

Die partielle Ableitung einer Funktion $f(\mathbf{x}) = f(x_1, \ldots, x_i, \ldots, x_n)$ nach der i-ten Variable haben wir erhalten, in dem wir alle anderen Variablen x_j $(j \neq i)$ als Konstante angesehen und nach x_i differenziert haben. Anders formuliert: Wir haben für $\mathbf{h} = \mathbf{e}_i$ (den i-ten Einheitsvektor) eine Funktion in einer Variable (nämlich t) eingeführt

$$\tilde{f}_{\mathbf{h}}(t) = f(x_1, \ldots, x_i + t, \ldots, x_n) = f(\mathbf{x} + t \cdot \mathbf{h})$$

und diese differenziert. Die partielle Ableitung nach x_i ist dann

$$\frac{\partial f}{\partial x_i}(\mathbf{x}) = \left.\frac{d\tilde{f}_{\mathbf{h}}}{dt}\right|_0 = \tilde{f}'_{\mathbf{h}}(0)$$

Wir können die partiellen Ableitungen verallgemeinern, indem wir für $\mathbf{h}$ einen beliebigen Vektor mit Norm (Länge) 1 zulassen. Diese Ableitung gibt die Änderung von $f(\mathbf{x})$ an, wenn wir den Punkt $\mathbf{x}$ in Richtung $\mathbf{h}$ verschieben. Sie heißt die Richtungsableitung $\frac{\partial f(\mathbf{x})}{\partial \mathbf{h}}$ von f in Richtung $\mathbf{h}$. Es gilt (für $\|\mathbf{h}\| = 1$)

$$\frac{\partial f}{\partial \mathbf{h}}(\mathbf{x}) = f_{x_1}(\mathbf{x}) \cdot h_1 + \cdots + f_{x_n}(\mathbf{x}) \cdot h_n = \nabla f(\mathbf{x})^t \cdot \mathbf{h}$$

Falls $\mathbf{h}$ nicht Norm 1 hat, muß zuerst normiert werden, und wir erhalten stattdessen:

$$\frac{\partial f}{\partial \mathbf{h}}(\mathbf{x}) = \frac{1}{\|\mathbf{h}\|} \nabla f(\mathbf{x})^t \cdot \mathbf{h}$$

BEMERKUNG 13.7
Diese Formel erklärt, warum der Anstieg in Richtung des Gradienten am größten ist (vgl. Bemerkung 13.6).

BEISPIEL 13.5
Wir suchen die Richtungsableitung von $f(x_1, x_2) = x_1^2 + 3\, x_1\, x_2$ nach $\mathbf{h} = \begin{pmatrix} 1 \\ -2 \end{pmatrix}$ an der Stelle $\mathbf{x} = (3, 2)$.

$\nabla f(3,2) = \begin{pmatrix} 12 \\ 9 \end{pmatrix}$ (☞ Bsp. 13.4).

Für die Norm von $\mathbf{h}$ erhalten wir (☞ §4.3.3, Seite 29):

$\|\mathbf{h}\| = \sqrt{\mathbf{h}^t \mathbf{h}} = \sqrt{1^2 + (-2)^2} = \sqrt{5}$.

Die Richtungsableitung lautet daher

$$\frac{\partial f}{\partial \mathbf{h}}(\mathbf{x}) = \frac{1}{\|\mathbf{h}\|} \nabla f(\mathbf{x})^t \cdot \mathbf{h} = \frac{1}{\sqrt{5}} \begin{pmatrix} 12 \\ 9 \end{pmatrix}^t \cdot \begin{pmatrix} 1 \\ -2 \end{pmatrix} = -\frac{6}{\sqrt{5}}$$

13.2.4 Höhere partielle Ableitungen

Analog zu den Funktionen in einer Variablen können wir partielle Ableitungen nochmals ableiten und erhalten so **höhere partielle Ableitungen**.
Folgende Schreibweisen sind für die zweiten partiellen Ableitungen üblich:

$$f_{x_i x_j}(\mathbf{x}) = \frac{\partial^2 f}{\partial x_j \partial x_i}(\mathbf{x})$$

BEISPIEL 13.6
Die ersten partiellen Ableitungen von $f(x_1, x_2) = x_1^2 + 3\, x_1\, x_2$ sind

$$f_{x_1}(\mathbf{x}) = 2\, x_1 + 3\, x_2 \qquad f_{x_2}(\mathbf{x}) = 0 + 3\, x_1$$

Die zweiten partiellen Ableitungen sind

$$\begin{array}{ll} f_{x_1 x_1}(\mathbf{x}) = 2 & f_{x_1 x_2}(\mathbf{x}) = 3 \\ f_{x_2 x_1}(\mathbf{x}) = 3 & f_{x_2 x_2}(\mathbf{x}) = 0 \end{array}$$

In diesem Beispiel spielt die Reihenfolge des Differenzierens keine Rolle: $f_{x_1 x_2}(\mathbf{x}) = f_{x_2 x_1}(\mathbf{x})$. Das ist keine Zufall. Es gilt nämlich[5]:

$$\frac{\partial^2 f}{\partial x_j \partial x_i}(\mathbf{x}) = \frac{\partial^2 f}{\partial x_i \partial x_j}(\mathbf{x})$$

[5] falls alle zweiten partiellen Ableitungen existieren und stetig sind

13.3 Das totale Differential

Wir wollen eine Funktion f durch eine lineare Funktion so approximieren, daß der Fehler möglichst klein ist. Wir können den Funktionswert an einer Stelle $\mathbf{x} + \mathbf{h}$ näherungsweise analog wie die Richtungsableitung berechnen:

$$f(\mathbf{x} + \mathbf{h}) - f(\mathbf{x}) \approx f_{x_1}(\mathbf{x})\, h_1 + \ldots + f_{x_n}(\mathbf{x})\, h_n$$

Bemerkung 13.8
Diese Approximation ist umso besser je näher $\mathbf{x} + \mathbf{h}$ bei $\mathbf{x}$ liegt, d.h. je kleiner $\|\mathbf{h}\|$ ist.

Das totale Differential erhalten wir, wenn wir die h_i durch „unendlich kleine" *Differentiale* ersetzen.

Definition 13.3 (totales Differential)
Die lineare Funktion

$$df = f_{x_1}(\mathbf{x})\, dx_1 + \ldots + f_{x_n}(\mathbf{x})\, dx_n$$

heißt das ***totale Differential*** *von f an der Stelle* $\mathbf{x}$.

Bemerkung 13.9
Siehe auch die Definition des Differentials einer Funktion in einer Variable in §10.5.

Beispiel 13.7
Gesucht ist das totale Differential von[6] $f(x_1, x_2) = x_1^2 + 3\, x_1\, x_2$ an der Stelle $\mathbf{x} = (3, 2)$.

$$\begin{aligned} df &= f_{x_1}(3,2)\, dx_1 + f_{x_2}(3,2)\, dx_2 \\ &= 12\, dx_1 + 9\, dx_2 \end{aligned}$$

Wir berechnen nun $f(3,1;1,8)$ mit Hilfe des totalen Differentials an der Stelle $(3;2)$.

$$\begin{aligned} f(3{,}1;1{,}8) &\approx f(3;2) + df = 27 + 12\, dx_1 + 9\, dx_2 \\ &= 27 + 12 \cdot 0{,}1 + 9 \cdot (-0{,}2) \\ &= 26{,}40 \end{aligned}$$

(Zum Vergleich: der exakte Wert ist $f(3,1;1,8) = 26,35$.)

$$d\mathbf{x} = (\mathbf{x} + d\mathbf{x}) - \mathbf{x} = \begin{pmatrix} 3{,}1 \\ 1{,}8 \end{pmatrix} - \begin{pmatrix} 3 \\ 2 \end{pmatrix} = \begin{pmatrix} 0{,}1 \\ -0{,}2 \end{pmatrix}$$

[6] vgl. Beispiele 13.3 und 13.4

13.4 Partielle Elastizitäten

Bei Funktionen in einer Variablen wurde der Begriff der **Elastizität** $\varepsilon_f(x)$ definiert, um eine relative Änderungsrate einer Funktion $f(x)$ angeben zu können. (Im Gegensatz zur gewöhnlichen Ableitung $f'(x)$, die die Änderungsrate in absoluten Einheiten mißt. ☞ §10.6 auf Seite 124). Analog können wir nun für eine Funktion $f(x_1, \ldots, x_n)$ in n Variablen die **partiellen Elastizitäten** definieren, die die *relativen* Änderungen der Funktion f in Abhängigkeit von den relativen Änderungen der einzelnen Variablen beschreiben.

$$\varepsilon_{f,i}(\mathbf{x}) = f_{x_i}(\mathbf{x}) \cdot \frac{x_i}{f(\mathbf{x})}$$

Die partielle Elastizität $\varepsilon_{f,i}(\mathbf{x})$ gibt ungefähr[7] an, um wieviel *Prozent* sich der Funktionswert $f(\mathbf{x})$ ändert, wenn sich die i-te Variable um 1% ändert und die anderen Variablen unverändert bleiben.

BEISPIEL 13.8
Gesucht sind die partiellen Elastizitäten von $f(x_1, x_2) = x_1^2 + x_2^3$.

$$\varepsilon_{f,1}(\mathbf{x}) = f_{x_1}(\mathbf{x}) \cdot \frac{x_1}{f(\mathbf{x})} = 2x_1 \cdot \frac{x_1}{x_1^2 + x_2^3} = \frac{2x_1^2}{x_1^2 + x_2^3}$$

$$\varepsilon_{f,2}(\mathbf{x}) = f_{x_2}(\mathbf{x}) \cdot \frac{x_2}{f(\mathbf{x})} = 3x_2 \cdot \frac{x_2}{x_1^2 + x_2^3} = \frac{3x_2^3}{x_1^2 + x_2^3}$$

13.4.1 Die Kreuzpreiselastizität

Zwei Güter werden zu den Preisen p_1 bzw. p_2 angeboten. Die Nachfrage q_i nach Gut i hängt nicht nur vom Preis für i ab, sondern auch vom Preis des anderen Gutes:

$$q_i = q_i(p_1, p_2) \qquad i = 1, 2$$

Die Nachfrage ändert sich also auch, wenn sich der Preis des anderen Gutes ändert. Die partiellen Elastizitäten $\varepsilon_{q_1,2}(\mathbf{x})$ und $\varepsilon_{q_2,1}(\mathbf{x})$ heißen die **Kreuzpreiselastizitäten**.

Die Kreuzpreiselastizität ist positiv, wenn die beiden Güter **Substitute** sind. Sie ist negativ im Falle von **komplementären** Güter. Wenn die beiden Güter ohne Beziehung sind, dann ist die Kreuzpreiselastizität gleich 0, d.h. die Nachfrage eines Gutes ändert sich nicht, wenn der Preis des anderen Gutes verändert wird.

[7] Diese Behauptung stimmt genaugenommen nur für das totale Differential. ☞ §13.3. vgl. auch §10.5 auf Seite 123

BEISPIEL 13.9
Ein (klassisches) Beispiel für Substitute sind *Butter* und *Margarine*. Steigt der Preis von Butter, so steigt auch die Nachfrage nach Margarine.

Ein (klassisches) Beispiel für komplementäre Güter sind *Auto* und *Benzin*. Steigt der Preis für Autos, dann sinkt die Nachfrage nach Benzin.

BEMERKUNG 13.10
Im allgemeinen ist $\varepsilon_{q_1,2}(\mathbf{x}) \neq \varepsilon_{q_2,1}(\mathbf{x})$.

13.5 Implizite Funktionen

Durch $F(x, y) = 0$ wird eine Abhängigkeit von x und y definiert (implizite Funktion). In kleinen Intervallen ist es daher unter Umständen möglich, y als (explizite) Funktion von x darzustellen und umgekehrt:

$$y = f(x)$$

Wenn $F(x, y) = a\,x + b\,y$ eine lineare Funktion ist, dann erhalten wir $f(x) = y = -\frac{a}{b}x$, vorausgesetzt $b \neq 0$.

Bei nicht-linearen Funktionen ist dies nicht immer so einfach oder überhaupt nicht möglich. Die Ableitung von f können wir aber direkt aus der impliziten Funktion F berechnen, indem wir F *lokal* durch das totale Differential[8] dF ersetzen.

$$dF = F_x\,dx + F_y\,dy = d0 = 0$$

Daraus erhalten wir

$$\boxed{\frac{dy}{dx} = -\frac{F_x}{F_y}}$$

D.h. wir können $f'(x)$ ausrechnen, ohne $f(x)$ zu kennen.

Es gilt außerdem (*Satz über implizite Funktionen*):
Die Funktion $y = f(x)$ existiert **lokal** in der Nähe eines Punktes $\mathbf{x}_0 = (x_0, y_0)$ genau dann, wenn $F_y(x_0, y_0) \neq 0$ ist.

Lokal heißt, daß es einen (möglicherweise sehr kleinen) Kreis mit Mittelpunkt (x_0, y_0) gibt, in dem es zu jedem x nur ein y mit $F(x, y) = 0$ gibt (☞ Beispiel 13.10).

BEISPIEL 13.10
Die Ableitung $\frac{dy}{dx}$ der impliziten Funktion $F(x, y) = x^2 + y^2 - 1 = 0$ lautet

$$\frac{dy}{dx} = -\frac{F_x}{F_y} = -\frac{2x}{2y} = -\frac{x}{y}$$

[8] Wir setzen hier und in weiterer Folge voraus, daß F differenzierbar ist.

Die Menge aller Punkte mit $F(x, y) = 0$ ist ein Kreis mit Radius 1 (☞ Abb. 13.4, linke Seite). In der Nähe des Punktes $\left(\frac{1}{2}, \frac{\sqrt{3}}{2}\right)$ existiert eine Funktion $y = f(x)$ (☞ Abb. 13.4, rechte Seite, erster Quadrant). Jedem x im eingezeichneten Kreis wird genau ein y zugeordnet. In der Nähe des Punktes $(-1, 0)$ existiert keine derartige Funktion. In jedem noch so kleinen Kreis mit Mittelpunkt $(-1, 0)$ werden jedem x zwei y-Werte zugeordnet (☞ Abb. 13.4, rechte Seite, negative x-Achse).

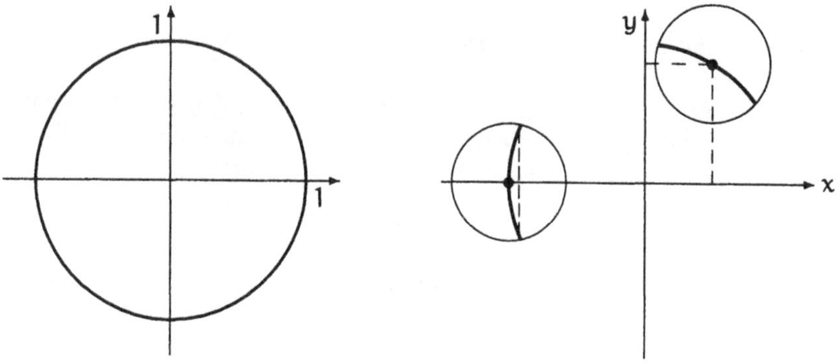

ABBILDUNG 13.4: Die implizite Funktion $F(x, y) = x^2 + y^2 - 1 = 0$ (links). Die explizite Funktion $y = f(x)$ existiert lokal um den Punkt $\left(\frac{1}{2}, \frac{\sqrt{3}}{2}\right)$, nicht jedoch um $(-1, 0)$ (rechte Seite).

Das gleiche können wir auch mit Funktionen in mehreren Variablen machen. Durch $F(x_1, x_2, \ldots, x_n) = 0$ erhalten wir eine implizite Funktion. Es ist nun wieder möglich, etwa die Variable x_1 als Funktion aller anderen Variablen darzustellen:

$$x_1 = f(x_2, x_3, \ldots, x_n)$$

Durch das totale Differential können wir die partiellen Ableitung von f nach (z.B.) x_2 berechnen. Da bei der partiellen Ableitung alle anderen Variable als Konstante betrachtet werden, sind deren Differentiale Null: $dx_3 = dx_4 = \ldots = dx_n = 0$.

$$0 = dF = F_{x_1}\, dx_1 + F_{x_2}\, dx_2 + F_{x_3} \cdot 0 + \cdots + F_{x_n} \cdot 0$$

Wir erhalten dadurch $\frac{\partial x_1}{\partial x_2} = -\frac{F_{x_2}}{F_{x_1}}$, oder allgemein

$$\boxed{\frac{\partial x_i}{\partial x_k} = -\frac{F_{x_k}}{F_{x_i}}}$$

BEISPIEL 13.11
Gesucht ist $\frac{\partial x_2}{\partial x_3}$ der impliziten Funktion $F(x_1, x_2, x_3, x_4) = x_1^2 + x_2 x_3 + x_3^2 - x_3 x_4 - 1 = 0$

$$\frac{\partial x_2}{\partial x_3} = -\frac{F_{x_3}}{F_{x_2}} = -\frac{x_2 + 2x_3 - x_4}{x_3}$$

13.6 Taylorreihen

Die Idee der Taylorreihen (☞ §11) kann auch für Funktionen in mehreren Variablen verwirklicht werden.

Betrachten wir zuerst Funktionen in zwei Variablen. Ein Polynom in zwei Variablen hat die allgemeine Form

$$\begin{aligned} P(x_1, x_2) &= a_0 \\ &\quad + a_{10} x_1 + a_{11} x_2 \\ &\quad + a_{20} x_1^2 + a_{21} x_1 x_2 + a_{22} x_2^2 \\ &\quad + a_{30} x_1^3 + a_{31} x_1^2 x_2 + a_{32} x_1 x_2^2 + a_{33} x_2^3 \\ &\quad \vdots \\ &\quad + a_{n0} x_1^n + a_{n1} x_1^{n-1} x_2 + \cdots + a_{nn} x_2^n \end{aligned}$$

Wenn wir unsere Funktion an der Stelle $\mathbf{x}_0 = \mathbf{o}$ nur durch ein Polynom 1. Grades approximieren, so erhalten wir das totale Differential (☞ §13.3) und es muß gelten

$$a_{10} = f_{x_1}(\mathbf{o}) \quad \text{und} \quad a_{11} = f_{x_2}(\mathbf{o})$$

Allgemein erhalten wir die Koeffizienten durch Gleichsetzen der partiellen Ableitungen von Funktion und Polynom an der Stelle $\mathbf{o}$ (vgl. §11.1):

$$a_{kj} = \frac{1}{k!} \binom{k}{j} \frac{\partial^k f(\mathbf{o})}{(\partial x_1)^{k-j} (\partial x_2)^j} \qquad k \in \mathbb{N}, j = 1, \ldots, i$$

Die Taylorreihe bis zur zweiten Ordnung an der Stelle $\mathbf{o}$ lautet dann

$$\begin{aligned} f(\mathbf{x}) &\approx f(\mathbf{o}) \\ &\quad + f_{x_1}(\mathbf{o}) x_1 + f_{x_2}(\mathbf{o}) x_2 \\ &\quad + \tfrac{1}{2} f_{x_1 x_1}(\mathbf{o}) x_1^2 + f_{x_1 x_2}(\mathbf{o}) x_1 x_2 + \tfrac{1}{2} f_{x_2 x_2}(\mathbf{o}) x_2^2 \end{aligned}$$

Wir können den linearen Term auch in Vektorschreibweise darstellen:

$$f_{x_1}(\mathbf{o}) x_1 + f_{x_2}(\mathbf{o}) x_2 = \nabla f(\mathbf{o})^t \cdot \mathbf{x}$$

Die Zeile mit den quadratischen Termen ist eine *quadratische Form*, die wir mit Hilfe einer Matrix darstellen können (☞ §7.6 auf Seite 74ff):

$$f_{x_1 x_1}(\mathbf{o}) x_1^2 + 2 f_{x_1 x_2}(\mathbf{o}) x_1 x_2 + f_{x_2 x_2}(\mathbf{o}) x_2^2 = \mathbf{x}^t \cdot \mathbf{H}_f(\mathbf{o}) \cdot \mathbf{x}$$

wobei die Matrix

$$\mathbf{H}_f(\mathbf{o}) = \begin{pmatrix} f_{x_1x_1}(\mathbf{o}) & f_{x_1x_2}(\mathbf{o}) \\ f_{x_2x_1}(\mathbf{o}) & f_{x_2x_2}(\mathbf{o}) \end{pmatrix}$$

als **Hesse-Matrix**[9] von f an der Stelle $\mathbf{o}$ bezeichnet wird.

BEMERKUNG 13.11
Die Hesse-Matrix enthält die zweiten partiellen Ableitungen der Funktion f und ist symmetrisch[10].

Die Taylorreihe bis zur zweiten Ordnung können wir nun auch so darstellen

$$f(\mathbf{x}) \approx f(\mathbf{o}) + \nabla f(\mathbf{o})^t \cdot \mathbf{x} + \tfrac{1}{2}\,\mathbf{x}^t \cdot \mathbf{H}_f(\mathbf{o}) \cdot \mathbf{x}$$

Im allgemeinen Fall mit n Variablen lautet die Hesse-Matrix an der Stelle $\mathbf{x}_0$:

$$\mathbf{H}_f(\mathbf{x}_0) = \begin{pmatrix} f_{x_1x_1}(\mathbf{x}_0) & \dots & f_{x_1x_n}(\mathbf{x}_0) \\ \vdots & \ddots & \vdots \\ f_{x_nx_1}(\mathbf{x}_0) & \dots & f_{x_nx_n}(\mathbf{x}_0) \end{pmatrix}$$

Die Taylorreihe bis zur zweiten Ordnung an der Stelle $\mathbf{x}_0$:

$$f(\mathbf{x}) \approx f(\mathbf{x}_0) + \nabla f(\mathbf{x}_0)^t \cdot (\mathbf{x} - \mathbf{x}_0) + \tfrac{1}{2}\,(\mathbf{x} - \mathbf{x}_0)^t \cdot \mathbf{H}_f(\mathbf{x}_0) \cdot (\mathbf{x} - \mathbf{x}_0)$$

BEISPIEL 13.12
Wir suchen das Taylorpolynom 2. Ordnung von $f(x,y) = e^{x^2-y^2} + x$ an der Stelle $\mathbf{x}_0 = \mathbf{o}$.

$$\begin{aligned}
f(x,y) &= e^{x^2-y^2} + x & &\Rightarrow & f(\mathbf{o}) &= 1 \\
f_x(x,y) &= 2x\,e^{x^2-y^2} + 1 & &\Rightarrow & f_x(\mathbf{o}) &= 1 \\
f_y(x,y) &= -2y\,e^{x^2-y^2} & &\Rightarrow & f_y(\mathbf{o}) &= 0 \\
f_{xx}(x,y) &= 2\,e^{x^2-y^2} + 4x^2\,e^{x^2-y^2} & &\Rightarrow & f_{xx}(\mathbf{o}) &= 2 \\
f_{xy}(x,y) &= -4xy\,e^{x^2+y^2} & &\Rightarrow & f_{xy}(\mathbf{o}) &= 0 \\
f_{yy}(x,y) &= -2\,e^{x^2+y^2} + 4y^2\,e^{x^2+y^2} & &\Rightarrow & f_{yy}(\mathbf{o}) &= -2
\end{aligned}$$

Das Taylorpolynom lautet daher

$$\begin{aligned}
f(\mathbf{x}) &\approx f(\mathbf{o}) + \nabla f(\mathbf{o})^t \cdot \mathbf{x} + \tfrac{1}{2}\,\mathbf{x}^t \cdot \mathbf{H}_f(\mathbf{o}) \cdot \mathbf{x} \\
&= 1 + \begin{pmatrix} 1 \\ 0 \end{pmatrix}^t \cdot \begin{pmatrix} x \\ y \end{pmatrix} + \tfrac{1}{2}\,(x,y) \cdot \begin{pmatrix} 2 & 0 \\ 0 & -2 \end{pmatrix} \cdot \begin{pmatrix} x \\ y \end{pmatrix} \\
&= 1 + x + x^2 - y^2
\end{aligned}$$

9 LUDWIG OTTO HESSE, 1811–1874

10 ☞ Definition 7.2, Seite 72, vgl. §13.2.4, Seite 156

Übungen

114. Gegeben ist die Nutzenfunktion U eines Haushalts bezüglich zweier komplementärer Güter, Gut 1 und Gut 2 (z.B. linker Schuh und rechter Schuh eines Paars). Skizzieren Sie das Funktionen-(Nutzen-)gebirge und zeichnen Sie die Höhenlinien (Isonutzenlinien) für $U = U_0 = 1$ und $U = U_1 = 2$ ein.

$$U(x_1, x_2) = \sqrt{\min(x_1, x_2)}, \quad x_1, x_2 \geq 0.$$

Hinweis: $\min(x_1, x_2)$ ist definiert als der kleinere der beiden Werte von x_1 und x_2. Z.B.: $\min(1, 2) = 1$.
Probieren Sie z.B. die Paare $(0,0)$, $(0,1)$, $(1,0)$, $(0,2)$, ..., $(1,1)$, $(1,2)$, $(2,1)$, $(1,3)$, ..., $(2,2)$, $(2,3)$, $(3,2)$, $(2,4)$, ...

115. Berechnen Sie die ersten und zweiten partiellen Ableitungen der folgenden Funktionen an der Stelle $(1,1)$:

(a) $f(x,y) = x + y$ (b) $f(x,y) = xy$ (c) $f(x,y) = x^2 + y^2$

(d) $f(x,y) = x^2 y^2$ (e) $f(x,y) = x^\alpha y^\beta, \quad \alpha, \beta > 0$

116. Sei $f(x,y) = 100\,(y - x^2)^2 + (1 - x)^2$ (Rosenbrock's Bananenfunktion)
Berechnen Sie

(a) den Gradienten ∇f von f an der Stelle $(-1, 1)$,

(b) die Richtungsableitung von f an der Stelle $(-1, 1)$ in Richtung $\mathbf{h} = (1,2)^t$,

(c) das totale Differential an der Stelle $(-1, 1)$,

(d) mit dessen Hilfe eine Näherung für f an der Stelle $(0, 0)$,

(e) sowie die partiellen Elastizitäten an der Stelle $(-1, 1)$.

117. Berechnen Sie $\frac{dy}{dx}$ aus der impliziten Funktion $x^2 + y^3 = 0$.
Für welche Werte x existiert lokal eine explizite Funktion $y = f(x)$ (y läßt sich (lokal) durch x ausdrücken)? Für welche Werte y existiert ein Funktion $x = g(y)$?

118. Entwickeln Sie die Funktion $f(x,y) = e^{x^2+y^2}$ an der Stelle $\mathbf{x}_0 = (0,0)$ in eine Taylorreihe 2. Ordnung.

14

Extrema

14.1 Krümmungsverhalten

14.1.1 Konvexe Mengen

Optimierungsprobleme im $\mathbb{R}^n$ sind wesentlich schwieriger zu lösen als Optimierungsprobleme in nur einer Variablen (☞ §10.4). So besteht zum Beispiel der Rand einer Teilmenge des $\mathbb{R}^n$ nicht mehr aus einzelnen Punkten. Lösungsalgorithmen gelten daher meist nur unter verschiedenen Voraussetzungen (Einschränkungen). Die einfachsten Verfahren setzen voraus, daß die Definitionsmenge *konvex* ist[1].

DEFINITION 14.1 (KONVEXE MENGE)
Eine Teilmenge D *des* $\mathbb{R}^n$ *heißt* ***konvex****, wenn für zwei beliebige Punkte* $\mathbf{x}, \mathbf{y} \in D$ *auch die Verbindungsstrecke dieser Punkte in* D *liegt. d.h.*

$$(1-h)\,\mathbf{x} + h\,\mathbf{y} \in D \qquad \text{für alle } h \in [0,1], \quad \text{und für alle } \mathbf{x}, \mathbf{y} \in D$$

BEMERKUNG 14.1
Alle Intervalle $[a, b]$ sind konvex.

BEISPIEL 14.1
Die Teilmengen des $\mathbb{R}^2$ in der ersten Reihe der Abbildung 14.1 sind konvex. Die Mengen in der zweiten Reihe sind *nicht* konvex (Es gibt in jeder der beiden Mengen zwei Punkte, deren Verbindungsstrecke nicht ganz in der Menge liegt.).

[1] ☞ §14.3 auf Seite 172 oder §16 auf Seite 181 oder §17 auf Seite 213

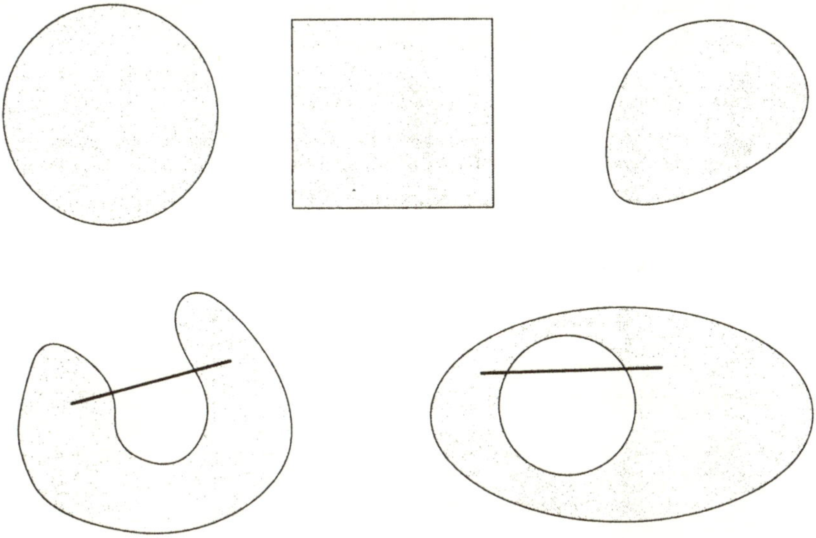

ABBILDUNG 14.1: Die Mengen in der ersten Reihe sind konvex.
Die Mengen in der zweiten Reihe sind *nicht* konvex.

14.1.2 Konvexe und Konkave Funktionen
Die Hesse-Matrix

Im Grunde gilt auch im $\mathbb{R}^n$ Definition 10.4 auf Seite 117.

DEFINITION 14.2 (KRÜMMUNG)
Eine Funktion f *heißt konvex in* $D \subset \mathbb{R}^n$*, falls* D *konvex ist, und*

$$f(h\mathbf{x} + (1-h)\mathbf{y}) \leq h f(\mathbf{x}) + (1-h) f(\mathbf{y})$$

für alle $\mathbf{x}, \mathbf{y} \in D$ *und für alle* $h \in [0,1]$.

Die Funktion f *heißt konkav in* $D \subset \mathbb{R}^n$*, falls* D *konvex ist, und*

$$f(h\mathbf{x} + (1-h)\mathbf{y}) \geq h f(\mathbf{x}) + (1-h) f(\mathbf{y})$$

für alle $\mathbf{x}, \mathbf{y} \in D$ *und für alle* $h \in [0,1]$.

BEMERKUNG 14.2
Die Bedingung „D konvex" für die Definition von *konvexer* und *konkaver Funktion* ist notwendig, damit $h\mathbf{x}+(1-h)\mathbf{y}$ ganz in D liegt. Andernfalls wäre $f(h\mathbf{x}+(1-h)\mathbf{y})$ nicht für alle $\mathbf{x}, \mathbf{y} \in D$ und $h \in [0,1]$ definiert.

BEMERKUNG 14.3
Wenn wir im Funktionengebirge (Graphen) einer *konvexen* Funktion „stehen", dann können wir von jedem beliebigen Punkt dieses Gebirges, jeden anderen Punkt im Gebirge sehen.

Zur Bestimmung der Krümmung einer (differenzierbaren) Funktion $f(\mathbf{x})$ können wir die *Hesse-Matrix* (☞ auch §13.6) verwenden.

DEFINITION 14.3 (HESSE-MATRIX)
Die Matrix

$$\mathbf{H}_f(\mathbf{x}) = \begin{pmatrix} f_{x_1,x_1}(\mathbf{x}) & f_{x_1,x_2}(\mathbf{x}) & \dots & f_{x_1,x_n}(\mathbf{x}) \\ f_{x_2,x_1}(\mathbf{x}) & f_{x_2,x_2}(\mathbf{x}) & \dots & f_{x_2,x_n}(\mathbf{x}) \\ \vdots & \vdots & \ddots & \vdots \\ f_{x_n,x_1}(\mathbf{x}) & f_{x_n,x_2}(\mathbf{x}) & \dots & f_{x_n,x_n}(\mathbf{x}) \end{pmatrix}$$

*heißt die **Hesse-Matrix** von f an der Stelle $\mathbf{x}$.*

Analog der 2. Ableitung bei Funktionen in einer Variablen (☞ §10.3.2) bekommen wir für differenzierbare Funktinen $f(\mathbf{x})$ folgendes Kriterium:

Sei $D \subset \mathbb{R}^n$ konvex.

Die Funktion $f(\mathbf{x})$ ist genau dann *konvex* in D, wenn die Hesse-Matrix für alle $\mathbf{x} \in D$ *positiv semidefinit* ist.

Die Funktion ist genau dann *konkav*, wenn die Hesse-Matrix für alle $\mathbf{x} \in D$ *negativ semidefinit* ist.

Die Semidefinitheit einer symmetrischen Matrix können wir mit Hilfe der allgemeinen Hauptminoren der Hesse-Matrix $\mathbf{H}_f(\mathbf{x})$ (☞ Tab. 7.3, Seite 78) bestimmen. Wir erhalten dadurch folgende Vorgangsweise zur Bestimmung der Krümmung einer Funktion $f(\mathbf{x})$ in D:

(1) Ist D konvex?

(2) Berechne die Hesse-Matrix $\mathbf{H}_f(\mathbf{x})$.

(3) Berechne alle allgemeinen Hauptminoren von $\mathbf{H}_f(\mathbf{x})$ (☞ §7.6, Seite 78).

(4)
- Alle allgemeinen Hauptminoren $|\tilde{\mathbf{H}}_k| \geq 0$ für alle $\mathbf{x} \in D$
  $\Rightarrow$ f ist *konvex*.
- Alle geraden allgemeinen Hauptminoren $|\tilde{\mathbf{H}}_2|, |\tilde{\mathbf{H}}_4|, \ldots \geq 0$, und alle ungeraden allgemeinen Hauptminoren $|\tilde{\mathbf{H}}_1|, |\tilde{\mathbf{H}}_3|, \ldots \leq 0$ für alle $\mathbf{x} \in D$
  $\Rightarrow$ f ist *konkav*.
- Andernfalls ist f in D weder konvex noch konkav.

BEMERKUNG 14.4
Jede positiv definite Matrix ist auch positiv semidefinit. Es reicht daher in vielen Fällen zu zeigen, daß die Hesse-Matrix für *fast alle* (bis auf endlich viele) $\mathbf{x}$ positiv definit ist. Es genügt dann, nur die Hauptminoren zu untersuchen (☞ Tab. 7.2, Seite 77).

BEISPIEL 14.2
Ist die Funktion $f(x,y) = x^4 + x^2 - 2xy + y^2$ in $D = \mathbb{R}^2$ konkav oder konvex?

(1) Der $\mathbb{R}^2$ ist konvex.

(2) Die Hesse-Matrix lautet

$$\begin{aligned} f_x(\mathbf{x}) &= 4x^3 + 2x - 2y & f_y(\mathbf{x}) &= -2x + 2y \\ f_{xx}(\mathbf{x}) &= 12x^2 + 2 & f_{xy}(\mathbf{x}) &= -2 \\ f_{yx}(\mathbf{x}) &= -2 & f_{yy}(\mathbf{x}) &= 2 \end{aligned}$$

$$\mathbf{H}_f(\mathbf{x}) = \begin{pmatrix} 12x^2 + 2 & -2 \\ -2 & 2 \end{pmatrix}$$

(3) Die Hauptminoren der Hesse-Matrix sind

$$|\mathbf{H}_1| = 12x^2 + 2 > 0 \qquad |\mathbf{H}_2| = \det(\mathbf{H}_f(\mathbf{x})) = 24x^2 > 0$$

für alle $(x,y) \in \mathbb{R}^2$.

(4) Alle Hauptminoren sind größer Null für fast alle $\mathbf{x} \in D \quad \Rightarrow \quad f$ ist *konvex* in D.

Die Hesse-Matrix ist für fast alle $\mathbf{x} \in D$ positiv definit (und damit bereits positiv semidefinit). Die Berechnung aller allgemeinen Hauptminoren $|\tilde{\mathbf{H}}_k|$ ist daher in diesem Beispiel nicht notwendig.

BEISPIEL 14.3
Ist die Funktion[2] $f(x,y) = e^{-x^2-y^2}$ konkav oder konvex in $D = \{(x,y) \mid x^2 + y^2 \leq \frac{1}{2}\}$?

(1) D ist eine Kreisscheibe und daher konvex.

(2) Die Hesse-Matrix lautet

$$\begin{aligned} f_x(\mathbf{x}) &= -2x\,e^{-x^2-y^2} & f_y(\mathbf{x}) &= -2y\,e^{-x^2-y^2} \\ f_{xx}(\mathbf{x}) &= -2\,e^{-x^2-y^2} + 4x^2\,e^{-x^2-y^2} & f_{xy}(\mathbf{x}) &= 4xy\,e^{-x^2-y^2} \\ f_{yx}(\mathbf{x}) &= 4xy\,e^{-x^2-y^2} & f_{yy}(\mathbf{x}) &= -2\,e^{-x^2-y^2} + 4y^2\,e^{-x^2-y^2} \end{aligned}$$

$$\mathbf{H}_f(\mathbf{x}) = e^{-x^2-y^2} \cdot \begin{pmatrix} 4x^2 - 2 & 4xy \\ 4xy & 4y^2 - 2 \end{pmatrix}$$

(3) Die allgemeinen Hauptminoren der Hesse-Matrix sind

$|\tilde{\mathbf{H}}_1| = (4x^2 - 2)\,e^{-x^2-y^2} \leq 0 \qquad \text{und} \qquad (4y^2 - 2)\,e^{-x^2-y^2} \leq 0$

sowie $|\tilde{\mathbf{H}}_2| = (-8x^2 - 8y^2 + 4)\left(e^{-x^2-y^2}\right)^2 \geq 0$

für alle $(x,y) \in D$, da in D, $x^2 + y^2 \leq \frac{1}{2}$ und $\left(e^{-x^2-y^2}\right)^2 > 0$.

(4) Alle $|\tilde{\mathbf{H}}_1| \leq 0$ und $|\tilde{\mathbf{H}}_2| \geq 0$ für alle $\mathbf{x} \in D \quad \Rightarrow \quad f$ ist *konkav* in D.

BEISPIEL 14.4
Die Funktion in Beispiel 14.3 ist in $D = \mathbb{R}^n$ weder konvex noch konkav, da für alle (x,y) mit $x^2 + y^2 > \frac{1}{2}$ der zweite Hauptminor $|\mathbf{H}_2| < 0$ ist.

[2] ☞ Abb. 13.1 auf Seite 152

BEMERKUNG 14.5
Eine lineare Funktion $f(x_1,\ldots,x_n) = a_1 x_1 + \cdots + a_n x_n$ ist in ganz $\mathbb{R}^n$ konkav *und* konvex. Die Hesse-Matrix ist in diesem Fall immer die Nullmatrix und deren Eigenwerte und allgemeinen Hauptminoren sind immer 0, also sowohl ≥ 0 als auch ≤ 0.

14.2 Lokale Extrema

Zur Erinnerung (☞ §10.4 auf Seite 118):

DEFINITION 14.4 (LOKALES EXTREMUM)
$\mathbf{x}_0 \in D$ *heißt lokales Maximum der Funktion* $f\colon D \to \mathbb{R}$, *falls für alle* $\mathbf{x}$ *in einer* *Umgebung von* $\mathbf{x}_0$, $\{\mathbf{x} \in D \mid \|\mathbf{x}-\mathbf{x}_0\| < \varepsilon\}$, *gilt:* $f(\mathbf{x}) \leq f(\mathbf{x}_0)$.
$\mathbf{x}_0$ *heißt lokales Minimum, falls* $f(\mathbf{x}) \geq f(\mathbf{x}_0)$.

BEMERKUNG 14.6
Das Intervall $(x_0 - \varepsilon, x_0 + \varepsilon)$ in Definition 10.5 auf Seite 119 müssen wir jetzt durch eine Kreisscheibe mit Radius ε und Mittelpunkt $\mathbf{x}_0$, $\{\mathbf{x} \in D \mid \|\mathbf{x}-\mathbf{x}_0\| < \varepsilon\}$, ersetzen.

Für unsere (differenzierbaren) Funktionen eignet sich wieder die Differentialrechnung zur Bestimmung dieser lokalen Extremwerte.

14.2.1 Stationäre Punkte

Alle lokalen Extrema einer differenzierbaren Funktion sind stationäre Punkte.

DEFINITION 14.5 (STATIONÄRER PUNKT)
Ein Punkt $\mathbf{x}_0 = (x_1,\ldots,x_n) \in \mathbb{R}^n$ *heißt stationärer Punkt der Funktion* $f\colon \mathbb{R}^n \to \mathbb{R}$ *falls*

$$\nabla f(\mathbf{x}_0) = \mathbf{0}$$

Die stationären Punkte erhalten wir, indem wir zuerst alle ersten partiellen Ableitungen bilden, gleich Null setzen und das so entstandene Gleichungssystem lösen. Dieses Gleichungssystem ist im allgemeinen nicht linear.

BEISPIEL 14.5
Gesucht sind die lokalen Extrema der Funktion (☞ Abb. 14.2)

$$f(x,y) = \frac{1}{6}x^3 - x + \frac{1}{4}xy^2$$

Durch Nullsetzen aller ersten partiellen Ableitungen erhalten wir das Gleichungssystem[3]

$$\begin{array}{lllll} \text{(I)} & f_x & = & \frac{1}{2}x^2 - 1 + \frac{1}{4}y^2 & = 0 \\ \text{(II)} & f_y & = & \frac{1}{2}xy & = 0 \end{array}$$

[3]Dieses Gleichungssystemen ist *nicht linear*, ☞ §A.3.10, Seite 268

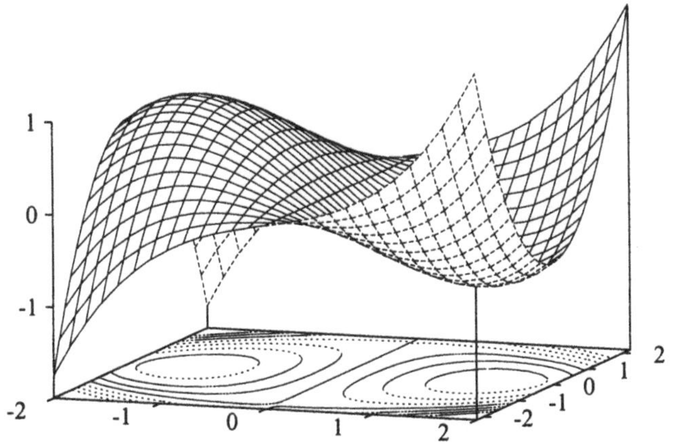

ABBILDUNG 14.2: Graph der Funktion $f(x, y) = \frac{1}{6}x^3 - x + \frac{1}{4}xy^2$

Aus (II) folgt $x = 0$ oder $y = 0$.

Durch Einsetzen in (I) erhalten wir daraus

$$\begin{array}{llll} x = 0 & \Rightarrow \; y^2 = 4 & \Rightarrow & y = \pm 2 \\ y = 0 & \Rightarrow \; x^2 = 2 & \Rightarrow & x = \pm\sqrt{2} \\ x = y = 0 & \Rightarrow \; 0 = 1 & \Rightarrow & \text{ein Widerspruch} \end{array}$$

Die stationären Punkte von f sind daher

$$\mathbf{p}_1 = (0, 2), \quad \mathbf{p}_2 = (0, -2), \quad \mathbf{p}_3 = (\sqrt{2}, 0) \quad \text{und} \quad \mathbf{p}_4 = (-\sqrt{2}, 0)$$

14.2.2 Die Hesse-Matrix

Die Bedingung $\nabla f(\mathbf{x}_0) = \mathbf{o}$ ist nur eine notwendige Bedinung für die Existenz eines lokalen Extremums, d.h. jedes lokale Extremum ist ein stationärer Punkt, aber nicht jeder stationäre Punkt ist ein lokales Extremum. Abbildung 14.3 zeigt die Graphen und Niveaulinien in der Nähe von verschiedenen stationären Punkten.

Differenzierbare Funktionen sind jedoch in der Nähe lokaler Minima (lokaler Maxima) *konvex* (*konkav*). Wir können daher die Hesse-Matrix (☞ Definition 14.3) zur Bestimmung der lokalen Extrema verwenden. Analog der 2. Ableitung bei Funktionen in einer Variablen (☞ §10.4.1, Seite 119) bekommen wir folgendes (hinreichendes) Kriterium:

Der stationäre Punkt $\mathbf{x}_0$ ist ein *lokales Minimum* (*lokales Maximum*), wenn die Hesse-Matrix *positiv* (*negativ*) definit ist.

Die Definitheit einer symmetrischen Matrix können wir mit Hilfe der Hauptminioren der Hesse-Matrix $\mathbf{H}_f(\mathbf{x})$ (☞ Tab. 7.2, Seite 77) bestimmen. Wir

lokales Maximum

lokales Minimum

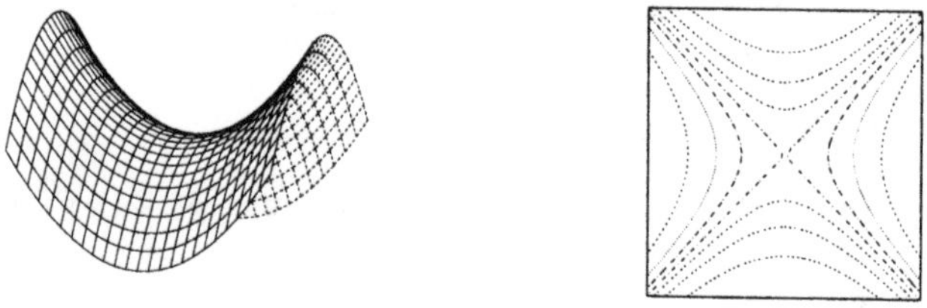

Sattelpunkt

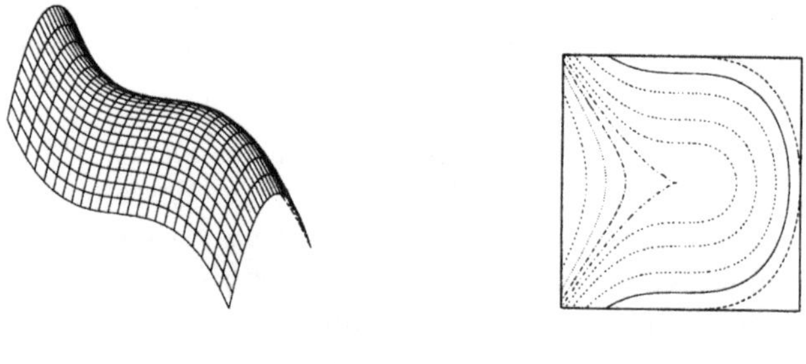

Stationärer Punkt höherer Ordnung

ABBILDUNG 14.3: Stationäre Punkte einer Funktion $f(x_1, x_2)$

erhalten dadurch folgende Vorgangsweise zur Charakterisierung eines *stationären Punktes* $\mathbf{x}_0$ einer Funktion $f(\mathbf{x})$:

(1) Berechne die Hesse-Matrix $\mathbf{H}_f(\mathbf{x}_0)$.

(2) Berechne die Hauptminoren[4] von $\mathbf{H}_f(\mathbf{x}_0)$:

$$|\mathbf{H}_k| = \begin{vmatrix} f_{x_1,x_1}(\mathbf{x}_0) & \dots & f_{x_1,x_k}(\mathbf{x}_0) \\ \vdots & \ddots & \vdots \\ f_{x_k,x_1}(\mathbf{x}_0) & \dots & f_{x_k,x_k}(\mathbf{x}_0) \end{vmatrix}$$

(3) (a) Alle Hauptminoren $|\mathbf{H}_k| > 0$
$\Rightarrow$ $\mathbf{x}_0$ ist ein *lokales Minimum* von f.

(b) Alle geraden Hauptminoren $|\mathbf{H}_2|, |\mathbf{H}_4|, \ldots > 0$, und alle ungeraden Hauptminoren $|\mathbf{H}_1|, |\mathbf{H}_3|, \ldots < 0$
$\Rightarrow$ $\mathbf{x}_0$ ist ein *lokales Maximum* von f.

(c) $\det(\mathbf{H}_f(\mathbf{x}_0)) \neq 0$ aber keine der Bedingungen (a) und (b) ist erfüllt
$\Rightarrow$ $\mathbf{x}_0$ ist ein *Sattelpunkt* von f.

(d) Andernfalls ist keine Aussage möglich[5], d.h. $\mathbf{x}_0$ kann ein lokales Extremum sein, muß aber nicht.

Im Falle einer Funktion $f(x_1, x_2)$ in *zwei* Variablen läßt sich (3) noch vereinfachen zu:

(3')
- $|\mathbf{H}_2| < 0$ $\Rightarrow$ $\mathbf{x}_0$ ist Sattelpunkt
- $|\mathbf{H}_2| > 0$ und $|\mathbf{H}_1| > 0$ $\Rightarrow$ $\mathbf{x}_0$ ist lokales Minimum
- $|\mathbf{H}_2| > 0$ und $|\mathbf{H}_1| < 0$ $\Rightarrow$ $\mathbf{x}_0$ ist lokales Maximum
- $|\mathbf{H}_2| = 0$ $\Rightarrow$ Keine Aussage möglich

BEMERKUNG 14.7
Wir können die stationären Punkte von f auch mit Hilfe der Eigenwerte der Hesse-Matrix charakterisieren (☞ Tab. 7.1, Seite 76).

BEISPIEL 14.5 (FORTSETZUNG)
(1) Die Hesse-Matrizen der Funktion $f(x,y) = \frac{1}{6}x^3 - x + \frac{1}{4}xy^2$ an den stationären Punkten sind:

$$\mathbf{H}_f(\mathbf{x}) = \begin{pmatrix} f_{xx}(\mathbf{x}) & f_{xy}(\mathbf{x}) \\ f_{yx}(\mathbf{x}) & f_{yy}(\mathbf{x}) \end{pmatrix} = \begin{pmatrix} x & \frac{1}{2}y \\ \frac{1}{2}y & \frac{1}{2}x \end{pmatrix}$$

$$\mathbf{H}_f(\mathbf{p}_1) = \begin{pmatrix} 0 & 1 \\ 1 & 0 \end{pmatrix} \qquad \mathbf{H}_f(\mathbf{p}_2) = \begin{pmatrix} 0 & -1 \\ -1 & 0 \end{pmatrix}$$

$$\mathbf{H}_f(\mathbf{p}_3) = \begin{pmatrix} \sqrt{2} & 0 \\ 0 & \frac{\sqrt{2}}{2} \end{pmatrix} \quad \mathbf{H}_f(\mathbf{p}_4) = \begin{pmatrix} -\sqrt{2} & 0 \\ 0 & -\frac{\sqrt{2}}{2} \end{pmatrix}$$

[4] ☞ Definition 7.5 auf Seite 76

[5] vgl. dazu den Fall $f''(x_0) = 0$ bei Funktionen in einer Variablen, ☞ §10.4.1, Seite 119ff

(2) Die Hauptminoren für $\mathbf{p}_1$ sind $|\mathbf{H}_1| = 0$ und $|\mathbf{H}_2| = \begin{vmatrix} 0 & 1 \\ 1 & 0 \end{vmatrix} = -1$.

Genauso erhalten wir für die Hauptminoren der anderen stationären Punkte:

$\mathbf{p}_2$: $|\mathbf{H}_1| = 0$ und $|\mathbf{H}_2| = -1$
$\mathbf{p}_3$: $|\mathbf{H}_1| = \sqrt{2}$ und $|\mathbf{H}_2| = 1$
$\mathbf{p}_4$: $|\mathbf{H}_1| = -\sqrt{2}$ und $|\mathbf{H}_2| = 1$

(3) $\mathbf{p}_1 = (0,2)$: $|\mathbf{H}_2| = -1 < 0$ $\Rightarrow$ Sattelpunkt
$\mathbf{p}_2 = (0,-2)$: $|\mathbf{H}_2| = -1 < 0$ $\Rightarrow$ Sattelpunkt
$\mathbf{p}_3 = (\sqrt{2},0)$: $|\mathbf{H}_2| = 1 > 0$, $|\mathbf{H}_1| = \sqrt{2} > 0$ $\Rightarrow$ lokales Minimum
$\mathbf{p}_4 = (\sqrt{2},0)$: $|\mathbf{H}_2| = 1 > 0$, $|\mathbf{H}_1| = -\sqrt{2} < 0$ $\Rightarrow$ lokales Maximum

BEISPIEL 14.6
Wir suchen die Extrema der Funktion $f(x_1, x_2, x_3) = (x_1 - 1)^2 + (x_2 + 2)^2 + (x_3 + 1)^2$

$$\nabla f = \begin{pmatrix} 2(x_1 - 1) \\ 2(x_2 + 2) \\ 2(x_3 + 1) \end{pmatrix} = \begin{pmatrix} 0 \\ 0 \\ 0 \end{pmatrix}$$

Der einzige stationäre Punkt ist $\mathbf{p} = (1, -2, -1)$.

$$\mathbf{H}_f(\mathbf{p}) = \begin{pmatrix} 2 & 0 & 0 \\ 0 & 2 & 0 \\ 0 & 0 & 2 \end{pmatrix}$$

Alle Hauptminoren sind positiv: $|\mathbf{H}_1| = 2$, $|\mathbf{H}_2| = 4$, $|\mathbf{H}_3| = 8$ $\Rightarrow$ $\mathbf{p}$ ist ein lokales Minimum.

BEMERKUNG 14.8
Unser Kriterium wird verständlicher, wenn wir die Taylorreihe einer Funktion $f(\mathbf{x})$ um einen stationären Punkt $\mathbf{x}_0$ betrachten. Nehmen wir an, der stationäre Punkt $\mathbf{x}_0 = \mathbf{o}$ ist ein lokales Minimum. Dann gilt $\nabla f(\mathbf{o}) = \mathbf{o}$ und[6]

$$f(\mathbf{x}) \approx f(\mathbf{o}) + \tfrac{1}{2}\mathbf{x}^t \cdot \mathbf{H}_f(\mathbf{o}) \cdot \mathbf{x} \geq f(\mathbf{o})$$

Die quadratische Form[7] muß daher positiv semidefinit sein

$$q_{\mathbf{H}_f(\mathbf{o})} = \mathbf{x}^t \cdot \mathbf{H}_f(\mathbf{o}) \cdot \mathbf{x} \geq 0$$

14.3 Globale Extrema

DEFINITION 14.6 (GLOBALES EXTREMUM)
$\mathbf{x}_0 \in D$ *heißt globales Maximum der Funktion* $f\colon D \to \mathbb{R}$, *falls für alle* $\mathbf{x}$ *im Definitionsbereich* D *gilt:* $f(\mathbf{x}) \leq f(\mathbf{x}_0)$.
$\mathbf{x}_0$ *heißt globales Minimum, falls* $f(\mathbf{x}) \geq f(\mathbf{x}_0)$.

[6] ☞ §13.6, Seite 161
[7] ☞ §7.6, Seite 74

Die Berechnung globaler Extremwerte von Funktionen in mehr als einer Variablen ist im allgemeinen sehr schwierig. Wir wollen hier nur folgenden Spezialfall behandeln:

Sei f eine *konvexe* (*konkave*) Funktion und $\mathbf{x}_0$ ein stationärer Punkt von f, dann ist $\mathbf{x}_0$ ein globales Minimum (globales Maximum).

BEISPIEL 14.7
Die Funktion $f(x_1, x_2, x_3) = (x_1 - 1)^2 + (x_2 + 2)^2 + (x_3 + 1)^2$ aus Beispiel 14.6 ist konvex, da alle Hauptminoren größer 0 für *alle* $\mathbf{x} \in \mathbb{R}^3$ sind. Daher ist $\mathbf{p} = (1, -2, -1)$ ein globales Minimum von f.

BEMERKUNG 14.9
In diesem Beispiel ist zu beachten, daß die Hesse-Matrix für alle $\mathbf{x}$ untersucht werden muß (Wir suchen ja das globale Minimum). Zur Bestimmung eines lokalen Extremums genügt es hingegen die Hesse-Matrix an der Stelle des stationären Punktes auszuwerten.

Bildlich gesprochen: Um festzustellen, daß wir auf dem Gipfel eines Berges (lokales Maximum) stehen, reicht es vollkommen, wenn wir sehen, daß es rundherum bergab geht. Um festzustellen, daß wir auf dem höchsten Berg (globales Maximum) stehen, müssen wir schon die ganze Erde in unsere Beobachtungen mit einbeziehen.

BEMERKUNG 14.10
Das Extremum ist sogar eindeutig, wenn die Funktion *streng* konvex oder *streng* konkav ist.

Eine Funktion $f(\mathbf{x})$ ist streng konvex, wenn

$$f(h\mathbf{x} + (1-h)\mathbf{y}) < h f(\mathbf{x}) + (1-h) f(\mathbf{y})$$

für alle $\mathbf{x}, \mathbf{y} \in D$, $\mathbf{x} \neq \mathbf{y}$ und alle $h \in (0, 1)$.
Analog heißt eine Funktion streng konkav, wenn

$$f(h\mathbf{x} + (1-h)\mathbf{y}) > h f(\mathbf{x}) + (1-h) f(\mathbf{y})$$

für alle $\mathbf{x}, \mathbf{y} \in D$, $\mathbf{x} \neq \mathbf{y}$ und alle $h \in (0, 1)$ (vgl. Definition 14.2).

Eine differenzierbare Funktion ist *streng konvex* (*streng konkav*), wenn die Hesse-Matrix *positiv definit* (*negativ definit*) in D (bis auf endlich viele Punkte) ist (☞ §7.6, vgl. §14.1.2).

BEISPIEL 14.7 (FORTSETZUNG)
Die Funktion $f(x_1, x_2, x_3) = (x_1 - 1)^2 + (x_2 + 2)^2 + (x_3 + 1)^2$ ist streng konvex, da alle Hauptminoren größer 0 für alle $\mathbf{x} \in \mathbb{R}^3 \setminus \{\mathbf{o}\}$ sind. Daher ist $\mathbf{p} = (1, -2, -1)$ das einzige globale Minimum von f.

BEMERKUNG 14.11
In §17 wird eine Verallgemeinerung dieses Satzes behandelt. In §16 werden wird ein Verfahren zur Lösung von linearen Optimierungsproblemen kennenlernen.

Übungen

119. Berechnen Sie die stationären Punkte folgender Funktionen und stellen Sie mit Hilfe der Hesse-Matrix fest, ob es sich dabei um (lokale) Maxima, Minima oder Sattelpunkte handelt.

(a) $f(x,y) = -x^2 + xy + y^2$ (b) $f(x,y) = \frac{1}{x}\ln(x) - y^2 + 1$

(c) $f(x,y) = 100(y-x^2)^2+(1-x)^2$ (d) $f(x,y) = e^{-x^2-y^2} \cdot e^{2x}$

120. Gegeben ist die Funktion

$$f(x_1, x_2) = 3x_1 + 4x_2 - e^{x_1} - e^{x_2}$$

(a) Berechnen Sie die lokalen Optima der Funktion.

(b) Stellen Sie das Krümmungsverhalten der Funktion fest.

(c) Berechnen Sie die globalen Extrema der Funktion.

121. Berechnen Sie alle stationären Punkte der folgenden Funktionen und stellen Sie fest ob es sich dabei um lokale Maxima, Minima oder Sattelpunkte handelt. Was können Sie über das Krümmungsverhalten dieser Funktionen sagen?

(a) $f(x_1,x_2,x_3) = (x_1^3-x_1)x_2+x_3^2$ (b) $f(x_1,x_2) = \frac{1}{3}x^3 - x + y^2$

122. (Preisdiskiminierung)
Angenommen eine monopolistische Firma produziert ein Gut und beliefert drei Märkte. Die Nachfragefunktionen in diesen Märkten seien

$$p_1 = 63 - 4q_1, \qquad p_2 = 105 - 5q_2 \qquad \text{und} \qquad p_3 = 75 - 6q_3.$$

Dabei ist p_i der Preis und q_i die abgesetzte Menge im Markt i. Der Gesamtumsatz R der Firma ergibt sich aus den drei Einzelumsätzen:

$$R = R_1 + R_2 + R_3 = p_1 q_1 + p_2 q_2 + p_3 q_3.$$

Die Produktionskosten C seien unabhängig vom jeweiligen Markt:

$$C = 20 + 15q = 20 + 15(q_1 + q_2 + q_3).$$

Die Firma möchte ihren Gewinn $R - C$ maximieren. Berechnen Sie die optimale Gesamtproduktion und den Umsatz in den einzelnen Märkten.

15

Lagrange-Multiplikatoren

Wir wollen nun eine Funktion unter Berücksichtigung von Nebenbedingungen optimieren, wobei diese Nebenbedingungen durch *Gleichungen* beschrieben werden.

15.1 Eine graphische Methode

Wir suchen die lokalen Extrema einer Funktion $f(x_1, x_2)$ unter der Bedingung, daß $g(x_1, x_2) = c$.

BEISPIEL 15.1
Wir suchen die lokalen Extrema von $f(x, y) = x^2 + 2y^2$ unter der Nebenbedingung $g(x, y) = x + y = 3$.

BEMERKUNG 15.1
In diesem (einfachen) Fall könnten wir ganz einfach y durch x ausdrücken: $y = 3 - x$. Wir müßten dann nur mehr die Extrema einer Funktion in einer Variable ohne Nebenbedingungen finden. Aber was machen wir falls die Nebenbedingung $g(x, y) = x^4 y + x^2 y^2 - x y^3 + 3 = 0$ lautet? Diese Vorgangsweise ist daher meistens nicht brauchbar oder überhaupt nicht möglich.

Ein anderer Ansatz wäre, das Problem graphisch zu lösen (☞ Abb. 15.1):

(1) Wir zeichnen die Nebenbedingung $g(x_1, x_2) = c$ in der $x_1 x_2$-Ebene ein.

(2) Wir zeichnen „geeignete" Isoquanten (Niveaulinien) der zu optimierenden Funktion $f(x_1, x_2)$ ein.

(3) Wir untersuchen an Hand der Zeichnung, welche Isoquanten von der Nebenbedingung geschitten werden und bestimmen so die ungefähre Lage des Optimums.

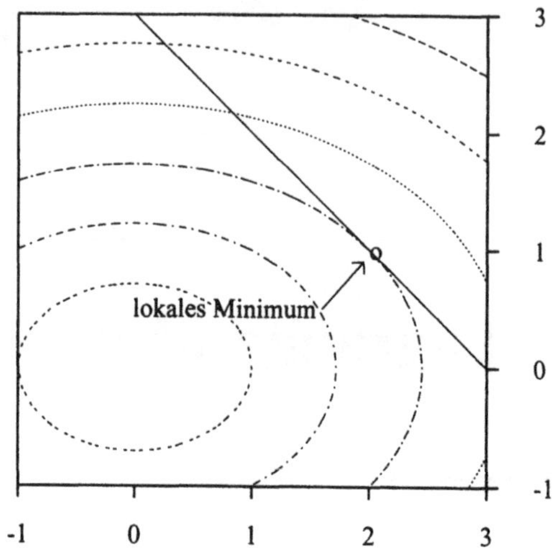

ABBILDUNG 15.1: Isoquanten von $f(x, y) = x^2 + 2y^2$ (Ellispen) und der Nebenbedingung $g(x, y) = x + y = 3$ (Gerade).

BEISPIEL 15.1 (FORTSETZUNG)
Der Funktionswert $f(\mathbf{x})$ ist um so größer, je weiter $\mathbf{x}$ vom Ursprung $\mathbf{o}$ entfernt ist. Wenn wir daher $\mathbf{x}$ entlang der Geraden ($g(x, y) = 3$) in Abbildung 15.1 von rechts oben nach links unten verschieben, dann nimmt der Funktionswert von f zuerst ab — wir erkennen das an den Schnitten mit den Isoquanten — und dann wieder zu. Das lokale Minimum liegt daher bei (ungefähr) $\mathbf{x}_0 = (2, 1)$.

Der Vorteil, dieser Methode ist natürlich, daß wir sofort die ungefähre Lage der Extrema sehen, und daß wir auch erkennen können, ob es sich dabei um Maxima oder Minima handelt.
Der Nachteil ist, daß wir die genaue Lage der gesuchten Optima nur erahnen können. Außerdem eignet sich diese Methode nur für Funktionen in zwei Variablen.

15.2 Die Lagrange-Funktion

Wir können aus Abbildung 15.1 erkennen, daß das Minimum in einem Punkt $\mathbf{x}_0$ angenommen wird, wo die Gerade der Nebenbedingung eine Isoquante berührt (aber nicht schneidet). Gerade und Isoquante sind in diesem Punkt sozusagen parallel. Da der Gradient einer Funktion immer normal auf die Isoquanten stehen (☞ Bemerkung 13.6, Seite 154), müssen in diesem Punkt auch $\nabla f(\mathbf{x}_0)$ und $\nabla g(\mathbf{x}_0)$ „parallel“ sein, d.h.

$$\nabla f(\mathbf{x}_0) = \lambda \nabla g(\mathbf{x}_0)$$

wobei $\lambda \in \mathbb{R}$ eine (zunächst unbekannte) Proportionalitätskonstante ist. Da unser stationärer Punkt $\mathbf{x}_0$ auch die Nebenbedingung erfüllen muß, erhalten wir folgende (notwendige) Bedingung:

$$\begin{aligned} f_{x_1}(\mathbf{x}_0) &= \lambda\, g_{x_1}(\mathbf{x}_0) \\ f_{x_2}(\mathbf{x}_0) &= \lambda\, g_{x_2}(\mathbf{x}_0) \\ c - g(\mathbf{x}_0) &= 0 \end{aligned}$$

Wir erzeugen uns aus f, g und einer Hilfsvariable λ eine neue Funktion, die **Lagrange-Funktion**[1]

$$\boxed{L(x_1, x_2; \lambda) = f(x_1, x_2) + \lambda\,(c - g(x_1, x_2))}$$

Die Hilfsvariable λ heißt **Lagrange-Multiplikator**.

Wenn die Nebenbedingung erfüllt ist (d.h. $g(x, y) = c$), so stimmen f und L überein. Die stationären Punkte der Lagrange-Funktion erfüllen gerade obige Bedingungen, d.h. sie sind die gesuchten stationären Punkte der Funktion f unter der Nebenbedingung $g(x, y) = c$:

$$\begin{aligned} L_{x_1} &= f_{x_1} - \lambda g_{x_1} = 0 \\ L_{x_2} &= f_{x_2} - \lambda g_{x_2} = 0 \\ L_\lambda &= c - g(x_1, x_2) = 0 \end{aligned}$$

BEISPIEL 15.2
Wir suchen die stationären Punkte von $f(x, y) = x^2 + 2y^2$ unter der Nebenbedingung $g(x, y) = x + y = 3$.

Die Lagrange-Funktion lautet: $L(x, y; \lambda) = (x^2 + 2y^2) + \lambda\,(3 - x - y)$
Die stationären Punkte von L erhalten wir durch Nullsetzen der ersten partiellen Ableitungen[2]:

$$\begin{aligned} L_x &= 2x - \lambda = 0 \\ L_y &= 4y - \lambda = 0 \\ L_\lambda &= 3 - x - y = 0 \end{aligned}$$

Dieses (lineare) Gleichungssystem hat die Lösung[3]: $x = 2$, $y = 1$ und $\lambda = 4$.
Der einzige stationäre Punkt von f unter der Bedingung $g(x, y) = 3$ ist somit $\mathbf{x}_0 = (2, 1)$.

BEMERKUNG 15.2
Im allgemeinen sind die zu lösenden Gleichungssysteme nicht linear (☞ §A.3.10 auf Seite 268).

---

[1] JOSEPH LOUIS LAGRANGE, 1736–1813
[2] ☞ §14.2.1, Seite 168
[3] mittels Gaußschem Eliminationsverfahren, ☞ §3.3, Seite 17

Für den allgemeinen Fall mit n Variablen und k Nebenbedingungen lautet das Problem:

$$\begin{array}{rl} \text{Maximiere/Minimiere} & f(x_1, \ldots, x_n) \\ \text{unter den Nebenbedingungen} & g_1(x_1, \ldots, x_n) = c_1 \\ & \ldots\ldots\ldots\ldots \\ & g_k(x_1, \ldots, x_n) = c_k \end{array}$$

Die Lagrange-Funktion lautet

$$L(x_1, \ldots, x_n; \lambda_1, \ldots, \lambda_k) = f(x_1, \ldots, x_n) + \sum_{i=1}^{k} \lambda_i \left(c_i - g_i(x_1, \ldots, x_n)\right)$$

Zur Berechnung der stationären Punkte einer Funktion unter Nebenbedingungen eignet sich folgendes Schema:

(1) Wir stellen die Lagrange-Funktion L auf.

(2) Wir berechnen die ersten partiellen Ableitungen von L.

(3) Wir setzen alle ersten partiellen Ableitungen gleich Null und lösen das so entstandene Gleichungssystem mit $n+k$ Unbekannten in $n+k$ Gleichungen.

(4) Die Lösungen sind $(n+k)$-dimensionale Vektoren $(x_1, \ldots, x_n; \lambda_1, \ldots, \lambda_k)$. Die ersten n Komponenten $(x_1, \ldots, x_n)$ so einer Lösung ergibt dann einen stationären Punkt.

BEISPIEL 15.3
Wir suchen die stationären Punkte von $f(x_1, x_2, x_3) = (x_1 - 1)^2 + (x_2 - 2)^2 + 2x_3^2$ unter den Nebenbedingungen $x_1 + 2x_2 = 2$ und $x_2 - x_3 = 3$.

Die Lagrange-Funktion lautet:

$$L(x_1, x_2, x_3; \lambda_1, \lambda_2) = ((x_1-1)^2 + (x_2-2)^2 + 2x_3^2) + \lambda_1 (2 - x_1 - 2x_2) + \lambda_2 (3 - x_2 + x_3)$$

Die stationären Punkte von L erhalten wir durch Nullsetzen der ersten partiellen Ableitungen:

$$\begin{array}{lcl} L_{x_1} &=& 2(x_1 - 1) - \lambda_1 &=& 0 \\ L_{x_2} &=& 2(x_2 - 2) - 2\lambda_1 - \lambda_2 &=& 0 \\ L_{x_3} &=& 4x_3 + \lambda_2 &=& 0 \\ L_{\lambda_1} &=& 2 - x_1 - 2x_2 &=& 0 \\ L_{\lambda_2} &=& 3 - x_2 + x_3 &=& 0 \end{array}$$

Dieses (lineare) Gleichungssystem hat die Lösung[4]: $x_1 = -\frac{6}{7}$, $x_2 = \frac{10}{7}$, $x_3 = -\frac{11}{7}$, $\lambda_1 = -\frac{26}{7}$ und $\lambda_2 = \frac{44}{7}$. Der einzige stationäre Punkt von f unter den Nebenbedingungen ist somit $\mathbf{x}_0 = (-\frac{6}{7}, \frac{10}{7}, -\frac{11}{7})$.

[4]mittels Gaußschem Eliminationsverfahren, ☞ §3.3, Seite 17

15.2.1 Eine Interpretation der Lagrange-Multiplikatoren

Was passiert mit dem Funktionswert $f(x, y)$ im Optimum, wenn wir in der Nebenbedingung $g(x, y) = c$ die Konstante c ändern?

Fassen wir die Lagrange-Funktion

$$L = f(x, y) + \lambda\,(c - g(x, y))$$

als Funktion von c auf, und differenzieren nach c:

$$\frac{dL}{dc} = \lambda$$

Wenn die Nebenbedigung erfüllt ist, gilt $c - g(x, y) = 0$ und somit $L(x, y; \lambda) = f(x, y)$. Der Lagrangemultiplikator λ gibt also an, um wieviel sich der Funktionswert von f im Optimum (ungefähr) ändert, wenn wir die Konstante in der Nebenbedingung variieren[5].

15.3 Die geränderte Hesse-Matrix

Im Falle einer Funktion in zwei Variablen können wir graphisch feststellen, ob es sich bei den stationären Punkten, die wir mit Hilfe der Lagrange-Funktion finden können, um Extrema handelt (vgl. §15.1). Das ist aber nicht immer möglich, und funktioniert für Funktionen in mehreren Variablen überhaupt nicht.

Zur Untersuchung der stationären Punkte können wir die **geränderte Hesse-Matrix** verwenden. Sie lautet für Funktionen in zwei Variablen und einer Nebenbedingung

$$\bar{\mathbf{H}}(\mathbf{x}) = \begin{pmatrix} 0 & g_{x_1}(\mathbf{x}) & g_{x_2}(\mathbf{x}) \\ g_{x_1}(\mathbf{x}) & L_{x_1x_1}(\mathbf{x}) & L_{x_1x_2}(\mathbf{x}) \\ g_{x_2}(\mathbf{x}) & L_{x_2x_1}(\mathbf{x}) & L_{x_2x_2}(\mathbf{x}) \end{pmatrix}$$

Ein stationärer Punkt $\mathbf{x}_0$ von f unter der Bedingung $g(x_1, x_2) = c$ ist ein

- lokales *Maximum*, wenn $|\bar{\mathbf{H}}(\mathbf{x}_0)| > 0$ und ein
- lokales *Minimum*, wenn $|\bar{\mathbf{H}}(\mathbf{x}_0)| < 0$.
- Wenn $|\bar{\mathbf{H}}(\mathbf{x}_0)| = 0$, dann kann keine Aussage gemacht werden.

BEISPIEL 15.4
Wir suchen die lokalen Extrema von $f(x, y) = x^2 + 2y^2$ unter der Nebenbedingung $g(x, y) = x + y = 3$.

---

[5] Diese „Herleitung" ist allerdings stark vereinfacht.

Der einzige stationäre Punkt von f unter der Nebenbedingung $g(x, y) = 3$ ist $x_0 = (2, 1)$ (☞ Beispiel 15.2). Die geränderte Hesse-Matrix an der Stelle x_0 lautet

$$\bar{H} = \begin{pmatrix} 0 & 1 & 1 \\ 1 & 2 & 0 \\ 1 & 0 & 4 \end{pmatrix}$$

Die Determinante der geränderten Hesse-Matrix ist $|\bar{H}| = -6$
$\Rightarrow$ $x_0 = (2, 1)$ ist ein lokales Minimum von f unter der Nebenbedingung.

BEMERKUNG 15.3
Der allgemeine Fall mit n Variablen und k Nebenbedingungen wird hier nicht behandelt.

BEMERKUNG 15.4
Wir haben uns in diesem Kapitel nur mit lokalen Extremwerten beschäftigt. Das globale Optimierungsproblem ist zu komplex und wird hier nicht behandelt.

Übungen

123. Gesucht sind die (lokalen) Extrema von $f(x, y) = x^2 y$ unter der Nebenbedingung $x + y = 3$.

(a) Lösen Sie das Optimierungsproblem graphisch.

(b) Berechnen Sie die stationären Punkte.

(c) Stellen Sie mit Hilfe der geränderten Hesse-Matrix fest, ob es sich dabei um Maxima oder Minima handelt.

124. Bestimmen Sie die stationären Punkte der Funktion $f(x_1, x_2, x_3) = \frac{1}{3}(x_1 - 3)^3 + x_2 x_3$ unter den Nebenbedingungen $x_1 + x_2 = 4$ und $x_1 + x_3 = 5$.

125. Ein Haushalt hat ein Einkommen von m Schillingen zur Verfügung und kann davon zwei Güter 1 und 2 kaufen. Die Preise dieser Güter sind p_1 und p_2. Es gilt also

$$p_1 x_1 + p_2 x_2 = m$$

wobei x_1 und x_2 die Stückzahlen der Güter bezeichnen.

Wie entscheidet sich der Haushalt zwischen den beiden Gütern? Er optimiert seinen Nutzen $u(x_1, x_2)$.

(a) Berechnen Sie das Optimum am Beispiel der Nutzenfunktion

$$u(x_1, x_2) = \alpha \ln(x_1) + (1 - \alpha) \ln(x_2)$$

($\alpha \in (0, 1)$ ist dabei ein Parameter.)

(b) Was passiert, wenn sich der Preis von Gut 1 ändert?

(c) Was passiert, wenn sich das Einkommen ändert? Wie ändert sich der Nutzen im Optimum?

16

Lineare Optimierung
Der Simplex-Algorithmus

Alles soll immer sehr schnell gehen, aber schließlich kommt es doch so, daß das Schnelle immer am längsten dauert.

Leo N. Tolstoi (1817–1875)
»Krieg und Frieden«

16.1 Was ist lineare Optimierung?

16.1.1 Ein Beispiel

Die Toys&Joys Ges.m.b.H. erzeugt Nachziehenten und Spielzeugeisenbahnen aus Holz. Eine Nachziehente kann um 27 GE[1] verkauft werden. Die Materialkosten pro Ente betragen 10 GE, sonstige variable Kosten 14 GE. Der Verkaufspreis für die Eisenbahn beträgt 21 GE, die Materialkosten und sonstigen variablen Kosten pro Eisenbahn betragen 9 GE bzw. 10 GE.

Bei der Produktion sind zwei Arbeitsgänge notwendig: *Lackieren* und *Montieren* der Einzelteile. Das Lackieren der Teile einer Ente benötigt 2 Stunden, die Montage 1 Stunde. Für die Eisenbahn werden jeweils 1 Stunde benötigt.

Jede Woche können beliebig viele Rohmaterialien verbraucht werden. Für das Lackieren stehen allerdings pro Woche nur 100 Stunden, für die Montage höchstens 80 Stunden zur Verfügung. Außerdem ist die Nachfrage nach Nachziehenten mit 40 Stück pro Woche begrenzt.

Wir suchen ein Produktionsprogramm, daß den wöchentlichen Gewinn maximiert (*optimiert*).

[1] = Geldeinheiten

Zur mathematischen Formulierung dieses Problems definieren wir zwei Variable:

$$\begin{aligned} x_1 &= \text{Anzahl an produzierten Nachziehenten pro Woche} \\ x_2 &= \text{Anzahl an produzierten Holzeisenbahnen pro Woche} \end{aligned}$$

Der Gewinn der Firma ist

$$\textit{Gewinn} = \textit{Verkaufserlös} - \textit{Materialkosten} - \textit{sonstige variable Kosten}$$

und hängt von der Produktion ab:

$$z(x_1, x_2) = (27\,x_1 + 21\,x_2) - (10\,x_1 + 9\,x_2) - (14\,x_1 + 10\,x_2) = 3\,x_1 + 2\,x_2$$

Diese Gewinnfunktion muß nun optimiert werden. Wir müssen dabei aber noch die *Nebenbedingungen* beachten.
Die Gesamtzeit für das Lackieren für x_1 Stück produzierte Nachziehenten und x_2 Stück produzierte Holzeisenbahnen beträgt $2 \cdot x_1 + 1 \cdot x_2$ Stunden und darf die Kapazität von 100 Stunden nicht überschreiten:

$$2\,x_1 + x_2 \leq 100$$

Genauso haben wir für die Montage höchstens 80 Stunden zur Verfügung:

$$x_1 + x_2 \leq 80$$

Zuletzt müssen wir noch beachten, daß wir nicht mehr produzieren als verkauft werden kann:

$$x_1 \leq 40$$

Außerdem gilt (Wir produzieren ja keine negativen Güter): $x_1, x_2 \geq 0$

Wir können unser Problem zusammenfassen:

$$\begin{aligned} z(x_1, x_2) = 3\,x_1 + 2\,x_2 &\longrightarrow \max \\ 2\,x_1 + x_2 &\leq 100 \\ x_1 + x_2 &\leq 80 \\ x_1 &\leq 40 \\ x_1,\, x_2 &\geq 0 \end{aligned}$$

BEMERKUNG 16.1
Das Formulieren des linearen Optimierungsproblems ist oft schwieriger als deren Lösung.

16.1.2 Das lineare Optimierungsproblem

Ein lineares Optimierungsproblem (kurz: LP[2]) hat im allgemeinen die Form

$$
\begin{array}{rrcl}
 & z(x_1, x_2, \ldots, x_n) = b_1\, x_1 + \cdots + b_n\, x_n & \to & \max / \min \\
\text{NB:} & a_{1,1}\, x_1 + a_{1,2}\, x_2 + \cdots + a_{1,n}\, x_n & \leq & c_1 \\
 & a_{2,1}\, x_1 + a_{2,2}\, x_2 + \cdots + a_{2,n}\, x_n & \leq & c_2 \\
 & \cdots\cdots\cdots\cdots\cdots\cdots & & \\
 & a_{m,1}\, x_1 + a_{m,2}\, x_2 + \cdots + a_{m,n}\, x_n & \leq & c_m
\end{array}
$$

wobei statt der „$\leq$" auch „$\geq$" und „=" Zeichen auftreten können.
Die zu optimierende lineare Funktion $z(x_1, x_2, \ldots, x_n)$ heißt die **Zielfunktion** des linearen Optimierungsproblems. Die **Nebenbedingungen** können entweder Ungleichungen („$\leq$" oder „$\geq$") oder Gleichungen („=") sein. Die Menge aller Punkte, die alle Nebenbedingungen erfüllen, heißt der **zulässige Bereich**. Alle Terme sind linear.

Unsere Aufgabe ist es, das Optimum von z zu suchen, unter der Voraussetzung, daß alle Nebenbedingungen erfüllt sind.

16.2 Ein graphisches Verfahren

BEISPIEL 16.1
Wir wollen das lineare Optimierungsproblem aus §16.1.1 lösen.

Wir interpretieren die Zahlenpaare (x_1, x_2) als Punkte der xy-Ebene und gehen folgendermaßen vor:

(1) Wir zeichnen den zulässigen Bereich.

(2) Wir zeichnen eine Isoniveaulinie (Isoquante[3]).

(3) (a) Parallelverschieben der Isoniveaulinie *in* Richtung des Gradienten bis zum Maximum.

(b) Parallelverschieben der Isoniveaulinie *entgegen* der Richtung des Gradienten bis zum Minimum.

(4) Wir berechnen die exakten Koordinaten des Optimums.

[2] LP = *linear programming*
[3] ☞ §13.1, Seite 151ff

16.2.1 Der zulässige Bereich

- Jede Gleichung beschreibt eine Gerade in der xy-Ebene.
- Jede Ungleichung beschreibt eine Halbebene in der xy-Ebene. Den Rand dieser Halbebene erhalten wir aus der Ungleichung, wenn wir das „$\leq$"- oder „$\geq$"- Zeichen durch das „$=$"-Zeichen ersetzen. Diese Gerade teilt den $\mathbb{R}^2$ in zwei Halbebenen. Die gesuchte Halbebene erhalten wir durch durch Einsetzen eines Testpunkts in die Ungleichung.

BEISPIEL 16.1 (FORTSETZUNG)
Der Rand der Halbebene $2x_1 + x_2 \leq 100$ ist gegeben durch $2x_1 + x_2 = 100$. Da $2 \cdot 0 + 0 < 100$ eine wahre Aussage ist, gehört der Ursprung zur gesuchten Halbebene. Diese Halbebene ist daher der ganze Bereich links unterhalb der Begrenzungsgerade (☞ Abb. 16.1, linke Seite).

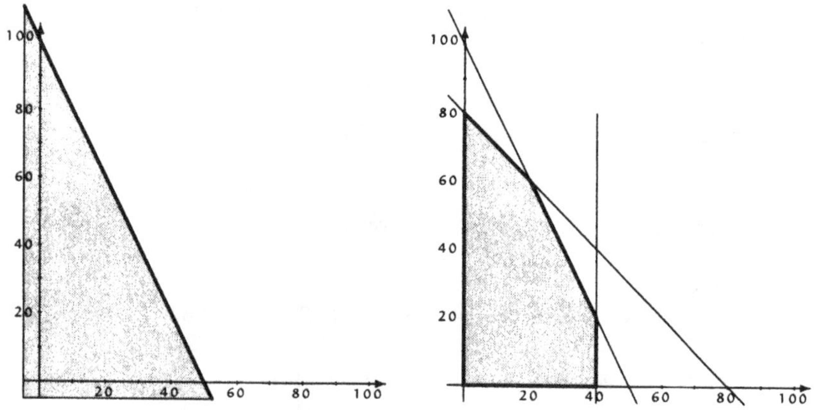

ABBILDUNG 16.1: Einzeichnen des zulässigen Bereichs

- Durch den Durchschnitt aller Geraden und Halbebenen erhalten wir die Menge aller Punkte, die alle Nebenbedingungen (alle Gleichungen und Ungleichungen) erfüllen, d.h. den *zulässigen Bereich* unseren linearen Optimierungsproblems.

BEISPIEL 16.1 (FORTSETZUNG)
Der Durchschnitt aller Ungleichungen ist eine konvexe Menge (☞ Abb. 16.1, rechts, der zulässige Bereich ist schattiert).

16.2.2 Die Isoniveaulinie

Die *Isoniveaulinie* (*Isoquante*) ist die Menge aller Punkte (x_1, x_2), für die die Zielfunktion $z(x_1, x_2)$ einen konstanten Wert c annimmt (☞ §13.1).

BEISPIEL 16.1 (FORTSETZUNG)
Isoniveaulinie unserer Zielfunktion $z(x_1, x_2) = 3x_1 + 2x_2$ für (☞ Abb. 16.2, links)

$$\begin{array}{llll} c = 0: & 3x_1 + 2x_2 = 0 & \Rightarrow & x_2 = -\frac{3}{2}x_1 \\ c = 60: & 3x_1 + 2x_2 = 60 & \Rightarrow & x_2 = 30 - \frac{3}{2}x_1 \\ c = 120: & 3x_1 + 2x_2 = 120 & \Rightarrow & x_2 = 60 - \frac{3}{2}x_1 \end{array}$$

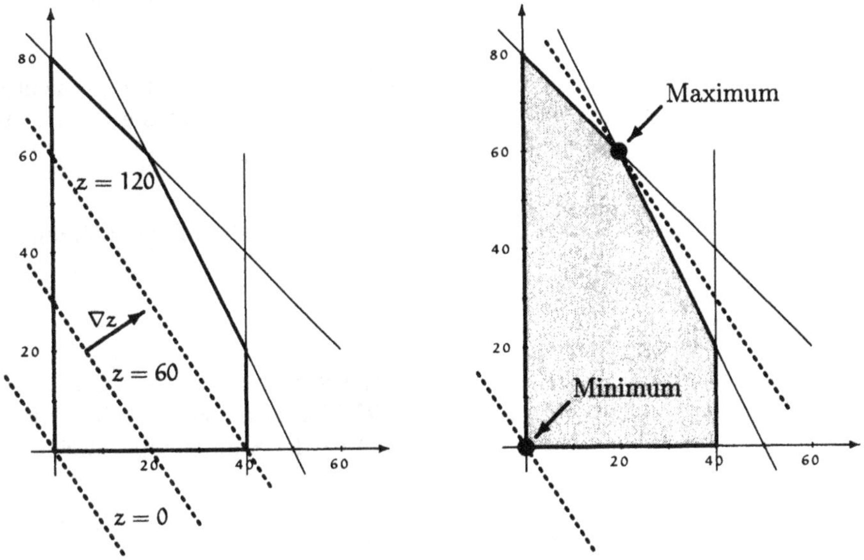

ABBILDUNG 16.2: Isoniveaulinien der Zielfunktion

Alle Isoquanten sind parallele Geraden.

- Es genügt daher eine Isoniveaulinie, z.B. für $c = 0$, zu zeichnen. Alle anderen Isoquanten erhalten wir durch Parallelverschieben.

16.2.3 Parallelverschieben

Wenn wir eine Isoniveaulinie in Richtung des Gradienten[4] ∇z verschieben, dann erhöht sich der Zielfunktionswert (☞ Abb. 16.2, links).

BEMERKUNG 16.2
Der Gradient einer Zielfunktion $z(x_1, x_2) = a_1 x_1 + a_2 x_2$ ist gleich $\nabla z = \begin{pmatrix} a_1 \\ a_2 \end{pmatrix}$ und steht normal auf die Isoniveaulinie. In unserem Beispiel ist $\nabla z = \begin{pmatrix} 3 \\ 2 \end{pmatrix}$.

[4] ☞ §13.2.2, Seite 154

Um das *Maximum* zu finden, suchen wir nun eine Isoniveaulinie mit größtmöglichem Zielfunktionswert, die den zulässigen Bereich schneidet.

- Eine gezeichnete Isoniveaulinie wird solange in Richtung des Gradienten parallelverschoben, bis der Rand des zulässigen Bereichs erreicht wird
  $\Rightarrow$ Maximum.

BEMERKUNG 16.3
Bei einem Weiterverschieben würde keine der weiteren Isoniveaulinien den zulässigen Bereich schneiden. Wir haben daher das Maximum gefunden.

- Die Isoniveaulinie wird solange *entgegen* der Richtung des Gradienten parallelverschoben, bis der Rand des zulässigen Bereichs erreicht wird
  $\Rightarrow$ Minimum.

BEISPIEL 16.1 (FORTSETZUNG)
Das Maximum unseres linearen Optimierungsproblems liegt im Punkt $(20, 60)$, das Minimum im Ursprung (☞ Abb. 16.2, rechts).

16.2.4 Die Lösung

Aus der Zeichnung können wir ablesen, daß das Maximum entweder in einem Punkt oder in einer Strecke (☞ Beispiel 16.2) angenommen wird. Dieser Punkt (bzw. die Endpunkte dieser Strecke) ist der Schnittpunkt zweier Begrenzungsgeraden.

- Die (exakte) Lösung wird durch den Schnitt der aus der Zeichnung ersichtlichen Begrenzungsgeraden berechnet.

BEISPIEL 16.1 (FORTSETZUNG)
In unserem Beispiel liegt das Maximum im Schnittpunkt der Geraden $2x_1+x_2 = 100$ und $x_1 + x_2 = 80$. Mittels Gaußschem Eliminationsverfahren erhalten wir für das gesuchte Maximum $x_1 = 20$ und $x_2 = 60$.

BEMERKUNG 16.4
Die Berechnung der (exakten) Koordinaten des Optimums ist notwendig, da die Zeichnung immer mit einer gewissen Ungenauigkeit behaftet ist, und das Ergebnis in realen Problemen meist nicht ganzzahlig ist.

16.2.5 Lösbarkeit eines linearen Optimierungsproblems

Unser lineares Optimierungsproblem im Beispiel 16.1 hatte eine eindeutige Lösung. Wir haben bereits erwähnt, daß das nicht immer der Fall ist. Folgende Fälle sind möglich:

- Es gibt genau eine Lösung (☞ Abb. 16.2, rechts).
- Es gibt unendlich viele Lösungen (☞ Abb. 16.3, links).

- Der zulässige Bereich ist **unbeschränkt**, es gibt keine Lösung (☞ Abb. 16.3, mitte).
- Der zulässige Bereich ist leer, d.h. es gibt keinen Punkt der alle Nebenbedingungen erfüllt (☞ Abb. 16.3, rechts).

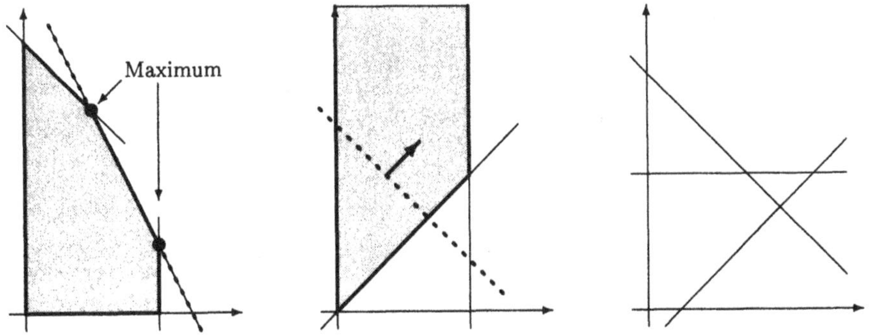

ABBILDUNG 16.3

BEISPIEL 16.2
Wenn wir in unserem Optimierungsproblem in §16.1.1, $z(x_1, x_2) = 2x_1 + x_2$ als Zielfunktion wählen, dann sind die Niveaulinien parallel zu der Begrenzungsgerade $2x_1+x_2 = 80$ des zulässigen Bereichs. Das Maximum wird dann in allen Punkten auf der Verbindungsstrecke zwischen den Punkten $(20, 60)$ und $(40, 20)$ angenommen (☞ Abb. 16.3, links).

BEISPIEL 16.3
Das lineare Optimierungsproblem

$$z(x_1, x_2) = x_1 + x_2 \quad \longrightarrow \quad \max$$

$$x_1 \leq 40, \qquad x_1 - x_2 \leq 0, \qquad x_1, x_2 \geq 0$$

hat keine Lösung, da der zulässige Bereich unbeschränkt ist (☞ Abb. 16.3, mitte). (Das Minimum von z existiert aber und liegt im Ursprung!)

BEISPIEL 16.4
Der zulässige Bereich des linearen Optimierungsproblems

$$z(x_1, x_2) = x_1 + x_2 \quad \longrightarrow \quad \max$$

$$x_1 + x_2 \leq 70, \qquad x_1 - x_2 \geq 10, \qquad x_2 \geq 40, \qquad x_1, x_2 \geq 0$$

ist leer (☞ Abb. 16.3, rechts).

16.2.6 Bemerkung über die graphische Methode

Der Vorteil der graphischen Methode liegt in der Einfachheit des Verfahrens. Sie läßt sich auch auf *nicht-lineare* Optimierungsprobleme in zwei Variablen erweitern (☞ §15.1 und §17.1).

Dieses Verfahren eignet sich jedoch nur für zwei Variable.

16.3 Der Simplex-Algorithmus — Die Idee

Wir wollen die Idee des Simplexalgorithmus anhand des linearen Optimierungsproblems aus §16.1.1 erläutern. Das „Kochrezept" wird im nächsten Kapitel (☞ §16.4) beschrieben.

$$
\begin{aligned}
z(x_1, x_2) = 3x_1 + 2x_2 \quad &\longrightarrow \quad \max \\
2x_1 + x_2 \quad &\leq \quad 100 \\
x_1 + x_2 \quad &\leq \quad 80 \\
x_1 \quad &\leq \quad 40 \\
x_1, x_2 \quad &\geq \quad 0
\end{aligned}
$$

16.3.1 Schlupfvariable

Für die Behandlung von Ungleichungssystemen haben wir noch kein geeignetes Werkzeug kennengelernt. Wir können aber diese Ungleichungen durch das Einfügen von je einer zusätzlichen Variablen s_i („Schlupfvariable") in Gleichungen überführen:

$$
\begin{array}{rcccccccccl}
2x_1 & + & x_2 & + & s_1 & & & & & = & 100 \\
x_1 & + & x_2 & & & + & s_2 & & & = & 80 \\
x_1 & & & & & & & + & s_3 & = & 40
\end{array}
$$

Eine Schlupfvariable ist genau dann gleich Null, wenn der Punkt (x_1, x_2) auf dem Rand der entsprechenden Halbebene liegt.

Die Schlupfvariable s_i ist genau dann ≥ 0, falls die entsprechende Nebenbedingung erfüllt ist, und < 0 falls nicht. Z.B. liegt der Punkt $(15, 40)$ im zulässigen Bereich, die Schlupfvariablen lauten $s_1 = 30$, $s_2 = 25$ und $s_3 = 25$ (☞ Abb. 16.4, Seite 191, Punkt Z). Der Punkt $(30, 90)$ erfüllt nur die dritte Nebenbedingung. Daher sind die ersten beiden Schlupfvariablen negativ: $s_1 = -50$, $s_2 = -40$, $s_3 = 10$ (☞ Abb. 16.4, Punkt N).

Der zulässige Bereich des linearen Optimierungsproblems läßt sich daher beschreiben als die Menge aller Lösungen $(x_1, x_2; s_1, s_2, s_3)$ dieses *linearen Gleichungssystems* mit $x_j \geq 0$ und $s_i \geq 0$ (Nichtnegativitätsbedingung).

Mit dem Gaußschen Eliminationsverfahren (☞ §3.3) steht uns bereits eine Methode zur Behandlung des linearen Gleichungssystems zur Verfügung.

BEMERKUNG 16.5
Die Schlupfvariablen lassen sich in unserem Beispiel als „*freie Kapazitäten*“ interpretieren. So gibt etwa s_1 an, wieviele Stunden Kapazität zum Lackieren noch frei verfügbar sind, wenn wir x_1 Stück Nachziehenten und x_2 Stück Holzeisenbahnen produzieren.

16.3.2 Basislösungen

Vom graphischen Verfahren in §16.2 wissen wir bereits, daß der zulässige Bereich eine konvexe[5] Menge — ein sogenanntes *Polygon*[6] — ist (☞ Abb. 16.1, rechts). Ein Optimum, falls ein solches existiert, liegt dabei immer in einem Eckpunkt dieses Polygons (☞ Abb. 16.2, rechts), auch dann, wenn es unendlich viele Lösungen gibt (☞ Abb. 16.3, links).

Die Eckpunkte des zulässigen Bereichs sind die Schnittpunkte der Begrenzungsgeraden. In diesen Schnittpunkten sind immer zwei der fünf Variablen x_1, x_2, s_1, s_2 und s_3 gleich Null (☞ Abb. 16.4). Derartige Lösungen des linearen Gleichungssystems heißen *Basislösungen.*

Eine **Basislösung** ist eine Lösung des linearen Gleichungssystems, in dem zwei Variable gleich 0 gesetzt sind. (Im Falle von n Variablen $x_1, \dots, x_n$ und m Nebenbedingungen werden n der Variablen $x_1, \dots, x_n; s_1, \dots, s_m$ gleich 0 gesetzt.) Eine Basislösung, die die Nichtnegativitätsbedingung[7] erfüllt, heißt **zulässige Basislösung**.

Unsere Aufgabe besteht nun darin, aus allen zulässigen Basislösungen des linearen Gleichungssystems jene zu ermitteln, in der die Zielfunktion den größten Wert annimmt.

BEMERKUNG 16.6 (NAIVE METHODE)
Eine naive Methode besteht darin, zuerst alle Basislösungen zu berechnen, dann zu überprüfen, welche Basislösungen die Nichtnegativitätsbedingung erfüllen, und anschließend für alle zulässigen Basislösungen die Zielfunktion auszuwerten.

Im Falle von n Variablen x_i und m Ungleichungen gibt es allerdings nach den Gesetzen der Kombinatorik[8]

$$\binom{n+m}{n} = \frac{(n+m)!}{m!\,n!}$$

[5] ☞ §14.1.1 auf Seite 164

[6] im Falle von drei oder mehr Variablen heißt das entsprechende Gebilde *Polyeder*. Polyeder sind z.B. Würfel, Quader, Tetraeder, Pyramide

[7] nicht jede Basislösung erfüllt die Nichtnegativitätsbedingung. In unserem Beispiel ist $(80, 0; -60, 0, -40)$ eine Basislösung, da das lineare Gleichungssystem gelöst wird und zwei Variablen gleich 0 sind. Sie ist jedoch nicht zulässig, da s_1 und s_3 negativ sind (☞ Abb. 16.4, Seite 191, Punkt B_2).

[8] Wenn aus einer Menge von N Elementen k ausgewählt werden sollen, und dabei die Reihenfolge der ausgewählten Elemente *nicht* beachtet wird, dann gibt es dafür $\binom{N}{k}$ Möglichkeiten. Der Binomialkoeffizient wird auf Seite 254 erläutert.

viele Basislösungen. Für jede Basislösung muß ein lineares Gleichungssystem mit m Unbekannten gelöst werden.

z.B.: 9 Variable, 12 Ungleichungen $\Rightarrow$ $\binom{21}{9} = 293\,930$ Basislösungen

Die Methode ist daher für große lineare Optimierungsprobleme nicht geeignet.

16.3.3 Der Algorithmus

Eine zulässige Basislösung läßt sich sofort aus unserem linearen Gleichungssystem ablesen: $x_1 = 0$, $x_2 = 0$, $s_1 = 100$, $s_2 = 80$ und $s_3 = 40$, d.h. der Punkt $(0, 0; 100, 80, 40)$.

Die Idee des **Simplex-Algorithmus** ist es nun, von dieser zulässigen Basislösung ausgehend durch geeignetes Umformen des Gleichungssystems von Eckpunkt zu Eckpunkt voranzuschreiten (☞ Abb. 16.4), wobei

- wir die neue zulässige Basislösung leicht ablesen können,
- der Wert der Zielfunktion verbessert wird,
- wir überprüfen können, ob das Optimum erreicht ist, und
- das Verfahren nicht zu langsam ist.

16.3.4 Das Simplextableau

Wir schreiben das lineare Gleichungssystem in Matrixform an, wobei wir auch z als Variable auffassen und die Zielfunktion, in Form der *Gleichung*

$$z - 3x_1 - 2x_2 = 0,$$

als letzte Zeile hinzufügen. Wir erhalten dadurch das sogenannte **Anfangs-Simplex-Tableau**[9]:

z	x_1	x_2	s_1	s_2	s_3	
0	2	1	1	0	0	100
0	1	1	0	1	0	80
0	1	0	0	0	1	40
1	−3	−2	0	0	0	0

Wenn wir in diesem Tableau die Variablen x_1 und x_2 gleich Null setzen, dann reduziert sich das lineare Gleichungssystem zu

z	s_1	s_2	s_3	
0	1	0	0	100
0	0	1	0	80
0	0	0	1	40
1	0	0	0	0

[9]Wie beim Gaußschen Eliminationsverfahren (☞ §3.3 auf Seite 17) sind die senkrechten und horizontalen Striche nur eine Lesehilfe.

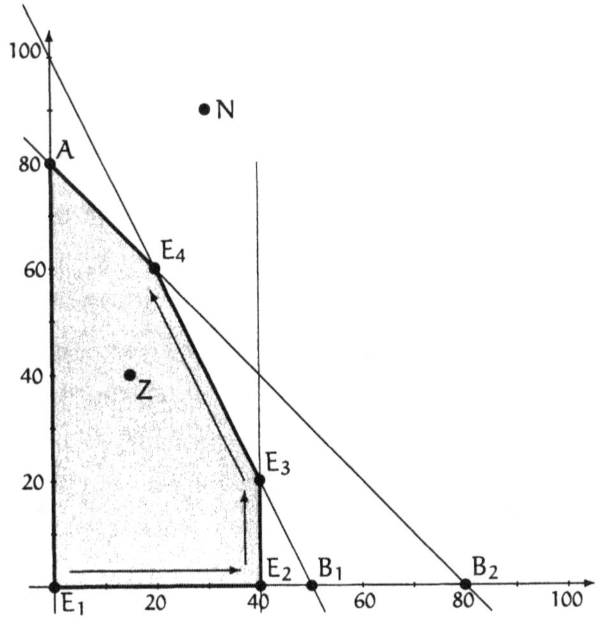

ABBILDUNG 16.4

Die Spalten sind jetzt linear unabhängig[10] und enthalten nur Einheitsvektoren[11]. Wir können daher die Variablen s_1, s_2, s_3 und z sofort aus dem Tableau ablesen. Diese Variablen (außer z) heißen **Basisvariablen**. Wir bezeichnen die anderen Variablen als „*Nichtbasisvariable*". Wir erhalten daher aus diesem Tableau leicht die zulässige Basislösung $(0, 0; 100, 80, 40)$, i.e. der Punkt E_1 in Abbildung 16.4.

16.3.5 Umformen des Tableaus — Pivotschritte

Wir wählen nun eine der Nichtbasisvariablen — x_1 oder x_2 — aus und formen das Tableau mittels der Methodik des Gaußschen Eliminationsverfahrens[12] so um, daß die entsprechende Spalte (*Pivotspalte*) zum Einheitsvektor wird. D.h. wir machen aus einer Nichtbasisvariable eine Basisvariable[13]. Dabei soll aber gewährleistet sein, daß wir aus dem neuem Tableau wiederum leicht eine zulässige Basislösung erhalten, deren Zielfunktionswert besser als im

[10]☞ §4.5.1, Seite 32
[11]☞ §4.1.1, Seite 23
[12]☞ Tab. 3.1
[13]Umgekehrt wird dabei aus einer Basisvariable eine Nichtbasisvariable. Die Anzahl an Basisvariablen bleibt dabei unverändert.

Anfangstableau ist. Vorgangsweise:

(1) Wir wählen als **Pivotspalte** immer die Spalte mit dem kleinsten Eintrag in der Zielfunktionszeile[14].

(2) Wir bilden die Quotienten aus den Konstanten in der Spalte ganz rechts und den entsprechenden Einträgen in der Pivotspalte. Die Zeile[15] mit dem ***kleinsten nichtnegativen*** Quotienten wählen wir als **Pivotzeile**. Das Element in der Pivotspalte und Pivotzeile heißt **Pivotelement**.

(3) Wir dividieren die Pivotzeile durch das Pivotelement und subtrahieren von jeder anderen Zeile ein geeignetes Vielfaches der Pivotzeile[16] sodaß die entsprechenden Komponenten in der Pivotspalte gleich 0 werden (**Pivotschritt**).

BEMERKUNG 16.7
Verwenden Sie bitte keine anderen Umformungsschritte, die nach dem Gaußschen Eliminationsverfahren erlaubt wären. Sie sind für den Simplex-Algorithmus hinderlich.

Für unser Maximierungsproblem erhalten wir (das Pivotelement ist hervorgehoben):

z	x_1	x_2	s_1	s_2	s_3		Quotient
0	2	1	1	0	0	100	$\frac{100}{2}$
0	1	1	0	1	0	80	80
0	**[1]**	0	0	0	1	40	40
1	−3	−2	0	0	0	0	

$$Z1 \leftarrow Z1 - 2 \times Z3, \quad Z2 \leftarrow Z2 - Z3, \quad ZFZ \leftarrow ZFZ + 3 \times Z3$$

z	x_1	x_2	s_1	s_2	s_3	
0	0	1	1	0	−2	20
0	0	1	0	1	−1	40
0	1	0	0	0	1	40
1	0	−2	0	0	3	120

Die Basisvariablen des neuen Tableaus lauten x_1, s_1 und s_3, die neue zulässige Basislösung $(40, 0; 20, 40, 0)$, d.i. der Punkt E_2 in Abbildung 16.4. Der Zielfunktionswert ist $z = 120$.

Durch einen Pivotschritt gelangen wir zu einem benachbarten Eckpunkt des zulässigen Bereichs, in dem der Zielfunktionswert verbessert wird.

BEMERKUNG 16.8
Dieses Optimierungsproblem wird in Beispiel 16.6 auf Seite 198 gelöst.

[14] d.h. in der Zeile, die z enthält. In unserem Tableau ist das die letzte Zeile.
[15] dabei spielt natürlich die Zielfunktionszeile nicht mit.
[16] hier darf nur die *Pivotzeile* und keine andere Zeile verwendet werden!

16.3.6 Auswahl der Pivotspalte

In unserem Beispiel hat jeder Eckpunkt des zulässigen Bereichs zwei Eckpunkte als Nachbarn (☞ Abb. 16.4). Durch die Wahl der neuen Basisvariable (der Pivotspalte) können wir bestimmen, in welchem Eckpunkt wir im nächsten Pivotschritt landen. Wir haben uns für die Variable x_1 entschieden und sind deshalb im Punkt $E_2 = (40, 0)$ angelangt. Bei der Wahl von x_2 wären wir im Punkt $A = (0, 80)$ gelandet. Beim zweiten Pivotschritten haben wir wieder die Wahl zwischen der Variable s_3 ($\rightarrow E_1$) und der Variable x_2 ($\rightarrow E_3$). Mit Hilfe der Zielfunktionszeile können wir leicht feststellen, welche der beiden Variablen wir wählen sollten.

Im zweiten Tableau lautete die Zielfunktionszeile

$$z - 2x_2 + 3s_3 = 120 \qquad \Leftrightarrow \qquad z = 120 + 2x_2 - 3s_3$$

Im Anfangstableau und im zweiten Tableau enthält die Zielfunktion nur Nichtbasisvariable (die 0 gesetzt werden). Die Zielfunktion ist also für die zweite Basislösung $(40, 0; 20, 40, 0)$ gleich 120. Wenn wir nun x_2 als Pivotspalte für den nächsten Pivotschritt wählen, dann muß die Zielfunktion größer werden, da ja wegen der Nichtnegativitätsbedingung $x_2 \geq 0$ ist. D.h. wir machen einen Schritt in Richtung Maximum. Wenn wir hingegen s_3 als Pivotspalte wählen, dann wird der Zielfunktionswert kleiner, da ja s_3 ebenfalls ≥ 0 ist. Wir wählen daher für das Maximierungsproblem als Pivotspalte immer die Spalte mit dem kleinsten („negativsten“) Eintrag in der Zielfunktionszeile.

BEMERKUNG 16.9
Es ist wichtig, eine Spalte mit negativem Eintrag in der Zielfunktionszeile zu wählen. Der kleinste Eintrag wird gewählt, da er den schnellsten Weg zum Maximum verspricht. (Wie wir in Abbildung 16.4 sehen, wird dieses Versprechen nicht immer gehalten. Hier sind drei Pivotschritte notwendig bis das Maximum in E_4 erreicht wird: $E_1 \rightarrow E_2 \rightarrow E_3 \rightarrow E_4$. Der andere Weg benötigt hingegen nur zwei Schritte: $E_1 \rightarrow A \rightarrow E_4$.)

16.3.7 Optimale Basislösung

Wenn alle Einträge in der Zielfunktionszeile nichtnegativ sind (z.B. $z + s_1 + s_2 = 180 \quad \Leftrightarrow \quad z = 180 - s_1 - s_2$), dann wird *jeder* Pivotschritt die Zielfunktion wieder verkleinern. D.h. wir haben dann das Maximum erreicht und können die optimale Basislösung aus dem Tableau ablesen.

16.3.8 Auswahl der Pivotzeile

In unserem Beispiel haben wir (laut Algorithmus) die dritte Zeile als Pivotzeile „ausgewählt“. Was passiert aber, wenn wir stattdessen die erste oder zweite Zeile als Pivotzeile verwenden?

z	x_1	x_2	s_1	s_2	s_3	
0	1	$\frac{1}{2}$	$\frac{1}{2}$	0	0	50
0	0	$\frac{1}{2}$	$-\frac{1}{2}$	1	0	30
0	0	$-\frac{1}{2}$	$-\frac{1}{2}$	0	1	−10
1	0	$-\frac{1}{2}$	$\frac{3}{2}$	0	0	150

z	x_1	x_2	s_1	s_2	s_3	
0	0	−1	1	−2	0	−60
0	1	1	0	1	0	80
0	0	−1	0	−1	1	−40
1	0	1	0	3	0	240

In beiden Fällen erhalten wir aus dem Tableau keine zulässige Basislösung, nämlich $(50, 0; 0, 30, -10)$ bzw. $(80, 0; -60, 0, -40)$, d.s. die Punkte B_1 und B_2 in Abbildung 16.4. Unser Auswahlverfahren gewährleistet also, daß wir nicht „zu weit" in Richtung der x_1-Achse gehen.

16.3.9 Anmerkung

Das hier beschriebene Tableau heißt auch das *erweiterte Simplex-Tableau.* Eine äquivalente Form des Simplex-Algorithmus (mit dem „*kleinen Simplex-Tableau*") verwendet ein Tableau ohne die Spalten für die Basisvariablen.

16.4 Der Standard-Simplex-Algorithmus

16.4.1 Aufstellen des Anfangs-Simplex-Tableaus
Die Standardform

In unserem Beispiel in §16.1.1 werden alle Nebenbedingungen durch „≤"-Ungleichungen beschrieben. Durch Addieren von Schlupfvariablen haben wir diese Ungleichungen in ein lineares Gleichungssystem, der **Standardform**, übergeführt.

Im allgemeinen Fall, wenn nicht alle Nebenbedingungen als „≤"-Ungleichungen vorliegen und nicht alle Variable die Nichtnegativitätsbedingung erfüllen erhalten wir die *Standardform* auf folgende Weise:

(1) Wir bringen alle Konstanten auf die rechte Seite und (durch Multiplikation[17] mit -1, falls notwendig) auf positives Vorzeichen.

(2) Wir ersetzen jede Gleichung („="-Zeile) durch ein Paar von „≤"- und „≥"-Zeilen.

(3) Jede „≤"-Ungleichung bringen wir durch *Addition* einer Schlupfvariablen in Gleichungsform.

(4) Jede „≥"-Ungleichung (außer die Nichtnegativitätsbedingungen!) bringen wir durch Subtraktion einer Schlupfvariablen in Gleichungsform.

[17] Achtung! Bei der Multiplikation mit -1 dreht sich die Richtung des Ungleichheitszeichens um, ☞ §A.4, Seite 270

(5) Jede Variable x_j, die nicht die Nichtnegativitätsbedingung erfüllt, stellen wir als Differenz[18] zweier Variablen x_j' und x_j'' dar,

$$x_j = x_j' - x_j''$$

und fügen die Nichtnegativitätsbedingungen $x_j', x_j'' \geq 0$ dazu.

(6) Wir fassen auch z als Variable auf und fügen die zu optimierende Funktion in Form der Gleichung

$$z - b_1 x_1 - \cdots - b_n x_n = 0$$

als letzte Zeile (*Zielfunktionszeile*) in unser lineares Gleichungssystem und bringen dieses in Matrixform (Simplex-Tableau).

BEISPIEL 16.5
Wir bringen das folgende lineare Optimierungsproblem auf Standardform und stellen das Anfangs-Simplex-Tableau auf:

$$\begin{array}{rcl} z(x_1, x_2, x_3) = 2x_1 - 5x_2 + x_3 & \longrightarrow & \text{min} \\ 2x_1 + x_2 & \leq & 100 \\ -x_1 + 2x_2 + 2x_3 & \leq & -90 \\ x_1 + x_2 - x_3 & \geq & 80 \\ x_1 + 4x_3 & = & 40 \\ x_1, x_2 & \geq & 0 \end{array}$$

(1) Wir multiplizieren die zweite Ungleichung mit −1:

$$\begin{array}{rcl} z = 2x_1 - 5x_2 + x_3 & \longrightarrow & \text{min} \\ 2x_1 + x_2 & \leq & 100 \\ x_1 - 2x_2 - 2x_3 & \geq & 90 \\ x_1 + x_2 - x_3 & \geq & 80 \\ x_1 + 4x_3 & = & 40 \\ x_1, x_2 & \geq & 0 \end{array}$$

(2) Wir ersetzen die Gleichung („="-Zeile) durch ein Paar von „≤"- und „≥"-Zeilen.

$$\begin{array}{rcl} z = 2x_1 - 5x_2 + x_3 & \longrightarrow & \text{min} \\ 2x_1 + x_2 & \leq & 100 \\ x_1 - 2x_2 - 2x_3 & \geq & 90 \\ x_1 + x_2 - x_3 & \geq & 80 \\ x_1 + 4x_3 & \leq & 40 \\ x_1 + 4x_3 & \geq & 40 \\ x_1, x_2 & \geq & 0 \end{array}$$

[18] Jede reelle Zahl läßt sich als Differenz zweier nichtnegativer Zahlen darstellen. Z.B.: $5 = 5 - 0 = 8 - 3 = \ldots$ oder $-3 = 0 - 3 = 1 - 4 = \ldots$

(3) und (4). Durch Addition (erste und vierte Ungleichung) und Subtraktion (zweite, dritte und fünfte Ungleichung) von Schlupfvariablen bringen wir die Ungleichungen in Gleichungsform:

$$
\begin{array}{rcl}
 & z = 2x_1 - 5x_2 + x_3 \longrightarrow & \min \\
2x_1 + x_2 + s_1 & = & 100 \\
x_1 - 2x_2 - 2x_3 - s_2 & = & 90 \\
x_1 + x_2 - x_3 - s_3 & = & 80 \\
x_1 + 4x_3 + s_4 & = & 40 \\
x_1 + 4x_3 - s_5 & = & 40 \\
x_1, x_2, s_1, s_2, s_3 & \geq & 0
\end{array}
$$

(5) Da x_3 nicht die Nichtnegativitätsbedingung erfüllt, ersetzen wir x_3 durch

$$x_3 = x_3' - x_3''$$

$$
\begin{array}{rcl}
 & z = 2x_1 - 5x_2 + x_3' - x_3'' \longrightarrow & \min \\
2x_1 + x_2 + s_1 & = & 100 \\
x_1 - 2x_2 - 2x_3' + 2x_3'' - s_2 & = & 90 \\
x_1 + x_2 - x_3' + x_3'' - s_3 & = & 80 \\
x_1 + 4x_3' - 4x_3'' + s_4 & = & 40 \\
x_1 + 4x_3' - 4x_3'' - s_5 & = & 40 \\
x_1, x_2, x_3', x_3'', s_1, s_2, s_3 & \geq & 0
\end{array}
$$

(6) Wir fügen noch die Zielfunktion in Form der Gleichung

$$z - 2x_1 + 5x_2 - x_3' + x_3'' = 0$$

zu unserem Gleichungssystem. Das Anfangs-Simplex-Tableau lautet daher:

z	x_1	x_2	x_3'	x_3''	s_1	s_2	s_3	s_4	s_5	
0	2	1	0	0	1	0	0	0	0	100
0	1	−2	−2	2	0	−1	0	0	0	90
0	1	1	−1	1	0	0	−1	0	0	80
0	1	0	4	−4	0	0	0	1	0	40
0	1	0	4	−4	0	0	0	0	−1	40
1	−2	5	−1	1	0	0	0	0	0	0

Die entsprechende Basislösung lautet $(0,0,0,0;100,-90,-80,40,-40)$. Diese Basislösung ist aber nicht zulässig (dieser Fall wird in §16.4.2 behandelt).

16.4.2 Das Standard-Maximierungsproblem

Ein Standard-Maximierungsproblem liegt vor, wenn die Basislösung des Anfangs-Simplex-Tableaus zulässig ist. (Das ist meist eine Basislösung mit $x_1 = x_2 = \ldots = x_n = 0$, d.h. der Ursprung liegt im zulässigen Bereich.)

In diesem Fall können wir unser Maximierungsproblem durch die in Tabelle 16.1 beschriebene Vorgangsweise lösen.

TABELLE 16.1

Standard-Simplex-Algorithmus
(Maximierung)

(1) Aufstellen des Anfangs-Simplex-Tableaus (☞ §16.4.1).

(2) Startpunkt: Basislösung nicht zulässig ⇒ Zwei-Phasen-Simplex-Algorithmus (☞ Tab. 16.3, Seite 205).

---

(3) Optimalitätstest: Alle Koeffizienten in der Zielfunktionszeile (außer in Konstantenspalte) sind ≥ 0 ⇒ **fertig**

(4) Pivotspalte: *kleinster* Eintrag in Zielfunktionszeile.

(5) Lösbarbeitstest: Alle Einträge in Pivotspalte (außer in der Zielfunktionszeile) ≤ 0 ⇒ **unbeschränkt**

(6) Pivotzeile: kleinster nichtnegativer Quotient aus Konstante und Koeffizient in Pivotspalte (Zielfunktionszeile spielt nicht mit).

(7) Pivotschritt: Forme Tableau so um, daß Pivotelement $\rightarrow 1$, alle anderen Koeffizienten in Pivotspalte $\rightarrow 0$:

- Wir dividieren die Pivotzeile durch das Pivotelement.
- Wir subtrahieren von jeder anderen Zeile ein geeignetes Vielfaches der Pivotzeile, sodaß die entsprechenden Komponenten in der Pivotspalte gleich 0 werden.

(8) Gehe zu Schritt (3).

---

(9) Die optimale zulässige Basislösung erhalten wir, wenn wir im letzten Tableau alle Variable, in deren Spalten nicht der Einheitsvektor steht, gleich 0 setzten, und die Basisvariable sowie den Zielfunktionswert aus dem Tableau ablesen.

BEMERKUNG 16.10
Wenn wir das in Tabelle 16.1 beschriebene Verfahren einhalten, dann bleiben alle Konstanten in der rechten Spalte des Tableaus *immer nichtnegativ.*

BEMERKUNG 16.11
Die Bedeutung von Punkt (5) in Tabelle 16.1 wird aus §16.6.3 auf Seite 208 ersichtlich.

BEISPIEL 16.6
Wir wollen das lineare Optimierungsproblem aus §16.1.1 auf Seite 181 lösen. Das Anfangs-Simplex-Tableau lautet (Die Pivotelemente sind durch Einrahmen hervorgehoben. ZFZ = Zielfunktionszeile):

z	x_1	x_2	s_1	s_2	s_3		Quotient
0	2	1	1	0	0	100	$\frac{100}{2}$
0	1	1	0	1	0	80	80
0	**[1]**	0	0	0	1	40	40
1	−3	−2	0	0	0	0	

Die Basislösung $(x_1, x_2; s_1, s_2, s_3) = (0, 0; 100, 80, 40)$ ist zulässig. Wir können daher das Standardverfahren verwenden.

$$Z1 \leftarrow Z1 - 2 \times Z3, \quad Z2 \leftarrow Z2 - Z3, \quad ZFZ \leftarrow ZFZ + 3 \times Z3$$

z	x_1	x_2	s_1	s_2	s_3		
0	0	**[1]**	1	0	−2	20	20
0	0	1	0	1	−1	40	40
0	1	0	0	0	1	40	–
1	0	−2	0	0	3	120	

$$Z2 \leftarrow Z2 - Z1, \quad ZFZ \leftarrow ZFZ + 2 \times Z2$$

z	x_1	x_2	s_1	s_2	s_3		
0	0	1	1	0	−2	20	–
0	0	0	−1	1	**[1]**	20	20
0	1	0	0	0	1	40	40
1	0	0	2	0	−1	160	

$$Z1 \leftarrow Z1 + 2 \times Z2, \quad Z3 \leftarrow Z3 - Z2, \quad ZFZ \leftarrow ZFZ + Z2$$

z	x_1	x_2	s_1	s_2	s_3	
0	0	1	−1	2	0	60
0	0	0	−1	1	1	20
0	1	0	1	−1	0	20
1	0	0	1	1	0	180

Im letzten Tableau sind alle Komponenten in der Zielfunktionszeile ≥ 0. Wir haben das Maximum erreicht.

Die maximale zulässige Basislösung erhalten wir nun, wenn wir alle Variablen, deren Spalten keine Einheitsvektoren sind (s_1 und s_2), gleich 0 setzen. Die anderen Variablen lassen sich dann leicht[19] aus dem Tableau ablesen: $x_1 = 20$, $x_2 = 60$ und $s_3 = 20$. Die zulässige Basislösung lautet daher $(20, 60; 0, 0, 20)$. Das Maximum liegt somit im Punkt $(20, 60)$. Aus der Zielfunktionszeile erhalten wir den optimalen Zielfunktionswert: $z_{\max} = 180$.

BEMERKUNG 16.12
Wir könnten für jedes Tableau die entsprechende Basislösung ausrechnen. Wir erhalten für die einzelnen Tableaus: $(0, 0; 100, 80, 40)$, $(40, 0; 20, 40, 0)$, $(40, 20; 0, 20, 0)$ und $(20, 60; 0, 0, 20)$. Das sind die Punkte E_1, E_2, E_3 und E_4 in Abbildung 16.4 auf Seite 191.

16.4.3 Das Standard-Minimierungsproblem

Das Standard-Minimierungsproblem ist vollkommen analog zu §16.4.2 zu lösen. Wir müssen nun aber entgegen der Richtung des Gradienten wandern. Daraus ergibt sich eine *Änderung* der in Tabelle 16.1 beschriebenen Vorgangsweise in den Punkten (3) und (4), ☞ Tab. 16.2. (Alle anderen Punkte sind identisch!).

TABELLE 16.2: Standard-Simplex-Algorithmus

Minimierung

Änderung gegenüber dem Maximierungsverfahren in Tabelle 16.1. (Alle anderen Punkte des Verfahrens sind mit dem Maximierungsverfahren identisch!)

(3') Optimalitätstest: Alle Koeffizienten (außer z und Konstante) in der Zielfunktionszeile sind $\leq 0 \quad \Rightarrow$ fertig

(4') Pivotspalte: *größter* Eintrag in Zielfunktionszeile.

BEISPIEL 16.7
Wir wollen das folgende Minimierungsproblem lösen:

$$\begin{aligned} z(x_1, x_2, x_3) = 3x_1 + 2x_2 + 4x_3 + 10 &\rightarrow \min \\ x_1 - x_2 + x_3 &\leq 3 \\ -x_1 + 2x_3 &\geq -1 \\ x_1, x_3 &\geq 0 \end{aligned}$$

[19] Wir können dafür die Spalten für s_1 und s_2 „wegstreichen“.

Dazu müssen wir zuerst unser Problem in die Standardform bringen und das Anfangs-Simplex-Tableau aufstellen (☞ §16.4.1):

z	x_1	x_2'	x_2''	x_3	s_1	s_2		Quotient
0	1	−1	**1**	1	1	0	3	$\frac{3}{1}$
0	1	0	0	−2	0	1	1	–
1	−3	−2	2	−4	0	0	10	

Die Basislösung dieses Tableaus ist zulässig: $(0,0,0,0;3,1)$. Wir können daher unser Verfahren aus Tabelle 16.2 anwenden. Nach dem ersten Pivotschritt erhalten wir

z	x_1	x_2'	x_2''	x_3	s_1	s_2		
0	1	−1	1	1	1	0	3	$\frac{3}{1}$
0	1	0	0	−2	0	1	1	–
1	−5	0	0	−6	−2	0	4	

Alle Einträge in der Zielfunktionszeile sind ≤ 0 (außer in den beiden äußeren Spalten, die nicht berücksichtigt werden). Wir haben daher das Minimum erreicht. Die minimale zulässige Basislösung lautet daher $(x_1, x_2', x_2'', x_3; s_1, s_2) = (0,0,3,0;0,1)$. Das Minimum liegt somit im Punkt $(0,-3,0)$, da $x_2 = x_2' - x_2'' = 0 - 3 = -3$. Aus der Zielfunktionszeile erhalten wir den optimalen Zielfunktionswert: $z_{min} = 4$.

16.5 Der Zwei-Phasen-Simplexalgorithmus

Betrachten wir das folgende Minimierungsproblem (☞ Abb. 16.5):

$$\begin{aligned} z(x_1,x_2) = 11\,x_1 + 8\,x_2 &\longrightarrow \text{min} \\ 2\,x_1 + x_2 &\geq 12 \\ x_1 + 2\,x_2 &\geq 12 \\ x_1 + x_2 &\geq 10 \\ 3\,x_1 + 4\,x_2 &\leq 60 \\ x_1, x_2 &\geq 0 \end{aligned}$$

Aus dem Anfangs-Simplex-Tableau (☞ §16.4.1, Seite 194)

z	x_1	x_2	s_1	s_2	s_3	s_4	
0	2	1	−1	0	0	0	12
0	1	2	0	−1	0	0	12
0	1	1	0	0	−1	0	10
0	3	4	0	0	0	1	60
1	−11	−8	0	0	0	0	0

erhalten wir die Basislösung $(0,0;-12,-12,-10,60)$. Diese Basislösung ist *nicht* zulässig. Wir können daher das Standardverfahren noch nicht anwenden, da dieses Verfahren als Startpunkt eine zulässige Basislösung benötigt. Wir können aber den Simplex-Algorithmus zum Finden eines solchen Startpunktes verwenden: Der **Zwei-Phasen Simplex-Algorithmus**.

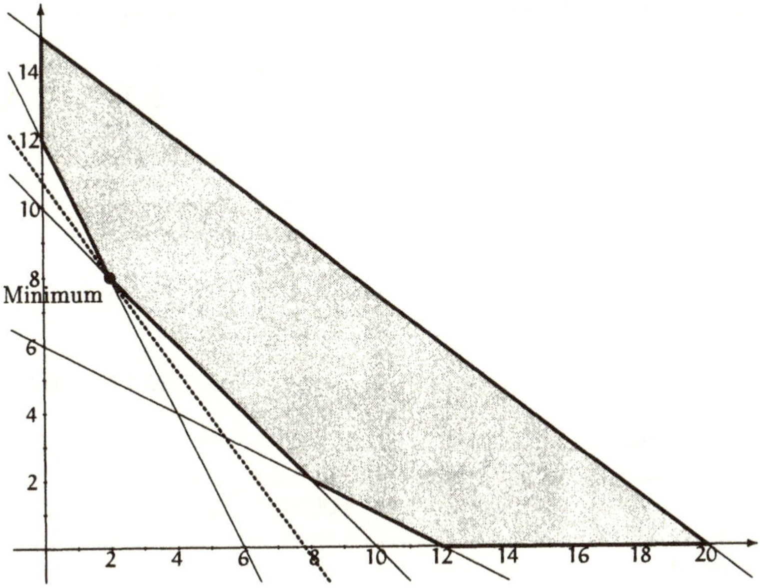

ABBILDUNG 16.5

1. Phase: Suchen einer zulässigen Basislösung mit Hilfe des Simplex-Algorithmus und einer Hilfszielfunktion.

2. Phase: Berechnen des Optimums mit Hilfe des Standard-Verfahrens: Maximieren (☞ §16.4.2) oder Minimieren (☞ §16.4.3).

16.5.1 1. Phase: Die Suche nach einem Startpunkt

Um aus unserem Tableau trotzdem leicht irgendeine zulässige Basislösung ablesen zu können, führen wir noch ein paar zusätzliche Hilfsvariable a_1, a_2, ... ein, und zwar in jeder Gleichung, die eine negative Basisvariable impliziert hat. Das sind genau diejenigen Zeilen, in der eine *Schlupfvariable mit negativem Koeffizienten* auftritt. In unserem Beispiel sind das die erste, zweite und dritte Zeile. Diese Hilfsvariablen sollen die Nichtnegativitätsbedingung erfüllen.

Wir bilden außerdem die Summe aller Hilfsvariablen und erhalten damit eine „*Hilfszielfunktion*" z^*, die die ursprüngliche Zielfunktion z in der 1. Phase ersetzt. In unserem Beispiel ist das: $z^* = a_1 + a_2 + a_3$.

Wir erhalten dadurch in unserem Beispiel das neue Tableau

z^*	x_1	x_2	s_1	s_2	s_3	s_4	a_1	a_2	a_3	
0	2	1	−1	0	0	0	1	0	0	12
0	1	2	0	−1	0	0	0	1	0	12
0	1	1	0	0	−1	0	0	0	1	10
0	3	4	0	0	0	1	0	0	0	60
1	0	0	0	0	0	0	−1	−1	−1	0

Wir können nun die Variablen s_4, a_1, a_2 und a_3 als Basisvariable wählen und erhalten als *zulässige* Basislösung

$$(x_1, x_2; s_1, s_2, s_3, s_3, s_4; a_1, a_2, a_3) = (0, 0; 0, 0, 0, 60; 12, 12, 10)$$

In diesem Punkt hat die Hilfszielfunktion den Wert $z^* = 34$. Wir minimieren nun die Hilfszielfunktion. Erhalten wir dabei $z^*_{\text{min}} = 0$, dann sind in diesem Minimum wegen der Nichtnegativitätsbedingung alle Hilfsvariable gleich Null: $a_1 = a_2 = \ldots = 0$. Wir erhalten in diesem Punkt eine Basislösung, die keine der Hilfsvariablen mehr enthält. Wir können dann die a_i wieder entfernen. Wir brauchen sie nicht mehr.

Der Simplex-Algorithmus funktioniert aber nur, wenn die Zielfunktion nicht durch Basisvariable ausgedrückt wird. Das ist aber in unserem Beispiel noch der Fall. Aus der Zielfunktionszeile erhalten wir nämlich $z^* = a_1 + a_2 + a_3$. Die a_i haben wir aber gerade als Basisvariable gewählt. Wir müssen daher das Tableau zuerst geeignet umformen und addieren alle Zeilen, die eine Hilfsvariable a_i enthalten, zur Zielfunktionszeile:

$$\text{ZFZ} \leftarrow \text{ZFZ} + \text{Z1} + \text{Z2} + \text{Z3}$$

z^*	x_1	x_2	s_1	s_2	s_3	s_4	a_1	a_2	a_3		Quotient
0	**[2]**	1	−1	0	0	0	1	0	0	12	$\frac{12}{2} = 6$
0	1	2	0	−1	0	0	0	1	0	12	$\frac{12}{1} = 12$
0	1	1	0	0	−1	0	0	0	1	10	$\frac{10}{1} = 10$
0	3	4	0	0	0	1	0	0	0	60	$\frac{60}{3} = 20$
1	4	4	−1	−1	−1	0	0	0	0	34	

Jetzt sind in der Zielfunktionszeile alle Koeffizienten der Basisvariablen s_4, a_1, a_2 und a_3 gleich Null. Dieses Minimierungsproblem können wir nun mit dem Standard-Minimierungsverfahren (☞ Tab. 16.2) lösen.

$$\text{Z1} \leftarrow \tfrac{1}{2} \times \text{Z1}$$

$$\text{Z2} \leftarrow \text{Z2} - \tfrac{1}{2} \times \text{Z1}, \quad \text{Z3} \leftarrow \text{Z3} - \tfrac{1}{2} \times \text{Z1}, \quad \text{Z4} \leftarrow \text{Z3} - \tfrac{3}{2} \times \text{Z1}, \quad \text{ZFZ} \leftarrow \text{ZFZ} - 2 \times \text{Z1}$$

z^*	x_1	x_2	s_1	s_2	s_3	s_4	a_1	a_2	a_3		Quotient
0	1	$\frac{1}{2}$	$-\frac{1}{2}$	0	0	0	$\frac{1}{2}$	0	0	6	$6/\frac{1}{2} = 12$
0	0	$\boxed{\frac{3}{2}}$	$\frac{1}{2}$	-1	0	0	$-\frac{1}{2}$	1	0	6	$6/\frac{3}{2} = 4$
0	0	$\frac{1}{2}$	$\frac{1}{2}$	0	-1	0	$-\frac{1}{2}$	0	1	4	$4/\frac{1}{2} = 8$
0	0	$\frac{5}{2}$	$\frac{3}{2}$	0	0	1	$-\frac{3}{2}$	0	0	42	$42/\frac{5}{2} = 16.8$
1	0	2	1	-1	-1	0	-2	0	0	10	

$$Z2 \leftarrow \tfrac{2}{3} \times Z2$$

$$Z1 \leftarrow Z1 - \tfrac{1}{3} \times Z2, \quad Z3 \leftarrow Z3 - \tfrac{1}{3} \times Z2, \quad Z4 \leftarrow Z4 - \tfrac{5}{3} \times Z2, \quad ZFZ \leftarrow ZFZ - \tfrac{4}{3} \times Z2$$

z^*	x_1	x_2	s_1	s_2	s_3	s_4	a_1	a_2	a_3		Quotient
0	1	0	$-\frac{2}{3}$	$\frac{1}{3}$	0	0	$\frac{2}{3}$	$-\frac{1}{3}$	0	4	–
0	0	1	$\frac{1}{3}$	$-\frac{2}{3}$	0	0	$-\frac{1}{3}$	$\frac{2}{3}$	0	4	$4/\frac{1}{3} = 12$
0	0	0	$\boxed{\frac{1}{3}}$	$\frac{1}{3}$	-1	0	$-\frac{1}{3}$	$-\frac{1}{3}$	1	2	$2/\frac{1}{3} = 6$
0	0	0	$\frac{2}{3}$	$\frac{5}{3}$	0	1	$-\frac{2}{3}$	$-\frac{5}{3}$	0	32	$32/\frac{2}{3} = 48$
1	0	0	$\frac{1}{3}$	$\frac{1}{3}$	-1	0	$-\frac{4}{3}$	$-\frac{4}{3}$	0	2	

$$Z3 \leftarrow 3 \times Z3$$

$$Z1 \leftarrow Z1 + 3 \times Z3, \quad Z2 \leftarrow Z2 - Z3, \quad Z4 \leftarrow Z4 - 2 \times Z3, \quad ZFZ \leftarrow ZFZ - Z3$$

z^*	x_1	x_2	s_1	s_2	s_3	s_4	a_1	a_2	a_3	
0	1	0	0	1	-2	0	0	-1	2	8
0	0	1	0	-1	1	0	0	1	-1	2
0	0	0	1	1	-3	0	-1	-1	3	6
0	0	0	0	1	2	1	0	-1	-2	28
1	0	0	0	0	0	0	-1	-1	-1	0

Wir haben tatsächlich $z^*_{\min} = 0$ erreicht, und die drei Hilfsvariablen a_1, a_2 und a_3 sind keine Basisvariablen mehr. Die (zulässige) Basislösung lautet $(x_1, x_2; s_1, s_2, s_3, s_3, s_4; a_1, a_2, a_3) = (8, 2; 6, 0, 0, 28; 0, 0, 0)$.

Wir können jetzt die Spalten für die Hilfsvariablen wieder entfernen[20] und erhalten mit $(x_1, x_2; s_1, s_2, s_3, s_4) = (8, 2; 6, 0, 0, 28)$ eine zulässige Basislösung für unser ursprüngliches Optimierungsproblem.

16.5.2 2. Phase: Berechnen des Optimums

Wir setzen jetzt wieder die ursprüngliche Zielfunktion in unser Tableau ein:

z	x_1	x_2	s_1	s_2	s_3	s_4	
0	1	0	0	1	-2	0	8
0	0	1	0	-1	1	0	2
0	0	0	1	1	-3	0	6
0	0	0	0	1	2	1	28
1	-11	-8	0	0	0	0	0

[20] Diese Hilfsvariable dienen ausschließlich zum Auffinden einer zulässigen Basislösung und haben ansonst keinerlei Bedeutung.

Da die Zielfunktion durch die zwei Basisvariablen x_1 und x_2 ausgedrückt wird, müssen wir zuerst die Zielfunktionszeile geeignet umformen. Die Zielfunktion darf nämlich nicht von Basisvariablen abhängen. Wir addieren daher geeignete Vielfache jener Zeilen, die x_1 bzw. x_2 enthalten.

$$\text{ZFZ} \leftarrow \text{ZFZ} + 11 \times \text{Z1} + 8 \times \text{Z2}$$

z	x_1	x_2	s_1	s_2	s_3	s_4		Quotient
0	1	0	0	1	−2	0	8	8
0	0	1	0	−1	1	0	2	–
0	0	0	1	**[1]**	−3	0	6	6
0	0	0	0	1	2	1	28	28
1	0	0	0	3	−14	0	104	

Da $(x_1, x_2; s_1, s_2, s_3, s_4) = (8, 2; 6, 0, 0, 28)$ eine zulässige Basislösung ist, können wir dieses Minimierungsproblem mit dem Standard-Minimierungsverfahren (☞ Tab. 16.2) lösen.

$$\text{Z1} \leftarrow \text{Z1} - \text{Z3}, \quad \text{Z2} \leftarrow \text{Z2} + \text{Z3}, \quad \text{Z4} \leftarrow \text{Z4} - \text{Z3}, \quad \text{ZFZ} \leftarrow \text{ZFZ} - 3 \times \text{Z3}$$

z	x_1	x_2	s_1	s_2	s_3	s_4	
0	1	0	−1	0	1	0	2
0	0	1	1	0	−2	0	8
0	0	0	1	1	−3	0	6
0	0	0	−1	0	5	1	22
1	0	0	−3	0	−5	0	86

Die optimale zulässige Basislösung ist $(x_1, x_2; s_1, s_2, s_3, s_4) = (2, 8; 0, 6, 0, 22)$, d.h. das Minimum liegt im Punkt $(2, 8)$. Der minimale Zielfunktionswert ist $z_{\min} = 86$.

BEMERKUNG 16.13
Beim 2-Phasen-*Maximierungs*problem ist die 1. Phase identisch mit dem *Minimierungs*problem: Es wird ja nur (irgend)eine zulässige Basislösung gesucht. Erst in der 2. Phase wird das Standard-Maximierungsverfahren aus Tabelle 16.1 verwendet.

16.5.3 Zusammenfassung

Tabelle 16.3 faßt die einzelnen Schritte des Zwei-Phasen-Simplex-Algorithmus zusammen.

16.6 Spezialfälle

Wir wollen die in den Beispielen 16.2, 16.3 und 16.4 auf Seite 187 behandelten Spezialfälle aus der Sicht des Simplex-Algorithmus untersuchen.

TABELLE 16.3

Zwei-Phasen-Simplex-Algorithmus

1. Phase:

(1) Aufstellen des Anfangs-Simplex-Tableaus (☞ §16.4.1). In jeder Zeile, in der wir eine Schlupfvariable *subtrahieren*, addieren wir zusätzlich eine Hilfsvariable a_i.

(2) Wir ersetzen die Zielfunktion durch die Summe aller Hilfsvariablen $z^* = a_1 + a_2 + \cdots$.

(3) Durch Addition aller Zeilen, die Hilfsvariable enthalten, zur Zielfunktionszeile bringen wir alle Einträge der Hilfsvariablen a_i in der Zielfunktionszeile auf Null.

(4) Wir minimieren diese *Hilfszielfunktion* z^* mit dem Standardverfahren (☞ Tab. 16.2, ab Punkt (3')).

(5) Im Minimum von z^* gibt es drei Möglichkeiten:

(a) $z^*_{\text{min}} = 0$ und *keine* Hilfsvariable ist Basisvariable

$\Rightarrow$ gehe zu Punkt (6).

(b) $z^*_{\text{min}} = 0$ und *eine* Hilfsvariable ist Basisvariable

$\Rightarrow$ Durch geeignete Pivotschritte, die z^* unverändert lassen, können alle Hilfsvariablen zu Nichtbasisvariablen gemacht werden. Anschließend gehe zu Punkt (6).

(c) $z^*_{\text{min}} > 0 \quad \Rightarrow \quad$ zulässiger Bereich **leer**

(6) Streiche die Spalten der Hilfsvariablen aus dem Tableau und setze wieder die ursprüngliche Zielfunktion z ein.

(7) Durch Addition eines Vielfachen von geeigneten Zeilen zur Zielfunktionszeile bringen wir alle Einträge der Basisvariablen in der Zielfunktionszeile auf Null.

(FORTSETZUNG AUF DER NÄCHSTEN SEITE ...)

TABELLE 16.3: (Fortsetzung)

Zwei-Phasen-Simplex-Algorithmus

2. Phase:

(8) Löse das lineare Optimierungsproblem mit dem Standardverfahren:

- Maximierung ☞ Tab. 16.1 ab Punkt (3).
- Minimierung ☞ Tab. 16.2 ab Punkt (3').

16.6.1 Unendlich viele Lösungen

BEISPIEL 16.8 (vgl. Beispiel 16.2)
Wir wollen das lineare Optimierungsproblem (☞ Abb. 16.3, links)

$$z(x_1, x_2) = 2x_1 + x_2 \quad \longrightarrow \quad \max$$

$$2x_1 + x_2 \leq 100, \qquad x_1 + x_2 \leq 80, \qquad x_1 \leq 40, \qquad x_1, x_2 \geq 0$$

mit dem Simplex-Algorithmus lösen.

z	x_1	x_2	s_1	s_2	s_3		Quotient
0	2	1	1	0	0	100	$\frac{100}{2}$
0	1	1	0	1	0	80	80
0	[1]	0	0	0	1	40	40
1	−2	−1	0	0	0	0	

Die Basislösung $(x_1, x_2; s_1, s_2, s_3) = (0, 0; 100, 80, 40)$ ist zulässig. Wir können daher das Standardverfahren verwenden.

$$Z1 \leftarrow Z1 - 2 \times Z3, \quad Z2 \leftarrow Z2 - Z3, \quad ZFZ \leftarrow ZFZ + 2 \times Z3$$

z	x_1	x_2	s_1	s_2	s_3		
0	0	[1]	1	0	−2	20	20
0	0	1	0	1	−1	40	40
0	1	0	0	0	1	40	–
1	0	−1	0	0	2	80	

$$Z2 \leftarrow Z2 - Z1, \quad ZFZ \leftarrow ZFZ + Z2$$

z	x_1	x_2	s_1	s_2	s_3		
0	0	1	1	0	−2	20	–
0	0	0	−1	1	[1]	20	20
0	1	0	0	0	1	40	40
1	0	0	1	0	0	100	

Die maximale zulässige Basislösung ist $(x_1, x_2; s_1, s_2, s_3) = (40, 20; 0, 20, 0)$.

Diesmal hängt die Zielfunktion aber nicht von der Nichtbasisvariable s_3 ab. Wir können also die s_3-Spalte als Pivotspalte wählen und noch einen Pivotschritt ausführen, ohne daß sich der Zielfunktionswert ändert:

$$Z1 \leftarrow Z1 + 2 \times Z2, \quad Z3 \leftarrow Z3 - Z2$$

z	x_1	x_2	s_1	s_2	s_3	
0	0	1	−1	2	0	60
0	0	0	−1	1	1	20
0	1	0	1	−1	0	20
1	0	0	1	0	0	100

Die neue maximale zulässige Basislösung lautet $(x_1, x_2; s_1, s_2, s_3) = (20, 60; 0, 0, 20)$. Die Zielfunktionszeile ist in diesem Pivotschritt nicht verändert worden.

Wir haben daher *zwei* Lösungen des Maximierungsproblem gefunden. Die Lösung ist somit nicht eindeutig. Das Maximum wird außerdem auch an allen Punkten der Strecke zwischen den beiden Punkten $(40, 20)$ und $(20, 60)$ angenommen (☞ Abb. 16.3, Seite 187, links).

16.6.2 Degenerierte Basislösung

Eine Basislösung heißt degeneriert, wenn eine der Basisvariablen gleich 0 ist. In diesem Fall ändert ein Pivotschritt nur die Menge der Basisvariablen, nicht jedoch die Basislösung.

BEISPIEL 16.9 (vgl. Beispiel 16.3)
Wir wollen das lineare Optimierungsproblem (☞ Abb. 16.3, mitte)

$$z(x_1, x_2) = x_1 + x_2 \quad \longrightarrow \quad \max$$

$$x_1 \leq 40, \qquad x_1 - x_2 \leq 0, \qquad x_1, x_2 \geq 0$$

mit dem Simplex-Algorithmus lösen. Das Anfangs-Simplex-Tableau lautet

z	x_1	x_2	s_1	s_2		Quotient
0	1	0	1	0	40	40
0	[1]	−1	0	1	0	0
1	−1	−1	0	0	0	

Die (zulässige) Basislösung ist $(x_1, x_2; s_1, s_2) = (0, 0; 40, 0)$. Nach dem ersten Pivotschritt erhalten wir[21]

$$Z1 \leftarrow Z1 - Z2, \qquad ZFZ \leftarrow ZFZ + Z2$$

[21] Es sei an dieser Stelle ausdrücklich darauf hingewiesen, daß die Pivotzeile immer die Zeile mit dem „*kleinsten nichtnegativen*“ Quotienten ist. Das ist in diesem Fall die zweite Zeile!

z	x_1	x_2	s_1	s_2		
0	0	[1]	1	−1	40	40
0	1	−1	0	1	0	–
1	0	−2	0	1	0	

Die Basislösung lautet $(x_1, x_2; s_1, s_2) = (0, 0; 40, 0)$, d.h. die Basislösung hat sich nicht verändert. Allerdings sind die Basisvariablen jetzt x_2 und s_2 (anstatt x_1 und x_2). In beiden Tableaus ist eine der beiden Basisvariablen gleich 0.

BEMERKUNG 16.14
Im Falle von degenerierten Basisvariablen wird der Simplex-Algorithmus ineffizient. Es kann durchaus vorkommen, daß der Algorithmus in einer Basislösung einige Schritte „hängen" bleibt. (In unserem Beispiel sind es zwei Schritte.) Es kann in ganz wenigen Fällen sogar passieren, daß des Verfahren „im Kreis" läuft. Durch die einzelnen Pivotschritte ändern wir bei konstanter Basislösung solange die Menge der Basisvariablen, bis wir wieder zum Ausgangspunkt zurückgelangen und einen neuen Zyklus starten, der uns wieder zum Ausgangspunkt zurückbringt, usw.

16.6.3 Unbeschränkter zulässiger Bereich

BEISPIEL 16.9 (FORTSETZUNG)
Beim nächsten Pivotschritt erhalten wir das folgende Tableau:

$$Z2 \leftarrow Z2 + Z1, \qquad ZFZ \leftarrow ZFZ + 2 \times Z2$$

z	x_1	x_2	s_1	s_2		Quotient
0	0	1	1	−1	40	
0	1	0	1	0	40	
1	0	0	2	−1	0	

mit der Basislösung $(x_1, x_2; s_1, s_2) = (40, 40; 0, 0)$. Wir haben die maximale zulässige Basislösung noch nicht gefunden, da nicht alle Einträge in der Zielfunktionszeile ≥ 0 sind. Für den nächsten Pivotschritt müssen wir die s_2-Spalte als Pivotspalte wählen. In dieser Pivotspalte sind aber alle Einträge ≤ 0.

Das Optimierungsproblem ist daher unbeschränkt. Es gibt keine Lösung.

16.6.4 Zulässiger Bereich leer

BEISPIEL 16.10 (vgl. Beispiel 16.4)
Wir wollen das lineare Optimierungsproblem (☞ Abb. 16.3, rechts)

$$z(x_1, x_2) = x_1 + x_2 \quad \longrightarrow \quad \max$$

$$x_1 + x_2 \leq 70, \qquad x_1 - x_2 \geq 10, \qquad x_2 \geq 40, \qquad x_1, x_2 \geq 0$$

mit dem Simplex-Algorithmus lösen.
Das Anfangs-Simplex-Tableau lautet

z	x_1	x_2	s_1	s_2	s_3	
0	1	1	1	0	0	70
0	1	−1	0	−1	0	10
0	0	1	0	0	−1	40
1	−1	−1	0	0	0	0

Die Basislösung $(x_1, x_2; s_1, s_2; s_3) = (0, 0; 70, -10, -40)$ ist nicht zulässig. Wir müssen daher den Zwei-Phasen-Simplex-Algorithmus verwenden.

1. Phase:
Wir benötigen zwei Hilfsvariable und ersetzen die Zielfunktion z durch $z^* = a_1 + a_2$:

z^*	x_1	x_2	s_1	s_2	s_3	a_1	a_2	
0	1	1	1	0	0	0	0	70
0	1	−1	0	−1	0	1	0	10
0	0	1	0	0	−1	0	1	40
1	0	0	0	0	0	−1	−1	0

Wir müssen die Zielfunktionszeile umformen, da z^* nicht die Basisvariablen a_1 und a_2 enthalten soll:

$$\mathrm{ZFZ} \leftarrow \mathrm{ZFZ} + \mathrm{Z2} + \mathrm{Z3}$$

z^*	x_1	x_2	s_1	s_2	s_3	a_1	a_2		Quotient
0	1	1	1	0	0	0	0	70	70
0	**[1]**	−1	0	−1	0	1	0	10	10
0	0	1	0	0	−1	0	1	40	–
1	1	0	0	−1	−1	0	0	50	

Minimieren der Hilfszielfunktion ergibt (☞ Tab. 16.2)

$$\mathrm{Z1} \leftarrow \mathrm{Z1} - \mathrm{Z2}, \qquad \mathrm{ZFZ} \leftarrow \mathrm{ZFZ} - \mathrm{Z1}$$

z^*	x_1	x_2	s_1	s_2	s_3	a_1	a_2		
0	0	**[2]**	1	1	0	−1	0	60	$\frac{60}{2}$
0	1	−1	0	−1	0	1	0	10	–
0	0	1	0	0	−1	0	1	40	40
1	0	1	0	0	−1	−1	0	40	

$$\mathrm{Z1} \leftarrow \frac{1}{2} \times \mathrm{Z1}$$

$$\mathrm{Z2} \leftarrow \mathrm{Z2} + \frac{1}{2} \times \mathrm{Z1}, \qquad \mathrm{Z3} \leftarrow \mathrm{Z3} - \frac{1}{2} \times \mathrm{Z1}, \qquad \mathrm{ZFZ} \leftarrow \mathrm{ZFZ} - \frac{1}{2} \times \mathrm{Z1}$$

z^*	x_1	x_2	s_1	s_2	s_3	a_1	a_2	
0	0	1	$\frac{1}{2}$	$\frac{1}{2}$	0	$-\frac{1}{2}$	0	30
0	1	0	$\frac{1}{2}$	$-\frac{1}{2}$	0	$\frac{1}{2}$	0	40
0	0	0	$-\frac{1}{2}$	$-\frac{1}{2}$	−1	$\frac{1}{2}$	1	10
1	0	0	$-\frac{1}{2}$	$-\frac{1}{2}$	−1	$-\frac{1}{2}$	0	10

Wir haben das Minimum erreicht, da alle Einträge in der Zielfunktionszeile (z^* und die Konstante spielen nicht mit) ≤ 0 sind. Aber $z^*_{\min} > 0$.

Der zulässige Bereich ist leer. Es gibt keine Lösung des linearen Optimierungsproblem, die alle Nebenbedingungen erfüllt.

Übungen

126. Bestimmen Sie Minimum und Maximum des linearen Optimierungsproblems graphisch

$$\begin{aligned} \min / \max \quad z &= 3x_1 + 2x_2 \\ \text{NB:} \quad x_1 &\leq 8 \\ x_2 &\leq 5 \\ x_1 + x_2 &\leq 11 \\ x_1, x_2 &\geq 0 \end{aligned}$$

127. Wie verändern sich Maximum und Minimum aus Aufgabe 126, wenn

(a) die Zielfunktion auf $z = 10x_1 + 10x_2$ abgeändert wird,

(b) eine zusätzliche Nebenbedingung $x_1 + x_2 \leq -1$ hinzukommt,

(c) eine zusätzliche Nebenbedingung $3x_1 + x_2 \geq 27$ hinzukommt,

(d) die Nebenbedingung $5x_1 + 3x_2 = 30$ eingeführt wird.

128. Eine Firma erzeugt zwei verschiedene Produkte, I und II, mit einer Anlage, die aus drei Produktionsabteilungen besteht: Schneiden, Mischen und Verpacken. Die Ausrüstung in jeder Abteilung kann 8 Stunden pro Tag verwendet werden. (8 Stunden ist die tägliche Kapazität in jeder Abteilung.) Der Produktionsprozeß kann wie folgt zusammengefaßt werden:

(1) Produkt I wird zuerst geschnitten, dann verpackt. Jede Tonne dieses Produkts benötigt 30 Minuten der Schneidekapazität und 20 Minuten der Verpackungskapazität.

(2) Produkt II wird zuerst gemischt, dann verpackt. Jede Tonne dieses Produkts benötigt eine Stunde Mischkapazität und 40 Minuten für die Verpackung.

Die Produkte I und II können zu den Preisen von 8000 GE bzw. 6000 GE pro Tonne verkauft werden. Nach Abzug der variablen Kosten ergeben sich 4000 GE bzw. 3000 GE als Nettoerlös (in bezug auf die variablen Kosten), bzw. Bruttoerlös (bez. der Fixkosten).

Welche Outputkombination soll die Firma wählen um ihren Bruttoerlös zu maximieren?

(a) Formulieren Sie das lineare Optimierungsproblem.

(b) Lösen Sie das Problem mit dem Simplexalgorithmus.

129. Lösen Sie die Aufgabe 128 mit dem Simplexalgorithmus. Verwenden Sie jedoch beim ersten Pivotschritt nicht die Spalte als Pivotspalte, die Sie in Aufgabe 128 gewählt haben. Was beobachten Sie?

130. (a) Lösen Sie das lineare Optimierungsproblem aus Aufgabe 128 graphisch.

(b) Zeichnen Sie die entsprechenden Basislösungen der einzelnen Tableaus des Simplexalgorithmus aus Aufgabe 128 bzw. Aufgabe 129 in der Zeichnung ein.

(c) Wie sind die Schlupfvariablen in diesem Beispiel zu interpretieren?

131. Lösen Sie das lineare Optimierungsproblem

$$\begin{array}{lrcl} & z = 2x_1 - 2x_2 - x_3 + x_4 & \rightarrow & \max \\ \text{NB:} & 2x_1 + 4x_2 + x_3 & \leq & 100 \\ & x_1 + 5x_3 + x_4 & \leq & 200 \\ & -7x_2 + 2x_3 + x_4 & \leq & 75 \\ & x_1, x_2, x_3, x_4 & \geq & 0 \end{array}$$

132. Lösen Sie das folgende lineare Optimierungsproblem mit dem Simplexalgorithmus:

$$\begin{array}{lrcl} & z = x_1 + 2x_2 & \rightarrow & \max \\ \text{NB:} & x_1 + x_2 & \leq & 100 \\ & x_1 + 2x_2 & \leq & 110 \\ & x_1 + 4x_2 & \leq & 160 \\ & x_1, x_2 & \geq & 0 \end{array}$$

Wie manifestiert sich die Tatsache, daß es mehr als eine Optimallösung gibt? Stellen Sie die Situation auch graphisch dar.

133. Das Optimierungsproblem

$$\begin{array}{lrcl} & z = x_1 + 2x_2 & \rightarrow & \max \\ \text{NB:} & x_1 - 2x_2 & \leq & 6 \\ & x_1 - x_2 & \leq & 8 \\ & -3x_1 + x_2 & \leq & 7 \\ & -4x_1 + x_2 & \leq & 4 \\ & x_1, x_2 & \geq & 0 \end{array}$$

hat keine Lösung. (Die Zielfunktion kann über alle Grenzen wachsen.) Wie bricht der Simplexalgorithmus ab? Stellen Sie die Beschränkungen auch graphisch dar.

134. Lösen Sie das lineare Optimierungsproblem

$$\begin{array}{lrcl} & z = 2x_1 + x_2 & \rightarrow & \max \\ \text{NB:} & x_1 & \geq & 1 \\ & x_2 & \geq & 1 \\ & x_1 + x_2 & \leq & 6 \\ & x_1, x_2 & \geq & 0 \end{array}$$

graphisch und mit dem Simplexalgorithmus.

135. Berechnen Sie in Aufgabe 134 das Minimum der Zielfunktion $z = 2x_1 + x_2$.

136. Die Toys&Joys Ges.m.b.H. erzeugt Schaukelpferde, Nachziehenten und Eisenbahnen aus Holz. Dabei werden verschiedene vorgefertigte Teile zugekauft, lackiert, zusammengesetzt und verkauft. Materialkosten und Bearbeitungszeiten sowie die verfügbaren Kapazitäten für die einzelnen Produktionsschritte sind

	Lackieren (Arbeitsstunden pro 100 St.)	Montage (Arbeitsstunden pro 100 St.)	Materialkosten (pro 100 St.)
Schaukelpferde	1	5	80
Nachziehenten	2	4	40
Eisenbahnen	2	5	30
Kapazität (in Arbeitsstunden pro Monat	200	600	—

100 Schaukelpferde können um 120 GE, 100 Nachziehenten und 100 Eisenbahnen um 100 GE verkauft werden.

Die Firma möchte nun für den nächsten Monat ihren Gewinn = Verkaufserlös − variable Kosten maximieren. Als variable Kosten sind dabei nur die Materialkosten zu berücksichtigen.

Wieviele Schaukelpferde, Nachziehenten und Eisenbahnen sind dabei zu produzieren? Wie hoch ist der maximale Gewinn?

(a) Formulieren Sie das lineare Optimierungsproblem.

(b) Lösen Sie dieses Optimierungsproblem mittels Simplex-Algorithmus.

(c) Lösen Sie das Optimierungsproblem graphisch.

17

Die Kuhn-Tucker Bedingung

Wir wollen folgendes Optimierungsproblem lösen[1]:

$$\begin{array}{rl} \text{Maximiere} & f(x_1, \ldots, x_n) \\ \text{unter den Nebenbedingungen} & g_1(x_1, \ldots, x_n) \leq c_1 \\ & g_2(x_1, \ldots, x_n) \leq c_2 \\ & \ldots\ldots\ldots\ldots \\ & g_m(x_1, \ldots, x_n) \leq c_m \\ \text{und} & x_j \geq 0, \qquad (j = 1, \ldots, n) \\ & \textit{(Nichtnegativitätsbedingung)} \end{array}$$

Wenn alle beteiligten Funktion $f, g_1, \ldots, g_m$ linear sind, haben wir ein lineares Optimierungsproblem und wir können den Simplex-Algorithmus (☞ §16.4) verwenden.

Im allgemeinen Fall wird das Problem aber sehr schwierig.

17.1 Eine graphische Methode

Wie bei linearen Optimierungsproblemen (☞ §16.2) kann im Falle zweier Variablen eine graphische Methode verwendet werden. Die Ungleichungen beschreiben wieder eine Menge im $\mathbb{R}^2$, die jetzt natürlich keine Halbebenen mehr sein müssen.

(1) Wir zeichnen den zulässigen Bereich als Schnittmenge der Mengen, die durch die Nebenbedigungen $g_i(x, y) \leq c_i$ beschrieben werden, in der xy-Ebene ein.

[1] Achten Sie bitte auf die Richtung des Ungleichheitszeichens: "$\leq$".

(2) Wir zeichnen „geeignete" Isoquanten (Niveaulinien) der zu optimierenden Funktion $f(x, y)$ ein.

(3) Wir interpretieren die Zeichnung und suchen einen Punkt mit größten Funktionswert[2] von f, der im zulässigen Bereich liegt.

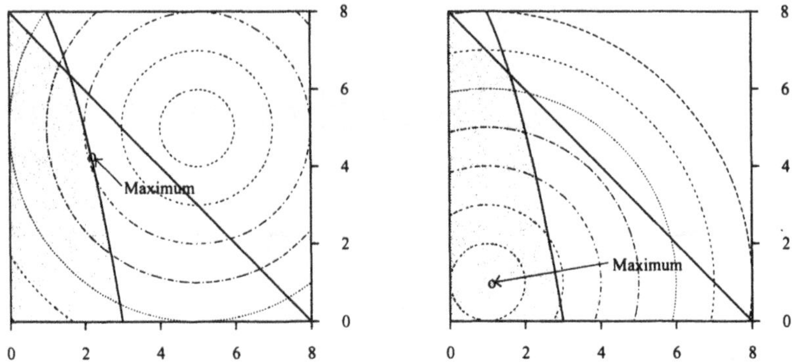

ABBILDUNG 17.1: Das Maximum kann am Rand (links) oder im Inneren (rechts) des zulässigen Bereichs liegen.

BEISPIEL 17.1
Das Maximum von $f(x, y) = -(x-5)^2 - (y-5)^2$ unter den Nebenbedingungen

$$x^2 + y \leq 9, \qquad x + y \leq 8, \qquad x, y \geq 0$$

liegt am Rand des zulässigen Bereichs (ungefähr) im Punkt $(2{,}1; 4{,}3)$.
(☞ Abb. 17.1, links. Der Funktionswert von f wird umso kleiner, je größer der Durchmesser der Niveaulinie ist. Der zulässige Bereich ist schattiert.)

BEISPIEL 17.2
Das Maximum von $f(x, y) = -(x-1)^2 - (y-1)^2$ unter den Nebenbedingungen

$$x^2 + y \leq 9, \qquad x + y \leq 8, \qquad x, y \geq 0$$

liegt im Inneren des zulässigen Bereichs im Punkt $(1, 1)$ (☞ Abb. 17.1, rechts).

17.2 Die Kuhn-Tucker Bedingung

Die Situation im Falle nichtlinearer Nebendingungen kann wesentlich komplizierter werden als in den beiden Beispielen angedeutet. So kann etwa

[2]Im Gegensatz zum linearen Optimierungsproblem sind hier die Isoquanten meist nicht parallel!

der zulässige Bereich in nicht zusammenhängende Teilmengen zerfallen. Wir werden daher einige Einschränkungen angeben müssen, um unser Problem überhaupt lösen zu können.

Wir untersuchen zuerst die Auswirkung der Nichtnegativitätsbedingung auf das Maximum einer Funktion in einer Variablen. Für ein (lokales) Maximum $\bar{x}$ gibt es drei Möglichkeiten (☞ Abb. 17.2):

- Entweder liegt $\bar{x}$ im Inneren des zulässigen Bereichs (d.h. $\bar{x} > 0$), dann ist $f'(\bar{x}) = 0$ (☞ Abb. 17.2, links).
- Oder $\bar{x}$ liegt am Rand (d.h. $\bar{x} = 0$) und $f'(\bar{x}) = 0$ (☞ Abb. 17.2, mitte).
- Oder[3] $\bar{x} = 0$ und $f'(\bar{x}) < 0$ (☞ Abb. 17.2, rechts).

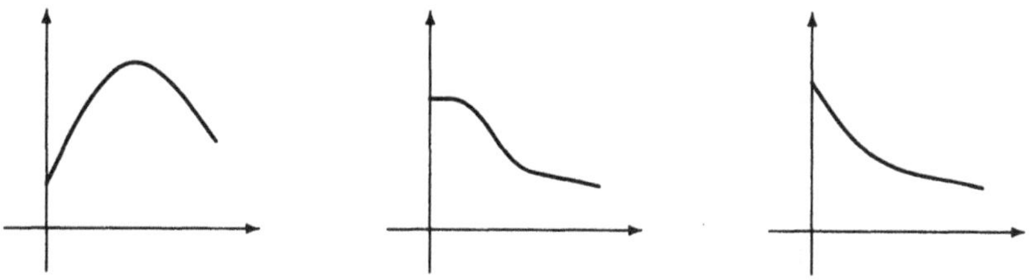

ABBILDUNG 17.2

Wir können diese drei Möglichkeiten zusammenfassen durch

$$f'(\bar{x}) \leq 0, \qquad \bar{x} \geq 0 \qquad \text{und} \qquad \bar{x}\, f'(\bar{x}) = 0$$

BEMERKUNG 17.1
Die Bedingung $\bar{x}\, f'(\bar{x}) = 0$ heißt, daß $\bar{x}$ am Rand liegt, oder die erste Ableitung an dieser Stelle gleich Null ist.

Im Falle einer Funktion $f(\mathbf{x})$ in mehreren Variablen erhalten wir für jede Variable x_j so eine Bedingung:

$$f_{x_j}(\bar{\mathbf{x}}) \leq 0, \qquad \bar{x}_j \geq 0 \qquad \text{und} \qquad \bar{x}_j\, f_{x_j}(\bar{\mathbf{x}}) = 0 \qquad (j = 1, \ldots, n) \qquad (*)$$

Wenden wir uns jetzt wieder den Ungleichungen $g_i(x_1, \ldots, x_n) \leq c_i$ zu. Wenn wir das Ungleichheitszeichen „≤" durch das Gleichheitszeichen „=" ersetzen, könnten wir das Verfahren mit den Lagrange-Multiplikatoren verwenden. Wir führen daher für jede Ungleichung eine Schlupfvariable[4] s_i ein und erhalten das Optimierungsproblem

[3]Falls $f'(\bar{x}) > 0$ und $\bar{x} = 0$, dann wäre $\bar{x}$ ein (lokales) Minimum!
[4]vgl. Simplexalgorithmus, §16.3.3, Seite 190

$$\begin{array}{rl} \text{Maximiere} & f(x_1,\ldots,x_n) \\ \text{unter den Nebenbedingungen} & g_1(x_1,\ldots,x_n)+s_1=c_1 \\ & g_2(x_1,\ldots,x_n)+s_2=c_2 \\ & \cdots\cdots\cdots \\ & g_m(x_1,\ldots,x_n)+s_m=c_m \\ \text{und} & x_j \geq 0,\ s_i \geq 0 \\ & (j=1,\ldots,n,\ i=1,\ldots,m) \end{array}$$

Dieses Problem können wir mit Hilfe der Lagrange-Funktion[5]

$$L^* = f(x_1,\ldots,x_n) + \sum_{i=1}^{m} \lambda_i (c_i - g_i(x_1,\ldots,x_n) - s_i)$$

lösen. Wegen der Nichtnegativitätsbedingung müssen wir nun die Bedingung $(*)$ berücksichtigen. Wir erhalten daher[6]:

$$\begin{array}{llll} \frac{\partial L^*}{\partial x_j} \leq 0, & x_j \geq 0 & \text{und} & x_j \frac{\partial L^*}{\partial x_j} = 0 \\ \frac{\partial L^*}{\partial s_i} \leq 0, & s_i \geq 0 & \text{und} & s_i \frac{\partial L^*}{\partial s_i} = 0 \\ \frac{\partial L^*}{\partial \lambda_i} = 0 & & & \end{array}$$

Die Schlupfvariablen lassen sich aber wieder eliminieren:

Da $\frac{\partial L^*}{\partial s_i} = -\lambda_i$, können wir die zweite Zeile auch schreiben als

$$\lambda_i \geq 0, \qquad s_i \geq 0 \qquad \text{und} \qquad \lambda_i s_i = 0$$

Aus der dritten Zeile erhalten wir $0 = \frac{\partial L^*}{\partial \lambda_i} = c_i - g_i(x_1,\ldots,x_n) - s_i$ und somit $s_i = c_i - g_i(x_1,\ldots,x_n)$. Wir können daher die zweite Zeile weiter umformen zu

$$\lambda_i \geq 0, \qquad c_i - g_i(x_1,\ldots,x_n) \geq 0 \qquad \text{und} \qquad \lambda_i(c_i - g^i(x_1,\ldots,x_n)) = 0$$

Jetzt brauchen wir die Schlupfvariablen nicht mehr und können anstatt L^* direkt die Lagrange-Funktion

$$L = f(x_1,\ldots,x_n) + \sum_{i=1}^{m} \lambda_i (c_i - g_i(x_1,\ldots,x_n))$$

verwenden. Da $\frac{\partial L}{\partial \lambda_i} = c_i - g_i(x_1,\ldots,x_n)$, können wir die obige zweite Zeile noch einmal umformen und erhalten so für unser Optimierungsproblem das folgende Kriterium:

---

[5] ☞ §15.2 auf Seite 176

[6] Für die λ_i gilt die Nichtnegativitätsbedingung nicht.

$$\frac{\partial L}{\partial x_j} \le 0, \qquad x_j \ge 0 \qquad \text{und} \qquad x_j \frac{\partial L}{\partial x_j} = 0$$
$$\frac{\partial L}{\partial \lambda_i} \ge 0, \qquad \lambda_i \ge 0 \qquad \text{und} \qquad \lambda_i \frac{\partial L}{\partial \lambda_i} = 0$$

Dieses Kriterium für das Maximum einer Funktion unter Nebenbedingungen heißt Kuhn-Tucker Bedingung[7].

BEISPIEL 17.3
Wir suchen das Maximum von

$$f(x, y) = -(x-1)^2 - (y-1)^2$$

unter den Nebenbedingungen

$$x + y \le 1, \qquad x, y \ge 0$$

Durch die Lagrange-Funktion

$$L(x, y; \lambda) = -(x-1)^2 - (y-1)^2 + \lambda(1-x-y)$$

erhalten wir die Kuhn-Tucker-Bedingung:

$$\begin{array}{llcll}
(A) & L_x & = & -2(x-1)-\lambda & \le 0 \\
(B) & L_y & = & -2(y-1)-\lambda & \le 0 \\
(C) & L_\lambda & = & 1-x-y & \ge 0 \\
 & & & & \\
(N) & & & x,\, y,\, \lambda & \ge 0 \\
 & & & & \\
(I) & x\,L_x & = & -x(2(x-1)+\lambda) & = 0 \\
(II) & y\,L_y & = & -y(2(y-1)+\lambda) & = 0 \\
(III) & \lambda\,L_\lambda & = & \lambda(1-x-y) & = 0
\end{array}$$

Zum Lösen dieses Gleichungssystems schreiben wir (I)–(III) an als

$$\begin{array}{llcl}
(I) & x = 0 & \vee & 2(x-1)+\lambda = 0 \\
(II) & y = 0 & \vee & 2(y-1)+\lambda = 0 \\
(III) & \lambda = 0 & \vee & 1-x-y = 0
\end{array}$$

Wir müssen nun alle 8 Möglichkeiten ausrechnen, und überprüfen ob die entsprechenden Lösungen die Bedingungen (A), (B), (C) und (N) erfüllen:

- Wenn $\lambda = 0$ (III, links), dann gibt es wegen (I) und (II) vier Möglichkeiten für $(x, y; \lambda)$: $(0, 0; 0)$, $(1, 0; 0)$, $(0, 1; 0)$ und $(1, 1; 0)$. Keiner dieser vier Fälle erfüllt alle Nebenbedingungen (A), (B) und (C).
- Wenn $\lambda \ne 0$, dann gilt wegen (III, rechts), $1 - x - y = 0 \Leftrightarrow y = 1 - x$.

[7] H. W. KUHN, A. W. TUCKER

- Wenn nun $\lambda \neq 0$ und $x = 0$, dann ist $y = 1$ und wegen (II, rechts), $\lambda = 0$. Ein Widerspruch.
- Genauso kann nicht $\lambda \neq 0$ und $y = 0$ sein.
- Es müssen daher alle drei Variablen ungleich 0 sein.
  Wir erhalten daher durch (I, rechts) − (II, rechts), $x - y = 0$. Zusammen mit $1 - x - y = 0$ erhalten wir daraus $x = y = \frac{1}{2}$ und aus (I, rechts), $\lambda = 1$.

Die Kuhn-Tucker-Bedingung wird daher nur vom Punkt $(x, y; \lambda) = \left(\frac{1}{2}, \frac{1}{2}; 1\right)$ erfüllt.

BEMERKUNG 17.2
Leider ist die Kuhn-Tucker-Bedingung keine notwendige Bedingung für ein lokales Maximum. Unter bestimmten Ausnahmesituationen erfüllt ein lokales Maximum am Rand des zulässigen Bereiches die Kuhn-Tucker-Bedingung nicht.

17.3 Der Satz von Kuhn-Tucker

Wir brauchen nun noch ein Werkzeug, um festzustellen, ob ein Punkt, der die Kuhn-Tucker-Bedingung erfüllt, tatsächlich ein (globales) Maximum ist. Das ist aber nicht immer sehr leicht. Der **Satz von Kuhn-Tucker** gibt für spezielle Funktionen eine hinreichende Bedingung:

(1) Die Zielfunktion $f(x_1, \ldots, x_n)$ sei differenzierbar und eine *konkave*[8] Funktion für alle $\mathbf{x}$ mit $x_j \geq 0$.

(2) Die Funktionen der Nebenbedingungen $g_i(x_1, \ldots, x_n)$ seien alle differenzierbar und *konvex*[8] für alle $\mathbf{x}$ mit $x_j \geq 0$.

(3) Der Punkt $\bar{\mathbf{x}}$ erfüllt die Kuhn-Tucker-Bedingung.

Dann ist $\bar{\mathbf{x}}$ ein **globales Maximum** von f unter den Nebenbedingungen $g_i \leq c_i$.

BEISPIEL 17.4
Wir betrachten wieder das Optimierungsproblem (vgl. Beispiel 17.3)

$$f(x, y) = -(x-1)^2 - (y-1)^2 \quad \to \quad \max$$

unter den Nebenbedingungen

$$x + y \leq 1, \qquad x, y \geq 0$$

Die Hessematrizen von $f(x, y)$ und $g(x, y) = x + y$ lauten

$$\mathbf{H}_f = \begin{pmatrix} -2 & 0 \\ 0 & -2 \end{pmatrix} \qquad \mathbf{H}_g = \begin{pmatrix} 0 & 0 \\ 0 & 0 \end{pmatrix}$$

Die Hauptminoren von $\mathbf{H}_f$ sind: $\mathbf{H}_1 = -2 < 0$ und $\mathbf{H}_2 = 4 > 0 \quad \Rightarrow \quad$ f ist konkav.

[8] ☞ §14.1.2 auf Seite 165

Alle allgemeinen Hauptminoren[9] von $\mathbf{H}_g$ sind gleich Null und daher auch $\geq 0 \Rightarrow$ g ist konvex.

Der Punkt $(x, y) = (\frac{1}{2}, \frac{1}{2})$ erfüllt die Kuhn-Tucker-Bedingung (☞ Beispiel 17.3).

Daher ist nach dem Satz von Kuhn-Tucker $\bar{\mathbf{x}} = (\frac{1}{2}, \frac{1}{2})$ das gesuchte globale Maximum.

BEMERKUNG 17.3
Das Maximum ist eindeutig, wenn die Funktion f *streng konkav* ist (vgl. Bemerkung 14.10 in §14.3).

BEMERKUNG 17.4
Wenn wir eine Funktion $f(\mathbf{x})$ *minimieren* wollen, dann können wir diesen Satz ebenfalls anwenden, indem wir die Funktion $-f(\mathbf{x})$ *maximieren.*

Übungen

137. Kann man den Satz von Kuhn-Tucker auf folgende Probleme anwenden?

(a) $\max x_1$ NB: $x_1^2 + x_2^2 \leq 1, \quad x_1, x_2 \geq 0$

(b) $\max -(x_1 - 3)^2 + (x_2 - 4)^2$ NB: $x_1 + x_2 \geq 4, \quad x_1, x_2 \geq 0$

(c) $\max 2x_1 + x_2$ NB: $x_1^2 - 4x_1 + x_2^2 \geq 0, \quad x_1, x_2 \geq 0$

138. Gegeben ist das folgende Optimierungsproblem:

$$f(x, y) = -(x-2)^2 - y \quad \to \quad \max$$

$$x + y \leq 1, \qquad x, y \geq 0$$

(a) Lösen Sie das Optimierungsproblem graphisch.

(b) Lösen Sie das Optimierungsproblem rechnerisch.

[9] ☞ §7.6, Seite 78

18

Differentialgleichungen

Er glaubte nämlich, die Erkenntnis jeder Kleinigkeit, also zum Beispiel auch eines sich drehenden Kreisels, genüge zur Erkenntnis des Allgemeinen. Darum beschäftigte er sich nicht mit den großen Problemen, das schien ihm unökonomisch. War die kleinste Kleinigkeit wirklich erkannt, dann war alles erkannt, deshalb beschäftigte er sich nur mit dem sich drehenden Kreisel.

Franz Kafka (1883–1924)
»Der Kreisel«

18.1 Was ist eine Differentialgleichung?

DEFINITION 18.1
Jede Gleichung, die mindestens einen Differentialquotienten enthält, heißt Differentialgleichung[1]*. Sie heißt von n-ter Ordnung, falls die höchste vorkommende Ableitung von Ordnung n ist.*

BEISPIEL 18.1

$y' = x + 2y$ ist eine DG[1] erster Ordnung[2]
$y'' + y' = e^x$ ist eine DG zweiter Ordnung

Unsere Aufgabe ist es nun, eine Funktion $y(x)$ zu finden, die diese Differentialgleichung *für alle* x erfüllt. In diesem Beispiel sind das z.B. die Funktionen[3] $y(x) = -\frac{x}{2} - \frac{1}{4}$ bzw. $y(x) = \frac{e^x}{2}$, wie man sich durch Einsetzen in die DG leicht überzeugen kann.

BEMERKUNG 18.1
Das Lösen von Differentialgleichungen ist im allgemeinen ähnlich schwierig wie das Suchen von Stammfunktionen (☞ §12.1). Wir lernen daher nur einige Methoden

[1] Wir werden im folgenden Differentialgleichung stets mit DG abkürzen.
[2] Eigentlich: $y'(x) = x + 2y$, da y eine Funktion von x ist.
[3] Es gibt aber noch andere Funktionen, die diese DG erfüllen.

zum Lösen von einfachen (aber trotzdem wichtigen) Differentialgleichungen kennen. Zunächst soll aber an einem Beispiel die Bedeutung von Differentialgleichungen demonstriert werden.

18.1.1 Ein einfaches Modell (nach Domar, 1946)

Wir untersuchen die Investitionen $I(t)$ im Laufe der Zeit t in einer Volkswirtschaft. Wenn $K(t)$ der Kapitalstock zum Zeitpunkt t ist, dann ist

$$\frac{dK}{dt} = I$$

Für unser Modell treffen wir einige Annahmen:
Eine Änderung der Investitionen bewirkt

1. eine Änderung der Kaufkraft $Y(t)$:

$$\frac{dY}{dt} = \frac{dI}{dt} \cdot \frac{1}{s} \qquad \text{(A1)}$$

   (d.h. direkt proportional mit der Proportionalitätskonstante $\frac{1}{s}$.)

2. eine Änderung der Produktionskapazität $\kappa(t)$.
   Wir nehmen ein konstantes Kapazitäts-Kapital-Verhältnis an:

$$\frac{\kappa(t)}{K(t)} = \rho \quad (= \text{konstant}) \qquad \text{(A2)}$$

Das Modell befindet sich im Gleichgewicht, falls Kaufkraft und Produktionskapazität übereinstimmen:

$$Y = \kappa \qquad \text{(G)}$$

BEMERKUNG 18.2
(A1), (A2) und (G) sind „willkürlich“ getroffene Modellannahmen. Sind diese Annahmen unsinnig, so kann mit der ganzen Mathematik auch nur Unsinniges produziert werden (GIGO[4]).

Wir starten nun zum Zeitpunkt $t = 0$ von einem Gleichgewichtszustand. Welche Investitionsfunktion $I(t)$ erfüllt die Gleichgewichtsbedingung für alle Zeiten?
Aus (G) erhalten wir

$$\frac{dY}{dt} = \frac{d\kappa}{dt}$$

und aus (A2)

$$\kappa = \rho K \quad \Rightarrow \quad \frac{d\kappa}{dt} = \rho \frac{dK}{dt} = \rho I$$

[4]= Garbage In, Garbage Out

Eingesetzt in (A1)

$$\frac{dI}{dt} \cdot \frac{1}{s} = \frac{dY}{dt} = \frac{d\kappa}{dt} = \rho I$$

oder

$$\boxed{\frac{dI}{dt} = \rho\, s\, I}$$

Wir erhalten also eine DG erster Ordnung[5].

18.1.2 Die Lösung des Modells

Durch Umformung erhalten wir

$$\frac{1}{I}\frac{dI}{dt} = \rho\, s$$

Diese Gleichung muß für alle $t > 0$ erfüllt sein. Es gilt daher

$$\int \frac{1}{I}\frac{dI}{dt}\, dt = \int \rho\, s\, dt$$

Für die linke Seite erhalten wir durch die Substitution $I = I(t) \Rightarrow dI = \frac{dI}{dt} dt$:

$$\int \frac{1}{I} dI = \ln I + c_1$$

Für die rechte Seite:

$$\int \rho\, s\, dt = \rho\, s\, t + c_2$$

Insgesamt ($c = c_2 \dot{-} c_1$):

$$\ln I = \rho\, s\, t + c$$

und (durch Setzen von $A = e^c$)

$$I = e^{\rho s t} \cdot e^c = A e^{\rho s t}$$

Wir erhalten daher die allgemeine Lösung

$$I(t) = A\, e^{\rho s t}$$

wobei A eine beliebige Konstante > 0 ist.

[5] Wie wir noch sehen werden, handelt es sich dabei um eine lineare homogene DG erster Ordnung (☞ §18.2.3, Seite 224).

Um uns von der Richtigkeit unserer Lösung zu überzeugen, ist es zweckmäßig die Probe durchzuführen:

$$\frac{dI}{dt} = \rho s \cdot A\, e^{\rho s t} = \rho s \cdot I(t)$$

Die spezielle Lösung des Anfangswertproblems

$$\left.\begin{array}{l} \frac{dI}{dt} = \rho s \cdot I \\ I(0) = I_0 \end{array}\right\}$$

erhalten wir durch *Einsetzen*:

$$I_0 = I(0) = A\, e^{\rho s 0} = A$$

Also

$$\boxed{I(t) = I_0\, e^{\rho s t}}$$

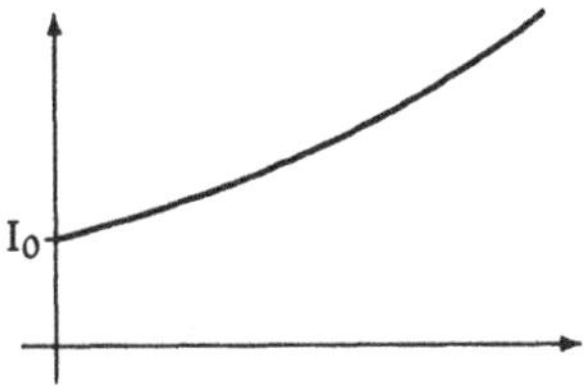

18.2 Lösungsverfahren für einfache DG erster Ordnung

18.2.1 $y'(x) = f(x)$

Lösung:

$$\boxed{y(x) = \int f(x)dx + c}$$

(alle *Stammfunktionen* (☞ §12.1, Seite 142) von $f(x)$.)

BEISPIEL 18.2

$$y'(x) = x^2 \quad \Rightarrow \quad y(x) = \int x^2\, dx + c = \tfrac{1}{3}x^3 + c$$

18.2.2 $y'(x) = f(x) \cdot g(y)$
Methode der Trennung der Variablen

Durch Umformung („*Trennen der Variablen*") erhalten wir aus der DG $y'(x) = f(x) \cdot g(y)$

$$\frac{dy}{dx} = f(x) \cdot g(y) \quad \Rightarrow \quad \frac{1}{g(y)}dy = f(x)dx$$

Integrieren auf beiden Seiten ergibt[6]

[6]Das ist genau die Methode, die wir in §18.1.2 angewendet haben. Die dortige Vorgangsweise mittels Substitution (hier: $y = y(x)$) liefert auch die Begründung für diese Formel.

$$\int \frac{1}{g(y)} dy = \int f(x) dx + c$$

BEMERKUNG 18.3
Die zwei Integrationskonstanten auf beiden Seiten sind zu einer Integrationskonstante auf der rechten Seite zusammengefaßt.

BEISPIEL 18.3
Wir suchend die Lösung von $y' + x \cdot y^2 = 0$.

Umformung („Trennen der Variablen"): $\frac{dy}{dx} = -x y^2 \quad \Rightarrow \quad -y^{-2} dy = x\, dx$

Integration[7]: $\int -y^{-2} dy = \int x\, dx \quad \Rightarrow \quad y^{-1} = \frac{1}{2}x^2 + c' = \frac{1}{2}x^2 + \frac{1}{2}c$

Daraus erhalten wir:

$$y(x) = \frac{2}{x^2 + c}$$

18.2.3 Homogene lineare DG erster Ordnung $y'(x) + a(x)\, y(x) = 0$

Lösung durch Trennung der Variablen:

$$y(x) = C \cdot e^{-\int a(x) dx}$$

BEISPIEL 18.4
Lösung von $y' - 3y = 0$:

$$\frac{dy}{dx} = 3y \quad \Rightarrow \quad \frac{1}{y} dy = 3dx \quad \Rightarrow \quad \ln y = 3x + c \quad \Rightarrow \quad y(x) = C\, e^{3x}$$

BEISPIEL 18.5
Lösung von $y' + 3x^2 y = 0$:

$$\frac{dy}{dx} = -3x^2 \quad \Rightarrow \quad \frac{1}{y} dy = -3x^2 dx \quad \Rightarrow \quad \ln y = -x^3 + c \quad \Rightarrow \quad y(x) = C\, e^{-x^3}$$

18.2.4 Inhomogene lineare DG erster Ordnung $y'(x) + a(x)\, y(x) = s(x)$

Die Lösung dieser DG läßt sich stets in der Gestalt

$$y = y_h + y_p$$

[7] Die Integrationskonstanten c' und $\frac{1}{2}c$ sind beides beliebige Zahlen. $\frac{1}{2}c$ wurde zur „schöneren" Darstellung des Endergebnisses verwendet.

darstellen, wobei

y_h ... allgemeine Lösung der homogenen DG (Wir setzen $s(x) = 0$)
y_p ... eine partikuläre (spezielle) Lösung der inhomogenen DG

BEMERKUNG 18.4
y_h ist im allgemeinen keine Lösung der *inhomogenen* linearen DG!

Wie findet man y_p?

1. Falls $s(x) = s$ und $a(x) = a$ Konstante sind, dann können wir $y_p(x) = \frac{s}{a}$ setzen (dann ist $y'(x) = 0$).

BEISPIEL 18.6
Lösung von $y' - 3y = 6$:

$y_h(x) = C\,e^{3x}$ (☞ Beispiel 18.4)
$y_p(x) = \frac{s}{a} = \frac{6}{-3} = -2$

$y(x) = y_h + y_p = C\,e^{3x} - 2$

2. Methode der Variation der Konstanten

Wir ersetzen in der allgemeinen Lösung der homogenen DG die Konstante C durch eine Funktion $C(x)$:

$$y_p = C(x)\,e^{-\int a(x)dx}$$

$C(x)$ kann nun so gewählt werden, daß y_p eine spezielle Lösung der inhomogenen DG wird.

Differenzieren:

$$y_p' = e^{-\int a(x)dx}[C'(x) - a(x)\,C(x)]$$

Einsetzen in die DG $y_p' + a(x)\,y_p = s(x)$:

$$e^{-\int a(x)dx}[C'(x) - a(x)\,C(x)] + a(x)\,C(x)\,e^{-\int a(x)dx} = s(x)$$

$$\Rightarrow \quad e^{-\int a(x)dx} \cdot C'(x) = s(x)$$

$$\Rightarrow \quad C'(x) = s(x) \cdot e^{\int a(x)dx}$$

$$\Rightarrow \quad C(x) = \int s(x) \cdot e^{\int a(x)dx} dx$$

Wir erhalten daher für die allgemeine Lösung der inhomogen DG

$$y = y_h + y_p = e^{-\int a(x)dx}\left[C + \int s(x) e^{\int a(x)dx} dx\right]$$

BEMERKUNG 18.5
Diese Formel soll nur unsere Überlegungen abschliessen. Zur Lösung der DG ist es aber besser *immer* die oben erklärte Vorgangsweise zu verwenden.

BEMERKUNG 18.6
Beim Integrieren von $C'(x)$ ist es nicht notwendig eine Integrationskonstante einzufügen, da wir ja an dieser Stelle nur eine einzige (spezielle) Lösung der inhomogenen DG suchen.

BEISPIEL 18.7
Lösung von

$$y' + \frac{y}{x} = x^2 + 4$$

allgemeine Lösung y_h der *homogenen* DG $y' + \frac{y}{x} = 0$:

$$y' + \frac{y}{x} = 0 \quad \Leftrightarrow \quad \frac{dy}{y} = -\frac{dx}{x} \quad \Rightarrow \quad \ln y_h \overset{8}{=} -\ln x + \ln c = \ln\frac{c}{x} \quad \Rightarrow \quad y_h = \frac{c}{x}$$

partikuläre Lösung y_p durch Variation der Konstanten:

$$y_p = \frac{C(x)}{x} \quad \Rightarrow \quad y_p' = \frac{C'(x)\,x - C(x)}{x^2}$$

in die inhomogene DG eingesetzt:

$$\frac{C'(x)\,x - C(x)}{x^2} + \frac{C(x)}{x \cdot x} = x^2 + 4 \quad \Leftrightarrow \quad \frac{C'(x)}{x} = x^2 + 4 \quad \Leftrightarrow \quad C'(x) = x^3 + 4x$$

Integrieren:

$$\Rightarrow \quad C(x) = \frac{1}{4}x^4 + 2x^2 \quad \Rightarrow \quad y_p(x) = \frac{C(x)}{x} = \frac{1}{4}x^3 + 2x$$

Allgemeine Lösung der inhomogenen DG:

$$y(x) = y_h + y_p = \frac{c}{x} + \frac{x^3}{4} + 2x$$

Probe:
$y' = -\frac{c}{x^2} + \frac{3}{4}x^2 + 2$
$\Rightarrow \quad y' + \frac{y}{x} = -\frac{c}{x^2} + \frac{3}{4}x^2 + 2 + \frac{c}{x^2} + \frac{x^2}{4} + 2 = x^2 + 4$

BEISPIEL 18.8 (EIN EINFACHES MARKTMODELL)
Für eine bestimmte Ware gelten folgende Nachfrage- und Angebotsfunktionen:

$$q_d(t) = \alpha - \beta p(t) \qquad (\alpha, \beta > 0)$$
$$q_s(t) = -\gamma + \delta p(t) \qquad (\gamma, \delta > 0)$$

($q_d(t)$ gibt dabei die Nachfrage zum Zeitpunkt t an, $q_s(t)$ das Angebot und $p(t)$ den Marktpreis zum Zeitpunkt t)

[8] $\ln(c)$ kann jede beliebige reelle Zahl sein. Daher ist es zulässig, die Integrationskonstante in dieser Form anzuschreiben. Dadurch läßt sich die Lösung in eine einfache Form bringen.

Die Preisänderung $p'(t)$ soll proportional zur Differenz von Nachfrage und Angebot sein:

$$\frac{dp}{dt} = j(q_d - q_s) \quad (j > 0)$$

Wie verhält sich der Preis $p(t)$ im Laufe der Zeit t?

Im Marktgleichgewicht gilt:

$$q_d(t) = q_s(t) \quad \Rightarrow \quad p(t) = \bar{p} = \frac{\alpha + \gamma}{\beta + \delta}$$

Aus der Preisänderung erhalten wir

$$\frac{dp}{dt} = j(q_d(t) - q_s(t)) = j(\alpha - \beta p(t) - (-\gamma + \delta p(t))) = j(\alpha + \gamma) - j(\beta + \delta)p(t)$$

und

$$\frac{dp}{dt} + j(\beta + \delta)p = j(\alpha + \gamma)$$

Das ist eine inhomogene lineare DG erster Ordnung.

allgemeine Lösung p_h der *homogenen* DG $p' + j(\beta + \delta)p = 0$:

$$\frac{dp}{p} = -j(\beta + \delta)dt \quad \Rightarrow \quad \ln p_h = -j(\beta + \delta)t + c$$

$$p_h = Ce^{-j(\beta+\delta)t}$$

partikuläre Lösung:

$$p_p = \frac{j(\alpha + \gamma)}{j(\beta + \delta)} = \frac{\alpha + \gamma}{\beta + \delta} = \bar{p} \quad \text{(=Konstante)}$$

allgemeine Lösung der *inhomogenen* DG:

$$p(t) = p_h + p_p = C \cdot e^{-j(\beta+\delta)\cdot t} + \bar{p}$$

Lösung des Anfangswertproblems mit $p(0) = p_0$:

$$p_0 = p(0) = C \cdot e^0 + \bar{p} \Rightarrow C = p_0 - \bar{p}$$

Also

$$p(t) = (p_0 - \bar{p})e^{-j(\beta+\delta)t} + \bar{p}$$

Interpretation:
$p(t) \to \bar{p}$ für $t \to \infty$ unabhängig von p_0.
$\Rightarrow$ Marktgleichgewicht stellt sich (nach ∞ langer Zeit) ein! (☞ Abb. 18.1)

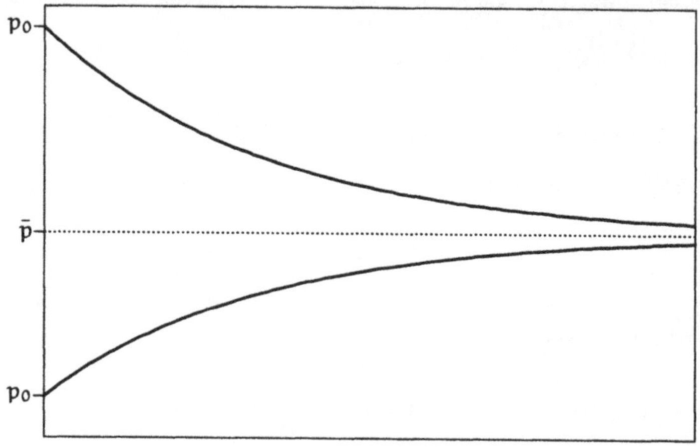

ABBILDUNG 18.1: Die Lösung der inhomogenen DG konvergiert unabhängig vom Anfangswert gegen das Marktgleichgewicht

18.2.5 Logistische Differentialgleichung $y'(x) - ky(x)(L - y(x)) = 0 \qquad k > 0,\ 0 \leq y(x) \leq L$

Diese DG wird auch als Differentialgleichung des *beschränkten exponentiellen Wachstums* bezeichnet. Der Parameter L gibt dabei die Obergrenze an (☞ Abb. 18.2).

BEMERKUNG 18.7
Für „kleines“ x verhält sich die Lösung so wie die Lösung der linearen homogenen DG $y'(x) - kLy(x) = 0$, für „großes“ x so wie die Lösung der linearen inhomogenen DG $y'(x) - kL(L - y(x)) = 0$.

Lösung durch Trennung der Variablen:

$$\frac{dy}{dx} = ky(L-y) \quad \Leftrightarrow \quad \frac{dy}{y(L-y)} = k\,dx$$

Integrieren[9] der linke Seite mittels Substitution ergibt:

$$z = \frac{y-L}{y} = 1 - \frac{L}{y} \quad \Rightarrow \quad dz = \frac{L}{y^2}dy$$

$$\int \frac{dy}{y(L-y)} = -\frac{1}{L}\int \frac{y}{y-L}\cdot\frac{L}{y^2}\,dy = -\frac{1}{L}\int\frac{1}{z}\,dz$$

[9] $\int \frac{1}{x}\,dx$ ist auch im Bereich $x < 0$ definiert. Es ist dann $\int \frac{1}{x}\,dx = \ln|x| + c$.

$$= -\frac{1}{L}\ln|z| + c = -\frac{1}{L}\ln\left|\frac{y-L}{y}\right| + c$$
$$= -\frac{1}{L}\ln\left(\frac{L-y}{y}\right) + c$$

Zusammen mit der rechten Seite erhalten wir damit

$$-\frac{1}{L}\ln\left(\frac{L-y}{y}\right) = kx + c$$

Umformen nach y:

$$\ln\left(\frac{L-y}{y}\right) = -Lkx - Lc \quad \Leftrightarrow \quad \frac{L-y}{y} = e^{-Lkx} \cdot e^{-Lc} = C \cdot e^{-Lkx}$$
$$\Leftrightarrow \quad L - y = y \cdot C e^{-Lkx} \quad \Leftrightarrow \quad L = y\left(1 + C e^{-Lkx}\right)$$

allgemeine Lösung der logistischen DG

$$y(x) = \frac{L}{1 + C e^{-Lkx}}$$

Die Lösung der logistischen DG hat einen Wendepunkt, wenn $y = \frac{L}{2}$ (☞ Abb. 18.2).

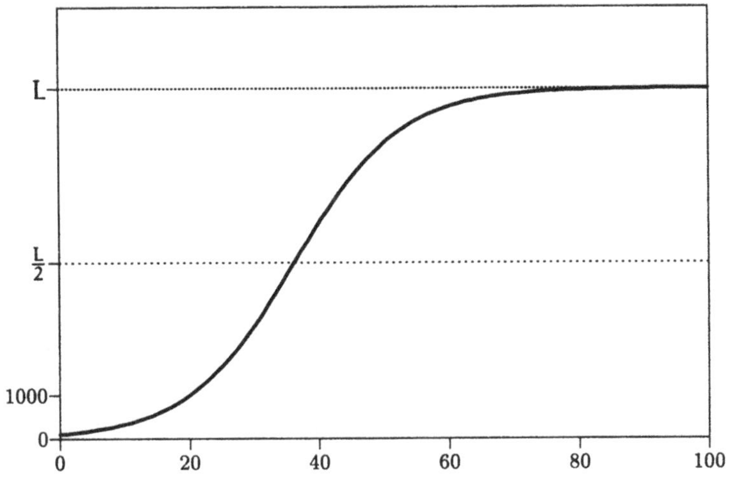

ABBILDUNG 18.2: Die Lösung der logistischen DG ist nach oben durch L beschränkt und besitzt einen Wendepunkt in $y(x) = \frac{L}{2}$

BEISPIEL 18.9
In einer Stadt mit 8100 Einwohner gibt es eine Grippeepidemie. Als die Krankheit erkannt wird, sind 100 Bewohner betroffen, 20 Tage später sind es bereits 1000. Wie läßt sich der Epidemieverlauf beschreiben?

Wir nehmen für die Anzahl[10] $q(t)$ der betroffenen Einwohner ein beschränktes exponentielles Wachstum an, mit $L = 8100$.
Die allgemeine Lösung dieser logistischen DG lautet

$$q(t) = \frac{8100}{1 + C\,e^{-8100kt}}$$

wobei der Parameter k und die spezielle Lösung erst bestimmt werden müssen.

$$q(0) = 100 \quad\Rightarrow\quad \frac{8100}{1+C} = 100 \quad\Rightarrow\quad C = 80$$
$$q(20) = 1000 \quad\Rightarrow\quad \frac{8100}{1+80\,e^{-8100\cdot 20k}} = 1000 \quad\Rightarrow\quad k = 0{,}00001495$$

Lösung (☞ Abb. 18.2):

$$q(t) = \frac{8100}{1 + 80\,e^{-0{,}121\,t}}\ .$$

18.3 Lösungsverfahren für einfache DG zweiter Ordnung

BEMERKUNG 18.8
Für das Anfangswertproblem mit DG zweiter Ordnung brauchen wir immer zwei Anfangsbedingungen. Wir wollen das an einem einfachen Beispiel demonstrieren.

Wenn wir eine Gegenstand fallen lassen oder senkrecht in die Luft werfen, dann wird er nach einer gewissen Zeit auf den Boden fallen. Die Flugbahn $s(t)$ des Gegenstandes läßt sich mit einer DG zweiter Ordnung beschreiben. Es gilt nämlich

$$s'(t) = v(t) \quad \ldots \quad \text{Geschwindigkeit}$$
$$v'(t) = a(t) \quad \ldots \quad \text{Beschleunigung}$$

Die Änderungsrate des Weges ist die Momentangeschwindigkeit des Gegenstandes (vgl. auch das einführende Beispiel in §10.1 auf Seite 108). Die Änderungsrate der Geschwindigkeit heißt „Beschleunigung". Wenn der Gegenstand zu Boden fällt wird er durch Schwerkraft gleichmäßig beschleunig, d.h.

$$a(t) = v'(t) = s''(t) = -g \ (\approx -9{,}81\,\mathrm{m/s^2})$$

Die Lösung dieser einfachen DG erhalten wir durch zweimaliges Integrieren:

$$s''(t) = -g \quad\Rightarrow\quad s'(t) = -g\,t + c_1 \quad\Rightarrow\quad s(t) = -\frac{g}{2}\,t^2 + c_1 t + c_2$$

Für das Anfangswertproblem benötigen wir nun **2** Anfangsbedingungen, nämlich

$$s(0) = s_0 \quad \text{und} \quad s'(0) = v(0) = v_0$$

Also Ort und Geschwindigkeit des Gegenstandes beim Wegwerfen. Um die Flugbahn berechnen zu können, müssen wir nicht nur wissen, von welcher Höhe wir den Gegenstand geworfen haben (z.B. vom 1. oder 12. Stock), sondern auch, ob wir ihn einfach fallengelassen oder weggeschleudert haben.

[10]Gemeint sind dabei alle Personen, die im Laufe der Epidemie bis zum Zeitpunkt t erkrankt sind oder erkrankt gewesen sind. Wir nehmen dabei an, daß alle Einwohner im Laufe der Zeit von dieser Krankheit betroffen sind.

18.3.1 Homogene lineare DG zweiter Ordnung mit konstanten Koeffizienten

$$y''(x) + a_1\, y'(x) + a_2\, y(x) = 0$$

Wir machen folgenden Ansatz[11]:

$$y(x) = C \cdot e^{\lambda x}$$

Wir berechnen nun die Ableitungen und setzen in die DG ein.

$$y'(x) = \lambda\, C\, e^{\lambda x} \quad \text{und} \quad y''(x) = \lambda^2\, C\, e^{\lambda x} \qquad \Rightarrow \quad C\, e^{\lambda x}(\lambda^2 + a_1\,\lambda + a_2) = 0$$

Unser $y(x)$ ist daher genau dann eine Lösung der DG, wenn

$$\lambda^2 + a_1\lambda + a_2 = 0$$

Diese Gleichung heißt die charakteristische Gleichung der DG. Ihre Lösungen sind

$$\lambda_{1,2} = -\frac{a_1}{2} \pm \sqrt{\frac{a_1^2}{4} - a_2}$$

Fall: $\dfrac{a_1^2}{4} - a_2 > 0 \quad \Rightarrow \lambda_1 \neq \lambda_2$ sind reell (zwei reelle Lösungen)

$$y_1(x) = C_1\, e^{\lambda_1 x} \quad \text{und} \quad y_2(x) = C_2\, e^{\lambda_2 x}$$

sind Lösungen. Wegen der Linearität der DG ist aber auch ihre Summe eine Lösung:

$$\begin{aligned}(y_1(x) + y_2(x))'' &+ a_1\,(y_1(x) + y_2(x))' + a_2\,(y_1(x) + y_2(x))\\ &= (y_1''(x) + a_1\, y_1'(x) + a_2\, y_1(x)) + (y_2''(x) + a_1\, y_2'(x) + a_2\, y_2(x))\\ &= 0 + 0 = 0\end{aligned}$$

allgemeine Lösung:

$$\boxed{y(x) = C_1 e^{\lambda_1 x} + C_2 e^{\lambda_2 x}}$$

BEISPIEL 18.10
Wir suchen die allgemeine Lösung von $y'' - 3y' + 2y = 0$.
Der Ansatz $y(x) = e^{\lambda x}$ führt zur charakteristischen Gleichung $\lambda^2 - 3\lambda + 2 = 0$, mit den Nullstellen $\lambda_1 = 1$, $\lambda_2 = 2$. Die allgemeine Lösung lautet daher

$$y(x) = C_1 e^{x} + C_2 e^{2x}$$

[11] Wir vermuten so einen Ansatz auf Grund unserer Erfahrungen mit homogenen linearen DG erster Ordnung in §18.2.3.

Fall: $\frac{a_1^2}{4} - a_2 = 0 \quad \Rightarrow \lambda_1 = \lambda_2 = \lambda$ ist reell (eine doppelte reelle Nullstelle)

$$y_1(x) = C_1 e^{\lambda x}$$

Die zweite Lösung lautet

$$y_2(x) = C_2\, x\, e^{\lambda x}$$

BEMERKUNG 18.9
Daß $y_2(x)$ tatsächlich eine Lösung der DG ist, läßt sich durch Einsetzen zeigen. Wir erhalten für die Ableitungen

$$\begin{aligned} y_2'(x) &= \lambda C_2 x e^{\lambda x} + C_2 e^{\lambda x} = (\lambda x + 1) C_2 e^{\lambda x} \\ y_2''(x) &= \lambda^2 C_2 x e^{\lambda x} + \lambda C_2 e^{\lambda x} + \lambda C_2 e^{\lambda x} = (\lambda^2 x + 2\lambda) C_2 e^{\lambda x} \end{aligned}$$

Eingesetzt in DG ergibt das

$$\left[(\lambda^2 x + 2\lambda) + a_1(\lambda x + 1) + a_2 x\right] C_2 e^{\lambda x} = 0$$

Nun ist aber $\frac{a_1^2}{4} - a_2 = 0$, also $a_2 = \frac{a_1^2}{4}$. Außerdem gilt $\lambda = -\frac{a_1}{2}$.
Durch Eingesetzen in [...] erhalten wir schließlich

$$\left[\left(\frac{a_1^2}{4}x - a_1\right) + a_1\left(-\frac{a_1}{2}x + 1\right) + \frac{a_1^2}{4}x\right] = \left[\frac{a_1^2}{4}x - a_1 - \frac{a_1^2}{2}x + a_1 + \frac{a_1^2}{4}x\right] = 0$$

d.h. die linke Seite der DG wird ebenfalls 0.

Die allgemeine Lösung lautet daher

$$\boxed{y(x) = C_1 e^{\lambda x} + C_2\, x\, e^{\lambda x}}$$

BEISPIEL 18.11
Wir suchen die allgemeine Lösung von $y'' - 4y' + 4y = 0$.
Aus der charakteristischen Gleichung $\lambda^2 - 4\lambda + 4 = 0$ erhalten wir $\lambda_{1,2} = 2$, und damit die allgemeine Lösung

$$y(x) = (C_1 + C_2 x) \cdot e^{2x}$$

Fall: $\frac{a_1^2}{4} - a_2 < 0 \quad \Rightarrow \lambda_1 \neq \lambda_2$ sind komplex (zwei komplexe[12] Nullstellen)

$$\begin{aligned} \lambda_1 &= a + b\,i & \qquad a &= -\tfrac{a_1}{2} \\ \lambda_2 &= a - b\,i = \overline{\lambda_1} & \qquad b &= \sqrt{\left|\tfrac{a_1^2}{4} - a_2\right|} \end{aligned}$$

[12] ☞ Anhang B auf Seite 275

Die (komplexen) Lösungen lauten daher

$$\begin{aligned} y_1(x) &= \tilde{C}_1\, e^{(a+bi)x} = \tilde{C}_1\, e^{ax}\, e^{ibx} \\ y_2(x) &= \tilde{C}_2\, e^{(a-bi)x} = \tilde{C}_2\, e^{ax}\, e^{-ibx} \end{aligned}$$

Daraus erhalten wir die reellen Lösungen:

$$\begin{aligned} y(x) &= y_1(x) + y_2(x) \\ &= \tilde{C}_1\, e^{ax}\, e^{ibx} + \tilde{C}_2\, e^{ax}\, e^{-ibx} = e^{ax} \cdot [\tilde{C}_1\, e^{ibx} + \tilde{C}_2\, e^{-ibx}] \end{aligned}$$

Eulersche Formel (☞ §B, Seite 279)

$$\begin{aligned} &= e^{ax} \cdot [\tilde{C}_1 \cos(bx) + \tilde{C}_1\, i \sin(bx) + \tilde{C}_2 \cos(bx) - \tilde{C}_2 i \sin(bx)] \\ &= e^{ax} \cdot [\underbrace{(\tilde{C}_1 + \tilde{C}_2)}_{=C_1} \cos(bx) + \underbrace{(\tilde{C}_1 - \tilde{C}_2) i}_{=C_2} \sin(bx)] \end{aligned}$$

Die allgemeine Lösung lautet daher

$$\boxed{y(x) = e^{ax} \cdot [C_1 \cos(bx) + C_2 \sin(bx)]}$$

mit

$$a = -\frac{a_1}{2} \quad \text{und} \quad b = \sqrt{\left|\frac{a_1^2}{4} - a_2\right|}$$

BEMERKUNG 18.10
Die Existenz der beiden konjungiert komplexen Nullstellen spiegelt sich in der allgemeinen Lösung mit sin und cos wider.

BEISPIEL 18.12
Wir suchen die allgemeine Lösung von $y'' + y' + y = 0$
Aus der charakteristischen Gleichung erhalten wir

$$\lambda^2 + \lambda + 1 = 0 \quad \Rightarrow \quad \lambda_{1,2} = -\frac{1}{2} \pm \frac{\sqrt{3}}{2} i$$

$$\text{Realteil: } a = -\frac{1}{2} \qquad \text{Imaginärteil: } b = \frac{\sqrt{3}}{2}$$

Die allgemeine Lösung lautet

$$y(x) = e^{-\frac{1}{2}x} \left[C_1 \cos \frac{\sqrt{3}}{2} x + C_2 \sin \frac{\sqrt{3}}{2} x \right]$$

BEMERKUNG 18.11
Die Lösungen der DG in diesem Fall zeigen immer eine Oszillation (Schwingung). Die Frequenz dieser Schwingung hängt dabei von b ab. Abhängig von a ist diese Schwingung gedämpft ($a < 0$, Abb. 18.3, links), konstant ($a = 0$, Abb. 18.3, mitte), oder sie schaukelt sich auf ($a > 0$, Abb. 18.3, rechts).

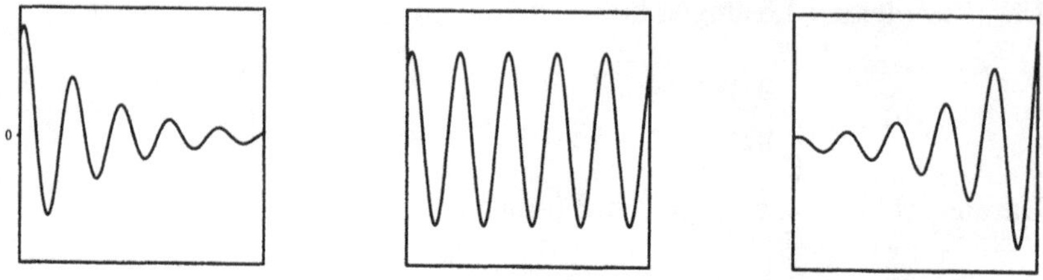

ABBILDUNG 18.3: Oszillierende Lösungen der homogenen linearen DG

BEMERKUNG 18.12
Lineare DG zweiter Ordnung werden zur Modellierung von zyklischen Vorgängen verwendet (z.B. des „Schweinebauchzyklus").

BEMERKUNG 18.13
Algebraisch formuliert bilden die Lösungen einer homogenen linearen DG mit konstanten Koeffizienten einen Vektorraum (☞ §5). Die Funktionen $e^{\lambda_1 x}$ und $e^{\lambda_2 x}$ bzw. $e^{\lambda x}$ und $x\,e^{\lambda x}$ bilden eine Basis für diesen Vektorraum.

18.3.2 Inhomogene lineare DG zweiter Ordnung mit konstanten Koeffizienten

$$y''(x) + a_1\, y'(x) + a_2\, y(x) = s$$

Die Lösung dieser DG läßt sich stets in der Gestalt

$$\boxed{y = y_h + y_p}$$

darstellen, wobei

y_h ... allgemeine Lösung der homogenen DG (Setzen $s = 0$)
y_p ... partikuläre (spezielle) Lösung der inhomogenen DG

Da alle Koeffizienten konstant sind, können wir leicht eine partikuläre Lösung finden:

$$y_p(x) = \frac{s}{a_2} \quad \text{falls } a_2 \neq 0$$
$$y_p(x) = \frac{s}{a_1}x \quad \text{falls } a_2 = 0 \text{ und } a_1 \neq 0$$

BEMERKUNG 18.14
Falls a_1, a_2 oder s nicht konstant sind, muß wiederum die Methode der Variation der Konstanten verwendet werden.

BEISPIEL 18.13
Wir suchen die Lösung des Anfangswertproblems

$$y''(t) + y'(t) - 2y(t) = -10$$

$$y(0) = 12, \quad y'(0) = -2$$

Allgemeine Lösung y_h der homogenen DG $y'' + y' - 2y = 0$:
charakteristische Gleichung:

$$\lambda^2 + \lambda - 2 = 0 \quad \Rightarrow \quad \lambda_1 = 1, \lambda_2 = -2 \quad \Rightarrow \quad y_h(t) = C_1 e^t + C_2 e^{-2t}$$

partikuläre Lösung:

$$y_p = \frac{s}{a_2} = \frac{-10}{-2} = 5$$

Die allgemeine Lösung der inhomogenen DG lautet daher

$$y(t) = y_h + y_p = C_1 e^t + C_2 e^{-2t} + 5$$

Anfangswertproblem:

$$\begin{array}{l} 12 = y(0) = C_1 + C_2 + 5 \\ -2 = y'(0) = C_1 - 2C_2 \end{array} \quad \Rightarrow \quad C_1 = 4, C_2 = 3$$

Spezielle Lösung des Anfangswertproblems:

$$y(t) = 4e^t + 3e^{-2t} + 5$$

Übungen

139. Lösen Sie

(a) $y' - k\frac{y}{x} = 0$ (b) $xy' - (1 + y) = 0$ (c) $y' = xy$

(d) $y' + e^y = 0$ (e) $y' = y^2$ (f) $y' = \sqrt{x^3 y}$

140. Geben Sie für die DG in Beispiel 139 die speziellen Lösungen für $y(1) = 1$ an.

141. Lösen Sie $y' + 6y + e^x = 0$ mit $y(0) = 1$.

142. Lösen Sie $y'' = x^2 + 2x - 5$ mit den Anfangsbedingungen $y(0) = 0$ und $y'(0) = 3$.

143. Lösen Sie $y'' + y' - 2y = 3$ mit den Anfangsbedingungen $y(0) = y'(0) = 1$.

144. Lösen Sie $y'' - 6y' + 9y = 0$ mit den Anfangsbedingungen $y(0) = 2$ und $y'(0) = 0$.

145. Lösen Sie $y'' + 2y' + 17y = 0$. Ist die Lösung konvergent für $x \to \infty$?

146. Der Grenznutzen $N'(x)$ sei indirekt proportional zum Nutzen $N(x)$. (Der Grenznutzen ist die erste Ableitung der Nutzungfunktion $N(x)$.)

(a) Formulieren Sie eine DG, die diesen Sachverhalt beschreibt.

(b) Finden Sie die allgemeine Lösung dieser DG.

(c) Geben Sie eine „sinnvolle" spezielle Lösung an. (Welchen Wert sollte $N(0)$ haben?)

BEMERKUNG 18.15 (ZUR ERINNERUNG)
y heißt indirekt proportional zu x, falls $y = \frac{\alpha}{x}$, für ein $\alpha \neq 0$.

147. Gegeben ist das folgende Marktmodell:

$$\begin{aligned} q_d(t) &= \alpha - \beta p(t) + \nu \frac{dp}{dt} \\ q_s(t) &= -\gamma + \delta p(t) \end{aligned}$$

Bestimmen Sie $p(t)$ unter der Annahme, daß die Preisänderung direkt proportional zur Differenz zwischen Angebot und Nachfrage ist, d.h.

$$\frac{dp}{dt} = j(q_d(t) - q_s(t))$$

Interpretieren Sie Modell und Ergebnis. (Alle verwendeten Parameter sind > 0.)

148. Die erwartete Anzahl von Abnehmern für ein Produkt beträgt 96000. Beim Start einer Werbekampagne kennen 4000 Leute das Produkt, zwei Monate später sind es bereits 12000. Nehmen Sie an, die Anzahl der Leute $A(t)$, die das Produkt zum Zeitpunkt t kennen, läßt sich durch eine logistische DG (einer DG des beschränkten exponetiellen Wachstums) beschreiben.

(a) Geben Sie die Funktion $A(t)$ an.

(b) Wieviele Leute kennen das Produkt nach sechs Monaten?

(c) Die Werbekampagne soll gestoppt werden, wenn drei Viertel aller potentiellen Konsumenten das Produkt kennen. Wie lange dauert die Kampagne?

19

Differenzengleichungen

19.1 Was ist eine Differenzengleichung?

In §18.1.1 haben wir ein Modell kennengelernt, in dem die Zeit t als kontinuierliche Variable betrachtet wird: sie kann jeden Wert eines Intervalls annehmen. Dementsprechend suchen wir in diesem Modell *reelle Funktionen*, die unsere Kenngröße beschreiben.

In vielen Fällen wird aber die Kenngröße nur zu bestimmten Zeitenpunkten gemessen oder ändert sich nur zu bestimmten Zeiten (z.B. der Preis einer Ware auf einem Markt). Solche Situationen lassen sich beschreiben, wenn die Zeit nur diskrete Werte $t_1, t_2, t_3, \ldots$ annehmen kann (die t_i stehen dabei für die einzelnen Zeitpunkte oder Perioden). Die Kenngröße wird daher durch eine Abbildung $\mathbb{N} \mapsto y(t)$, also durch eine *Folge* (☞ §8.1, Seite 80) beschrieben. Wir schreiben daher y_t anstatt $y(t)$.

Dieser Wechsel von kontinuierlicher zu diskreter Zeit spiegelt sich im Ersetzen des Differentialquotienten $\frac{dy}{dt}$ durch den Differenzenquotienten $\frac{\Delta y}{\Delta t}$ wider. Wenn wir einfacherheitshalber annehmen, daß t nur ganzzahlige Werte annimmt (d.h. $\Delta t = 1$), dann vereinfacht sich dieser Differenzenquotient zur **ersten Differenz** Δy. Dieser Ausdruck hängt natürlich davon ab, zwischen welchen Zeitpunkten diese Differenz gebildet wird. Um genau zu sein schreiben wir daher:

$$\Delta y_t = y_{t+1} - y_t$$

Statt der k-ten Ableitung $\frac{d^k y}{dt^k}$ treten jetzt **Differenzen der Ordnung** k auf:

$$\Delta^k y_t = \Delta(\Delta^{k-1} y_t) = \Delta^{k-1} y_{t+1} - \Delta^{k-1} y_t .$$

Die *zweite Differenz* an der Stelle t ist z.B.

$$\Delta^2 y_t = \Delta y_{t+1} - \Delta y_t = (y_{t+2} - y_{t+1}) - (y_{t+1} - y_t) = y_{t+2} - 2y_{t+1} + y_t.$$

Eine Differenzengleichung ist nun eine Gleichung, die eine solche Differenz enthält. Sie heißt von n-ter Ordnung, wenn die höchste Ordnung der vorkommenden Differenzen gleich n ist.

BEISPIEL 19.1

$\Delta y_t = 3$	Differenzengleichung erster Ordnung
$\Delta y_t = \frac{1}{2} y_t$	Differenzengleichung erster Ordnung
$\Delta^2 y_t + 2\Delta y_t = -3$	Differenzengleichung zweiter Ordnung

Es gibt auch eine äquvalente Darstellung für Differenzengleichungen, die keinen Δ-Ausdruck enthält und leichter handhabbar ist (und daher im folgenden von uns verwendet wird).

BEISPIEL 19.2
Die Differenzengleichungen aus Beispiel 19.1 lassen sich darstellen als

$$\Delta y_t = 3 \Leftrightarrow y_{t+1} - y_t = 3 \quad \Leftrightarrow \quad y_{t+1} = y_t + 3$$

$$\Delta y_t = \tfrac{1}{2} y_t \Leftrightarrow y_{t+1} - y_t = \tfrac{1}{2} y_t \quad \Leftrightarrow \quad y_{t+1} = \tfrac{3}{2} y_t$$

$$\Delta^2 y_t + 2\Delta y_t = -3 \Leftrightarrow (y_{t+2} - 2y_{t+1} + y_t) + 2(y_{t+1} - y_t) = -3 \quad \Leftrightarrow \quad y_{t+2} = y_t - 3$$

Unsere Aufgabe ist es nun, eine Folge y_t zu finden, die die angegebene Rekursionsformel *für alle* t erfüllt (vgl. §8.1.1 auf Seite 80).

19.2 Differenzengleichungen erster Ordnung

19.2.1 Iteration

Differenzengleichungen wie in Beispiel 19.1 lassen sich recht leicht durch Iteration „zu Fuß" berechnen, wenn der Startwert y_0 gegeben ist. Unter Umständen erhalten wir dabei nicht nur die ersten Folgeglieder, sondern sogar das Bildungsgesetz der Folge.

BEMERKUNG 19.1
Solche rekursiven Berechnungen der Folgeglieder lassen sich recht einfach durch Tabellenkalulationsprogramme („Spreadsheets") bewerkstelligen.

BEISPIEL 19.3
Die Lösung der Differenzengleichung $y_{t+1} = y_t + 3$ mit der Anfangsbedingung y_0 ist

$$\begin{aligned} y_1 &= y_0 + 3 \\ y_2 &= y_1 + 3 = (y_0 + 3) + 3 = y_0 + 2 \cdot 3 \\ y_3 &= y_2 + 3 = (y_0 + 2 \cdot 3) + 3 = y_0 + 3 \cdot 3 \\ &\ldots \\ y_t &= y_0 + 3t \end{aligned}$$

Für die Anfangsbedingung $y_0 = 5$ erhalten wir $y_t = 5 + 3t$.

BEISPIEL 19.4
Die Lösung der Differenzengleichung $y_{t+1} = \frac{3}{2}y_t$ mit der Anfangsbedingung y_0 ist

$$\begin{aligned}
y_1 &= \tfrac{3}{2}y_0 \\
y_2 &= \tfrac{3}{2}y_1 = \tfrac{3}{2}(\tfrac{3}{2}y_0) = \left(\tfrac{3}{2}\right)^2 y_0 \\
y_3 &= \tfrac{3}{2}y_2 = \tfrac{3}{2}(\tfrac{3}{2}^2 y_0) = \left(\tfrac{3}{2}\right)^3 y_0 \\
&\dots \\
y_t &= \left(\tfrac{3}{2}\right)^t y_0
\end{aligned}$$

Für die Anfangsbedingung $y_0 = 5$ erhalten wir $y_t = 5 \cdot \left(\frac{3}{2}\right)^t$.

19.2.2 Homogene lineare Differenzengleichungen $y_{t+1} + a\,y_t = 0$

Auf Grund unserer Erfahrungen in Beispiel 19.4 vermuten wir

$$y_t = A\,\beta^t, \quad A\,\beta \neq 0,$$

wobei A eine reelle Zahl ist (allgemeine Lösung). Die Differenzengleichung muß für alle t gelten:

$$y_{t+1} + a\,y_t = A\,\beta^{t+1} + a\,A\,\beta^t = 0.$$

Division durch $A\,\beta^t$ ergibt $\beta + a = 0$ und somit $\beta = -a$. Wir erhalten daher die Lösung

$$\boxed{y_t = A\,(-a)^t}$$

Das Verhalten der Lösung einer lineare Differenzengleichung erster Ordnung hängt vom Parameter a ab. Im Gegensatz zu linearen Differentialgleichungen erster Ordnung kann jetzt auch Oszillation auftreten. Es gibt sieben Bereiche für a, die in Abbildung 19.1 dargestellt sind. Wir können dieses Verhalten zusammenfassen[1]:

$$\begin{aligned}
\text{oszillierend} &\quad\Leftrightarrow\quad a > 0 \\
\text{konvergent} &\quad\Leftrightarrow\quad |a| < 1
\end{aligned}$$

19.2.3 Inhomogene lineare Differenzengleichungen $y_{t+1} + a\,y_t = s$

Die allgemeine Lösung dieser Differenzengleichung läßt sich stets darstellen als[2]

$$y_t = y_{h,t} + y_{p,t}$$

[1]vgl. auch die Grenzwert der geometrischen Folge q^n in Tabelle 8.2, Seite 84.
[2]vgl. die Lösungen einer inhomogenen linearen Differentialgleichung, ☞ 18.2.4, Seite 224

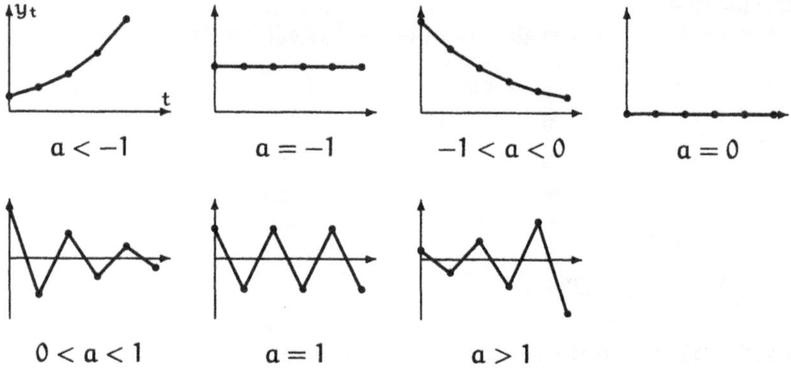

ABBILDUNG 19.1: Verhalten der Lösung $y_t = A\,(-a)^t$

wobei

$y_{h,t}$ ... allgemeine Lösung der homogenen Differenzengleichung ($s = 0$)
$y_{p,t}$ ... eine partikuläre Lösung der inhomogenen Differenzengleichung

Um eine partikuläre Lösung zu erhalten, nehmen wir zuerst ein konstante Lösung an: $y_{p,t} = c$. Daraus erhalten wir

$$y_{p,t+1} + a\,y_{p,t} = c + a\,c = s \quad \Rightarrow \quad y_{p,t} = c = \frac{s}{1+a} \quad \text{falls } a \neq -1$$

Falls $a = -1$ versuchen wir $y_{p,t} = c\,t$:

$$c\,(t+1) + (-1)\,c\,t = s \quad \Rightarrow \quad c = \frac{s}{(t+1)-t} = s \quad \Rightarrow \quad y_{p,t} = s\,t$$

Die allgemeine Lösung der inhomogenen Differenzengleichung lautet daher

$$y_t = \begin{cases} A\,(-a)^t + \dfrac{s}{1+a} & \text{falls } a \neq -1 \\ A\,(-a)^t + s\,t = A + s\,t & \text{falls } a = -1 \end{cases}$$

Die Lösung des Anfangswertproblems erhalten wir (wie bei den Differentialgleichungen) durch Einsetzen.

Das qualitative Verhalten der Lösung hängt genauso vom Parameter a ab wie im Fall der homogenen linearen Differenzengleichung (☞ Abb. 19.1, wobei die Verläufe der Kurven um die Konstante $\frac{s}{1+a}$ nach oben bzw. unten verschoben sind). Nur im Ausnahmefall $a = -1$ erhalten wir nicht mehr die konstante Folge $y_t = A$ sondern eine arithmetische Folge[3].

[3] ☞ Tab. 8.4, Seite 86

BEISPIEL 19.5
Wir suchen die Lösung von $y_{t+1} - 2y_t = 2$ mit der Anfangsbedingung $y_0 = 1$.

Allgemeine Lösung:

$$y_t = A\,(-(-2))^t + \frac{2}{1-2} = A\,2^t - 2, \qquad \text{da } a = -2 \neq -1$$

Lösung des Anfangswertproblems durch Einsetzen:

$$1 = y_0 = A\,2^0 - 2 \quad\Rightarrow\quad A = 3 \quad\Rightarrow\quad y_t = 3 \cdot 2^t - 2$$

BEISPIEL 19.6
Wir suchen die Lösung von $y_{t+1} - y_t = 3$ mit der Anfangsbedingung $y_0 = 4$.

Allgemeine Lösung:

$$y_t = A + 3t \qquad \text{da } a = -1$$

Lösung des Anfangswertproblems durch Einsetzen:

$$4 = y_0 = A + 3 \cdot 0 \quad\Rightarrow\quad A = 4 \quad\Rightarrow\quad y_t = 4 + 3t$$

BEISPIEL 19.7
Wenn wir in unserem einfachen Marktmodell aus Beispiel 18.8 diskrete (statt kontinuierlicher) Zeit einführen, dann erhalten wir folgendes Modell:

$$\begin{aligned} q_{d,t} &= \alpha - \beta p_t && (\alpha, \beta > 0) \\ q_{s,t} &= -\gamma + \delta p_t && (\gamma, \delta > 0) \\ p_{t+1} &= p_t + j(q_{d,t} - q_{s,t}) && (j > 0) \end{aligned}$$

$q_{d,t}$ gibt dabei die Nachfrage, $q_{s,t}$ das Angebot und p_t den Marktpreis zum Zeitpunkt t an. In diesem Modell hängen Angebot und Nachfrage vom Preis der entsprechenden Periode ab, während der Preis eine Funktion von Preis, Angebot und Nachfrage der vorhergehenden Periode ist.

Durch Einsetzen von Nachfrage- und Angebotsfunktion in die dritte Gleichung erhalten wir die inhomogene lineare Differenzengleichung erster Ordnung

$$p_{t+1} + (j(\beta + \gamma) - 1)\,p_t = j(\alpha + \gamma)$$

Da alle Konstanten größer Null sind, ist $j(\beta + \gamma) - 1 \neq -1$ und wir erhalten die allgemeine Lösung

$$p_t = A\,(1 - j(\beta + \delta))^t + \frac{\alpha + \gamma}{\beta + \delta} = A\,(1 - j(\beta + \delta))^t + \bar{p}$$

wobei $\bar{p} = \frac{\alpha+\gamma}{\beta+\delta}$ wieder der Preis im Marktgleichgewicht ist. Durch Einsetzen der Anfangsbedingung erhalten wir die Lösung

$$p_t = (p_0 - \bar{p})(1 - j(\beta + \delta))^t + \bar{p}$$

19.2.4 Ein Cobweb-Model

Das Verhalten von Lösungen von Differenzengleichungen erster Ordnung läßt sich auch graphisch analysieren, selbst dann, wenn keine geschlossene Form für die Lösung gefunden werden kann. Wir wollen das anhand des *Cobweb-Modells* demonstrieren.
Im Gegensatz zu Beispiel 19.7 soll in diesem Modell das Angebot vom Preis der vorhergehenden Periode abhängen. Innerhalb jeder Periode soll Markgleichgewicht gelten. Es gilt also immer der Preis, bei dem Angebot und Nachfrage gleich sind. Wir daher erhalten die folgenden Bedingungen:

$$q_{d,t} = q_{s,t}, \quad q_{d,t} = D(p_t), \quad q_{s,t} = S(p_{t-1})$$

$S(p)$ und $D(p)$ sind dabei Angebots- bzw. Nachfragefunktion in diesem Markt. Die lineare Version[4] dieses Modells lautet:

$$\begin{aligned} q_{d,t} &= q_{s,t} \\ q_{d,t} &= \alpha - \beta p_t && (\alpha, \beta > 0) \\ q_{s,t} &= -\gamma + \delta p_{t-1} && (\gamma, \delta > 0) \end{aligned}$$

Durch Einsetzen der zweiten und dritten Gleichung in die erste erhalten wird die lineare Differenzengleichung

$$\beta p_t + \delta p_{t-1} = \alpha + \gamma \quad \Leftrightarrow \quad p_{t+1} + \tfrac{\delta}{\beta} p_t = \tfrac{\alpha+\gamma}{\beta}$$

mit der Lösung

$$p_t = (p_0 - \bar{p}) \left(-\frac{\delta}{\beta}\right)^t + \bar{p}$$

wobei $\bar{p} = \frac{\alpha+\gamma}{\beta+\delta}$.
Da alle Konstanten positiv sind, wissen wir bereits aus §19.2.2, daß die Lösung immer oszilliert. Sie konvergiert genau dann gegen $\bar{p}$, wenn $\left|\frac{\delta}{\beta}\right| < 1$.

Graphisch läßt sich dieses Modell so analysieren:
Wir zeichnen Angebot $S(p)$ und Nachfrage $D(p)$ als Funktion des Preises p auf (in unserem Fall ist $S(p) = -\gamma + \delta p$ und $D(p) = \alpha - \beta p$). Wenn wir nun in der Peride 0 mit einem Preis p_0 starten (☞ Abb. 19.2), dann erhalten wir in der Periode 1 ein Angebot $q_1 = S(p_0)$ (Pfeil nach oben). Da sich in dieser Periode der Markt im Gleichgewicht befindet, muß für den Preis p_1 gelten, daß $D(p_1) = q_1$ (Pfeil nach links). In der nächsten Periode erhalten wir ein Angebot $q_2 = S(p_1)$ (Pfeil nach unten) und wegen des Marktgleichgewichtes einen Preis p_2 (Pfeil nach rechts). Durch Wiederholen dieses Vorganges können wir Preise und Mengen in aufeinanderfolgenden Perioden bestimmen, d.h. indem wir die Pfeile im Diagramm verfolgen und dabei ein „Spinnennetz“[5]

[4] d.h. S und D werden durch lineare Funktionen modelliert.
[5] engl.: *cobweb*

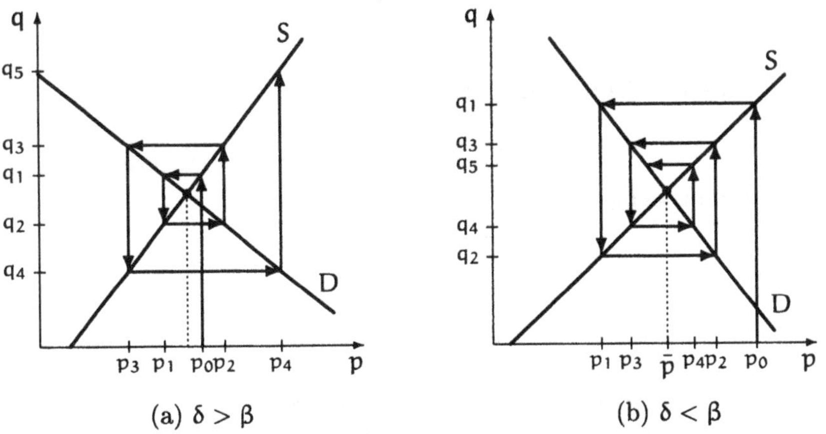

ABBILDUNG 19.2: Graphische Lösung des Cobweb-Modells

um den *Fixpunkt* $(\bar{p}, \bar{q})$ erzeugen ($\bar{q} = S(\bar{p}) = D(\bar{p})$). Je nach Verhältnis von β und δ wird die Oszillation immer größer (Abb. 19.2, links) oder kleiner (Abb. 19.2, rechts). Im Grenzfall $\delta = \beta$ erhalten wir eine zyklische Lösung mit $p_0 = p_2 = p_4 = \ldots$.

BEMERKUNG 19.2
Das Verfahren funktioniert auch dann, wenn S und D nicht mehr linear sind, d.h. wenn die entsprechende Differenzengleichung nicht mehr linear ist.

19.3 Differenzengleichungen zweiter Ordnung

19.3.1 Homogene lineare Differenzengleichungen $y_{t+2} + a_1\, y_{t+1} + a_2\, y_t = 0$

Nach den Erfahrungen, die wir bereits mit linearen Differenzengleichungen erster Ordnung und linearen Differentialgleichungen gemacht haben, versuchen wir folgenden Lösungsansatz:

$$y_t = A\,\beta^t, \qquad A\,\beta \neq 0$$

Einsetzen in die Differenzengleichung ergibt

$$A\,\beta^{t+2} + a_1\,A\,\beta^{t+1} + a_2\,A\,\beta^t = 0$$

Durch Division durch $A\,\beta^t$ erhalten wir daraus die charakteristische Gleichung

$$\beta^2 + a_1\,\beta + a_2 = 0$$

mit den Lösungen

$$\beta_{1,2} = -\frac{a_1}{2} \pm \sqrt{\frac{a_1^2}{4} - a_2}$$

Analog zu §18.3.1 erhalten wir wieder drei Fälle.

Fall: $\frac{a_1^2}{4} - a_2 > 0 \quad \Rightarrow \beta_1 \neq \beta_2$ sind reell (zwei reelle Lösungen)
Die allgemeine Lösung lautet

$$\boxed{y_t = A_1\,\beta_1^t + A_2\,\beta_2^t}$$

BEISPIEL 19.8
Wir suchen die allgemeine Lösung von $y_{t+2} - 3\,y_{t+1} + 2\,y_t = 0$.
Aus der charakteristischen Gleichung $\beta^2 - 3\,\beta + 2 = 0$, mit den Nullstellen $\beta_1 = 1$ und $\beta_2 = 2$, erhalten wir die allgemeine Lösung

$$y_t = A_1\,1^t + A_2\,2^t$$

Fall: $\frac{a_1^2}{4} - a_2 = 0 \quad \Rightarrow \beta_1 = \beta_2 = \beta$ ist reell (eine doppelte reelle Nullstelle)
Analog zur Differentialgleichung erhalten wir die allgemeine Lösung

$$\boxed{y_t = A_1\,\beta^t + A_2\,t\,\beta^t}$$

BEISPIEL 19.9
Wir suchen die allgemeine Lösung von $y_{t+2} - 4\,y_{t+1} + 4\,y_t = 0$.
Aus der charakteristischen Gleichung $\beta^2 - 4\,\beta + 4 = 0$ erhalten wir $\beta_{1,2} = 2$.
Die allgemeine Lösung lautet daher

$$y_t = A_1\,2^t + A_2\,t\,2^t$$

Fall: $\frac{a_1^2}{4} - a_2 < 0 \quad \Rightarrow \beta_1 \neq \beta_2$ sind komplex (zwei komplexe[6] Nullstellen)

$$\beta_1 = a + b\,i \qquad a = -\tfrac{a_1}{2}$$

$$\beta_2 = a - b\,i = \overline{\beta_1} \qquad b = \sqrt{a_2 - \tfrac{a_1^2}{4}}$$

In Polarkoordinaten[7] erhalten wir

$$\beta_1 = r(\cos\theta + i\,\sin\theta) \quad \text{und} \quad \beta_2 = r(\cos\theta - i\,\sin\theta)$$

---

[6] ☞ Anhang B auf Seite 275
[7] ☞ Anhang B auf Seite 277

mit

$$r = |\beta| = \sqrt{a^2 + b^2} = \sqrt{\frac{a_1^2}{4} + a_2 - \frac{a_1^2}{4}} = \sqrt{a_2}$$

$$\cos\theta = \frac{a}{r} = -\frac{a_1}{2\sqrt{a_2}} \qquad \text{und} \qquad \sin\theta = \frac{b}{r} = \sqrt{1 - \frac{a_1^2}{4\,a_2}}$$

Daraus erhalten wir die (reellen) Lösungen:

$$\begin{aligned} y_t &= \tilde{A}_1(a + b\,i)^t + \tilde{A}_2(a - b\,i)^t \\ &= \tilde{A}_1(r(\cos\theta + i\,\sin\theta))^t + \tilde{A}_2 r(\cos\theta - i\,\sin\theta)^t \end{aligned}$$

Formel von de Moivre (☞ §B, Seite 278)

$$= r^t(\underbrace{(\tilde{A}_1 + \tilde{A}_2)}_{=A_1}\cos\theta t + \underbrace{(\tilde{A}_1 - \tilde{A}_2)i}_{=A_2}\sin\theta t)$$

Die allgemeine Lösung lautet daher

$$\boxed{y_t = r^t\,(A_1\cos\theta t + A_2\sin\theta t)}$$

BEISPIEL 19.10
Wir suchen die allgemeine Lösung von $y_{t+2} + y_{t+1} + y_t = 0$.
Aus der charakteristischen Gleichung erhalten wir

$$\beta^2 + \beta + 1 = 0 \quad \Rightarrow \quad \beta_{1,2} = -\frac{1}{2} \pm \frac{\sqrt{3}}{2}\,i$$

kartesische Koordinaten: $a = -\frac{1}{2}$, $b = \frac{\sqrt{3}}{2}$.
Polarkoordinaten: $r = \sqrt{1} = 1$, $\theta = \frac{2\pi}{3}$ (da $\sin\theta = a$ und $\cos\theta = b$).
Die allgemeine Lösung lautet daher

$$y_t = (A_1\cos\frac{2\pi}{3}t + A_2\sin\frac{2\pi}{3}t)$$

19.3.2 Inhomogene lineare Differenzengleichungen $y_{t+2} + a_1\,y_{t+1} + a_2\,y_t = s$

Wie im Falle von linearen Differenzengleichungen erster Ordnung können wir die allgemeine Lösung darstellen als

$$y_t = y_{h,t} + y_{p,t}$$

wobei

$y_{h,t}$ ... allgemeine Lösung der homogenen Differenzengleichung ($s = 0$)
$y_{p,t}$ ... eine partikuläre Lösung der inhomogenen Differenzengleichung

Um eine partikläre Lösung zu erhalten, nehmen wir zuerst eine konstante Lösung an: $y_{p,t} = c$. Daraus erhalten wir

$$c + a_1 c + a_2 c = s \quad \Rightarrow \quad y_{p,t} = c = \frac{s}{1 + a_1 + a_2} \quad \text{falls } a_1 + a_2 \neq -1$$

Falls $a_1 + a_2 = -1$ versuchen wir stattdessen $y_{p,t} = c\,t$ und erhalten

$$c\,(t+2) + a_1\,c\,(t+1) + a_2\,c\,t = s \quad \Rightarrow \quad c = \frac{s}{(1 + a_1 + a_2)t + a_1 + 2} = \frac{s}{a_1 + 2}$$

$$\Rightarrow \quad y_{p,t} = \frac{s}{a_1 + 2}\,t \qquad \text{falls } a_1 + a_2 = -1 \text{ und } a_1 \neq -2.$$

Falls auch noch $a_1 + a_2 = -1$ und $a_1 = -2$ dann bekommen wir mit

$$y_{p,t} = \frac{s}{2}\,t^2$$

eine partikuläre Lösung[8].

BEISPIEL 19.11
Wir suchen die Lösung der Differenzengleichung $y_{t+2} + y_{t+1} + y_t = 9$.
Die allgemeine Lösung der homogenen Differenzengleichung (☞ Beispiel 19.10): $y_{h,t} = (A_1 \cos \frac{2\pi}{3} t + A_2 \sin \frac{2\pi}{3} t)$
partikuläre Lösung: $y_{p,t} = \frac{9}{1+1+1} = 3$
allgemeine Lösung der Differenzengleichung:

$$y_t = (A_1 \cos \frac{2\pi}{3} t + A_2 \sin \frac{2\pi}{3} t) + 3$$

BEISPIEL 19.12
Wir suchen die Lösung der Differenzengleichung $y_{t+2} - 3y_{t+1} + 2y_t = 2$.
Die allgemeine Lösung der homogenen Differenzengleichung (☞ Beispiel 19.8): $y_{h,t} = A_1 + A_2 2^t$
partikuläre Lösung: $y_{p,t} = \frac{2}{-3+2} = -2$ (da $a_1 + a_2 = -3 + 2 = -1$)
allgemeine Lösung der Differenzengleichung:

$$y_t = A_1 + A_2 2^t - 2$$

Übungen

149. Lösen Sie die folgenden Differenzengleichungen durch Iteration:

(a) $y_{t+1} = y_t + 2, \quad y_0 = 5$ (b) $y_{t+1} = 2y_t, \quad y_0 = 3$

150. Lösen Sie die folgenden Differenzengleichungen und bestimmen Sie das Verhalten der Lösungen (konvergent, oszillierend).

(a) $y_{t+1} - \frac{1}{3} y_t = 6, \quad y_0 = 1$ (b) $y_{t+1} + 2y_t = 9, \quad y_0 = 4$

(c) $y_{t+1} + \frac{1}{4} y_t = 5, \quad y_0 = 2$ (d) $y_{t+1} - y_t = 3, \quad y_0 = 5$

(e) $y_{t+1} - 3y_t = 6, \quad y_0 = 2$ (f) $y_{+1} + y_t = 2, \quad y_0 = 3$

[8]Diese Lösung gilt aber nur für die Differenzengleichung $y_{t+2} - 2y_{t+1} + y_t = s$!

151. Gegeben sind die Angebot- und Nachfragefunktionen für das Cobweb-Modell. Stellen Sie graphisch fest, ob die Lösungen konvergieren.

(a) $q_{d,t} = 18 - 3p_t,\ q_{s,t} = -3 + 4p_t$

(b) $q_{d,t} = 22 - 3p_t,\ q_{s,t} = -2 + p_t$

152. Lösen Sie

(a) $y_{t+2} + 3y_{t+1} - \frac{7}{4}y_t = 9, \quad y_0 = 6,\ y_1 = 3$

(b) $y_{t+2} - 2y_{t+1} + 2y_t = 0, \quad y_0 = 3,\ y_1 = 4$

(c) $y_{t+2} - y_{t+1} + \frac{1}{4}y_t = 2, \quad y_0 = 4,\ y_1 = 7$

A

Terme, Gleichungen und Ungleichungen

Jeder Berufsstand hat seine eigenen Techniken und Verfahrensweisen, die Kraft macht es nicht. Ein Müller, der sich ohne seinen Vorteil die schweren Mehl- und Getreidesäcke auf die Schultern heben würde, wäre alsbald erschöpft. Da springt der sogenannte Vorteil ein, der besondere Griff. Mit dem speziellen Trick geht es mühelos.

Alois Brandstetter
»Zu Lasten der Briefträger«

Das Umformen von Termen, das Lösen von einfachen Gleichungen und Ungleichungen gehört zum handwerklichen Grundwerkzeug der Mathematik. In diesem Kapitel werden daher diese Fertigkeiten — die der Leserin/dem Leser bereits aus der Schule vertraut sein sollten — zusammengefaßt.

A.1 Zahlen

Wir unterscheiden folgende Zahlen(mengen):

- natürliche Zahlen[1]: $\mathbb{N} = \{1, 2, 3, 4, \ldots\}$
- ganze Zahlen: $\mathbb{Z} = \{\ldots, -3, -2, -1, 0, 1, 2, 3, \ldots\}$
- rationale Zahlen (Bruchzahlen): $\mathbb{Q} = \{\frac{n}{m} \colon m, n \in \mathbb{Z}, m \neq 0\}$
  Rationale Zahlen können auch als **Dezimalzahlen** dargestellt werden: z.B. $\frac{1}{4} = 0{,}25$, $-\frac{5}{9} = -0{,}\dot{5} = -0{,}55555\ldots$, $\frac{5}{11} = 0{,}\dot{3}\dot{6} = 0{,}36363636\ldots$

[1] Nach einer anderen Konvention (so z.B. in Schulbüchern) enthalten die natürlichen Zahlen auch 0: $\mathbb{N} = \{0, 1, 2, 3, 4, \ldots\}$

Die Dezimaldarstellung einer rationalen Zahl ist immer *endlich* (z.B. von $\frac{1}{4}$) oder *periodisch*[2] (z.B. von $\frac{5}{11}$).

- irrationale Zahlen: Zahlen mit *unendlicher* nicht periodischer Dezimaldarstellung
  z.B. $\sqrt{2} = 1{,}41421356\ldots$, $\pi = 3{,}141592653\ldots$, $e = 2{,}7182818\ldots$
- reelle Zahlen: $\mathbb{R}$
  Alle rationalen und irrationalen Zahlen.
- komplexe Zahlen: $\mathbb{C}$
  reelle und imaginären Zahlen (☞ Anhang B)

Für die Dezimaldarstellung von reellen Zahlen gibt es zwei Möglichkeiten:

- Festkommaformat
  Das Komma kennzeichnet den ganzzahligen Anteil der Zahl. z.B.: 1234,56
- Gleitkommaformat[3]
  Das Komma steht nach der ersten Ziffer. Die Größenordnung der Zahl wird durch Multiplizieren mit einer geeigneten Potenz von 10 ausgedrückt. z.B.: $1{,}23456 \cdot 10^3$. Dabei heißt „1,23456" die (*6-stellige*) Mantisse und „3" der Exponent der Zahl.

  In der EDV wird oft ein Dezimal*punkt* verwendet (vgl. Bem. A.1) und der Exponent durch den Buchstaben „E" (oder „e") dargestellt.
  z.B.: 1.23456 E3.

BEMERKUNG A.1
In der englischsprachigen Literatur ist statt eines Kommas ein Dezimalpunkt ("decimal point") üblich.

BEMERKUNG A.2
In welchem Format Ihr persönlicher Taschenrechner Gleitkommazahlen darstellt, entnehmen Sie bitte der Bedienungsanleitung. Die Ziffernfolge „1.23456 03" auf dem Display ist z.B. kein gültiges Zahlenformat auf dem Papier. Richtigerweise sollte es 1234,56 oder $1{,}23456 \cdot 10^3$ lauten.

[2] Der periodische Teil der Dezimalzahl wird durch ein oder zwei Punkte dargestellt, z.B.: $0{,}1\dot{2}3\dot{6}$ steht für die unendliche periodische Dezimaldarstellung 0,1236236236236236....
[3] Die Gleitkommadarstellung wird auch *„wissenschaftliche Darstellung"* genannt.

A.2 Terme

In der Mathematik trifft man auf Ausdrücke wie etwa

$$B = R \cdot \frac{q^n - 1}{q^n(q-1)}$$

der den Barwert einer nachschüssigen Rente nach n Jahren angibt; oder

$$U = 2\pi r$$

der den Umfang eines Kreises mit Radius r angibt. Diese mathematischen Ausdrücke auf beiden Seiten des „="-Zeichens heißen **Terme**. Sie enthalten **Zahlen**, **Konstante** (das sind Symbole, die einen *fixen* Wert repräsentieren, z.B. $\pi = 3.14159\ldots$) und **Variable** (für die ein *beliebiger* Wert eingesetzt werden kann).

BEMERKUNG A.3
Konstante werden meist, aber nicht immer, mit den ersten Buchstaben (a, b, c, ...), Variable mit den letzten Buchstaben (..., x, y, z) des lateinischen Alphabets bezeichnet[4]. Um mehr Symbole zu erhalten, werden diese Buchstaben mit Indizes versehen (z.B. a_1, a_2, a_3, x_1, P_0).

Beim Rechnen mit Termen muß darauf geachtet werden, für welche Werte der Variablen der Ausdrück definiert ist. So ist etwa der Ausdruck $\frac{1}{x-1}$ nur für $x \in \mathbb{R} \setminus \{1\}$ definiert, der Ausdruck $\sqrt{x+1}$ nur für $x \geq -1$. Die Menge aller erlaubten Variablenwerte heißt der **Definitionsbereich** des Terms.

A.2.1 Das Summensymbol

Terme, die viele Summanden enthalten, die gesetzmäßig zusammenhängen, lassen sich oft durch Verwendung des **Summensymbols** $\sum$ vereinfachen. Dabei werden die einzelnen Summanden durch ein *„Bildungsgesetz"* mit Hilfe einer *Indexvariable* (meist i, j oder k) beschrieben. Im Summensymbol werden die untere und die obere Grenze für die *ganzzahligen* Werte dieser Indexvariablen angegeben (vgl. Folgen und Reihen, § 8.1).

$$\sum_{i=1}^{n} a_i = a_1 + a_2 + \cdots + a_n$$

Wir können das Summensymbol[5] auch als Abkürzung für die rechte Seite der obigen Formel interpretieren. Dazu setzen wir im Ausdruck, auf den sich das Summensymbol bezieht, für die Indexvariable alle möglichen Werte ein und addieren.

[4] Diese Konvention geht auf RENÉ DESCARTES (1596–1650) zurück.
[5] lies: *„Summe über* a_i *von* $i = 1$ *bis* $i = n$*"*

BEISPIEL A.1
Die Summe der ersten 10 natürlichen Zahlen größer 2 ist in zwei verschiedenen Notationen:

$$\sum_{i=1}^{10}(2+i) = (2+1)+(2+2)+(2+3)+\cdots+(2+10)$$

Wir können auch Summensymbole zusammenfassen und wieder trennen. Dabei ist zu beachten, daß die Grenzen für die Indexvariablen übereinstimmen (Die Indexvariablen können durch beliebige Buchstaben bezeichnet werden.).

BEISPIEL A.2

$$\sum_{i=2}^{n} a_i + \sum_{j=2}^{n} b_j = \sum_{i=2}^{n} a_i + \sum_{i=2}^{n} b_i = \sum_{i=2}^{n}(a_i+b_i)$$

(Die Umbenennung von j nach i in der zweiten Summe ist erlaubt. Die Indexvariable kann ja mit einem beliebigen Buchstaben bezeichnet werden, der nur innerhalb der Summe eindeutig sein muß.)

Analog zum *Summensymbol* gibt es auch das Produktsymbol $\prod$.

$$\prod_{i=1}^{n} a_i = a_1 \cdot a_2 \cdot \ldots \cdot a_n$$

A.2.2 Absolutbetrag

Der Absolutbetrag $|x|$ einer Zahl gibt den Abstand vom Nullpunkt an. Er ist definiert als

$$|x| = \begin{cases} x & \text{für } x \geq 0 \\ -x & \text{für } x < 0 \end{cases}$$

A.2.3 Potenzen und Wurzeln

Eine Potenz von x ist ein Ausdruck der Form[6] x^n. x heißt dabei die Basis und n der Exponent der Potenz. Für $n \in \mathbb{N}$ steht dieses Symbol für die n-fache Multiplikation von x.

$$x^n = \underbrace{x \cdot x \cdot \ldots \cdot x}_{n \text{ Faktoren}}$$

[6]lies: „x *hoch* n“ oder auch „x *zur* n*-ten Potenz*“. x^2 wird als „x*-quadrat*“ bezeichnet.

Für negative ganzzahlige Exponenten gilt:

$$x^{-n} = \frac{1}{x^n}$$

Eine Zahl y heißt die n-te Wurzel $\sqrt[n]{x}$ von x, falls $y^n = x$. Das *Ziehen der n-ten Wurzel* stellt somit die umgekehrte Operation des *Potenzierens* dar. Für die *Quadratwurzel* $\sqrt[2]{x}$ wird die abgekürzte Schreibweise $\sqrt{x}$ verwendet.

Wir können nun auch rationale Potenzen definieren:

$$x^{\frac{1}{m}} = \sqrt[m]{x} \qquad m \in \mathbb{Z} \setminus \{0\},\ x \geq 0$$

Bei gebrochenzahligen Exponenten muß die Basis größer oder gleich 0 sein.

Tabelle A.1 zeigt den Zusammenhang zwischen Potenzen und Wurzeln und deren Rechenregeln.

BEMERKUNG A.4
Potenzen lassen sich auch auf irrationale Exponenten erweitern (☞ §A.2.7).

TABELLE A.1: Rechenregeln für Potenzen und Wurzeln
Seien $n, m \in \mathbb{Z}$, $x, y \in \mathbb{R}$.

$x^{-n} = \frac{1}{x^n}$	$x^0 = 1 \quad (x \neq 0)$
$x^{n+m} = x^n \cdot x^m$	$x^{\frac{1}{m}} = \sqrt[m]{x} \quad (x \geq 0)$
$x^{n-m} = \frac{x^n}{x^m}$	$x^{\frac{n}{m}} = \sqrt[m]{x^n} \quad (x \geq 0)$
$(x \cdot y)^n = x^n \cdot y^n$	$x^{-\frac{n}{m}} = \frac{1}{\sqrt[m]{x^n}} \quad (x \geq 0)$
$(x^n)^m = x^{n \cdot m}$	

BEISPIEL A.3

$$\frac{(x \cdot y)^4}{x^{-2} y^3} = x^4 y^4 x^{-(-2)} y^{-3} = x^6 y$$

$$\frac{(2x^2)^3 (3y)^{-2}}{(4x^2 y)^2 (x^3 y)} = \frac{2^3 x^{2\cdot 3} 3^{-2} y^{-2}}{4^2 x^{2\cdot 2} y^2 x^3 y} = \frac{\frac{8}{9} x^6 y^{-2}}{16 x^7 y^3} = \frac{1}{18} x^{6-7} y^{-2-3} = \frac{1}{18 x y^5}$$

$$4^{\frac{3}{2}} = \sqrt[2]{4^3} = \left(\sqrt{4}\right)^3 = 2^3 = 8$$

$$\left(3\,x^{\frac{1}{3}}\,y^{-\frac{4}{3}}\right)^3 = 3^3\,x^{\frac{3}{3}}\,y^{-\frac{12}{3}} = 27\,x\,y^{-4} = \frac{27\,x}{y^4}$$

Häufige Fehlerquellen:

$-x^2$	ist *nicht* gleich $(-x)^2$
$(x+y)^n$	ist *nicht* gleich $x^n + y^n$
$x^n + y^n$	kann (im allgemeinen) *nicht* vereinfacht werden
$3\,x^n$	ist *nicht* gleich $(3\,x)^n$

A.2.4 Polynome

Ein Monom ist ein Produkt von Konstanten und Variablen mit nichtnegativen ganzzahligen Potenzen. Der Grad eines Monoms ist die Summe der Exponenten im Ausdruck.

BEISPIEL A.4
$6\,x^2$ ist ein Monom 2. Grades.
$3\,x^3\,y$ und $x\,y^2\,z$ sind Monome 4. Grades.
$\sqrt{x}$ und $\frac{2}{3\,x\,y^2}$ sind *keine* Monome.

Ein Polynom ist die Summe von ein oder mehreren Monomen. Der Grad eines Polynoms ist der größte Grad unter den einzelnen Monomen.

BEISPIEL A.5
$4\,x^2\,y^3 - 2\,x^3\,y + 4\,x + 7\,y$ ist ein Polynom 5. Grades.

Wichtig sind Polynome $P(x)$ in einer Variable.

$$P(x) = \sum_{i=0}^{n} a_i\,x^i = a_n\,x^n + a_{n-1}\,x^{n-1} + \cdots + a_1\,x + a_0$$

wobei x die Variable und die a_i Konstante sind.

Multiplizieren

Polynome können multipliziert werden, indem jeder Summand des ersten Polynoms mit jedem Summanden des zweiten Polynoms multipliziert wird und die Teilprodukte addiert werden.

BEISPIEL A.6

$$\begin{aligned}(2\,x^2 + 3\,x - 5)\cdot(x^3 - 2\,x + 1) &= 2\,x^2\cdot x^3 + 2\,x^2\cdot(-2\,x) + 2\,x^2\cdot 1\\ &\quad + 3\,x\cdot x^3 + 3\,x\cdot(-2\,x) + 3\,x\cdot 1\\ &\quad + (-5)\cdot x^3 + (-5)\cdot(-2\,x) + (-5)\cdot 1\\ &= 2\,x^5 + 3\,x^4 - 9\,x^3 - 4\,x^2 + 13\,x - 5\end{aligned}$$

Für $(x+y)^n$ kann der **binomische Lehrsatz** verwendet werden.

$$(x+y)^n = \sum_{k=0}^{n} \binom{n}{k} x^{n-k} y^k$$

wobei

$$\binom{n}{k} = \frac{n!}{k!\,(n-k)!}$$

als **Binomialkoeffizient**[7] bezeichnet wird.
$n! = 1 \cdot 2 \cdot \ldots \cdot n$ heißt die **Fakultät**[8] von n. Per Definition ist $0! = 1$.

BEMERKUNG A.5
Der Binomialkoeffizient läßt sich leichter berechnen, wenn durch $(n-k)!$ gekürzt wird. Wir erhalten dann

$$\binom{n}{k} = \frac{n \cdot (n-1) \cdot \ldots \cdot (n-k+1)}{k!}$$

BEISPIEL A.7

$$\binom{5}{2} = \frac{5 \cdot 4}{1 \cdot 2} = 10 \qquad \binom{100}{4} = \frac{100 \cdot 99 \cdot 98 \cdot 97}{1 \cdot 2 \cdot 3 \cdot 4} = 3\,921\,225$$

BEISPIEL A.8

$$\begin{aligned}
(x+y)^2 &= \binom{2}{0} x^2 y^0 + \binom{2}{1} x^1 y^1 + \binom{2}{2} x^0 y^2 \\
&= x^2 + 2xy + y^2 \\
(x+y)^3 &= \binom{3}{0} x^3 y^0 + \binom{3}{1} x^2 y^1 + \binom{3}{2} x^1 y^2 + \binom{3}{3} x^0 y^3 \\
&= x^3 + 3x^2 y + 3xy^2 + y^3
\end{aligned}$$

Faktorisieren

Der umgekehrte Vorgang, nämlich das Zerlegen eines Polynoms in das Produkt von Polynomen niedrigerer Ordnung, wird als **Faktorisieren**[9] bezeichnet. Das Polynom wird als Produkt von **Faktoren** dargestellt.

[7] lies: „n *über* k“
[8] lies: „n-*faktorielle*“
[9] wird auch als „*Herausheben*“ bezeichnet.

BEISPIEL A.9
$2x^2 + 4xy + 8xy^3 = 2x \cdot (x + 2y + 4y^3)$
$(x^2 - y^2) = (x + y) \cdot (x - y)$
$(x^2 - 1) = (x + 1) \cdot (x - 1)$
$(x^2 + 2xy + y^2) = (x + y) \cdot (x + y) = (x + y)^2$
$x^3 + y^3 = (x + y) \cdot (x^2 - xy + y^2)$
Durch Ausmultiplizieren können wir uns leicht von der Richtigkeit dieser Faktorisierungen überzeugen.

BEMERKUNG A.6
Das Faktorisieren eines Polynoms in mehreren Variablen ist im allgemeinen schwierig und nicht immer möglich.

Ein Faktor (Polynom) 1. Grades wird als **Linearfaktor** bezeichnet.

Für Polynome in einer Variable mit der Nullstelle x_1 erhalten wir mit $(x - x_1)$ einen Linearfaktor. Den zweiten Faktor erhalten wir durch *Division* oder mit Hilfe des *Horner-Schemas* (siehe unten). Die *Division zweier Polynome* geschieht in analoger Weise wie die Division natürlicher Zahlen (vgl. Beispiel A.10)[10].

BEISPIEL A.10
$x_1 = 1$ ist eine Nullstelle von $P(x) = x^3 + x^2 - 2$. Wir erhalten damit $(x - 1)$ als Linearfaktor. Der zweite Faktor ist dann $(x^3 + x^2 - 2) : (x - 1)$.

$$
\begin{array}{lcccccccl}
 & (& x^3 & + & x^2 & + & 0x & - & 2 \ ) : (x-1) = x^2 + 2x + 2 \\
x^2 \cdot (x-1) \longrightarrow & & x^3 & - & x^2 & |(-) & & & \\
\cline{2-5}
 & & & & 2x^2 & + & 0x & & \\
2x \cdot (x-1) \longrightarrow & & & & 2x^2 & - & 2x & |(-) & \\
\cline{5-7}
 & & & & & & 2x & - & 2 \\
2 \cdot (x-1) \longrightarrow & & & & & & 2x & - & 2 \ |(-) \\
\cline{7-9}
 & & & & & & & & 0
\end{array}
$$

Wir erhalten daher $x^3 + x^2 - 2 = (x - 1) \cdot (x^2 + 2x + 2)$.

BEMERKUNG A.7
Falls der Divisor kein Faktor des Dividenden ist, so bleibt bei der Division ein Divisionsrest. (Analog zur Division natürlicher Zahlen, falls der Divisor kein Teiler des Dividenden ist.)

Wenn ein Polynom n-ten Grades $P(x)$ n reelle Nullstellen $x_1, x_2, \ldots, x_n$ besitzt, so läßt sich dieses Polynom als Produkt der n Linearfaktoren $(x - x_i)$ zerlegen:

$$P(x) = a_n \prod_{i=1}^{n} (x - x_i)$$

[10] Eine detailierte Beschreibung ist in jedem Schulbuch zu finden.

BEMERKUNG A.8
In der Menge der komplexen Zahlen (☞ Anhang B, Seite 275) läßt sich *jedes* Polynom eindeutig in ein Produkt von Linearfaktoren zerlegen, da ein Polynom n-ten Grades in der Menge der komplexen Zahlen genau n Nullstellen besitzt (*Fundamentalsatz der Algebra*).

Das Horner-Schema

Die Werte eines Polynoms $P(x)$ lassen sich mit Hilfe des Horner-Schemas[11] am schnellsten berechnen. Wir erläutern die Idee an einem Polynom dritten Grades. Durch Klammerung

$$P(x_0) = ((a_3\,x_0 + a_2)\cdot x_0 + a_1)\cdot x_0 + a_0$$

ergibt sich ein Rechengang, in dem nur Multiplikation (mit x_0) und Addition vorkommt. Wir berechnen also nacheinander die Zahlen

$$\begin{aligned}
c_0 &= a_3 \\
c_1 &= c_0\,x_0 + a_2 = a_3\,x_0 + a_2 \\
c_2 &= c_1\,x_0 + a_1 = (a_3\,x_0 + a_2)\cdot x_0 + a_1 \\
c_3 &= c_2\,x_0 + a_0 = ((a_3\,x_0 + a_2)\cdot x_0 + a_1)\cdot x_0 + a_0 = P(x_0)
\end{aligned}$$

BEISPIEL A.11
Wir werten das Polynom $P(x) = 2x^3 - 4x^2 - 10x + 12$ mit Hilfe des Horner-Schemas an den Stellen $x_0 = -1$, $x_0 = 2$ und $x_0 = 3$ aus.

	$a_3 = 2$	$a_2 = -4$	$a_1 = -10$	$a_0 = 12$
x_0	c_0	c_1	c_2	$c_3 = P(x_0)$
−1	2	−6	−4	16
2	2	0	−10	−8
3	2	2	−4	0

Mit Hilfe des Horner-Schema können wir aber auch Linearfaktoren abspalten.

Die Koeffizienten a_i eines Polynoms $P(x)$ lassen sich durch die Glieder c_i aus dem Horner-Schema ausdrücken. Für ein Polynom dritten Grades erhalten wir (vgl. oben):

$$\begin{aligned}
a_3 &= c_0 \\
a_2 &= c_1 - c_0\,x_0 \\
a_1 &= c_2 - c_1\,x_0 \\
a_0 &= c_3 - c_2\,x_0
\end{aligned}$$

und daher:

$$\begin{aligned}
P(x) &= a_3\,x^3 + a_2\,x^2 + a_1\,x + a_0 \\
&= c_0\,x^3 + (c_1 - c_0\,x_0)\,x^2 + (c_2 - c_1\,x_0)\,x + (c_3 - c_2\,x_0) \\
&= c_0\,x^3 + c_1\,x^2 - c_0\,x_0\,x^2 + c_2\,x - c_1\,x_0\,x + c_3 - c_2\,x_0 \\
&= (x - x_0)(c_0\,x^2 + c_1\,x + c_2) + c_3
\end{aligned}$$

[11] WILLIAM G. HORNER, 1756–1837

Also insgesamt[12]:

$$P(x) = (x - x_0)(c_0 x^2 + c_1 x + c_2) + P(x_0)$$

Falls x_0 eine Nullstelle des Polynoms ist, so können wir auf diese Weise den Linearfaktor $(x - x_0)$ abspalten.

Vorgangsweise:

(1) Wir suchen eine Nullstelle x_0 des Polynoms.

(2) Wir werten das Polynom mit Hilfe des Horner-Schemas an der Stelle x_0 aus und erhalten die Zahlen $c_0, \ldots, c_n$.

(3) Diese Zahlen c_i sind die Koeffizienten des gesuchten Polynoms: $c_0 x^{n-1} + c_1 x^{n-2} + \cdots + c_{n-1}$

BEISPIEL A.12
$x_0 = 1$ ist eine Nullstelle des Polynoms $P(x) = x^3 + x^2 - 2$ (vgl. Beispiel A.10). Wir suchen ein Polynom $Q(x)$, sodaß $P(x) = (x - x_0) \cdot Q(x)$. Dazu werten wir $P(x)$ an der Stelle $x_0 = 1$ mit Hilfe des Horner-Schemas aus:

	$a_3 = 1$	$a_2 = 1$	$a_1 = 0$	$a_0 = -2$
x_0	c_0	c_1	c_2	$c_3 = P(x_0)$
1	1	2	2	0

und somit $Q(x) = (c_0x^2 + c_1x + c_2) = (x^2 + 2x + 2)$.

BEISPIEL A.13
Wir wollen das Polynom $P(x) = 2x^3 - 4x^2 - 10x + 12$ faktorisieren. $x_0 = 3$ ist eine Nullstelle des Polynoms. Durch Auswerten mittels Horner-Schema an der Stelle $x_0 = 3$ erhalten wir (vgl. Bsp. A.11): $Q(x) = c_0 x^2 + c_1 x + c_2 = 2x^2 + 2x - 4$, und somit $P(x) = (x - 3)(2x^2 + 2x - 4)$.

Die Nullstellen von $Q(x)$ sind 1 und -2 (☞ §A.3.6 auf Seite 266).

Wir erhalten daher $P(x) = 2 \cdot (x - 3)(x - 1)(x + 2)$.

A.2.5 Lineare Terme

Ein **linearer Term** ist ein Ausdruck, der nur Monome 1. Grades enthält. Er ist somit ein Spezialfall eines Polynoms (☞ §A.2.4).

BEISPIEL A.14
$a + bx + y + a \cdot c$ ist ein linearer Term in x und y, falls wir a, b und c als Konstante auffassen.
$xy + x + y$ ist nicht linear, da xy Grad 2 besitzt.

[12] $c_3 = P(x_0)$!

A.2.6 Rationale Ausdrücke Das Problem mit dem Bruchstrich

Ein rationaler Ausdruck (Bruchterm) ist ein Ausdruck der Form $\frac{P(x)}{Q(x)}$, wobei $P(x)$ und $Q(x)$ Polynome sind und Zähler bzw. Nenner heißen. Die Definitionsmenge eines Bruchterms ist $\mathbb{R}$ ohne die Nullstellen des Nenners. Eine alternative Schreibweise ist $P(x)/Q(x)$.

BEISPIEL A.15

$\dfrac{x^2+x-4}{x^3+5}$ ist ein Bruchterm mit Definitionsmenge $\mathbb{R} \setminus \{\sqrt[3]{5}\}$.

Tabelle A.2 zeigt die erlaubten Rechenoperationen mit Bruchtermen[13].

TABELLE A.2: Rechenregeln für Bruchterme
Seien $b, c, e \neq 0$.

Regel	Bezeichnung	Beispiel
$\frac{c \cdot a}{c \cdot b} = \frac{a}{b}$	*Kürzen*	$\frac{2x^2}{4x} = \frac{x}{2}$
$\frac{a}{b} = \frac{c \cdot a}{c \cdot b}$	*Erweitern*	$\frac{x}{2} = \frac{2x \cdot x}{2x \cdot 2} = \frac{2x^2}{4x}$
$\frac{a}{b} \cdot \frac{d}{c} = \frac{a \cdot d}{b \cdot c}$	*Multiplizieren*	$\frac{2}{3} \cdot \frac{4}{5} = \frac{8}{15}$
$\frac{a}{b} : \frac{d}{c} = \frac{a}{b} \cdot \frac{c}{d}$	*Dividieren*	$\frac{2}{3} : \frac{4}{5} = \frac{10}{12}$
$\frac{a}{b} + \frac{d}{b} = \frac{a+d}{b}$		$\frac{1}{3} + \frac{4}{3} = \frac{5}{3}$
$\frac{a}{b} + \frac{d}{c} = \frac{a \cdot c + d \cdot b}{b \cdot c}$	*Addieren*[a]	$\frac{1}{2} + \frac{1}{3} = \frac{3}{6} + \frac{2}{6} = \frac{5}{6}$
$\frac{\frac{a}{b}}{\frac{e}{c}} = \frac{a \cdot c}{b \cdot e}$	*Doppelbruch Aufl.*	$\frac{\frac{2}{3}}{\frac{4}{5}} = \frac{10}{12}$

[a]Zuerst auf gemeinsamen Nenner bringen!

BEISPIEL A.16

$$\frac{x^2-1}{x+1} = \frac{(x+1)(x-1)}{x+1} = x-1$$

[13]Alle anderen „Rechenoperationen“, wie etwa $\frac{1}{x^2+y^2}$ „=“ $x^{-2}+y^{-2}$, sind falsch und nicht zulässig.

$$\frac{4x^3+2x^2}{2xy} = \frac{2x^2(2x+1)}{2xy} = \frac{x(2x+1)}{y}$$

$$\frac{x+1}{x-1} + \frac{x-1}{x+1} = \frac{(x+1)^2+(x-1)^2}{(x-1)(x+1)} = \frac{x^2+2x+1+x^2-2x+1}{(x-1)(x+1)} = \frac{2(x^2+1)}{x^2-1}$$

Häufige Fehlerquellen:

$\frac{a+c}{b+c}$ ist *nicht* gleich $\frac{a}{b}$ $\quad(\frac{x+2}{y+2} \neq \frac{x}{y})$

$\frac{x}{a} + \frac{y}{b}$ ist *nicht* gleich $\frac{x+y}{a+b}$ $\quad(\frac{1}{2} + \frac{1}{3} \neq \frac{1}{5})$

$\frac{a}{b+c}$ ist *nicht* gleich $\frac{a}{b} + \frac{a}{c}$ $\quad(\frac{1}{x^2+y^2} \neq \frac{1}{x^2} + \frac{1}{y^2})$

A.2.7 Exponent und Logarithmus

Die Rechenregeln für Potenzen aus Tabelle A.1 auf Seite 252 gelten auch für irrationale Exponenten. Wir können daher auch die Basis als Konstante wählen und den Exponenten als Variable.

Eine Zahl y heißt Logarithmus zur Basis a der Zahl x, falls $a^y = x$. Wir schreiben dafür[14,15] $y = \log_a(x)$. Es gilt

$$y = \log_a(x) \quad \Leftrightarrow \quad a^y = x$$

Der *Logarithmus* ist der *Exponent* einer Zahl bezüglich der Basis a.

BEISPIEL A.17

$\log_{10} 100 = 2$, da $10^2 = 100$

$\log_{10} \frac{1}{1000} = -3$, da $10^{-3} = \frac{1}{1000}$

$\log_2 8 = 3$, da $2^3 = 8$

In Tabelle A.3 sind die Rechenregeln für Exponent und Logarithmus zusammengefaßt.

Häufige Fehlerquellen:

$\log_a(x+y)$ ist *nicht* gleich $\log_a(x) + \log_a(y)$.
$\log_a((-x)^2)$ ist *nicht* gleich $2\log_a(-x)$ sondern $2\log_a|x|$.

Die wichtigste Basis für den Logarithmus ist die Eulersche Zahl[16] e (natürlicher Logarithmus). Wir schreiben dafür $\log(x)$ oder $\ln(x)$ anstatt $\log_e(x)$. Wichtig ist auch der Logarithmus zur Basis 10 (dekadischer Logarithmus).

[14] lies: „*Logarithmus von x zur Basis a*“
[15] manchmal auch ${}_a\log(x)$
[16] $e = 2{,}7182818\ldots$

TABELLE A.3: Rechenregeln für Exponent und Logarithmus
Achtung: $\log_a(x)$ ist nur für $x > 0$ definiert!

$a^{x+y} = a^x \cdot a^y$

$\log_a(x \cdot y) = \log_a(x) + \log_a(y)$	$\log_a(a^x) = a^{\log_a(x)} = x$
$\log_a(\frac{x}{y}) = \log_a(x) - \log_a(y)$	$\log_a(1) = 0$
$\log_a(x^\alpha) = \alpha \cdot \log_a(x)$	$\log_a(a) = 1$

BEMERKUNG A.9
Wenn keine Basis explizit angegeben wird, ist *meist* der natürliche Logarithmus gemeint. In manchen (meist englischen) wirtschaftsmathematischen Büchern ist $\log(x)$ aber der dekadische Logarithmus! (engl.: *common logarithm*)

Wir können alle Exponenten und Logarithmen zu einer beliebigen Basis auf die Basis e umrechnen. Es ist nämlich nach Regeln für den Logarithmus $a^x = e^{\ln(a^x)} = e^{x \ln(a)}$ und somit

$$a^x = e^{x \ln(a)}$$

Genauso erhalten wir aus $\log_a(x) = y \Leftrightarrow x = a^y = e^{y \ln(a)} \Leftrightarrow \ln(x) = y \ln(a)$

$$\log_a(x) = \frac{\ln(x)}{\ln(a)}$$

A.2.8 Sinus und Cosinus

Für trigonometrische Berechnungen oder zur Beschreibung von Zyklen sind Sinus und Cosinus[17] notwendig.
Betrachten wir einen Punkt P auf dem Einheitskreis. θ sei der Winkel zwischen dem Ortsvektor $\vec{OP}$ und der x-Achse (gemessen entgegen dem Uhrzeigersinn, die Mathematiker sagen dazu in *positiver Richtung*). Sinus $\sin(\theta)$ und Cosinus $\cos(\theta)$ geben die y-Koordinate bzw. die x-Koordinate von P an (☞ Abb. A.1).

[17] $\sin(x)$ und $\cos(x)$ werden auch als Winkelfunktionen oder trigonometrische Funktionen bezeichnet. Es gibt allerdings auch noch andere Winkelfunktionen, etwa den Tangens $\tan(x) = \frac{\sin(x)}{\cos(x)}$.

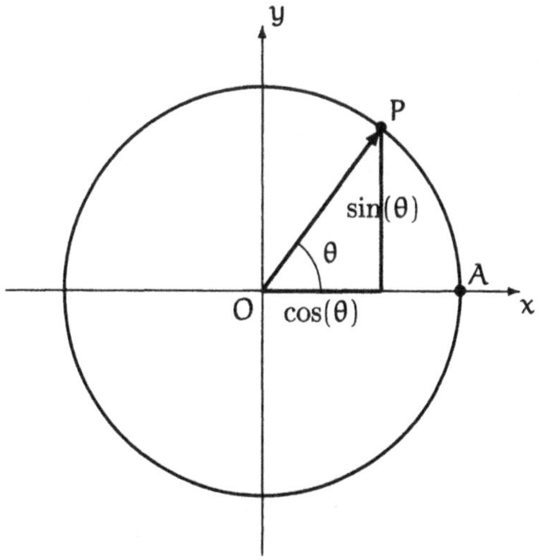

ABBILDUNG A.1: Sinus und Cosinus

Üblicherweise werden Winkel in *Grad* gemessen (das ergibt z.B. 90° für den rechten Winkel). Für analytische Arbeiten wird aber das *Bogenmaß* verwendet. Es gibt die Länge des Kreisbogens vom Punkt A zum Punkt P (☞ Abb. A.1) an, wobei dieser Kreisbogen immer entgegen dem Uhrzeiger gezeichnet wird. Der rechte Winkel ist dann gerade $\frac{\pi}{2}$. Der Grund für dieses Maß liegt in der Einfachheit vieler Formeln. So ist zum Beispiel die Ableitung[18] von $\sin(x)$ gerade $\cos(x)$. (Bei Verwendung des Gradmaßes bekämen wir noch eine häßliche Konstante.)

Gradmaß	0°	30°	45°	60°	90°	180°	270°	360°
θ	0	$\frac{\pi}{6}$	$\frac{\pi}{4}$	$\frac{\pi}{3}$	$\frac{\pi}{2}$	π	$\frac{3\pi}{2}$	2π
$\sin(\theta)$	0	$\frac{1}{2}$	$\frac{\sqrt{2}}{2}$	$\frac{\sqrt{3}}{2}$	1	0	-1	0
$\cos(\theta)$	1	$\frac{\sqrt{3}}{2}$	$\frac{\sqrt{2}}{2}$	$\frac{1}{2}$	0	-1	0	1

Wenn wir den Winkel θ immer größer oder kleiner machen, dann bewegt sich der Punkt P „im Kreis" in positiver bzw. negativer Richtung (entgegen dem bzw. im Uhrzeigersinn). Auf diese Weise ist $\sin(\theta)$ und $\cos(\theta)$ auch für $\theta < 0$ und $\theta > 2\pi$ sinnvoll definiert. Sinus und Cosinus sind dabei periodisch mit Periode 2π, d.h. $\sin(x \pm 2\pi) = \sin(x)$ und $\cos(x \pm 2\pi) = \cos(x)$.

[18] ☞ §10.2, Seite 113

Häufige Fehlerquellen:

Bei der Berechnung der Sinus- oder Cosinusfunktion muß der Tachenrechner auf das Bogenmaß umgeschalten werden. Im Display erscheint dann `rad` (= *radian* für das Bogenmaß) statt `deg` (= *degree* für Gradmaß).

A.3 Gleichungen

Eine Gleichung erhalten wir durch *Gleichsetzen* zweier Terme.

$$\textit{linke Seite} = \textit{rechte Seite}$$

Der Definitionsbereich (die Definitionsmenge) der Gleichung ist der Durchschnitt der Definitionsmengen aller Terme der Gleichung (☞ Seite 250). Die Lösungsmenge einer Gleichung ist die Menge aller Zahlen aus dem Definitionsbereich, die die Gleichung erfüllen.

Das Lösen von Gleichungen gehört zu den wichtigen Aufgaben in der Mathematik. Entweder soll der Wert einer zunächst unbekannten Größe berechnet werden, oder es soll eine Variable durch andere Variablen ausgedrückt werden[19].

Zum Lösen einer Gleichung versuchen wir die gesuchte Größe durch Äquivalenzumformungen auf einer Seite der Gleichung zu isolieren. Eine *Äquivalenzumformung* ist eine Umformung, die auf *beide* Seiten der Gleichung angewendet wird, und die wieder eindeutig rückgängig gemacht werden kann (vgl. bijektive Abbildung, §2.3, Seite 10) und deshalb die Lösungsmenge unverändert läßt. Äquivalenzumformungen erhalten wir durch

- Addieren oder Subtrahieren einer Zahl oder eines beliebigen Term auf beiden Seiten der Gleichung.
- Multiplizieren beider Seiten mit einer Zahl oder einem Term *ungleich* Null.
- Dividieren beider Seiten durch eine Zahl oder einem Term *ungleich* Null.
- Logarithmieren oder Exponenzieren beider Seiten.

Beim Logarithmieren muß darauf geachtet werden, daß beide Seiten größer Null sind.

Beim Multiplizieren oder Dividieren mit einem Term, der die gesuchte Variable enthält, muß darauf geachtet werden, daß dieser Term Null werden könnte! Für das Lösen einer Gleichung hat das die Konsequenz,

[19] z.B.: Aus der Kreisumfangformel $U = 2r\pi$ soll der Radius eines Kreises durch dessen Umfang ausgedrückt werden.

daß beim Multiplizieren eine *„zusätzliche Lösung" entstehen* könnte (☞ Beispiele A.18 und A.19). Beim Dividieren hingegen könnte dabei eine Lösung *„verschwinden"* (☞ Beispiel A.20).

Beim Multiplizieren mit einem solchen Term ist daher stets eine Probe durchzuführen.

Beim Dividieren ist eine Fallunterscheidung durchzuführen:

1. Fall: Die Division ist erlaubt (der Divisor ist *ungleich* Null).

2. Fall: Die Division ist nicht erlaubt (der Divisor ist *gleich* Null).

BEMERKUNG A.10
Beim Kürzen eines Bruchterms muß darauf geachtet werden, daß die Nullstellen des Nenners nicht zum Definitionsbereich des Bruchterms gehören (☞ §A.2.6).

BEMERKUNG A.11
Der Fehler, daß durch einen Term, der Null werden könnte, dividiert wird, tritt vor allem beim Lösen von nichtlinearen Gleichungssystemen in mehreren Variablen auf (☞ Beispiel A.21).

BEISPIEL A.18
Durch Multiplikation von $x^2+5x-1=x-1$ mit $(x-2)$ erhalten wir $x^3+3x^2-11x+2=x^2-3x+2$ mit der Lösungsmenge $L=\{-4,0,2\}$. 2 ist aber keine Lösung der ursprünglichen Gleichung $x^2+5x-1=x-1$.

BEISPIEL A.19
Durch Multiplizieren von $\frac{x^2+x-2}{x-1}=1$ mit $(x-1)$ erhalten wir $x^2+x-2=x-1$ mit der Lösungsmenge $L=\{-1,1\}$. 1 ist aber nicht im Definitionsbereich von $\frac{x^2+x-2}{x-1}$.

BEISPIEL A.20
Wenn wir die Gleichung $(x-1)(x-2)=0$ (Lösungsmenge $L=\{1,2\}$) durch $(x-1)$ dividieren erhalten wir die Gleichung $x-2=0$ mit der einzigen Lösung $x=2$. Die Lösung $x=1$ geht durch das Dividieren *„verloren"*.

BEISPIEL A.21
Wir suchen die Lösungen des Gleichungssystems

$$\begin{cases} xy-x=0 \\ x^2+y^2=2 \end{cases}$$

Durch Addition und Division könnten wir die erste Zeile umformen in $xy=x \quad \Rightarrow \quad y=\frac{x}{x}=1$. Tatsächlich erhalten wir aber auch mit $x=0$ eine Lösung des Gleichungssystems. Die Division würde eine Lösung eliminieren und ist so nicht erlaubt.

Es empfiehlt sich folgende Vorgangsweise:

Aus der ersten Gleichung erhalten wir $x(y-1)=0$. Diese Gleichung ist genau dann erfüllt, wenn $x=0$ (und damit $y=\pm\sqrt{2}$ wegen der 2. Gleichung) oder $y-1=0$ und damit $y=1$ und $x=\pm 1$. Die Lösungsmenge ist daher $L = \{(0,-\sqrt{2}),(0,\sqrt{2}),(-1,1),(1,1)\}$.

BEMERKUNG A.12
Es ist manchmal notwendig[20], eine Probe durchzuführen (siehe oben und §A.3.5). Dabei wird die errechnete Zahl in die Gleichung eingesetzt. Nur wenn die Gleichung für diese Zahl erfüllt ist, ist diese Zahl auch eine Lösung der Gleichung.
Es empfiehlt sich aber auch für andere Gleichungen (etwa einfache lineare Gleichungen) eine Probe durchzuführen. Auf diese Weise kann ein Rechenfehler erkannt werden.

A.3.1 Lineare Gleichungen

Lineare Gleichungen enthalten nur lineare Terme.

BEISPIEL A.22
Wir suchen den Radius eines Kreises mit Umfang 6. Dazu müssen wir die lineare Gleichung $6 = 2\,r\,\pi$ lösen[21]. Durch Division mit 2π ($\neq 0$) erhalten wir die Lösung: $r = \frac{3}{\pi}$.

BEISPIEL A.23
Aus der Barwertformel für eine nachschüssige Rente $B_n = R \cdot \frac{q^n-1}{q^n(q-1)}$ (☞ Seite 87) soll die Rente R ausgedrückt werden. Da R nur in 1. Potenz vorkommt, müssen wir eine lineare Gleichung lösen. Durch Division durch die Konstante $\frac{q^n-1}{q^n(q-1)}$ ($\neq 0$) erhalten wir als Lösung: $R = B_n \cdot \frac{q^n(q-1)}{q^n-1}$.

A.3.2 Betragsgleichungen

Eine Gleichung mit Absolutbetrag können wir als eine Abkürzung für zwei Gleichungen sehen:

$$|x| = 1 \quad \Leftrightarrow \quad x = 1 \lor -x = 1$$

BEISPIEL A.24
Gesucht ist die Lösung von $|2x-3| = |x+1|$. Wir müssen dazu die Lösungen von zwei Gleichungen finden:

$$\begin{aligned} (2x-3) &= (x+1) && \Rightarrow x = 4 \\ -(2x-3) &= (x+1) && \Rightarrow x = \tfrac{2}{3} \end{aligned}$$

(Die Gleichungen $-(2x-3) = -(x+1)$ und $(2x-3) = -(x+1)$ lassen sich durch Multiplizieren mit -1 in obige Gleichungen überführen.)

Die Lösungsmenge lautet daher $L = \{\frac{2}{3}, 4\}$.

[20] Es ist ratsam, immer eine Probe durchzuführen.
[21] $U = 2\,r\,\pi$

A.3.3 Gleichungen mit Exponenten und Logarithmus

Gleichungen mit Exponenten sind Gleichungen, die die gesuchte Variable im *Exponenten* (und nur dort) enthalten. Die Variable wird zuerst auf einer Seite der Gleichung in einem Term, der keine Addition oder Subtraktionen enthalten darf, isoliert. Durch Logarithmieren erhalten wir dann die Lösung.

BEISPIEL A.25
Wir suchen die Lösung der Gleichung $2^x = 32$. Durch Logarithmieren beider Seiten erhalten wir

$$2^x = 32 \quad \Leftrightarrow \quad \ln(2^x) = \ln(32) \quad \Leftrightarrow \quad x\ln(2) = \ln(32) \quad \Leftrightarrow \quad x = \frac{\ln(32)}{\ln(2)} = 5$$

BEISPIEL A.26
Aus der Formel für die Kreditrate $X = K \cdot q^n \frac{q-1}{q^n-1}$ (☞ Seite 88) soll die Dauer n eines Kredits bei vorgegebener Kredithöhe K, Kreditrate X und Aufzinsungsfaktor q berechnet werden. Durch Äquivalenzumformungen erhalten wir (Rechenregeln für den Logarithmus ☞ Tab. A.3):

$$\begin{array}{rcll}
X & = & K \cdot q^n \frac{q-1}{q^n-1} & | \cdot (q^n - 1) \\
X(q^n - 1) & = & K q^n (q-1) & | - K q^n (q-1) \\
q^n (X - K(q-1)) - X & = & 0 & | + X \\
q^n (X - K(q-1)) & = & X & | : (X - K(q-1)) \\
q^n & = & \frac{X}{X - K(q-1)} & | \ln \\
n \ln(q) & = & \ln(X) - \ln(X - K(q-1)) & | : \ln(q) \\
n & = & \frac{\ln(X) - \ln(X - K(q-1))}{\ln(q)} &
\end{array}$$

(Bei den angegebenen Äquivalenzumformungen muß natürlich darauf geachtet werden, daß sie für die Konstanten q, X und K auch erlaubt sind.)

Gleichungen mit Logarithmen lassen sich (manchmal) durch Exponenzieren beider Seiten lösen.

BEISPIEL A.27
Die Lösung von $\ln(x+1) = 0$ erhalten wir durch Exponenzieren beider Seiten der Gleichung.

$$\ln(x+1) = 0 \quad \Leftrightarrow \quad e^{\ln(x+1)} = e^0 \quad \Leftrightarrow \quad x + 1 = 1 \quad \Leftrightarrow \quad x = 0$$

A.3.4 Potenzgleichungen

Diese Gleichungen, die *eine ganzzahlige* Potenz (☞ §A.2.3) der gesuchten Variable enthalten, lassen sich durch *Wurzelziehen* lösen. (Bei nicht ganzzahligen Potenzen ☞ §A.3.5.)

⚠ Die Gleichung ist (in $\mathbb{R}$) im Falle von geraden Potenzen nicht immer lösbar bzw. deren Lösung ist nicht eindeutig. Im Falle einer ungeraden Potenz ist die Gleichung (in $\mathbb{R}$) immer eindeutig lösbar (☞ Beispiel A.28).

BEISPIEL A.28
Die Lösungsmenge von $x^2 = 4$ lautet $L = \{-2, 2\}$.
Die Gleichung $x^2 = -4$ hat keine (reelle) Lösung.
Die Lösungsmenge von $x^3 = -8$ ist $L = \{-2\}$.

A.3.5 Wurzelgleichungen

Wurzelgleichungen lassen sich lösen, indem wir beide Seiten potenzieren.

BEISPIEL A.29
Die Lösung von $\sqrt[3]{x-1} = 2$ erhalten wir durch Potenzieren:

$$\sqrt[3]{x-1} = 2 \quad \Leftrightarrow \quad x - 1 = 2^3 \quad \Leftrightarrow \quad x = 9$$

Bei Wurzelgleichungen mit geraden Radices (z.B. Quadratwurzel) stellt das Potenzieren keine Äquivalenzumformung dar (z.B. wird aus der „Nicht-Gleichung" $-3 \neq 3$ durch Quadrieren die Gleichung $(-3)^2 = 3^2$). Wir könnten (wie beim Multiplizieren mit einem Term) eine ***„zusätzliche Lösung"*** erzeugen. Der Definitionsbereich der Gleichung ist meist nur mehr eine kleine Teilmenge der reellen Zahlen. Er wird dadurch bestimmt, daß der Radikand unter einer Wurzel mit geradem Radix nicht negativ sein darf.

Wir müssen bei Wurzelgleichungen daher immer eine Probe durchführen.

BEISPIEL A.30
Wir wollen die Gleichung $\sqrt{x-1} = 1 - \sqrt{x-4}$ lösen. Die Definitionsmenge ist $D = \{x|x \geq 4\}$. Durch Quadrieren erhalten wir:

$$\begin{aligned} \sqrt{x-1} &= 1 - \sqrt{x-4} && |^2 \\ x - 1 &= 1 - 2 \cdot \sqrt{x-4} + (x-4) && | - x + 3 \quad | : 2 \\ 1 &= -\sqrt{x-4} && |^2 \\ 1 &= x - 4 \\ x &= 5 \end{aligned}$$

Die Probe ergibt aber $\sqrt{5-1} = 1 - \sqrt{5-4} \quad \Leftrightarrow \quad 2 = 0$, eine *falsche* Aussage. Die Lösungsmenge ist daher $L = \emptyset$, die leere Menge.

A.3.6 Quadratische Gleichungen

Eine quadratische Gleichung ist eine Gleichung der Form

$$a x^2 + b x + c = 0 \qquad \text{Lösungen:} \qquad x_{1,2} = \frac{-b \pm \sqrt{b^2 - 4ac}}{2a}$$

bzw. in Standardform

$$x^2 + px + q = 0 \qquad \text{Lösungen:} \qquad x_{1,2} = -\frac{p}{2} \pm \sqrt{\left(\frac{p}{2}\right)^2 - q}$$

A.3.7 Nullstellen von Polynomen

Quadratische Gleichungen sind ein Spezialfall von algebraischen Gleichungen

$$P_n(x) = 0$$

$P_n(x)$ ist dabei ein Polynom vom Grad n.
Solche Gleichungen lassen sich schrittweise durch Abspalten von Linearfaktoren (durch Division oder mittels Horner-Schema, ☞ §A.2.4) lösen:

1. Wir suchen eine Nullstelle x_1 von $P_n(x)$ (z.B. durch Ausprobieren oder mit dem Newton-Verfahren (☞ §A.3.9)).
2. Mit $(x - x_1)$ erhalten wir einen Linearfaktor von $P_n(X)$.
3. Durch Division $P_n(x) : (x - x_1)$ oder mittels Horner-Schema erhalten wir ein Polynom $P_{n-1}(x)$ von Grad $n - 1$.
4. Falls $n - 1 = 2$ erhalten wir eine quadratische Gleichung. Andernfalls gehen wir wieder zu Schritt 1, d.h. wir suchen eine Nullstelle von $P_{n-1}(x)$.

BEISPIEL A.31
Wir suchen die Lösungen von $x^3 - 6x^2 + 11x - 6 = 0$.
Durch Ausprobieren erhalten wir die Lösung $x_1 = 1$.
Wir dividieren nun durch den Linearfaktor $(x - 1)$ und erhalten:
$(x^3 - 6x^2 + 11x - 6) : (x - 1) = x^2 - 5x + 6$ (vgl. Beispiel A.10, Seite 255).
Die quadratische Gleichung $x^2 - 5x + 6 = 0$ hat die Lösungen $x_2 = 2$, $x_3 = 3$.
Die Lösungsmenge lautet daher $L = \{1, 2, 3\}$.

BEMERKUNG A.13
Für die Lösungen von Gleichungen 3. und 4. Grades gibt es ähnlich zu quadratischen Gleichungen allgemeine Formeln[22], die jedoch wesentlich komplizierter sind. Für Polynome ab dem 5. Grad kann bewiesen werden, daß keine derartige Formel existiert.

A.3.8 Nullstellen eines Produkts

Ein Produkt zweier (oder mehrerer) Terme $f(x) \cdot g(x)$ wird genau dann Null, wenn mindestens ein Faktor gleich Null ist, also $f(x) = 0$ *oder* $g(x) = 0$.

BEISPIEL A.32
$x^2 \cdot (x - 1) \cdot e^x = 0$ ist genau dann erfüllt, wenn $x^2 = 0$ $(\Rightarrow x = 0)$ *oder* $x - 1 = 0$ $(\Rightarrow x = 1)$ *oder* $e^x = 0$ (keine Lösung).

[22] z.B. die CARDANO'sche Formel für Gleichungen 3. Grades

BEMERKUNG A.14

Das Dividieren durch einen Faktor ist nur erlaubt, wenn dieser immer ungleich Null ist (☞ Seite 263).

A.3.9 Das Newtonverfahren

Mit Hilfe des Newtonverfahrens[23] lassen sich Nullstellen von Polynomen und anderen *differenzierbaren* Funktionen (☞ §10.1, Seite 108) näherungsweise berechnen. Es erzeugt eine Folge $\langle x_k \rangle$ (☞ §8.1, Seite 80) von Näherungslösungen, die gegen eine (vom Startwert abhängige) Nullstelle konvergiert (☞ §8.2, Seite 82).

$$x_{k+1} = x_k - \frac{f(x_k)}{f'(x_k)}$$

($f'(x_k)$ ist dabei die erste Ableitung von f an der Stelle x_k, ☞ §10.2, Seite 113). Das Newtonverfahren konvergiert in den meisten Fällen schnell gegen eine Nullstelle.

BEISPIEL A.33

Wir suchen eine Nullstelle von $f(x) = x^3 - 6x^2 + 11x - 6$ mit Hilfe des Newtonverfahrens. Als Startpunkt wählen wir $x_0 = 0$. Für die Rekursionsformel des Newtonverfahrens benötigen wir die erste Ableitung: $f'(x) = 3x^2 - 12x + 11$. Die ersten 4 Näherungslösungen sind daher:

$x_1 = x_0 - \frac{f(x_0)}{f'(x_0)} = 0 - \frac{-6}{11} = 0{,}54545$

$x_2 = x_1 - \frac{f(x_1)}{f'(x_1)} = 0{,}84895$

$x_3 = x_2 - \frac{f(x_2)}{f'(x_2)} = 0{,}97467$

$x_4 = x_3 - \frac{f(x_3)}{f'(x_3)} = 0{,}99909$

A.3.10 Gleichungssysteme in mehreren Variablen

Lineare Gleichungssysteme

Lineare Gleichungssysteme lassen sich immer mit dem Gaußschen Eliminationsverfahren (☞ §3.3 auf Seite 17) lösen.

Nichtlineare Gleichungssysteme

Für Gleichungssyteme, die nichtlineare Terme[24] enthalten, gibt es keine allgemein gültigen Lösungsalgorithmen.

[23] ISAAC NEWTON, 1642–1727

[24] z.B.: quadratische Terme, Monome vom Grad größer 1, Wurzeln, Logarithmen und Exponenten, Winkelfunktionen

Hier einige Techniken:

- Eine Variable wird in einer Gleichung durch die anderen Variablen ausgedrückt und in die verbleibenden Gleichungen eingesetzt (substituiert).
- Durch Addition oder Subtraktion von Gleichungen wird die Anzahl an Unbekannten verringert und/oder die Gleichungen in möglichst „einfache“ Terme umgeformt.
- Faktorisieren von Termen, d.h. zerlegen in ein Produkt von Termen (z.B. in dem etwa x — falls möglich — herausgehoben wird).
- Ein Produkt von Termen sollte keinesfalls sofort ausmultipliziert werden: Wir dabei verlieren Information.

⚠ Keine Division durch einen unbekannten Term: er könnte Null sein.

BEISPIEL A.34
Wir suchen die Lösung(en) des Gleichungssystems

$$\begin{array}{lrcl} \text{(I)} & 2x+2xz & = & 0 \\ \text{(II)} & 2y-z & = & 0 \\ \text{(III)} & x^2-y+1 & = & 0 \end{array}$$

Wir können die linke Seite der ersten Gleichungen faktorisieren:

$$\text{(I)}\quad 2x\cdot(1+z)=0 \qquad \Leftrightarrow \qquad x=0 \quad \vee \quad (1+z)=0$$

$(1+z)=0 \Leftrightarrow z=-1$ eingesetzt in (II) ergibt $y=-\frac{1}{2}$ und (eingesetzt in (III)) $x^2=-\frac{3}{2}$, d.h. die Lösung ist nicht reell.
Aus $x=0$ erhalten wir in (III) $y=1$ und in (II) $z=2$. Die einzige (reelle) Lösung ist der Punkt $(0,1,2)$.

BEMERKUNG A.15
Division der ersten Gleichung in Beispiel A.34 durch x eliminiert die einzige (interessante) Lösung.

BEISPIEL A.35
Wir suchen die Lösung(en) des Gleichungssystems

$$\begin{array}{lrcl} \text{(I)} & 2x-2xy^2 & = & 0 \\ \text{(II)} & 2y-2x^2y & = & 0 \end{array}$$

Wir können die linken Seiten der beiden Gleichungen faktorisieren:

$$\begin{array}{lrcl} \text{(I)} & 2x\cdot(1-y^2) & = & 0 \\ \text{(II)} & 2y\cdot(1-x^2) & = & 0 \end{array}$$

Es sind nun vier Fälle möglich:
(A) $2x=0 \wedge 2y=0$ oder (B) $(1-x^2)=0 \wedge (1-y^2)=0$ oder (C) $2x=0 \wedge (1-x^2)=0$ oder (D) $2y=0 \wedge (1-y^2)=0$.
Aus (A) erhalten wir die Lösung $(0,0)$, aus (B) die vier Lösungen $(1,1)$, $(1,-1)$, $(-1,1)$ und $(-1,-1)$. Die beiden letzten Fälle (C) und (D) ergeben falsche Aussagen.

BEISPIEL A.36
Wir suchen die Lösung(en) des Gleichungssystems

$$\begin{array}{lrcl} \text{(I)} & 3(x-y)^2 + 2(x+y) - 24 & = & 0 \\ \text{(II)} & 3(x-y)^2 - 2(x+y) - 24 & = & 0 \end{array}$$

Durch (I) − (II) erhalten wir $4(x+y) = 0$ und daraus $x = -y$.
Wir können nun in (I) (oder (II)) x durch $-y$ substituieren (ersetzen) und erhalten:

$$3((-y)-y)^2 + 2((-y)+y) - 24 = 0 \quad \Leftrightarrow \quad y^2 = 2 \quad \Leftrightarrow \quad y_1 = \pm\sqrt{2}$$

Die beiden Punkte $(\sqrt{2}, -\sqrt{2})$ und $(-\sqrt{2}, \sqrt{2})$ sind daher die Lösungen dieses Gleichungssystems.

A.4 Ungleichungen

Eine **Ungleichung** erhalten wir durch Vergleichen zweier Terme mit einem der Ungleichheitszeichen $\leq$, $<$, $>$ oder $\geq$, z.B.:

$$\textit{linke Seite} \leq \textit{rechte Seite}$$

Die **Lösungsmenge** einer Ungleichung ist die Menge aller Zahlen aus dem **Definitionsbereich (Definitionsmenge)**, die die Ungleichung erfüllen. Sie besteht — im Gegensatz zu Gleichungen — meist aus einem Intervall oder der Vereinigung von Intervallen. Der Definitionsbereich ist der Durchschnitt der Definitionsmengen aller Terme der Ungleichung (vgl. Gleichungen, §A.3).

Zum Lösen einer Ungleichung versuchen wir — analog zu einer Gleichung — die gesuchte Größe durch **Äquivalenzumformungen** auf einer Seite der Ungleichung zu isolieren (☞ Äquvalenzumformungen, Seite 262).

Beim Multiplizieren mit einer **negativen** Zahl dreht sich das *Ungleichheitszeichen* um. Wir müssen daher beim Multiplizieren oder Dividieren mit einem Term stets eine Fallunterscheidung durchführen (vgl. auch die Bemerkungen zu den Äquivalenzumformungen auf Seite 262):

1. Fall: Das Ungleichheitszeichen dreht sich nicht um (der Term ist *größer* Null).

2. Fall: Das Ungleichheitszeichen dreht sich um (der Term ist *kleiner* Null).

3. Fall: Die Multiplikation oder Division ist nicht erlaubt (der Term ist *gleich* Null).

BEISPIEL A.37
Wir suchen die Lösung von $\dfrac{2x-1}{x-2} \leq 1$. Da wir zur Lösung dieser Ungleichung mit $(x-2)$ multiplizieren, müssen wir eine Fallunterscheidung durchführen:

1. Fall $x - 2 > 0 \Leftrightarrow x > 2$: Wir erhalten $2x - 1 \leq x - 2 \quad \Leftrightarrow \quad x \leq -1$, ein

Widerspruch zur Annahme $x > 2$.

2. Fall $x - 2 < 0 \Leftrightarrow x < 2$: Das Ungleichheitszeichen dreht sich um. $2x - 1 \geq x - 2 \quad \Leftrightarrow \quad x \geq -1$. Also $x < 2 \wedge x \geq -1$.

3. Fall $x - 2 = 0 \Leftrightarrow x = 2$: Liegt nicht im Definitionsbereich.

Die Lösungsmenge lautet daher $L = [-1, 2)$.

Mittels solcher Äquivalenzumformungen lassen sich alle linearen Ungleichungen und viele Exponentialungleichungen lösen.

A.4.1 Polynom- und andere Ungleichungen

Polynomungleichungen lassen sich nicht einfach durch Äquivalenzumformungen lösen.

BEMERKUNG A.16
Das Ersetzen des „="-Zeichens durch das Ungleichheitszeichen in der Lösung der quadratischen Gleichung (☞ §A.3.6, Seite 266) ist falsch.

BEISPIEL A.38
Die Lösung von $x^2 - 3x + 2 \leq 0$ ist nicht $x_{1,2} \leq \frac{3}{2} \pm \sqrt{\frac{9}{4} - 2} = \frac{3}{2} \pm \frac{1}{2}$ und somit $x \leq 1$ (und auch nicht $x \leq 2$). 0 ist zwar kleiner als 1 (oder 2), erfüllt aber trotzdem nicht die Ungleichung!

Folgende Vorgangsweise liefert die Lösungsmenge von Ungleichungen, die Polynome, rationale Ausdrücke oder andere *stetige* Terme enthalten[25]:

1. Wir bringen alle Variablen auf die linke Seite und erhalten einen Ausdruck der Form $T(x) \leq \mathtt{konstant}$, wobei $T(x)$ ein beliebiger Term sein kann.

2. Wir berechnen alle Punkte in denen die Ungleichung zu einer Gleichung wird, d.h. wir ersetzen das Ungleichheitszeichen durch das „="-Zeichen und lösen die so entstandene Gleichung (☞ §A.3). (Im Falle einer Polynomungleichung berechnen wir die Nullstellen des Polynoms $T(x)$.)

3. Die Lösungen dieser Gleichung zerlegen die *Definitionsmenge* (bei Polynomen: $(-\infty, \infty)$) in Intervalle I_k. Diese Intervalle sind offen im Falle von *echten* Ungleichungen (mit $<$ oder $>$), andernfalls geschlossen (Hier müssen wir aber auch den Definitionsbereich berücksichtigen). In jedem dieser Intervalle ist nun die Ungleichung entweder überall oder in keinem einzigen Punkt erfüllt.

[25]Das Verfahren funktioniert nur, wenn alle beteiligten Terme *stetig* (☞ §9.6, Seite 103ff) sind. Enthält der Term $T(x)$ Unstetigkeitsstellen, so müssen wir diese im Punkt 3 bei der Zerlegung des Definitionsbereichs in Intervalle berücksichtigen.

4. Wir wählen in jedem Intervall I_k einen Punkt x_k aus. Ist die Ungleichung in x_k erfüllt, so ist sie im gesamten Intervall I_k erfüllt, andernfalls nirgends.

BEISPIEL A.38 (FORTSETZUNG)
Gesucht ist die Lösungsmenge von $x^2 - 3x + 2 \leq 0$. Die Definitionsmenge ist $\mathbb{R}$.
Die Lösungen von $x^2 - 3x + 2 = 0$ sind $x_1 = 1$ und $x_2 = 2$.
Wir erhalten daraus drei Intervalle und überprüfen anhand dreier Punkte, ob die Ungleichung in den einzelnen Intervallen erfüllt ist:

$$
\begin{array}{llll}
(-\infty, 1] & \text{nicht erfüllt:} & 0^2 - 3 \cdot 0 + 2 = 2 \not\leq 0 & (x = 0) \\
[1, 2] & \text{erfüllt:} & \left(\frac{3}{2}\right)^2 - 3 \cdot \frac{3}{2} + 2 = -\frac{1}{4} \leq 0 & (x = \frac{2}{3}) \\
[2, \infty) & \text{nicht erfüllt:} & 3^2 - 3 \cdot 3 + 2 = 2 \not\leq 0 & (x = 3)
\end{array}
$$

Die Lösungsmenge lautet daher $L = [1, 2]$.

BEISPIEL A.39
Wir suchen die Lösung von $\frac{x^2 + x - 3}{x - 2} \geq 1$. Die Definitionsmenge besteht aus zwei Intervallen: $(-\infty, 2) \cup (2, \infty)$.
Die Lösung von $\frac{x^2 + x - 3}{x - 2} = 1$ erhalten wir durch

$$
\frac{x^2 + x - 3}{x - 2} = 1 \Leftrightarrow x^2 + x - 3 = x - 2 \Leftrightarrow x^2 - 1 = 0 \quad \Rightarrow x_1 = -1, x_2 = 1
$$

Wir erhalten insgesamt vier Intervalle und überprüfen anhand von vier Punkten, ob die Ungleichung in den einzelnen Intervallen erfüllt ist:

$$
\begin{array}{llll}
(-\infty, -1] & \text{nicht erfüllt:} & \frac{(-2)^2 + (-2) - 3}{(-2) - 2} = \frac{1}{4} \not\geq 1 & (x = -2) \\
[-1, 1] & \text{erfüllt:} & \frac{0^2 - 0 - 3}{0 - 2} = \frac{3}{2} \geq 1 & (x = 0) \\
[1, 2) & \text{nicht erfüllt:} & \frac{1{,}5^2 + 1{,}5 - 3}{1{,}5 - 2} = -\frac{3}{2} \not\geq 1 & (x = \frac{3}{2}) \\
(2, \infty) & \text{erfüllt:} & \frac{3^2 + 3 - 3}{3 - 2} = 9 \geq 1 & (x = 3)
\end{array}
$$

Die Lösungsmenge lautet daher $L = [-1, 1] \cup (2, \infty)$.

A.4.2 Betragsungleichungen

Ungleichungen mit Absolutbeträgen lassen sich genauso lösen wie in §A.4.1 beschrieben.

Wir können aber eine Betragsungleichung auch lesen als eine Abkürzung für zwei Ungleichungen:

$$
\begin{array}{lll}
|x| < 1 & \Leftrightarrow & x < 1 \wedge x > -1 \\
|x| > 1 & \Leftrightarrow & x > 1 \vee x < -1
\end{array}
$$

Übungen

153. Berechnen Sie Summe und Produkt:

(a) $\sum_{i=0}^{5} a^i b^{5-i}$ (b) $\prod_{i=1}^{7} (-1)^i$

154. Welche der Lösungen für den folgenden Ausdruck $\sum_{i=2}^{10} 5(i+3) = ??$ ist richtig?

(a) $5(2+3+4+\ldots+9+10+3)$

(b) $5(2+3+3+3+4+3+5+3+6+3+\ldots+10+3)$

(c) $5(2+3+4+\ldots+9+10)+5\cdot 3$

(d) $5(2+3+4+\ldots+9+10)+9\cdot 5\cdot 3$

155. Vereinfachen Sie die folgenden Summenausdrücke:

(a) $\sum_{i=1}^{n} a_i^2 + \sum_{j=1}^{n} b_j^2 - \sum_{k=1}^{n} (a_k - b_k)^2$

(b) $\sum_{i=1}^{n} (a_i\, b_{n-i+1} - a_{n-i+1}\, b_i)$

156. Entwickeln Sie nach dem Binomischen Lehrsatz:

(a) $(x-2y)^3$ (b) $(3x+2ay)^2$ (c) $(x+y)^4+(x-y)^4$

157. Vereinfachen Sie die folgenden Ausdrücke:

(a) $\dfrac{(xy)^{\frac{1}{3}}}{x^{\frac{1}{6}}\, y^{\frac{2}{3}}}$ (b) $\dfrac{1}{(\sqrt{x})^{-\frac{3}{2}}}$ (c) $\left(\dfrac{|x|^{\frac{1}{3}}}{|x|^{\frac{1}{6}}}\right)^6$

(d) $\dfrac{x^{\frac{1}{4}} - y^{\frac{1}{3}}}{x^{\frac{1}{8}} + y^{\frac{1}{6}}}$ (e) $\dfrac{\sqrt{x}-4}{x^{\frac{1}{4}}-2}$ (f) $\dfrac{(\sqrt{x}+y)^{\frac{1}{3}}}{x^{\frac{1}{6}}}$

158. Berechnen Sie für die folgenden Polynome $f(x_0)$ mit Hilfe des Horner-Schemas:

(a) $f(x) = x^3 - 3x^2 + x - 3$ für $x_0 = 1, -1$

(b) $f(x) = 4x^4 + 3x^3 - 2x^2 + 7$ für $x_0 = 3, -1$

159. $x_0 = -2$ ist eine Nullstelle der folgenden Polynome $f_i(x)$. Stellen Sie die Polynome als $f_i(x) = (x-x_0)\, g_i(x)$ dar, wobei die Koeffizienten des Polynoms $g_i(x)$ mit Hilfe des Horner-Schemas zu berechnen sind.

(a) $f_1(x) = 2x^4+7x^3+6x^2+x+2$ (b) $f_2(x) = -x^3 + 5x^2 + 22x + 16$

160. Stellen Sie die folgenden Polynome als Produkte von Linearfaktoren dar.

(a) $f_2(x) = x^4 + 2x^3 - 13x^2 - 14x + 24$ mit Nullstellen $1, -2$

(b) $f_3(x) = 2x^3 + 7x^2 - 17x - 10$ mit Nullstelle -5

161. Vereinfachen Sie:

(a) $(x+h)^2-(x-h)^2$ (b) $(a+b)c-(a+bc)$

(c) $(A-B)(A^2+AB+B^2)$ (d) $(A-x)^3+(A+x)^3$

(e) $\frac{1}{1+x}+\frac{1}{1-x}$ (f) $\frac{s}{st^2-t^3}-\frac{1}{s^2-st}-\frac{1}{t^2}$

(g) $\frac{\frac{x+y}{y}}{\frac{x-y}{x}}-\frac{\frac{x+y}{x}}{\frac{x-y}{y}}$ (h) $\frac{\frac{1}{x}+\frac{1}{y}}{xy+xz+y(z-x)}$

(i) $\frac{\frac{a}{x}+\frac{b}{x+1}}{\frac{a}{x+1}+\frac{b}{x}}$ (j) $\frac{\frac{x^2+y}{2x+1}}{\frac{2xy}{2x+y}}$

162. Berechnen (vereinfachen) Sie ohne Taschenrechner:

(a) $\log_8 \frac{1}{512}$ (b) $\log_{\sqrt{5}} \frac{1}{25}$ (c) $10^{3\log_{10}3}$ (d) $0{,}01^{-\log_{10}100}$

163. Schreiben Sie in der Form $y = A\,e^{cx}$:

(a) $y=10^{x-1}$ (b) $y=4^{x+2}$ (c) $y=3^x5^{2x}$ (d) $y=9\cdot 1{,}1^{\frac{x}{10}}$

164. Berechnen Sie die Nullstellen und zerlegen Sie in Linearfaktoren:

(a) $f(x)=3x^2-9x+2$ (b) $f(x)=x^2+4x+3$

165. Berechnen Sie

(a) $\sin\frac{\pi}{2}$ (b) $\cos -\frac{3\pi}{2}$ (c) $\sin 4{,}32$ (d) $\cos 1{,}08$

166. Lösen Sie die Gleichungen

(a) $2^x=3^{x-1}$ (b) $3^{2-x}=4^{\frac{x}{2}}$ (c) $2^x5^{2x}=10^{x+2}$

167. Lösen Sie die Gleichungen

(a) $|x-1|=1$ (b) $\left|\frac{4x^2+2}{4x^2+4}\right|=1$ (c) $\left|\frac{4x^2-2}{4x^2-6}\right|=1$

168. Lösen Sie die Gleichungen

(a) $x^2-x-6=0$ (b) $x^3-x^2-2x=0$

(c) $(x^2-4)(x^2-x-2)=0$ (d) $2\sqrt{x}-5=\frac{3}{\sqrt{x}}$

(e) $\sqrt{2-2x}=\sqrt{2x-6}$

(f) $4\sqrt{x-1}+3\sqrt{x+2}=\sqrt{25x+50}$

169. Das Newtonverfahren zur näherungsweisen Berechnung einer Nullstelle des Polynoms $f(x)=x^3-2x^2-5x+7$ startet mit $x_0=3$. Wie lauten die ersten Näherungen (Iterationsschritte) x_1, x_2, x_3?

170. Lösen Sie:

(a) $x^3-2x^2-3x\geq 0$ (b) $x^2-2x+1\geq 0$ (c) $x^2-2x+6\leq 1$

(d) $x^3-2x^2-3x>0$ (e) $x^2-2x+1\leq 0$ (f) $x^2-2x+6\geq 1$

171. Lösen Sie die Ungleichungen

(a) $|x-1|>1$ (b) $\left|\frac{4x^2+2}{4x^2+4}\right|\geq 1$ (c) $\left|\frac{4x^2-2}{4x^2-6}\right|>1$

(d) $|x-1|<1$ (e) $\left|\frac{4x^2+2}{4x^2+4}\right|<1$ (f) $\left|\frac{4x^2-2}{4x^2-6}\right|\leq 1$

B

Komplexe Zahlen

Der Urmensch war höchstwahrscheinlich nicht fähig, Zahlen als solche, d.h. abstrakt zu erfassen. Wir können uns dies schwer vorstellen, weil die Mathematik in relativ kurzer Zeit derartige Fortschritte gemacht hat, daß die einfache Zahl für den modernen Menschen zum Kinderspiel geworden ist.

Georges Ifrah
»Universalgeschichte der Zahlen«

Komplexe Zahlen sind zwar für praktische Anwendungen in den Wirtschaftswissenschaften ziemlich bedeutungslos, dennoch tragen sie zum Verständnis mathematischer Zusammenhänge bei[1]. Im folgenden daher eine kurze Erklärung dieser Zahlen.

Imaginäre und komplexe Zahlen

Wir führen eine neue Zahl i ein, mit der Eigenschaft

$$\boxed{i^2 = -1}$$

Die grundlegenden Eigenschaften von i sind:

(1) $i \notin \mathbb{R}$

(2) $\sqrt{-1} = i$

(3) $i^2 = -1, \quad i^3 = -i, \quad i^4 = 1, \quad i^5 = i, \quad \ldots$

[1] etwa für den Fundamentalsatz der Algebra (☞ §A.8, Seite 256) oder die Lösungen einer linearen Differentialgleichung zweiter Ordnung (☞ §18.3.1, Seite 231)

Die Zahlen der Form $b\,i$ (z.B. $5\,i$), $b \in \mathbb{R}$, heißen imaginäre Zahlen.
Die Zahlen der Form $z = a + b\,i$ (z.B. $5 + 3\,i$), $a, b \in \mathbb{R}$, heißen komplexe Zahlen, deren Bestandteile sind

$a \ldots$ Realteil von $a + b\,i$,
$b \ldots$ Imaginärteil von $a + b\,i$

Die Menge aller komplexen Zahlen bezeichnen wir mit $\mathbb{C}$.

BEMERKUNG B.1
Alle reellen Zahlen sind auch komplexe Zahlen. In diesem Fall ist nämlich der Imaginärteil $b = 0$. Daher $\mathbb{R} \subset \mathbb{C}$.

BEMERKUNG B.2
Für eine komplexe Variable wird meist der Buchstabe z verwendet.

Rechnen mit komplexen Zahlen

Mit komplexen Zahlen kann wie gewohnt gerechnet werden. Für die Division gilt dabei:

$$\frac{a_1 + b_1 i}{a_2 + b_2 i} = \frac{a_1 a_2 + b_1 b_2}{a_2^2 + b_2^2} + \frac{b_1 a_2 - a_1 b_2}{a_2^2 + b_2^2}\, i$$

BEISPIEL B.1

$$(5 + 4i) + (3 - 2i) = 8 + 2i$$

$$(3 - i) - 5 = -2 - i$$

$$2 \cdot (3 - i) = 6 - 2i$$

$$(1 + i) \cdot (2 - 2i) = 2 - 2i + 2i - \underbrace{2i^2}_{-2} = 4$$

$$(3 + 5i) \cdot (1 - i) = 3 - 3i + 5i - \underbrace{5i^2}_{-5} = 8 + 2i$$

$$\frac{3 + 2i}{2 - 3i} = \frac{6 - 6}{4 + 9} + \frac{4 + 9}{4 + 9}\, i = i$$

Die konjugiert komplexe Zahl

Wenn $z = a + bi$ eine komplexe Lösung der (reellen) quadratischen Gleichung $x^2 + a_1 x + a_2 = 0$ ist $(a_1, a_2 \in \mathbb{R})$, dann auch $\bar{z} = a - ib$. $\bar{z}$ heißt die zu z konjungiert komplexe Zahl.

BEISPIEL B.2
Die Lösungen der quadratischen Gleichung $x^2 - 4 + 5 = 0$ sind

$$x_{1,2} = 2 \pm \sqrt{4 - 5} = 2 \pm i \qquad \Rightarrow \qquad x_1 = 2 + i,\ x_2 = 2 - i = \bar{x}_1$$

Die Gaußsche Zahlenebene

Komplexe Zahlen lassen sich mit Hilfe der Gaußschen[2] Zahlenebene veranschaulichen. Jede komplexe Zahl $z = a + b\,i$ wird dabei dem Punkt (a, b) in der Ebene zugordnet (☞ Abb. B.1).

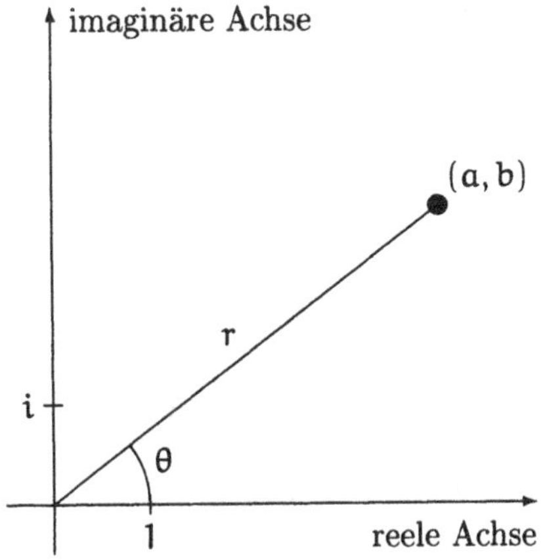

ABBILDUNG B.1: $z = a + b\,i$ in der Gaußschen Zahlenebene

Alternative kann die komplexe Zahl z aber auch durch den Abstand r dieses Punktes vom Ursprung und dem Winkel θ, den der Ortsvektor mit der reellen Achse einschließt, festgelegt werden. (a, b) heißen die *kartesische Koordinaten*, (r, θ) die Polarkoordinaten der komplexen Zahl z. Für Real- und Imaginärteil gilt dann[3]

$$\cos\theta = \frac{a}{r} \qquad \text{und} \qquad \sin\theta = \frac{b}{r}$$

und somit

$$z = a + b\,i = r\,(\cos\theta + i\,\sin\theta)$$

Der Abstand r vom Ursprung heißt der Absolutbetrag von z und wird mit $|z|$ bezeichnet. Es gilt

$$|z| = r = \sqrt{a^2 + b^2}$$

[2] CARL FRIEDRICH GAUSS, 1777-1855

[3] vgl. Winkelfunktionen in §A.2.8 auf Seite 260

BEMERKUNG B.3
Für reelle Zahlen (d.h. $b = 0$) ist diese Formel zur Definition des Absolutbetrages in §A.2.2 auf Seite 251 äquivalent.

Der Winkel θ ergibt sich als Lösung des Gleichungssystems $\cos\theta = \frac{a}{r}$ und $\sin\theta = \frac{b}{r}$. Wegen der Periodizität der Winkelfunktionen ist dieser Winkel nicht eindeutig bestimmt. Er wird so gewählt, daß[4] $\theta \in [0, 2\pi)$.

BEISPIEL B.3
$z = 2(\cos\frac{\pi}{3} + i\sin\frac{\pi}{3})$ lautet in kartesicher Darstellung $z = 1 + \sqrt{3}\,i$.

BEISPIEL B.4
Die Polarkoordinaten von $z = 3 + 4i$ erhalten wir durch:

Radius: $r = |z| = \sqrt{3^2 + 4^2} = 5$.

Winkel θ:

$$\left.\begin{array}{lll} \cos\theta = \frac{3}{5} & \Rightarrow & \theta = \arccos\frac{3}{5} = 0{,}927 \text{ oder } 2\pi - 0{,}927 \\ \sin\theta = \frac{4}{5} & \Rightarrow & \theta = \arcsin\frac{4}{5} = 0{,}927 \text{ oder } \pi - 0{,}927 \end{array}\right\} \Rightarrow \quad \theta = 0{,}927$$

arcsin und arccos sind die inversen Winkelfunktionen zu sin und cos. Hier wird verwendet, daß $\cos(\theta) = \cos(-\theta) = \cos(2\pi-\theta)$ und $\sin(\theta) = \sin(\pi-\theta) = \sin(3\pi-\theta)$.

z lautet daher in Polarkoordinaten: $z = 5(\cos 0{,}927 + i\sin 0{,}927)$.

Multiplikation und Division ist in dieser Darstellung leicht durchführbar:

$$\begin{aligned} z_1 \cdot z_2 &= r_1 \cdot r_2\,(\cos(\theta_1 + \theta_2) + i\sin(\theta_1 + \theta_2)) \\ \frac{z_1}{z_2} &= \frac{r_1}{r_2}\,(\cos(\theta_1 - \theta_2) + i\sin(\theta_1 - \theta_2)) \end{aligned}$$

Potenzen erhalten wir mit der Formel von de Moivre[5]:

$$\boxed{z^n = r^n(\cos n\theta + i\sin n\theta)}$$

Die konjungiert komplexe Zahl $\bar{z}$ einer komplexen Zahl $z = r(\cos\theta + i\sin\theta)$ ist in Polarkoordinaten

$$\bar{z} = r(\cos\theta - i\sin\theta)$$

Die Exponentialdarstellung einer komplexen Zahl

Es gilt folgende wichtige Relation zwischen der Exponentialfunktion und den Winkelfunktionen (Eulersche[6] Formel):

---

[4]manchmal auch: $\theta \in (-\pi, \pi]$
[5]ABRAHAM DE MOIVRE, 1667–1754
[6]LEONHARD EULER, 1707–1783

$$\begin{aligned} e^{ix} &= \cos x + i \sin x \\ e^{-ix} &= \cos x - i \sin x \end{aligned}$$

BEMERKUNG B.4
Diese Formel läßt sich leicht durch Einsetzen in die entsprechenden Taylorreihen (☞ Tab. 11.1 auf Seite 137) beweisen.

Daher gilt

$$z = a + b\,i = |z|\, e^{i\theta}$$

BEMERKUNG B.5
Mit der Eulerschen Formel läßt sich die Formel von de Moivre leicht zeigen:
$z^n = \left(r\, e^{i\theta}\right)^n = r^n\, e^{i\,n\theta} = r^n\,(\cos n\theta + i \sin n\theta)$

Übungen

172. Berechen Sie

(a) $(2i-1)+i$ (b) $(2i-1)\cdot i$ (c) $z\cdot\bar{z}$, mit $z = 4-2i$

(d) $(3+i)^2$ (e) i^{23} (f) $(3-i):(3+i)$

173. Lösen Sie

(a) $x^2 - 3x + 9 = 0$ (b) $2x^2 + x + 8 = 0$

(c) $x^2 + 2x + 17$ (d) $2x^2 - 4x + 4 = 0$

174. Stellen Sie die folgenden Zahlen in kartesischen Koordinaten bzw. Polarkoordinaten dar:

(a) $2(\cos\frac{\pi}{4} + i \sin\frac{\pi}{4})$ (b) $4\,e^{-i\pi/3}$ (c) $5(\cos\frac{\pi}{2} + i \sin\frac{\pi}{2})$

(d) i (e) $1-i$ (f) $\frac{3}{2} + \frac{\sqrt{3}}{2}\,i$

175. Zeigen Sie mit Hilfe der Eulerformel: $e^{i\pi} = -1$.

Lösungen

Das Verstehen ist ein Sport wie ein anderer. Ein sehr vornehmer Sport und ein sehr kostspieliger.

Arthur Schnitzler (1862–1931)
»Der Weg ins Freie«

1. Nur (b) und (d) sind Aussagen.

2. Die Aussagen a und c sind wahr, b ist falsch. Für die zusammengesetzten Aussagen gilt daher: (a) W, (b) F, (c) W, (d) W, (e) F, (f) F

3. (a) $p \wedge q$, (b) $p \Rightarrow q$, (c) $q \Leftrightarrow \neg p$, (d) $\neg q \vee p$, (e) $\neg(q \vee \neg p)$

4.

p	q	$p \vee q$	$\neg p$	$\neg q$	$\neg p \vee \neg q$	$(p \vee q) \wedge (\neg p \vee \neg q)$
W	W	W	F	F	F	F
W	F	W	F	W	W	W
F	W	W	W	F	W	W
F	F	F	W	W	W	F

5. Erstellen Sie eine Wahrheitswertetabelle:

a	b	$a \Rightarrow b$	$\neg a$	$\neg b$	$\neg b \Rightarrow \neg a$	$(a \Rightarrow b) \Leftrightarrow (\neg b \Rightarrow \neg a)$
W	W	W	F	F	W	W
W	F	F	F	W	F	W
F	W	W	W	F	W	W
F	F	W	W	W	W	W

6. (a) wahr. Eine Primzahl größer oder gleich 3 muß stets ungerade sein, andernfalls wäre sie ja durch 2 teilbar. Also können zwei Primzahlen nie aufeinander folgen. Die Behauptung an einem Einzelfall (z.B. für $x = 7$) zu demonstrieren genügt nicht.
(b) falsch. Überlegen Sie, daß sowohl aus $p \Rightarrow \neg q$ als auch $\neg q \Rightarrow p$ wahr sein muß. Zur Falsifizierung einer Behauptung reicht bereits ein einziges Gegenbeispiel (z.B. $x = 9$).

7. (a) $\{1,3,6,7,9,10\}$, (b) $\{6\}$, (c) $\{1\}$, (d) $\{2,4,5,7,8,10\}$, (e) $\{6,10\}$, (f) $\{2,4,5,8\}$, (g) $\{2,4\}$, (h) $\{5,8\}$, (i) $\{3,6,9\}$

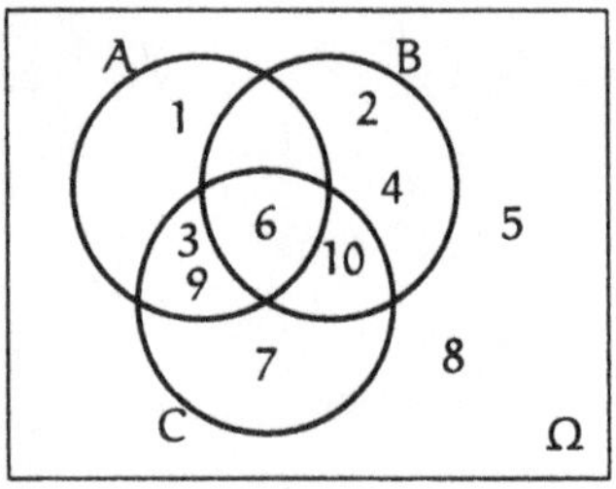

8. Obermenge Ω ist die Menge aller Einwohner des Wahlbezirks. (a) alle männlichen Wahlberechtigten, (b) alle weiblichen Wahlberechtigten, (c) alle unselbständig beschäftigten Männer, (d) alle nicht pensionierten Wahlberechtigen, (e) alle nicht wahlberechtigen Frauen, (f) alle Männer (=B), (g) alle pensionierten Frauen, (h) alle Frauen, die pensioniert oder unselbständig beschäftigt sind.

9. (a) $\bar{A} \cap \bar{B}$, (b) A, (c) $\emptyset$, (d) C. Verwenden Sie die Regeln aus Tab. 2.4, Seite 9.

10. (a) keine Teilmenge, (b) keine Teilmenge, da Menge $= \{-11, 11\}$, (c) Teilmenge, (d) keine Teilmenge

11. (a) keine Abbildung, (b) bijektive Abbildung, (c) Abbildung, weder injektiv noch surjektiv, (d) injektive Abbildung, nicht surjektiv.

12. $x_1 = 13$, $x_2 = -16$, $x_3 = 6$

13. $$\begin{pmatrix} x_1 \\ x_2 \\ x_3 \\ x_4 \end{pmatrix} = \begin{pmatrix} -2 \\ 8 \\ -2 \\ 0 \end{pmatrix} + \lambda \cdot \begin{pmatrix} -4 \\ 3 \\ -1 \\ 1 \end{pmatrix}, \lambda \in \mathbb{R}.$$
Hinweis: Die Darstellung der Lösung ist nicht eindeutig.

14. Das Gleichungssystem ist inkonsistent, $L = \emptyset$.

15. $$\begin{pmatrix} x_1 \\ x_2 \\ x_3 \\ x_4 \\ x_5 \end{pmatrix} = \begin{pmatrix} -1 \\ 3 \\ 0 \\ -1 \\ 0 \end{pmatrix} + \lambda_1 \cdot \begin{pmatrix} -3 \\ \frac{1}{6} \\ 0 \\ \frac{2}{3} \\ 1 \end{pmatrix} + \lambda_2 \cdot \begin{pmatrix} -4 \\ \frac{1}{2} \\ 1 \\ 0 \\ 0 \end{pmatrix}, \lambda_1, \lambda_2 \in \mathbb{R}.$$
Hinweis: Die Darstellung der Lösung ist nicht eindeutig.

16. (a) $\mathbf{A} + \mathbf{B} = \begin{pmatrix} 2 & -2 & 8 \\ 10 & 1 & -1 \end{pmatrix}$, (b) nicht möglich, da Anzahl der Spalten von $\mathbf{A}$ ungleich der Anzahl der Zeilen von $\mathbf{B}$, (c) $3\,\mathbf{A}^t = \begin{pmatrix} 3 & 6 \\ -18 & 3 \\ 15 & -9 \end{pmatrix}$,
(d) $\mathbf{A}^t \cdot \mathbf{C} = \begin{pmatrix} 3 & 3 \\ -5 & 8 \\ 2 & -11 \end{pmatrix}$, (e) $\mathbf{A} \cdot \mathbf{B}^t = \begin{pmatrix} -8 & 18 \\ -3 & 10 \end{pmatrix}$,
(f) $\mathbf{B}^t \cdot \mathbf{A} = \begin{pmatrix} 17 & 2 & -19 \\ 4 & -24 & 20 \\ 7 & -16 & 9 \end{pmatrix}$, (g) $\mathbf{C} \cdot \mathbf{A} = \begin{pmatrix} -1 & -7 & 8 \\ 5 & -4 & -1 \end{pmatrix}$,
(h) nicht möglich, da Anzahl der Zeilen und Spalten nicht übereinstimmen,

(i) $\mathbf{C}\cdot\mathbf{A}+\mathbf{C}\cdot\mathbf{B}=\mathbf{C}\cdot(\mathbf{A}+\mathbf{B})=\begin{pmatrix}-8 & -3 & 9\\ 22 & 0 & 6\end{pmatrix}$, (j) $\mathbf{B}^t-3\mathbf{A}^t=\begin{pmatrix}-2 & 2\\ 22 & -3\\ -12 & 11\end{pmatrix}$,

(k) $\mathbf{C}^2=\mathbf{C}\cdot\mathbf{C}=\begin{pmatrix}0 & -3\\ 3 & 3\end{pmatrix}$, (l) $\mathbf{C}^3=\mathbf{C}\cdot\mathbf{C}^2=\begin{pmatrix}-3 & -6\\ 6 & 3\end{pmatrix}$

17. $\mathbf{A}\cdot\mathbf{B}=\begin{pmatrix}4 & 2\\ 1 & 2\end{pmatrix}\neq\mathbf{B}\cdot\mathbf{A}=\begin{pmatrix}5 & 1\\ -1 & 1\end{pmatrix}$

18. (a) Diagonalmatrix, (b) obere Dreiecksmatrix, (c) untere Dreiecksmatrix.

19. (a) $\|\mathbf{x}\|=\sqrt{21}$, $\|\mathbf{y}\|=\sqrt{10}$, $\mathbf{x}^t\cdot\mathbf{y}=-1$, (b) $\|\mathbf{x}\|=\sqrt{14}$, $\|\mathbf{y}\|=\sqrt{15}$, $\mathbf{x}^t\cdot\mathbf{y}=10$

20. z.B.: (a) $2\mathbf{x}_1+0\mathbf{x}_2=\begin{pmatrix}2\\ 4\end{pmatrix}$, (b) $3\mathbf{x}_1-2\mathbf{x}_2=\begin{pmatrix}4\\ -2\\ 3\end{pmatrix}$

21. (a) linear unabhängig, (b) linear unabhängig, (c) linear abhängig (Es können höchstens drei Vektoren mit drei Komponenten linear unabhängig sein. Hier ist also eine Rechnung überflüssig.)

22. (a) $\text{rank}(\mathbf{A})=3$, (b) $\text{rank}(\mathbf{B})=3$, (c) $\text{rank}(\mathbf{C})=\text{rank}(\mathbf{D}^t)=2$,
(d) $\text{rank}(\mathbf{D})=2$, (e) $\text{rank}(\mathbf{E})=3$

23. $\text{rank}(\mathbf{A})=3$, $\text{rank}(\mathbf{B})=2$, $\text{rank}(\mathbf{A}\cdot\mathbf{B})=\text{rank}\begin{pmatrix}14 & 8 & 2\\ 3 & 2 & 1\\ -10 & -8 & -6\end{pmatrix}=2$

24. Aufgabe 12: $\begin{pmatrix}2 & 3 & 4\\ 4 & 3 & 1\\ 1 & 2 & 4\end{pmatrix}\cdot\begin{pmatrix}x_1\\ x_2\\ x_3\end{pmatrix}=\begin{pmatrix}2\\ 10\\ 5\end{pmatrix}$, Koeffizientenmatrix:

$\mathbf{A}=\begin{pmatrix}2 & 3 & 4\\ 4 & 3 & 1\\ 1 & 2 & 4\end{pmatrix}$, erweiterte Koeffizientenmatrix: $(\mathbf{A},\mathbf{b})=\begin{pmatrix}2 & 3 & 4 & 2\\ 4 & 3 & 1 & 10\\ 1 & 2 & 4 & 5\end{pmatrix}$,

$\text{rank}(\mathbf{A})=\text{rank}(\mathbf{A},\mathbf{b})=3=n \quad\Rightarrow$ die Lösung ist eindeutig.
Aufgabe 13: $\text{rank}(\mathbf{A})=\text{rank}(\mathbf{A},\mathbf{b})=3<n=4 \quad\Rightarrow$ unendlich viele Lösungen.
Aufgabe 14: $\text{rank}(\mathbf{A})=3<\text{rank}(\mathbf{A},\mathbf{b})=4 \quad\Rightarrow$ keine Lösung.
Aufgabe 15: $\text{rank}(\mathbf{A})=\text{rank}(\mathbf{A},\mathbf{b})=3<n=5 \quad\Rightarrow$ unendlich viele Lösungen.

25. (a) Mindestens eine Lösung. Die rechte Spalte der erweiterten Koeffizientenmatrix besteht aus lauter Nullen. Daher ist ihr Rang niemals größer als der Rang der Koeffizientenmatrix.
(b) Nein, da durch Hinzufügen einer Spalte zur Koeffizientenspalte der Rang nicht kleiner werden kann.

26. (a) regulär, $\mathbf{A}^{-1}=\begin{pmatrix}2 & -19 & -3\\ 0 & 1 & 0\\ -1 & 12 & 2\end{pmatrix}$, (b) nicht regulär $\Leftrightarrow$ nicht invertierbar, die Inverse Matrix $\mathbf{B}^{-1}$ existiert nicht.

27. (a) $\text{rank}(\mathbf{A}\,\mathbf{B})=\text{rank}(\mathbf{B}\,\mathbf{A})=2$, (b) und (c): linke und rechte Seite ausrechnen und vergleichen.

28. $(\mathbf{B}^{-1}\mathbf{A}^{-1})\cdot(\mathbf{A}\,\mathbf{B})=\mathbf{B}^{-1}(\mathbf{A}^{-1}\cdot\mathbf{A})\mathbf{B}=\mathbf{B}^{-1}\mathbf{I}\,\mathbf{B}=\mathbf{B}^{-1}\mathbf{B}=\mathbf{I}$. Daraus folgt nach Definition der inversen Matrix (☞ Def. 4.6, Seite 37): $(\mathbf{B}^{-1}\mathbf{A}^{-1})$ ist die Inverse zu $(\mathbf{A}\,\mathbf{B})$.

29. $\mathbf{x} = \mathbf{A}^{-1} \cdot \mathbf{b} = \begin{pmatrix} 72 \\ -4 \\ -45 \end{pmatrix}$

30. (a) $\mathbf{X} = (\mathbf{A} + \mathbf{B} - \mathbf{C})^{-1}$, die Inverse $(\mathbf{A} + \mathbf{B} - \mathbf{C})^{-1}$ muß existieren, (b) $\mathbf{X} = \mathbf{A}^{-1}\mathbf{C}$, $\mathbf{A}^{-1}$ muß existieren, (c) $\mathbf{X} = \mathbf{A}^{-1}\mathbf{B}\mathbf{A}$, $\mathbf{A}^{-1}$ muß existieren, (d) $\mathbf{X} = \mathbf{C}\mathbf{B}^{-1}\mathbf{A}^{-1} = \mathbf{C}(\mathbf{A}\mathbf{B})^{-1}$, die Inversen von $\mathbf{A}$, $\mathbf{B}$ und $\mathbf{X}$ müssen existieren.

31. (a) 2×2-Matrizen lassen sich addieren und skalarmultiplizieren. Das Ergebnis ist dann wieder eine 2 × 2-Matrix und somit ein Element aus $\mathcal{M}$. (b) z.B.: $\mathbf{v}_1 = \begin{pmatrix} 1 & 0 \\ 0 & 0 \end{pmatrix}$, $\mathbf{v}_2 = \begin{pmatrix} 0 & 1 \\ 0 & 0 \end{pmatrix}$, $\mathbf{v}_3 = \begin{pmatrix} 0 & 0 \\ 1 & 0 \end{pmatrix}$, $\mathbf{v}_4 = \begin{pmatrix} 0 & 0 \\ 0 & 1 \end{pmatrix}$, $\dim(\mathrm{M}) = 4$. (c) $\mathcal{N}$ ist kein Unterraum, z.B. sind $\begin{pmatrix} 1 & 0 \\ 0 & 1 \end{pmatrix}$ und $\begin{pmatrix} -1 & 0 \\ 0 & -1 \end{pmatrix}$ reguläre 2 × 2-Matrizen nicht aber ihre Summe: $\begin{pmatrix} 0 & 0 \\ 0 & 0 \end{pmatrix}$. (d) Unterraum, da die Summe zweier Diagonalmatrizen wieder eine Diagonalmatrix ist. Beispiel für Basis: $\mathbf{w}_1 = \begin{pmatrix} 1 & 0 \\ 0 & 0 \end{pmatrix}$, $\mathbf{w}_2 = \begin{pmatrix} 0 & 0 \\ 0 & 1 \end{pmatrix}$, $\dim(\mathrm{D}) = 2$.

32. (a) dim = 2, (b) dim = 3, (c) dim = 3. Die Vektoren $\mathbf{v}_1$, $\mathbf{v}_2$ und $\mathbf{v}_3$ aus (b) bilden eine Basis.

33. (a) $\tilde{\mathbf{x}} = \begin{pmatrix} 2 \\ 0 \\ 1 \end{pmatrix}$, $\tilde{\mathbf{y}} = \begin{pmatrix} 1 \\ 1 \\ 4 \end{pmatrix}$, $\tilde{\mathbf{o}} = \begin{pmatrix} 0 \\ 0 \\ 0 \end{pmatrix}$, (b) $\tilde{\mathbf{x}} = \begin{pmatrix} 1 \\ 0 \\ 0 \end{pmatrix}$, $\tilde{\mathbf{y}} = \begin{pmatrix} 2 \\ 1 \\ -2 \end{pmatrix}$, $\tilde{\mathbf{o}} = \begin{pmatrix} 0 \\ 0 \\ 0 \end{pmatrix}$

34. (a) Sei $\mathbf{V} = (\mathbf{v}_1, \mathbf{v}_2, \mathbf{v}_3)$. Dann erhalten wir die neue Basis $\mathbf{W} = (\mathbf{w}_1, \mathbf{w}_2, \mathbf{w}_3)$ durch $\mathbf{W} = \mathbf{V} \cdot \mathbf{U}$: $\mathbf{w}_1 = \begin{pmatrix} 7 \\ 1 \\ 4 \end{pmatrix}$, $\mathbf{w}_2 = \begin{pmatrix} 2 \\ 0 \\ 0 \end{pmatrix}$, $\mathbf{w}_3 = \begin{pmatrix} 9 \\ 1 \\ 5 \end{pmatrix}$.

(b) $\mathbf{U}^{-1} = \begin{pmatrix} -1 & 3 & 0 \\ 0 & -1 & 1 \\ 1 & -2 & 0 \end{pmatrix}$, (c) $\begin{pmatrix} 2 & 1 & 2 \\ 0 & 1 & 0 \\ 1 & 2 & 0 \end{pmatrix} = \mathbf{V}$

35. $\dim(\mathrm{Im}(\varphi_{\mathbf{A}})) = \mathrm{rank}(\mathbf{A}) = 3$. Beispiel für Basis: die drei (linear unabhängigen) Spaltenvektoren von $\mathbf{A}$.

36. (a) −3, (b) 0, (c) 3, (d) 48, (e) −49, (f) −1

37. (a) Ränge der Matrizen aus Aufgabe 36: (a)–(b) Rang 2, (c) Rang 3, (d)–(f) Rang 4 (Mit Ausnahme von (b) folgt dies bereits aus det $\neq 0$). Alle Matrizen mit Ausnahme von 36(b) sind regulär, invertierbar und haben linear unabhängige Spaltenvektoren.

38. (a) $\det(\mathbf{A}) = 3$ (z.B. Regel von Sarrus), (b) $\det(5\,\mathbf{A}) = 5^3 \det(\mathbf{A}) = 375$ (aus jeder Spalte kann 5 „herausgehoben" werden, Eigenschaft (1b)), (c) $\det(\mathbf{B}) = 2\det(\mathbf{A}) = 6$ (die zweite Spalte von $\mathbf{A}$ wurde mit 2 multipliziert um $\mathbf{B}$ zu erhalten, Eigenschaft (1b)), (d) $\det(\mathbf{A}^t) = \det(\mathbf{A}) = 3$ (Eigenschaft (10)), (e) $\det(\mathbf{C}) = \det(\mathbf{A}) = 3$ (das fünffache der ersten Spalte von $\mathbf{A}$ wurde zur zweiten Spalte addiert um $\mathbf{C}$ zu erhalten, Eigenschaft (6)), (f) $\det(\mathbf{A}^{-1}) = \frac{1}{\mathbf{A}} = \frac{1}{3}$ (Eigenschaft (12)), (g) $\det(\mathbf{A} \cdot \mathbf{C}) = \det(\mathbf{A}) \cdot \det(\mathbf{C}) = 3 \cdot 3 = 9$ (Eigenschaft (11))

39. $\begin{pmatrix} x_1 \\ x_2 \\ x_3 \end{pmatrix} = \begin{pmatrix} \frac{4}{11} \\ \frac{14}{11} \\ -\frac{14}{11} \end{pmatrix}$

40. (a) $\lambda_1 = 7$, $\mathbf{x}_1 = \begin{pmatrix} \frac{1}{2} \\ 1 \end{pmatrix}$; $\lambda_2 = 2$, $\mathbf{x}_2 = \begin{pmatrix} -2 \\ 1 \end{pmatrix}$; (b) $\lambda_1 = 14$, $\mathbf{x}_1 = \begin{pmatrix} \frac{1}{4} \\ 1 \end{pmatrix}$; $\lambda_2 = 1$, $\mathbf{x}_2 = \begin{pmatrix} -3 \\ 1 \end{pmatrix}$

41. (a) $\lambda_1 = 0$, $\mathbf{x}_1 = \begin{pmatrix} -2 \\ 2 \\ 1 \end{pmatrix}$; $\lambda_2 = 27$, $\mathbf{x}_2 = \begin{pmatrix} 1 \\ \frac{1}{2} \\ 1 \end{pmatrix}$; $\lambda_3 = -9$, $\mathbf{x}_3 = \begin{pmatrix} -\frac{1}{2} \\ -1 \\ 1 \end{pmatrix}$.
(b) $\lambda_1 = 1$, $\mathbf{x}_1 = \begin{pmatrix} 0 \\ 1 \\ 0 \end{pmatrix}$; $\lambda_2 = 2$, $\mathbf{x}_2 = \begin{pmatrix} -1 \\ 2 \\ 2 \end{pmatrix}$; $\lambda_3 = 3$, $\mathbf{x}_3 = \begin{pmatrix} -1 \\ 1 \\ 1 \end{pmatrix}$. (c) $\lambda_1 = 1$, $\mathbf{x}_1 = \begin{pmatrix} 2 \\ -1 \\ 1 \end{pmatrix}$; $\lambda_2 = 3$, $\mathbf{x}_2 = \begin{pmatrix} 1 \\ 0 \\ 1 \end{pmatrix}$; $\lambda_3 = 3$, $\mathbf{x}_3 = \begin{pmatrix} 1 \\ 1 \\ 0 \end{pmatrix}$; (d) $\lambda_1 = -2$, $\mathbf{x}_1 = \begin{pmatrix} -1 \\ 0 \\ 1 \end{pmatrix}$; $\lambda_2 = -2$, $\mathbf{x}_2 = \begin{pmatrix} 1 \\ 1 \\ 0 \end{pmatrix}$; $\lambda_3 = 4$, $\mathbf{x}_3 = \begin{pmatrix} 1 \\ 1 \\ 2 \end{pmatrix}$.
A und **D** sind indefinit, **B** und **C** sind positiv definit.

42. (a) $\lambda_1 = \lambda_2 = \lambda_3 = 1$, $\mathbf{x}_1 = \begin{pmatrix} 1 \\ 0 \\ 0 \end{pmatrix}$, $\mathbf{x}_2 = \begin{pmatrix} 0 \\ 1 \\ 0 \end{pmatrix}$, $\mathbf{x}_3 = \begin{pmatrix} 0 \\ 0 \\ 1 \end{pmatrix}$. (a) $\lambda_1 = \lambda_2 = \lambda_3 = 1$, $\mathbf{x}_1 = \begin{pmatrix} 1 \\ 0 \\ 0 \end{pmatrix}$.

43. Eigenwerte: $\lambda_1 = 0$, $\lambda_2 = 1$, $\lambda_3 = 3$; $\det(\mathbf{A}) = 0$, $\mathrm{Sp}(\mathbf{A}) = 4$.

44. Eigenwerte und Eigenvektoren von **A**: $\lambda_1 = -1$, $\mathbf{x}_1 = \begin{pmatrix} -1 \\ 1 \end{pmatrix}$, $\lambda_2 = 3$, $\mathbf{x}_2 = \begin{pmatrix} 1 \\ 1 \end{pmatrix}$;

Eigenwerte und Eigenvektoren der Inversen $\mathbf{A}^{-1} = \frac{1}{3}\begin{pmatrix} -1 & 2 \\ 2 & -1 \end{pmatrix}$: $\lambda_1 = -1$, $\mathbf{x}_1 = \begin{pmatrix} -1 \\ 1 \end{pmatrix}$, $\lambda_2 = \frac{1}{3}$, $\mathbf{x}_2 = \begin{pmatrix} 1 \\ 1 \end{pmatrix}$;

Eigenwerte und Eigenvektoren von $\mathbf{A}^2 = \begin{pmatrix} 5 & 4 \\ 4 & 5 \end{pmatrix}$: $\lambda_1 = 1$, $\mathbf{x}_1 = \begin{pmatrix} -1 \\ 1 \end{pmatrix}$, $\lambda_2 = 9$, $\mathbf{x}_2 = \begin{pmatrix} 1 \\ 1 \end{pmatrix}$.

45. Eigenwerte und Eigenvektoren von **AB**: $\lambda_1 = 3 - \sqrt{3}$, $\mathbf{x}_1 = \begin{pmatrix} -1 - \sqrt{3} \\ 1 \end{pmatrix}$, $\lambda_2 = 3 + \sqrt{3}$, $\mathbf{x}_2 = \begin{pmatrix} -1 + \sqrt{3} \\ 1 \end{pmatrix}$;

Eigenwerte und Eigenvektoren von **BA**: $\lambda_1 = 3 - \sqrt{3}$, $\mathbf{x}_1 = \begin{pmatrix} -1 - \sqrt{3} \\ 2 \end{pmatrix}$, $\lambda_2 = 3 + \sqrt{3}$, $\mathbf{x}_2 = \begin{pmatrix} -1 + \sqrt{3} \\ 2 \end{pmatrix}$.

46. (a) $\langle 2, 4, 6, 8, 10, 12, 14, 16, 18, 20\rangle$, bestimmt divergent gegen ∞;
(b) $\langle \frac{1}{3}, \frac{1}{4}, \frac{1}{5}, \frac{1}{6}, \frac{1}{7}, \frac{1}{8}, \frac{1}{9}, \frac{1}{10}, \frac{1}{11}, \frac{1}{12}\rangle$, konvergiert gegen 0;
(c) $\langle 1; 1{,}260; 1{,}442; 1{,}587; 1{,}710; 1{,}817; 1{,}913; 2; 2{,}080; 2{,}154\rangle$, bestimmt divergent gegen ∞;
(d) $\langle -0{,}368; 0{,}243; -0{,}177; 0{,}135; -0{,}107; 0{,}086; -0{,}071; 0{,}0591; -0{,}0498; 0{,}0423\rangle$, konvergiert gegen 0.

47. (a) $\langle 2, 6, 12, 20, 30\rangle$, (b) $\langle 0{,}333; 0{,}583; 0{,}783; 0{,}95; 1{,}093\rangle$,
(c) $\langle 1; 2{,}260; 3{,}702; 5{,}290; 7{,}000\rangle$, (d) $\langle -0{,}368; -0{,}125; -0{,}302; -0{,}166; -0{,}273\rangle$

48. (a) 7, (b) $\frac{2}{7}$, (c) 0, (d) bestimmt divergent gegen $+\infty$, (e) unbestimmt divergent, (f) $\frac{29}{6}$

49. (a) $e^2 \approx 7{,}38906$, (b) 0, (c) 1, (d) $e^{-2} \approx 0{,}135335$, (e) 0, (f) bestimmt divergent gegen ∞.
Substituieren (ersetzen) Sie in (a) n durch $2n$. (Analog n durch $-2n$ in (d).) Dabei bleibt der Grenzwert unverändert. Verwenden Sie dann Regel (6) aus Tab. 8.3, Seite 85: $\lim_{n\to\infty}(1+\frac{2}{n})^n = \lim_{n\to\infty}(1+\frac{1}{n})^{2n} = \lim_{n\to\infty}\left((1+\frac{1}{n})^n\right)^2 = e^2$.

50. (a) $a_n = 2\cdot 1{,}1^{n-1}$, $a_{10} = 4{,}7159$, (b) $a_1 = 12\cdot 0{,}7^{-6} = 102$, $a_n = 102\cdot 0{,}7^{n-1}$, $a_{10} = 4{,}116$

51. $\langle s_n\rangle = \langle \frac{n(n-1)}{2}\rangle = \langle 1, 3, \ldots, 45\rangle$ bzw. $\langle s_n\rangle = \langle n^2\rangle = \langle 1, 4, 9, \ldots, 100\rangle$

52. (a) $s_7 = \frac{1}{3}\cdot\frac{3^7-1}{3-1} = 364{,}33$, (b) $s_7 = -\frac{1}{2}\cdot\frac{(-1/4)^7-1}{-1/4-1} = -0{,}400$,
(c) $s_{10} = 110\cdot\frac{1{,}1^{10}-1}{1{,}1-1} = 1753{,}12$, (d) $s_\infty = 0{,}95\cdot\frac{1}{1-0{,}95} = 19$

53. geometrische Folge: $q = \sqrt[15]{\frac{5}{4}} = 1{,}015$, verdoppelt im Jahre 2007.

54. (a) $12\,000\cdot 1{,}06^5 = 16\,058{,}71$,
(b) Abzinsen auf den Beginn der Anlage: $16\,058{,}71\cdot 1{,}024^{-5} = 14\,263$

55. $q^{15} = 3 \Rightarrow p = q-1 = \sqrt[15]{3}-1 = 7{,}6\%$

56. $q^8 = 1{,}05^{10} \Rightarrow p = q-1 = 1{,}05^{\frac{10}{8}}-1 = 6{,}29\%$, Endwert $= 1{,}629\times$Startkapital.

57. 1982: $73\,792{,}43\cdot 1{,}03^{-7} = 60\,000$, 2000: $73\,792{,}43\cdot 1{,}03^{11} = 102\,145{,}98$

58. (a) $B_n = 18\,215{,}83$, $E_n = 50\,258{,}04$, (b) 28 571,43, (c) 20 Jahre

59. (a) 17 529,42, (b) $n \geq 9{,}23 \Rightarrow$ 10 Jahre (immer aufrunden!), (c) 18 273,24, (d) nein (Zinsen sind größer als Rückzahlungsrate)

60. $100\,000 \leq R\cdot 1{,}05\cdot\frac{1{,}05^{10}-1}{1{,}05-1} \Rightarrow R \geq 7\,571{,}86$

61. 1 Verzinsungsperiode: $(1+p)^1 = 1{,}08 \Rightarrow p = 8\%$,
2 Verzinsungsperioden: $(1+\frac{p}{2})^2 = 1{,}08 \Rightarrow p = 7{,}85\%$,
12 Verzinsungsperioden: $(1+\frac{p}{12})^{12} = 1{,}08 \Rightarrow p = 7{,}72\%$
(n Verzinsungsperioden: $(1+\frac{p}{n})^n = 1{,}08$)

62. $B_\infty = \frac{4500}{1{,}045-1} = 100\,000$

63. (a) $D_h = \mathbb{R}\setminus\{2\}$, (b) $D_D = \mathbb{R}\setminus\{1\}$, (c) $D_F = [\frac{2}{3}, \infty)$, (d) $D_G = (-\infty, \frac{3}{2})$,
(e) $D_f = [-2, 2]$, (f) $D_f = \mathbb{R}\setminus\{2\}$, (g) $D_f = \mathbb{R}$, (h) $D_g = \mathbb{R}$, (i) $D_f = \mathbb{R}\setminus\{3\}$

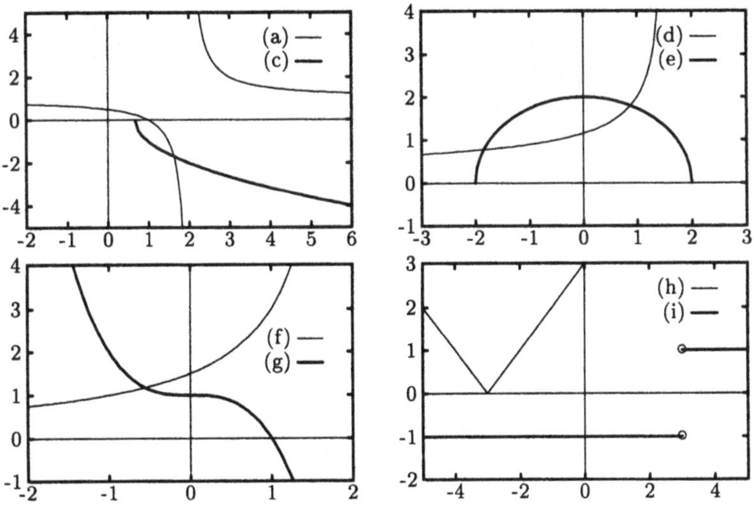

64.

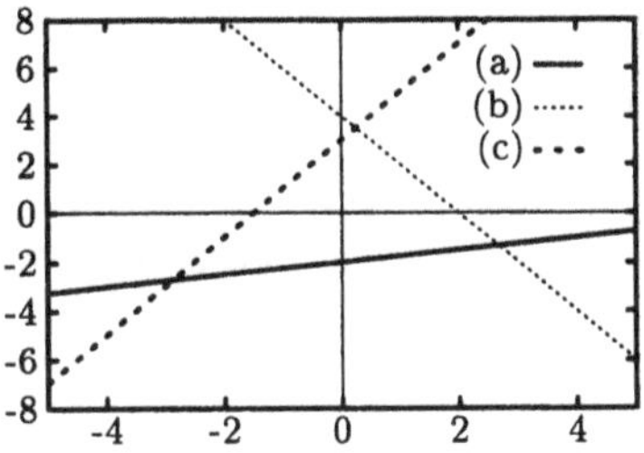

Hinweis: Für lineare Funktionen genügt eine Wertetabelle mit nur 2 Punkten.

65.

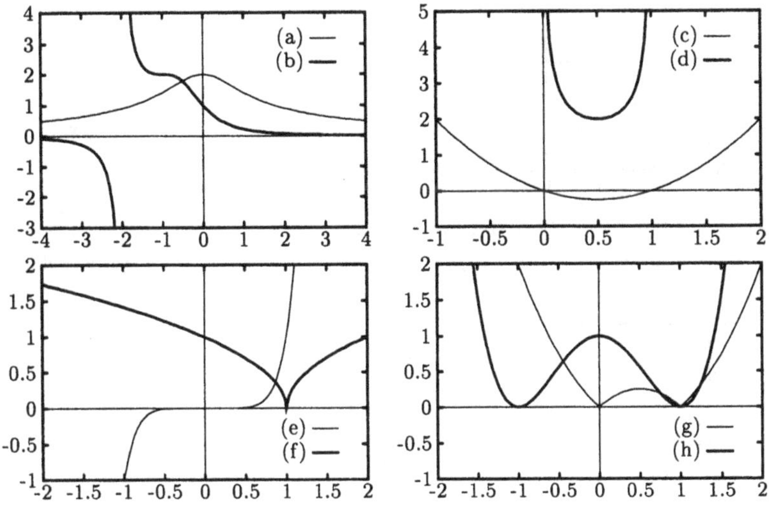

66. (a) 3. Reihe links, (b) 2. R. r., (c) 1. R. r., (d) 4. R. r., (e) 3. R. r., (f) 2. R. l., (g) 4. R. l., (h) 1. R. l.

67. $h(12) = f(g(12)) = f(1{,}5764) = 3{,}8059$

68. (a) $f \circ g = |x| + 1$, $g \circ f = (\sqrt{x} + 1)^2$, $D_f = D_{g\circ f} = [0, \infty)$, $D_g = D_{f\circ g} = \mathbb{R}$, $f(D_f) = [0, \infty)$, $g(D_g) = (f \circ g)(D_{f\circ g}) = (g \circ f)(D_{g\circ f}) = [1, \infty)$;
(b) $f \circ g = (x-3)^2 + 2$, $g \circ f = x^2 - 1$, $D_f = D_g = D_{f\circ g} = D_{g\circ f} = \mathbb{R}$, $f(D_f) = (f \circ g)(D_{f\circ g}) = [2, \infty)$, $g(D_g) = \mathbb{R}$, $(g \circ f)(D_{g\circ f}) = [-1, \infty)$;
(c) $f \circ g = \frac{1}{1+(\frac{1}{x})^2}$, $g \circ f = 1 + x^2$, $D_f = D_{g\circ f} = \mathbb{R}$, $D_g = D_{f\circ g} = \mathbb{R} \setminus \{0\}$, $f(D_f) = (0, 1]$, $g(D_g) = \mathbb{R} \setminus \{0\}$, $(f \circ g)(D_{f\circ g}) = (0, 1)$, $(g \circ f)(D_{g\circ f}) = [1, \infty)$;
(d) $f \circ g = x^2$, $g \circ f = \exp(\log^2 x)$, $D_f = D_{g\circ f} = (0, \infty)$, $D_g = D_{f\circ g} = \mathbb{R}$, $f(D_f) = \mathbb{R}$, $(f \circ g)(D_{f\circ g}) = [0, \infty)$, $g(D_g) = (g \circ f)(D_{g\circ f}) = [1, \infty)$

69. (a) $D_f = \mathbb{R}$, $D_g = \mathbb{R} \setminus \{1\}$; $(f+g)(x) = x^2 + \frac{1}{x-1}$, $(f-g)(x) = x^2 - \frac{1}{x-1}$, $(f \cdot g)(x) = \frac{x^2}{x-1}$, $\left(\frac{f}{g}\right)(x) = x^2(x-1)$, $(f \circ g)(x) = \frac{1}{(x-1)^2}$;
(b) $D_f = \mathbb{R}$, $D_g = [0, \infty)$; $(f+g)(x) = x^2 + 1 + \sqrt{x}$, $(f-g)(x) = x^2 + 1 - \sqrt{x}$, $(f \cdot g)(x) = (x^2+1) \cdot \sqrt{x}$, $\left(\frac{f}{g}\right)(x) = \frac{x^2+1}{\sqrt{x}}$, $(f \circ g)(x) = |x| + 1$;
(c) $D_f = [0, \infty)$, $D_g = \mathbb{R} \setminus \{-2\}$; $(f+g)(x) = 1 + \sqrt{x} + \frac{2x+1}{x+2}$, $(f-g)(x) = 1 + \sqrt{x} - \frac{2x+1}{x+2}$, $(f \cdot g)(x) = \frac{(1+\sqrt{x})(2x+1)}{x+2}$, $\left(\frac{f}{g}\right)(x) = \frac{(1+\sqrt{x})(x+2)}{2x+1}$, $(f \circ g)(x) = 1 + \sqrt{\frac{2x+1}{x+2}}$;
(d) $D_f = \mathbb{R}$, $D_g = \mathbb{R} \setminus \{-1, 1\}$; $(f+g)(x) = (x+1)^2 + \frac{1}{x^2-1}$, $(f-g)(x) = (x+1)^2 - \frac{1}{x^2-1}$, $(f \cdot g)(x) = \frac{x^2+1}{x^2-1}$, $\left(\frac{f}{g}\right)(x) = (x^2+1)(x^2-1)$, $(f \circ g)(x) = \left(\frac{x^2}{x^2-1}\right)^2$

70. (a) injektiv, nicht surjektiv, (b) injektiv, nicht surjektiv, (c) bijektiv, (d) nicht injektiv, nicht surjektiv, (e) nicht injektiv, surjektiv, (f) bijektiv. Beachten Sie, daß Definitons- und Wertemenge Bestandteil der Funktion sind.

71.

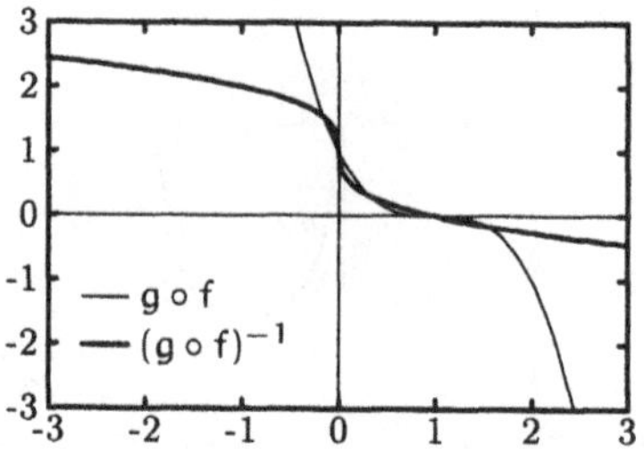

$(g \circ f)(x) = (1-x)^3$,
$(g \circ f)^{-1}(x) = 1 - \sqrt[3]{x}$

72. (a) $x = -\frac{1}{3}(y+4)$, (b) $x = y + 1$, (c) $x = -\frac{5}{2}(p-4)$, (d) $p = \frac{1}{3}q - 2$, (e) $x = \frac{1}{3}(y^2+4)$, (f) $x = \frac{1}{2}y^2 - \frac{1}{8}$, (g) $x = \sqrt[5]{y}$, (h) $x = y^2$, (i) $x = 4 - y^2$

73.

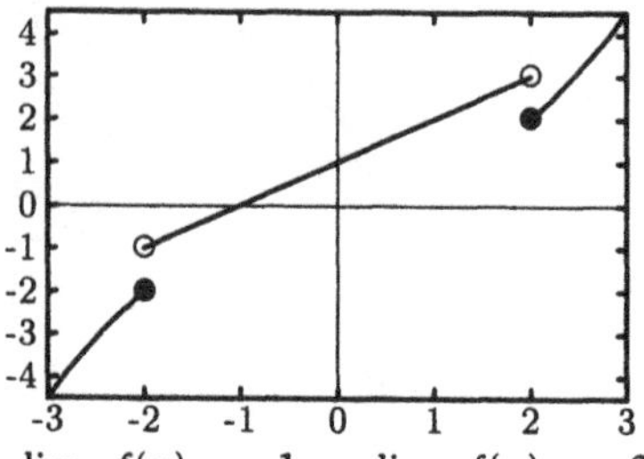

$\lim\limits_{\substack{x \to -2 \\ x > -2}} f(x) = -1$, $\lim\limits_{\substack{x \to -2 \\ x < -2}} f(x) = -2$, $\lim\limits_{x \to -2} f(x)$ existiert nicht

$\lim\limits_{\substack{x\to -2\\ x>0}} f(x) = \lim\limits_{\substack{x\to -2\\ x<0}} f(x) = \lim\limits_{x\to -2} f(x) = 1$

$\lim\limits_{\substack{x\to 2\\ x>2}} f(x) = 2,\quad \lim\limits_{\substack{x\to 2\\ x<2}} f(x) = 3,\quad \lim\limits_{x\to 2} f(x)$ existiert nicht.

f ist stetig in 0 und nicht stetig in −2 und 2.

74. (a) 1, (b) $-\infty$, (c) 1, (d) $-\infty$, (e) existiert nicht, (f) 0, (g) 5, (h) −5, (i) $-\infty$, (j) −2, (k) 0

75. Die Funktionen sind stetig in
(a) D, (b) D, (c) D, (d) D, (e) D, (f) $\mathbb{R}\setminus\mathbb{Z}$, (g) $\mathbb{R}\setminus\{2\}$

76. (a) $h = 2$, (b) $h = 0$, (c) $h = \frac{2}{5}$, (d) $h = 2$

77. (a) Einkommensteuer für 50 000 GE: $10\,000\cdot 0{,}05 + 15\,000\cdot 0{,}15 + 15\,000\cdot 0{,}25 + 10\,000\cdot 0{,}35 = 10\,000$. Einkommen, bei dem 12 000 GE Steuer gezahlt werden muß: 55 714,29.

(b) $$f(x) = \begin{cases} 0 & \text{für } x \le 0 \\ 0{,}05\,x & \text{für } 0 < x \le 10000 \\ 500 + 0{,}15\,(x-10000) & \text{für } 10000 < x \le 25000 \\ 2750 + 0{,}25\,(x-25000) & \text{für } 25000 < x \le 40000 \\ 6500 + 0{,}35\,(x-40000) & \text{für } 40000 < x \le 60000 \\ 13500 + 0{,}40\,(x-60000) & \text{für } x > 60000 \end{cases}$$

(So eine Funktion heißt stückweise linear.)

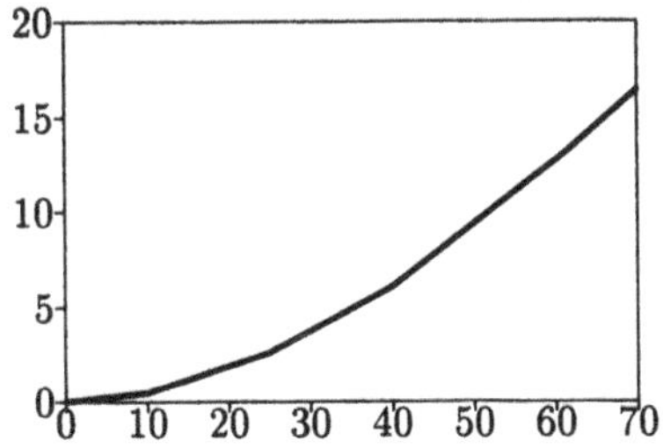

78.

Δx	3	1	−1	$\frac{1}{2}$	$\frac{1}{10}$
$\frac{\Delta f}{\Delta x}$	$\frac{63}{3}$	7	1	4,75	3,31

$f'(0) = \lim\limits_{h\to 0} \frac{(1+h)^3-1^3}{h} = \lim\limits_{h\to 0} \frac{1^3+3\,1^2\,h+3\,h^2+h^3-1^3}{h} = \lim\limits_{h\to 0} 3 + 3\,h + h^2 = 3$

79. (a) $\lim\limits_{h\to 0} \frac{(2-5\,(x+h))-(2-5\,x)}{h} = \lim\limits_{h\to 0} \frac{-5h}{h} = -5,$

(b) $\lim\limits_{h\to 0} \frac{1}{h}\left(\frac{1}{(t+h)+1} - \frac{1}{t+1}\right) = \lim\limits_{h\to 0} \frac{1}{h}\frac{\cancel{t}+\cancel{1}-(\cancel{t}+h+\cancel{1})}{(t+h+1)(t+1)} = \lim\limits_{h\to 0} \frac{1}{\cancel{h}}\frac{-\cancel{h}}{(t+h+1)(t+1)} = -\frac{1}{(t+1)^2},$

(c) $\lim\limits_{h\to 0} \frac{1}{h}\left(\frac{1}{(y+h)^2} - \frac{1}{y^2}\right) = \lim\limits_{h\to 0} \frac{-2y-h}{y^2(y+h)^2} = -\frac{2y}{y^4} = -\frac{2}{y^3},$

(d) $\lim\limits_{h\to 0} \frac{1}{h}\left(\frac{1}{2(t+h)+1} - \frac{1}{2t+1}\right) = \ldots = \frac{-2}{(2t+1)^2},$

(e) $\lim\limits_{h\to 0} \frac{1}{h}\left(\frac{y+h+1}{(y+h)^2} - \frac{y+1}{y^2}\right) = \lim\limits_{h\to 0} -\frac{y^2+yh+2y+h}{y^2(y+h)^2} = -\frac{y^2+2y}{y^4} = -\frac{y+2}{y^3},$

(f) $\lim\limits_{h\to 0} \frac{1}{h}((x+h+1)^2 - (x+1)^2) = \ldots = 2(x+1)$

Bei Bruchtermen zuerst auf gemeinsamen Nenner bringen und vereinfachen.

80. Die Funktion aus Beispiel 73 auf Seite 106 ist differenzierbar in $\mathbb{R} \setminus \{-2, 2\}$. Die Funktionen aus Beispiel 75 auf Seite 107 sind differenzierbar in: (a) $\mathbb{R}$, (b) $\mathbb{R}$, (c) $\mathbb{R}$, (d) $\mathbb{R} \setminus \{0\}$, (e) $(0, \infty)$, (f) $\mathbb{R} \setminus \mathbb{Z}$, (g) $\mathbb{R} \setminus \{0, 2\}$

81.

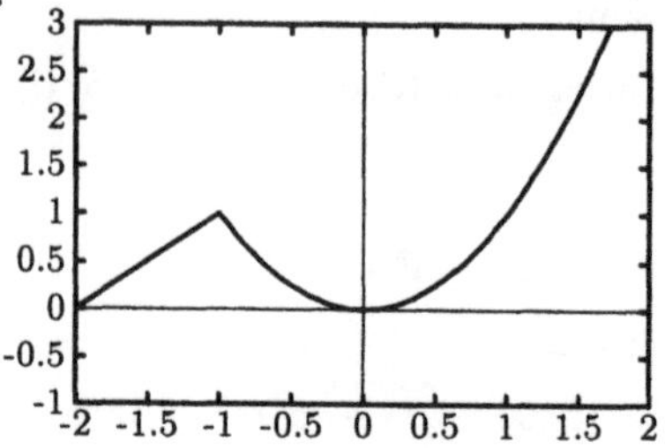

$D = W = \mathbb{R}$.
surjektiv, nicht injektiv.
Stetig in D.
Differenzierbar in $\mathbb{R} \setminus \{-1\}$.

82. Funktion und erste Ableitung müssen an den Stellen 1 (und −1) für beide Terme übereinstimmen. $a = -\frac{3}{4}$, $b = -\frac{1}{2}$, $c = -\frac{3}{4}$.

83. Durchschnittliche Wachstumsrate = 0,25 (Differenzenquotient), momentante Wachstumsrate 1958 = 0,26 (Differentialquotient für $x = 8$)

84. (a) $6x - 5\sin(x)$, (b) $6x^2 + 2x$, (c) $1 + \ln(x)$, (d) $-2x^{-2} - 2x^{-3}$, (e) $\frac{3x^2+6x+1}{(x+1)^2}$, (f) 1, (g) $18x - 6$, (h) $6x\cos(3x^2)$, (i) $\ln(2) \cdot 2^x$, (j) $4x - 1$ (Kürzen!), (k) $6e^{3x+1}(5x^2+1)^2 + 40e^{3x+1}(5x^2+1)x + \frac{3(x-1)(x+1)^2 - (x+1)^3}{(x-1)^2} - 2$

85. Gleichung der Tangente: $y = f(x_0) + f'(x_0)(x - x_0)$
(a) $y = 1 - \frac{1}{2}x$, (b) $y = x - 1$, (c) $y = 1 - x$, (d) $y = 1$, (e) $y = 1 + \frac{3}{2}(x-1)$, (f) $x = -1$ (Achtung: $f'(-1)$ ist existiert nicht (∞))

86.

	$f'(x)$	$f''(x)$	$f'''(x)$
(a)	$-x\,e^{-\frac{x^2}{2}}$	$(x^2-1)\,e^{-\frac{x^2}{2}}$	$(3x - x^3)\,e^{-\frac{x^2}{2}}$
(b)	$\frac{-2}{(x-1)^2}$	$\frac{4}{(x-1)^3}$	$\frac{-12}{(x-1)^4}$
(c)	$3x^2 - 4x + 3$	$6x - 4$	6

87. Durchschnittliche Kosten: $\frac{C(x)}{x}$,
Änderungsrate der marginalen Kosten ist die zweite Ableitung $C''(x)$.
(a) $C'(x) = 30 - 0{,}2\,x + 0{,}006\,x^2$, $C''(x) = -0{,}2 + 0{,}012\,x$,
$\left(\frac{C(x)}{x}\right)' = -\frac{500}{x^2} - 0{,}1 + 0{,}004\,x$;
(b) $C'(x) = 18 + 0{,}02x - 2\ln(x)$, $C''(x) = 0{,}02 - \frac{2}{x}$, $\left(\frac{C(x)}{x}\right)' = 0{,}01 - \frac{500}{x^2} - \frac{2}{x}$

88. (a) $f(x)$: Monoton fallend für $(x \leq -4) \vee (0 \leq x \leq 3)$, monoton steigend für $(x \geq 3) \vee (-4 \leq x \leq 0)$. Konvex für $(x > (-2 + \sqrt{148})/6) \vee (x < (-2 - \sqrt{148})/6)$, konkav im sonstigen Definitionsbereich.
(b) $g(x)$: Monoton fallend für $x < 0 \vee x \geq 6$, monoton steigend für $0 < x \leq 6$. Konvex für $x > 9$, konkav für $x < 9$. Verwenden Sie zur Bestimmung der einzelnen Bereiche die in §A.4.1 auf Seite 271 beschriebene Methode.

89.

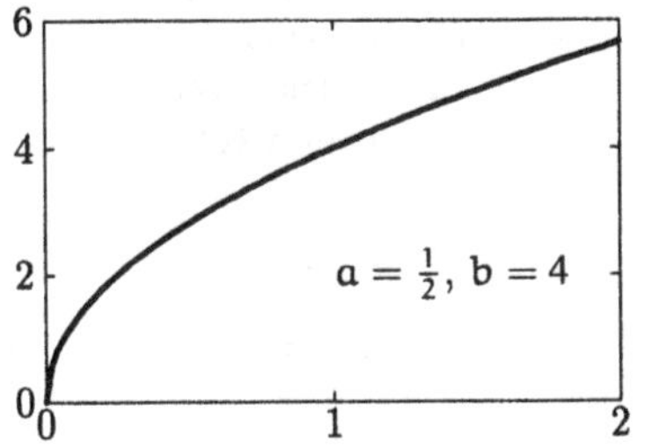

Hinweis: Bilden Sie die erste und zweite Ableitung und überprüfen Sie, ob die angebenen Eigenschaften von der Funktion auch tatsächlich erfüllt werden. Beachten Sie dabei, welche Einschränkungen a und b genügen. Z.B.:
$f''(x) = \underbrace{b\,a}_{>0}\underbrace{(a-1)}_{<0 \text{ da } a<1}\underbrace{x^{-a-1}}_{>0} < 0.$

90.

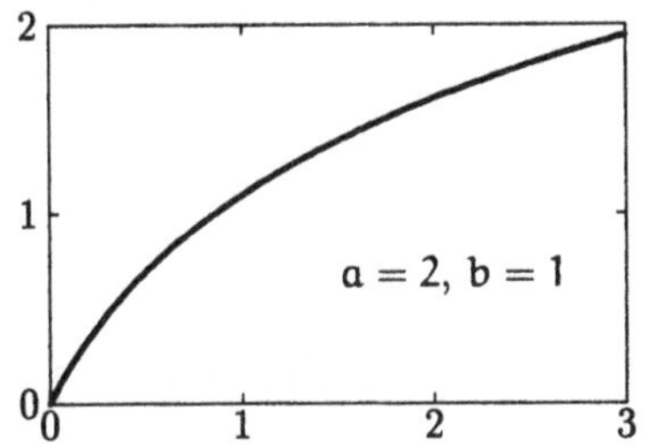

Hinweis: Bilden Sie die erste und zweite Ableitung und überprüfen Sie, ob die angebenen Eigenschaften von der Funktion auch tatsächlich erfüllt werden. Beachten Sie dabei, welche Einschränkungen a und b genügen. Z.B.:
$f''(x) = -a^2\,b\,(a\,x+1)^{-2} < 0$, da $a, b, x > 0$.

91. (a) lokales Minimum in $x = 3$ ($f''(x) \geq 0$ für alle $x \in \mathbb{R}$). (b) lokales Minimum in $x = 1$, lokales Maximum in $x = -1$.

92. (a) globale Maxima in -2 und 2, globale Minima in -1 und 1; (b) globales Minimum in $x = 0$, kein globales Maximum, da $g''(x) > 0$ für alle $x \in \mathbb{R}$; (c) globales Minimum in $x = \frac{1}{e}$, kein globales Maximum; (d) globales Minimum in $x = 1$, globales Maximum in $x = 0$ (die Nullstelle $x = -1$ der ersten Ableitung gehört nicht zum Definitionsbereich!); (e) globales Maximum in $x = 12$, globales Minimum in $x = 8$.

93. globales Maximum bei 20 Einheiten.

94.

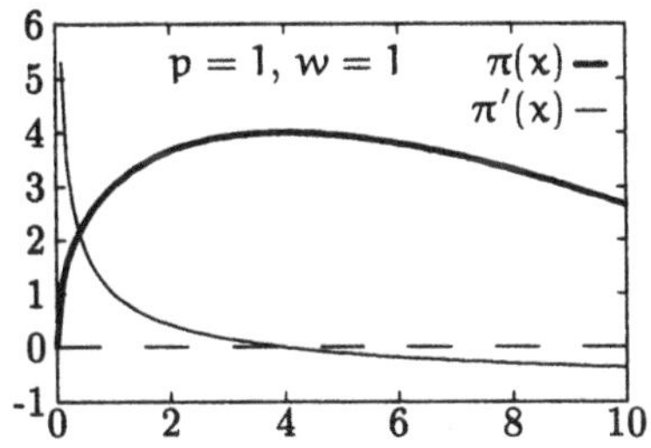

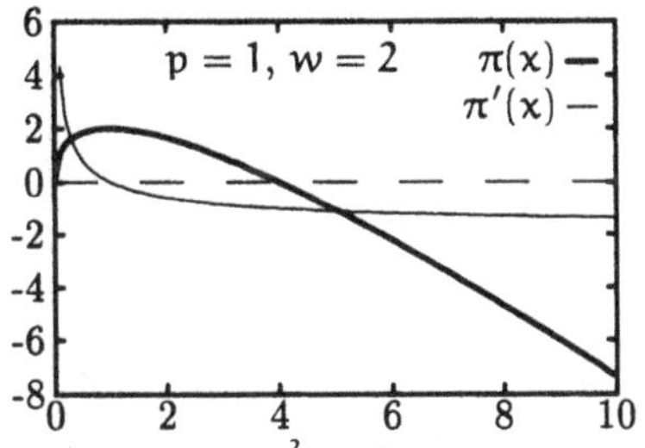

(c) $\pi(x) = 4\,p\sqrt{x} - w\,x$. stationäre Punkte: $x_0 = 4\,\frac{p^2}{w^2}$, $\pi''(x) < 0$, $\Rightarrow x_0$ ist Maximum, für $p = 1$ und $w = 1$: $x_0 = 4$; (d) analog, das Maximum ist bei $x = 1$.

95. Mit Hilfe des Differentials: $f(3,1) - f(3) \approx -0{,}001096$, Exakter Wert: $f(3,1) - f(3) = -0{,}00124$

96. (a) $\varepsilon_g(x) = 2x$, $f(x)$ ist elastisch für $x < -\frac{1}{2}$ und $x > \frac{1}{2}$, unelastisch für $-\frac{1}{2} < x < \frac{1}{2}$, 1-elastisch für $x = -\frac{1}{2}$ und $x = \frac{1}{2}$; (b) $\varepsilon_g(x) = \frac{3x^3-4x^2}{x^3-2x^2}$, 1-elastisch für $x = 1$ und $x = \frac{3}{2}$, elastisch für $x < 1$ und $x > \frac{3}{2}$, unelastisch für

$1 < x < \frac{3}{2}$; (c) $\varepsilon_h(x) = \beta$, die Elasizität von $h(x)$ hängt nur vom Parameter β ab und ist im gesamten Definitionsbereich gleich groß.
Hinweis: Beachten Sie bitte bei der Berechnung den Absolutbetrag. Verwenden Sie zur Bestimmung der einzelnen Bereiche in (c) die in §A.4.1 auf Seite 271 beschriebene Methode.

97. richtig ist (c). Die Aussage (b) stimmt nur näherungsweise.

98. (a) $\frac{2}{7}$, (b) $-\frac{1}{4}$, (c) $\frac{1}{3}$, (d) $\frac{1}{2}$, (e) $= \lim\limits_{\substack{x \to 0 \\ x>0}} \frac{\ln x}{x^{-1}} = 0$, (f) ∞.
In (b) und (f) kann die Regel von de l'Hospital nicht verwendet werden.

99. Die Voraussetzung für die Anwendung der Regel von de l'Hospital ist für den zweiten Quotienten nicht gegeben. (Der Nenner strebt nicht gegen 0.)

100.

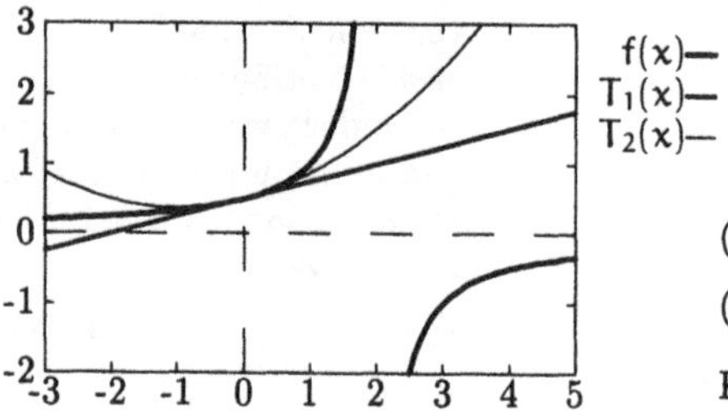

(a) $f(x) \approx T_1(x) = \frac{1}{2} + \frac{1}{4}x$,

(b) $f(x) \approx T_2(x) = \frac{1}{2} + \frac{1}{4}x + \frac{1}{8}x^2$.

Konvergenzradius $\rho = 2$.

101. $f(x) \approx 1 + \frac{1}{2}x - \frac{1}{8}x^2 + \frac{1}{16}x^3$. Konvergenzradius $\rho = 1$.

102. $f(x) \approx 0{,}959 + 0{,}284\,x^2 - 0{,}479\,x^4$ (Taschenrechner auf Bogenmaß umschalten, ☞§A.2.8, Seite 260)

103. Substituieren Sie in der MacLaurin-Reihe für die Sinusfunktion:
$f(x) = \sin(x^{10}) \approx (x^{10}) - \frac{1}{6}(x^{10})^3 = x^{10} - \frac{1}{6}x^{30}$

104. Taylorreihe an der Stelle $x = 0$: $f(x) = x^6\,(x^2 - \frac{1}{6}(x^2)^3 + \ldots = x^8 + \ldots$.
Der erste nicht verschindende Term x^8 ist von gerader Ordnung und $\geq 0 \Rightarrow$ x ist lokales Minimum.

105.

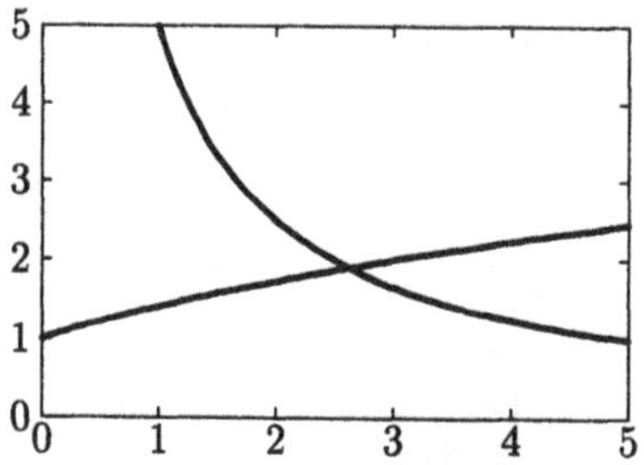

Gleichgewichtspreis laut Zeichung $\approx 2{,}6$.

Taylorreihen erster Ordnung an der Stelle $p_0 = 3$:
$q_s(p) \approx 2 + \frac{1}{4}(p-3)$, $q_d(p) \approx \frac{5}{3} - \frac{5}{9}(p-3)$.
Gleichgewichtspreis laut Taylorapproximation: $\bar{p} = \frac{75}{29} \approx 2{,}586$

106. $q_s(p) \approx 2 + \frac{1}{4}(p-3) - \frac{1}{64}(p-3)^2$, $q_d(p) \approx \frac{5}{3} - \frac{5}{9}(p-3) + \frac{5}{27}(p-3)^2$.
Gleichgewichtspreis laut Taylorapproximation: $\bar{p} \approx 2{,}62$ (die zweite Lösung 7,39 ist zu weit von $p_0 = 3$ entfernt).

107. (a) Durch gliedweises differenzieren bzw. integrieren. z.B.:
$(\sin(x))' = (x - \frac{x^3}{3!}x^3 + - \cdots)' = 1 - \frac{3}{3!}x^2 + - \cdots = \cos(x)$.
(b) Durch Ausrechnen von rechter und linker Seite und gliedweise Vergleichen der entstanden Taylorreihen. Verwenden Sie dazu die Rechenregeln für komplexe Zahlen (☞ §B, Seite 275). z.B.:
$\cos(x)+i\sin(x) = (1-\frac{x^2}{2!}+-\cdots)+i(x-\frac{x^3}{3!}+-\cdots) = 1+ix-\frac{i}{2!}x^2-\frac{i}{3!}x^3+\cdots$
$\exp(ix) = 1 + (ix) + \frac{1}{2!}(ix)^2 + \frac{1}{3!}(ix)^3 + \cdots = 1 + ix - \frac{1}{2!}x^2 - \frac{i}{3!}x^3 + \cdots$.

108. (a) partielle Integrieren (P): $\frac{1}{4}x^2\,(2\ln x - 1) + c$,
(b) 2×P: $2\cos(x) - x^2\cos(x) + 2x\sin(x) + c$,
(c) Substituieren (S), $z = x^2 + 6$: $\frac{2}{3}\left(x^2+6\right)^{\frac{3}{2}} + c$,
(d) S, $z = x^2$: $\frac{1}{2}e^{x^2} + c$, (e) S, $z = 3x^2 + 4$: $\frac{1}{6}\ln(4 + 3x^2) + c$,
(f) P oder S, $z = x + 1$: $\frac{2}{5}(x+1)^{\frac{5}{2}} - \frac{2}{3}(x+1)^{\frac{3}{2}} + c$,
(g) $= \int 3x + \frac{4}{x}\,dx = \frac{3}{2}x^2 + 4\ln(x) + c$, S nicht geeignet,
(h) $\frac{1}{4}x^4 + 2x^2 + 6\ln(x-1) + c$ (i) S, $z = \ln(x)$: $\frac{1}{2}(\ln(x))^2 + c$.

109. $\int_0^1 f(x)dx = 1\cdot(0{,}2-0)+0{,}5\cdot(0{,}5-0{,}2)+2{,}5\cdot(0{,}7-0{,}5)+(-3{,}5)\cdot(1-0{,}7) = -0{,}2$

110. (a) 39, (b) $3e^2 - 3 \approx 19{,}17$, (c) 93, (d) $-\frac{1}{6}$ (Taschenrechner auf Bogenmaß umschalten, ☞§A.2.8, Seite 260), (e) $\frac{1}{2}\ln(8) \approx 1{,}0397$, (f) $\frac{1}{2}$

111. (a) $\int_0^\infty -e^{-3x}\,dx = \lim_{t\to\infty}\int_0^t -e^{-3x}\,dx = \lim_{t\to\infty}\frac{1}{3}e^{-3t} - \frac{1}{3} = -\frac{1}{3}$,
(b) $\int_0^1 \frac{2}{\sqrt[4]{x^3}}\,dx = \lim_{t\to 0}\int_t^1 \frac{2}{\sqrt[4]{x^3}}\,dx = \lim_{t\to 0} 8 - 8t^{\frac{1}{4}} = 8$
(c) $= \lim_{t\to\infty}\int_0^t \frac{x}{x^2+1}\,dx = \lim_{t\to\infty}\frac{1}{2}\int_2^{t^2+1}\frac{1}{z}\,dz = \lim_{t\to\infty}\frac{1}{2}(\ln(t^2+1)-\ln(2)) = \infty$,
das uneigentliche Integral existiert nicht.

112. Es müssen drei Fälle unterschieden werden:
$\alpha < -2$: $\int_0^1 2x^{\alpha+1}\,dx = \lim_{t\to 0}\frac{2}{\alpha+2}(1 - t^{\alpha+2}) = \infty$, da $\alpha + 2 < 0$ ist;
$\alpha = -2$: $\int_0^1 2x^{-1}\,dx = 2\lim_{t\to 0}\ln(1) - \ln(0) = \infty$;
$\alpha > -2$: $\int_0^1 2x^{\alpha+1}\,dx = \lim_{t\to 0}\frac{2}{\alpha+2}(1 - t^{\alpha+2}) = \frac{2}{\alpha+2}$;
Das uneigentliche Integral existiert genau dann, wenn $\alpha > -2$.

113. Gesucht ist jene Stammfunktion $C(x)$ von $C'(x)$ mit $C(0) = 2000$:
$C(x) = 2000 + 30x - 0{,}025x^2$.

114.

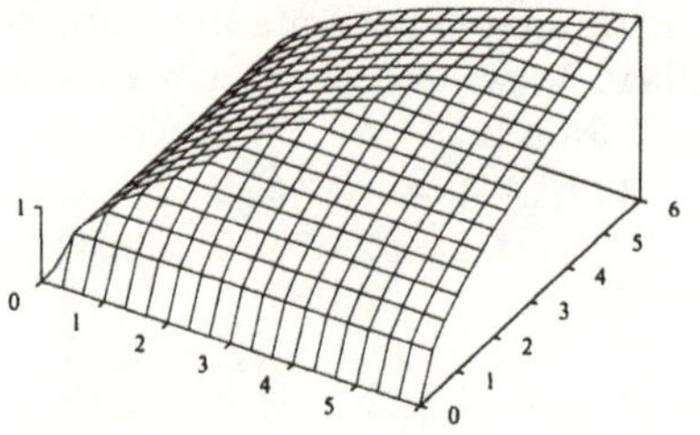

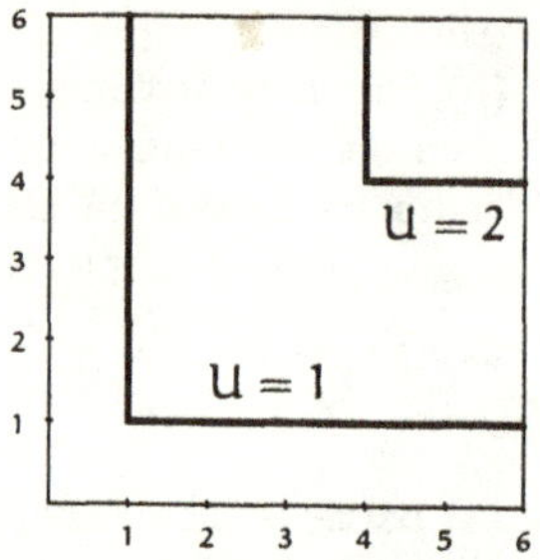

115. Ableitungen:

	(a)	(b)	(c)	(d)	(e)
f_x	1	y	$2x$	$2xy^2$	$\alpha x^{\alpha-1} y^{\beta}$
f_y	1	x	$2y$	$2x^2y$	$\beta x^{\alpha} y^{\beta-1}$
f_{xx}	0	0	2	$2y^2$	$\alpha(\alpha-1)x^{\alpha-2}y^{\beta}$
$f_{xy} = f_{yx}$	0	1	0	$4xy$	$\alpha\beta x^{\alpha-1}y^{\beta-1}$
f_{yy}	0	0	2	$2x^2$	$\beta(\beta-1)x^{\alpha}y^{\beta-2}$

Ableitungen an der Stelle $(1,1)$:

	(a)	(b)	(c)	(d)	(e)
f_x	1	1	2	2	α
f_y	1	1	2	2	β
f_{xx}	0	0	2	2	$\alpha(\alpha-1)$
$f_{xy} = f_{yx}$	0	1	0	4	$\alpha\beta$
f_{yy}	0	0	2	2	$\beta(\beta-1)$

116. Die partiellen Ableitungen sind $f_x = -400x(y-x^2) - 2(1-x)$ und $f_y = 200(y-x^2)$. (a) $(-4,0)^t$, (b) $-\frac{4}{\sqrt{5}}$, (c) $df = -4\,dx$, (d) 0, (e) $\varepsilon_{f,1} = 1$, $\varepsilon_{f,2} = 0$

117. $\frac{dy}{dx} = -\frac{2x}{3y^2}$, $y = f(x)$ existiert lokal in einem Intervall um $\mathbf{x}_0 = (x_0, y_0)$, falls $x_0 \neq 0$, $x = g(y)$ existiert, falls $y_0 \neq 0$.

118. $f(0,0) = 1$, $\nabla f(0,0) = \begin{pmatrix} 0 \\ 0 \end{pmatrix}$, $\mathbf{H}_f(0,0) = \begin{pmatrix} 2 & 0 \\ 0 & 2 \end{pmatrix}$,

$$f(x,y) \approx f(0,0) + (0,0)\cdot\begin{pmatrix} x \\ y \end{pmatrix} + \tfrac{1}{2}(x,y)\cdot\begin{pmatrix} 2 & 0 \\ 0 & 2 \end{pmatrix}\cdot\begin{pmatrix} x \\ y \end{pmatrix} = 1 + x^2 + y^2.$$

119. (a) stationärer Punkt: $\mathbf{p}_0 = (0,0)$, $\mathbf{H}_f = \begin{pmatrix} -2 & 1 \\ 1 & 2 \end{pmatrix}$,
$|\mathbf{H}_2| = -5 < 0$, $\Rightarrow$ $\mathbf{p}_0$ ist Sattelpunkt,
(b) stationärer Punkt: $\mathbf{p}_0 = (e,0)$, $\mathbf{H}_f(\mathbf{p}_0) = \begin{pmatrix} -e^{-3} & 0 \\ 0 & -2 \end{pmatrix}$,
$|\mathbf{H}_1| = -e^{-3} < 0$, $|\mathbf{H}_2| = 2e^{-3} > 0$, $\Rightarrow$ $\mathbf{p}_0$ ist lokales Maximum,
(c) stationärer Punkt: $\mathbf{p}_0 = (1,1)$, $\mathbf{H}_f(\mathbf{p}_0) = \begin{pmatrix} 802 & -400 \\ -400 & 200 \end{pmatrix}$,
$|\mathbf{H}_1| = 802 > 0$, $|\mathbf{H}_2| = 400 > 0$, $\Rightarrow$ $\mathbf{p}_0$ ist lokales Minimum,
(d) stationärer Punkt: $\mathbf{p}_0 = (1,0)$, $\mathbf{H}_f(\mathbf{p}_0) = \begin{pmatrix} -2e & 0 \\ 0 & -2e \end{pmatrix}$,
$|\mathbf{H}_1| = -2e < 0$, $|\mathbf{H}_2| = 4e^2 > 0$, $\Rightarrow$ $\mathbf{p}_0$ ist lokales Maximum

120. stationärer Punkt: $\mathbf{p}_0 = (\ln(3), \ln(4))$, $\mathbf{H}_f = \begin{pmatrix} -e^{x_1} & 0 \\ 0 & -e^{x_2} \end{pmatrix}$, Hauptminoren:

$|\mathbf{H}_1| = -e^{x_1} < 0$, $|\mathbf{H}_2| = e^{x_1} \cdot e^{x_1} > 0$,
$\Rightarrow$ (a) lokales Maximum in $\mathbf{p}_0 = (\ln(3), \ln(4))$, (b) f ist konkav, (c) $\mathbf{p}_0$ ist globales Maximum, kein globales Minimum.

121. (a) stationäre Punkte: $\mathbf{p}_1 = (0,0,0)$, $\mathbf{p}_2 = (1,0,0)$, $\mathbf{p}_3 = (-1,0,0)$,
$\mathbf{H}_f = \begin{pmatrix} 6x_1x_2 & 3x_1^2-1 & 0 \\ 3x_1^2-1 & 0 & 0 \\ 0 & 0 & 2 \end{pmatrix}$, Hauptminoren für stationäre Punkte: $|\mathbf{H}_1| = 6x_1x_2 = 0$, $|\mathbf{H}_2| = -(3x_1^2-1)^2 < 0$ (da $x \in \{0,-1,1\}$), $|\mathbf{H}_3| = -2\,(3x^2-1)^2 < 0$,
$\Rightarrow$ alle drei stationären Punkte sind Sattelpunkte. Die Funktion ist im Definitionsbereich $\mathbb{R}^2$ weder konvex noch konkav.
(b) stationäre Punkte: $\mathbf{p}_1 = (-1,0)$, $\mathbf{p}_2 = (1,0)$, $\mathbf{H}_f = \begin{pmatrix} 2x & 0 \\ 0 & 2 \end{pmatrix}$,
$\mathbf{H}_f(\mathbf{p}_1) = \begin{pmatrix} -2 & 0 \\ 0 & 2 \end{pmatrix}$, $|\mathbf{H}_1| = -2 < 0$, $|\mathbf{H}_2| = -4 < 0$, $\Rightarrow$ $\mathbf{p}_1$ ist Sattelpunkt,
$\mathbf{H}_f(\mathbf{p}_2) = \begin{pmatrix} 2 & 0 \\ 0 & 2 \end{pmatrix}$, $|\mathbf{H}_1| = 2 > 0$, $|\mathbf{H}_2| = 4 > 0$, $\Rightarrow$ $\mathbf{p}_2$ ist lokales Minimum.
Die Funktion ist weder konvex noch konkav.

122. Die zu optimierende Gewinnfunktion lautet:
$G(q_1,q_2,q_3) = R - C = q_1(63-4q_1) + q_2(105-5q_2) + q_3(75-6q_3) - (20+15(q_1+q_2+q_3)) = 48q_1 - 4q_1^2 + 90q_2 - 5q_2^2 + 60q_3 - 6q_3^2 - 20$,
stationärer Punkt: $\mathbf{q}^* = (q_1^*, q_2^*, q_3^*) = (6,9,5)$, $\mathbf{H}_G = \begin{pmatrix} -8 & 0 & 0 \\ 0 & -10 & 0 \\ 0 & 0 & -12 \end{pmatrix}$,
$|\mathbf{H}_1| = -8 < 0$, $|\mathbf{H}_2| = 80 > 0$, $|\mathbf{H}_3| = -960 < 0$, $\Rightarrow$ G ist konkav, $\Rightarrow$ $\mathbf{q}^*$ ist globales Maximum. optimale Gesamtproduktion $q_{opt} = q_1^* + q_2^* + q_3^* = 6+9+5 = 20$, Umsätze: $R_1 = p_1^* q_1^* = (63-4q_1^*)q_1^* = 36 \cdot 6 = 234$, $R_2 = 540$, $R_3 = 225$.

123.

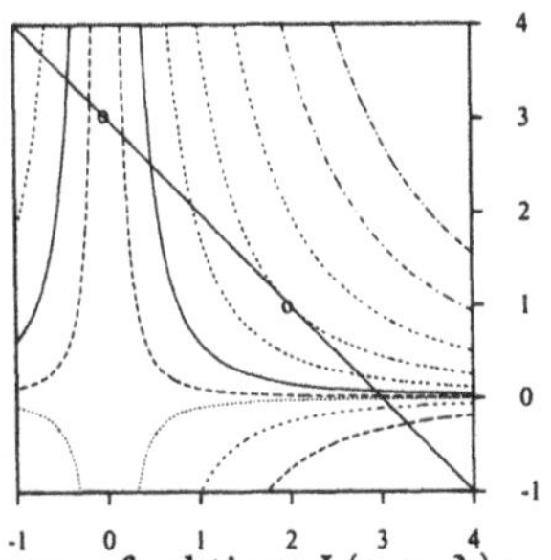

lokales Maximum in $(2,1)$,
lokales Minimum in $(3,0)$.

(b) Lagrangefunktion: $L(x,y;\lambda) = x^2y - \lambda(3-x-y)$,
stationäre Punkte $\mathbf{x}_1 = (2,1;4)$ und $\mathbf{x}_2 = (0,3;0)$,
(c) geränderte Hesse-Matrix: $\bar{\mathbf{H}} = \begin{pmatrix} 0 & -1 & -1 \\ -1 & 2y & 2x \\ -1 & 2x & 0 \end{pmatrix}$,
$\bar{\mathbf{H}}(\mathbf{x}_1) = \begin{pmatrix} 0 & -1 & -1 \\ -1 & 2 & 4 \\ -1 & 4 & 0 \end{pmatrix}$, $\det(\bar{\mathbf{H}}(\mathbf{x}_1)) = 6 > 0$, $\Rightarrow$ $\mathbf{x}_1$ ist ein lokales Maximum, $\bar{\mathbf{H}}(\mathbf{x}_2) = \begin{pmatrix} 0 & -1 & -1 \\ -1 & 6 & 0 \\ -1 & 0 & 0 \end{pmatrix}$, $\det(\bar{\mathbf{H}}(\mathbf{x}_2)) = -6 < 0$ $\Rightarrow$ $\mathbf{x}_2$ ist ein lokales

Minimum.

124. Lagrangefunktion: $L(x_1, x_2, x_3; \lambda_1, \lambda_2) = f(x_1, x_2, x_3) = \frac{1}{3}(x_1 - 3)^3 + x_2 x_3 + \lambda_1(4 - x_1 - x_2) + \lambda_2(5 - x_1 - x_3)$,
zwei stationäre Punkte: $\mathbf{x}_1 = (0, 4, 5; 5, 4)$ und $\mathbf{x}_2 = (4, 0, 1; 1, 0)$.

125. (a) $x_1 = \alpha \frac{m}{p_1}$, $x_2 = (1-\alpha)\frac{m}{p_2}$ und $\lambda = \frac{1}{m}$, (c) Änderungsrate für Optimum: $\frac{1}{m}$, siehe auch §15.2.1, Seite 179.

126.

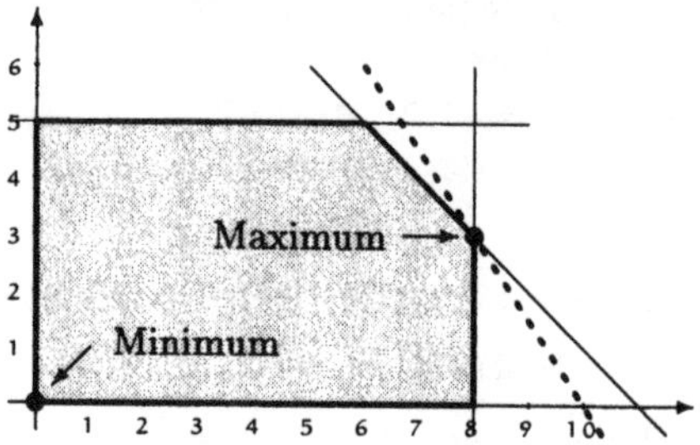

Maximum in $(8, 3)$
Minimum in $(0, 0)$

127. (a) unendlich viele Maxima zwischen den Eckpunkten $(8, 3)$ und $(6, 5)$, (b) keine Lösung (zulässiger Bereich ist leer), (c) Maximum und Minimum im Punkt $(8, 3)$ (zulässiger Bereich ist der Punkt $(8, 3)$),
(d)

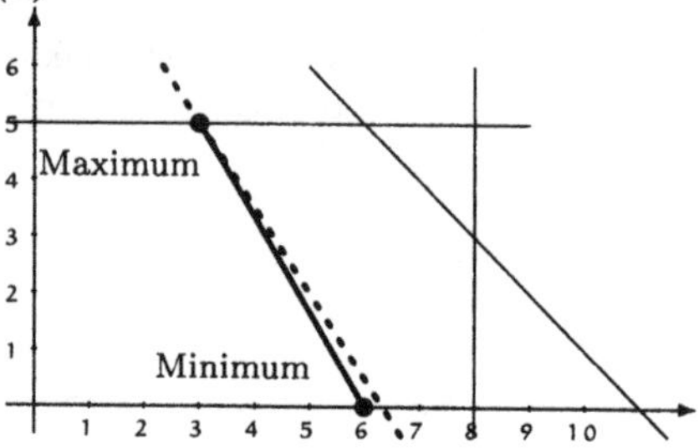

der zulässige Bereich wird zu einer Strecke,
Maximum in $(3, 5)$,
Minimum in $(6, 0)$

128. (a) x_1 ... produzierte Tonnen von Produkt I, x_2 ... produzierte Tonnen von Produkt II, Zielfunktion: $z = 4000\,x_1 + 3000\,x_2 \longrightarrow \max$ (bzw. $z = 4\,x_1 + 3\,x_2$, wenn der Gewinn in 1000 GE gemessen wird), Nebenbedingungen: $\frac{1}{2}x_1 \leq 8$ (Schneiden), $x_2 \leq 8$ (Mischen), $\frac{1}{3}x_1 + \frac{2}{3}x_2 \leq 8$ (Verpacken), $x_1, x_2 \geq 0$ (Nichtnegativitätsbedingung, es werden nur positive Mengen produziert),
(b) Anfangs-Simplex-Tableau:

z	x_1	x_2	s_1	s_2	s_3	
0	$\frac{1}{2}$	0	1	0	0	8
0	0	1	0	1	0	8
0	$\frac{1}{3}$	$\frac{2}{3}$	0	0	1	8
1	-4	-3	0	0	0	0

Lösung: $x_1 = 16$, $x_2 = 4$, $s_1 = 0$, $s_2 = 4$, $s_3 = 0$. Es müssen 16 Tonnen Produkt I und 4 Tonnen Produkt II erzeugt werden.

129. Das Maximum ist (natürlich) das gleiche wie in Aufgabe 128. Die Zwischenschritte und die Anzahl der Pivotschritte sind aber verschieden.

130. (a)

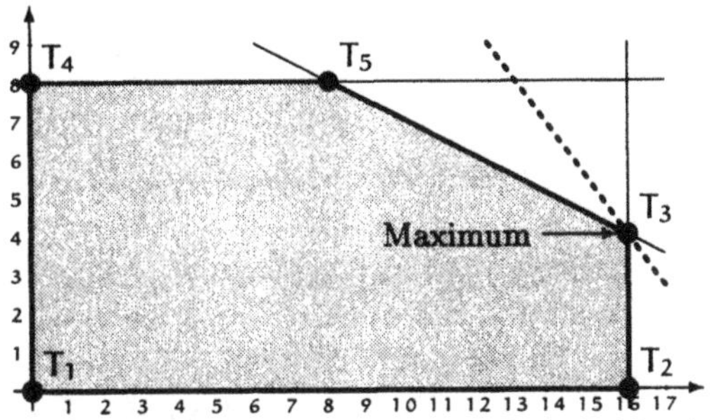

(b)
Eckpunkte der Tableaus

Aufgabe 128:
$T_1 \rightarrow T_2 \rightarrow T_3$

Aufgabe 129:
$T_1 \rightarrow T_4 \rightarrow T_5 \rightarrow T_3$

(c) Die Schlupfvariablen können als freie Maschinenkapazitäten interpretiert werden. In diesem Beispiel sind die Anlagen für Schneiden und Verpacken ausgelastet, während in der Anlage für das Mischen noch 4 Stunden freie Kapazitäten zur Verfügung stehen.

131. $x_1 = 20,\ x_2 = 15,\ x_3 = 0,\ x_4 = 180,\ s_1 = s_2 = s_3 = 0$

132. Es gibt zwei optimale zulässige Basislösungen: $x_1 = 60,\ x_2 = 25,\ s_1 = 15,\ s_2 = 0,\ s_3 = 0$ und $x_1 = 90,\ x_2 = 10,\ s_1 = 0,\ s_2 = 0,\ s_3 = 30$.
graphisch:

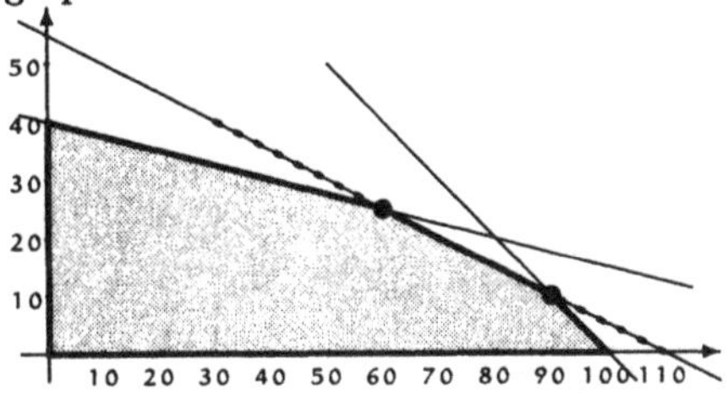

Begrenzungsgerade und Isoquante der Zielfunktion sind parallel.

133. Im 3. Tableau sind alle Quotienten aus den Konstanten und den entsprechenden Einträgen in der Pivotspalte negativ.
graphisch:

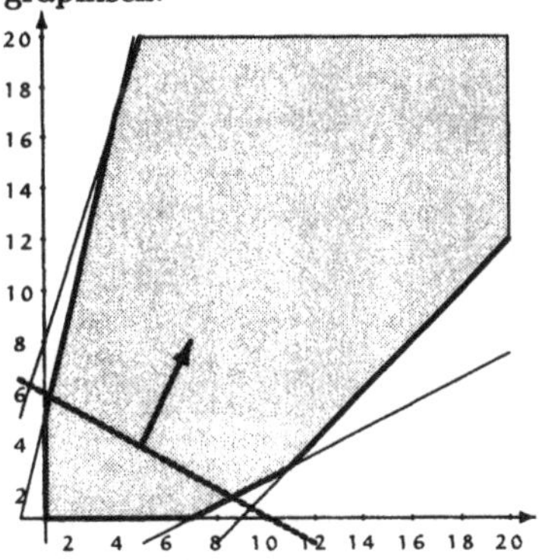

Der zulässige Bereich ist in Richtung des Gradienten der Zielfunktion unbeschränkt. Die Isoquante der Zielfunktion kann daher bis ins Unendliche verschoben.

134. Lösung mittels 2-Phasen-Simplex-Algorithmus: $x_1 = 5,\ x_2 = 1,\ s_1 = 4,\ s_2 = 0,\ s_3 = 0$
graphisch:

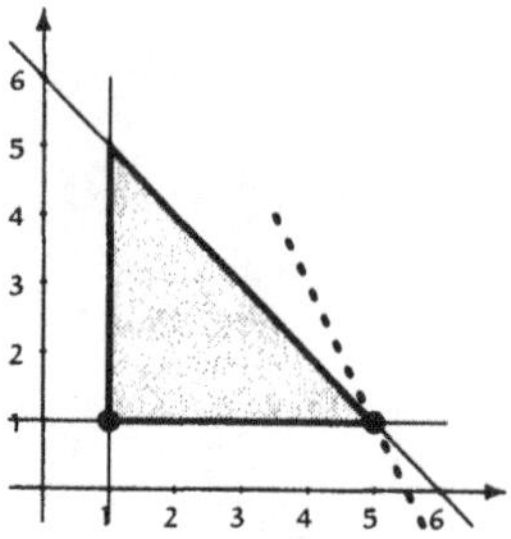

Maximum in $(5, 1)$

Minimum in $(1, 1)$

135. Lösung mittels 2-Phasen-Simplex-Algorithmus: $x_1 = 1$, $x_2 = 1$, $s_1 = 0$, $s_2 = 0$, $s_3 = 4$. Graphisch wie in Aufgabe 134.

136. (a) x_1 ... 100 St. Schaukelpferde, x_2 ... 100 St. Nachziehenten, x_3 ... 100 St. Eisenbahnen, Zielfunktion (Gewinn): $z = 40x_1 + 60x_2 + 70x_3$, Nebenbedingungen: $x_1 + 2x_2 + 2x_3 \leq 200$ (Lackieren), $5x_1 + 4x_2 + 5x_3 \leq 600$ (Montage), $x_1, x_2, x_3 \geq 0$ (Nichtnegativitätsbedingung, es werden keine negativen Mengen produziert),
(b) Lösung: $x_1 = 40$, $x_2 = 0$, $x_3 = 80$, $s_1 = 0$ $s_2 = 0$. Es sollen 4000 Schaukelpferde, 8000 Eisenbahnen und keine Nachziehenten produziert werden, der maximaler Gewinn beträgt 7200 GE.
(c) nicht möglich da mehr als zwei Variablen auftreten.

137. (a) ja, (b) nein, (c) nein.

138.

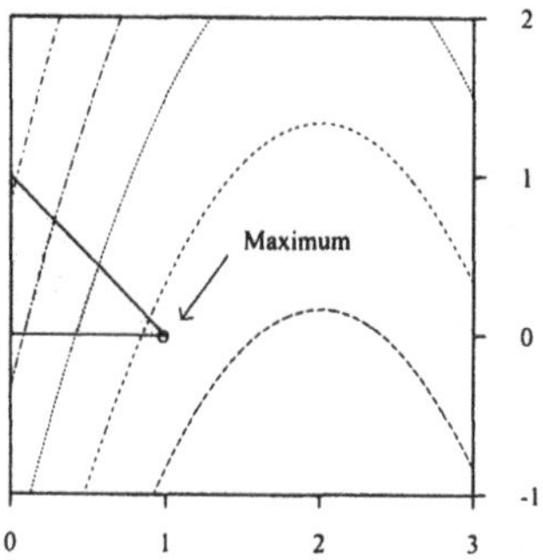

(b) Lösung mittels Satz von Kuhn-Tucker: $L(x, y; \lambda) = -(x-2)^2 - y + \lambda(1 - x - y)$, $x = 1$, $y = 0$, $\lambda = 2$.

139. Methode der Trennung der Variablen: (a) $y = C x^k$, (b) $y = C x - 1$, (c) $y = C e^{\frac{1}{2}x^2}$, (d) $y = -\ln(x + c)$, (e) $y = -\frac{1}{x+c}$, (f) $y = (\frac{1}{5}x^{\frac{5}{2}} + c)^2$

140. (a) $y = x^k$, (b) $y = 2x - 1$, (c) $y = \frac{1}{\sqrt{e}}e^{\frac{x^2}{2}}$, (d) $y = -\ln(x - 1 + \frac{1}{e})$, (e) $y = -\frac{1}{x-2}$, (f) $y = (\frac{1}{5}x^{\frac{5}{2}} + \frac{4}{5})^2$

141. allgemeine Lösung der homogenen DG: $y_h = C e^{-6x}$, partikuläre Lösung durch Variation der Konstanten: $y_p = -\frac{1}{7}e^x$, allgemeinen Lösung der inhomogonen DG: $y = y_h + y_p = C e^{-6x} - \frac{1}{7}e^x$, spezielle Lösung: $y(x) = \frac{8}{7}e^{-6x} - \frac{1}{7}e^x$

142. durch zweimaliges Integrieren: $y(x) = \frac{1}{12}(x^4 + 4x^3 - 30x^2 + 36x)$

143. allgemeine Lösung: $y = y_h + y_p = C_1 e^x + C_2 e^{-2x} - \frac{3}{2}$, spezielle Lösung: $y(x) = 2e^x + \frac{1}{2}e^{-2x} - \frac{3}{2}$

144. allgemeine Lösung: $y = (C_1 + C_2 x)e^{3x}$, spezielle Lösung: $y(x) = (2-6x)e^{3x}$

145. $y(x) = e^{-x}[C_1 \cos 4x + C_2 \sin 4x]$. $\lim_{x\to\infty} y(x) = 0$.

146. (a) $N' = \frac{\alpha}{N}$, (b) $N(x) = \sqrt{2\alpha x + c}$, (c) $N(0) = 0$, $N(x) = \sqrt{2\alpha x}$

147. $p(t) = (p_0 - \bar{p}) \exp(-j\frac{\beta+\delta}{1-j\nu}t) + \bar{p}$. $p_0 = p(0)$, $\bar{p} = \frac{\alpha+\gamma}{\beta+\delta}$ ist der Preis im Marktgleichgewicht.

148. (a) $A(t) = \frac{L}{1+C\exp(-Lkt)}$, t Anzahl der Monate. $L = 96\,000$, durch Einsetzen von $A(0) = 4000$ und $A(2) = 12\,000$: $C = 23$ und $k = 0{,}000\,006\,196$. $A(t) = \frac{96\,000}{1+23\exp(-0{,}59479)}$. (b) $A(6) = 58\,238$, (c) $t_{\frac{3}{4}} = 7{,}12$ Monate.

149. (a) $y_t = 5 + 2t$, (b) $y_t = 3 \cdot 2^t$

150. (a) $y_t = -8\left(\frac{1}{3}\right)^t + 9$, konvergent gegen 9, nicht oszillierend; (b) $y_t = (-2)^t + 3$, divergent, oszillierend; (c) $y_t = -2\left(-\frac{1}{4}\right)^t + 4$, konvergent gegen 4, oszillierend; (d) $y_t = 5 + 3t$, divergent, nicht oszillierend; (e) $y_t = 5 \cdot 3^t - 3$, divergent, nicht oszillierend; (f) $y_t = 2(-1)^t + 1$, divergent, oszillierend

151. (a) divergent, (b) konvergent gegen 6

152. (a) allgemeine Lösung: $y_t = A_1\left(\frac{1}{2}\right)^t + A_2\left(-\frac{7}{2}\right)^t + 4$; spezielle Lösung (durch Einsetzen): $y_t = \frac{3}{2}\left(\frac{1}{2}\right)^t + \frac{1}{2}\left(-\frac{7}{2}\right)^t + 4$;
(b) $y_t = (\sqrt{2})^t(3\cos\frac{\pi}{4}t + \sin\frac{\pi}{4}t) + 1$; (c) $y_t = -4\left(\frac{1}{2}\right)^t + 2t\left(\frac{1}{2}\right)^t + 8$.

153. (a) $b^5 + ab^4 + a^2b^3 + a^3b^2 + a^4b + a^5$, (b) $(-1)^{1+2+3+4+5+6+7} = (-1)^{28} = 1$

154. (b) und (d) sind richtig.

155. (a) $= \sum_{i=1}^{n}(a_i^2 + b_j^2 - (a_k - b_k)^2) = \sum_{i=1}^{n} 2a_i b_i$,
(b) $= \sum_{i=1}^{n} a_i b_{n-i+1} - \sum_{i=1}^{n} a_{n-i+1} b_i = a_1 b_n + a_2 b_{n-1} + a_3 b_{n-2} + \cdots - a_1 b_n - a_2 b_{n-1} - a_3 b_{n-2} - \cdots = 0$ (Bei der zweiten Summe ist die Reihenfolge beim Aufzählung der Summanden umgedreht.)

156. (a) $x^3 - 6x^2y + 12xy^2 - 8y^3$, (b) $9x^2 + 12axy + 4a^2y^2$, (c) $2(x^4 + 6x^2y^2 + y^2)$

157. (a) $x^{\frac{1}{6}}x^{-\frac{1}{3}}$, (b) $x^{\frac{3}{4}}$, (c) $|x|$, (d) $= \frac{(x^{\frac{1}{8}} + y^{\frac{1}{6}})(x^{\frac{1}{8}} - y^{\frac{1}{6}})}{x^{\frac{1}{8}} + y^{\frac{1}{6}}} = x^{\frac{1}{8}} - y^{\frac{1}{6}}$,
(e) $= \frac{(x^{\frac{1}{4}} - 2)(x^{\frac{1}{4}} + 2)}{x^{\frac{1}{4}} - 2} = x^{\frac{1}{4}} + 2$, (f) $(1 + \frac{y}{\sqrt{x}})^{\frac{1}{3}}$

158. (a) −4, −8; (b) 394, 6

159. (a) $g_1(x) = 2x^3 + 3x^2 + 1$, (b) $g_2(x) = -x^2 + 7x + 8$

160. (a) $(x-1)(x+2)(x-3)(x+4)$, (b) $2(x+\frac{1}{2})(x-2)(x+5)$

161. (a) $4xh$, (b) $a(c-1)$, (c) $A^3 - B^3$, (d) $2A(A^2 + 3x^2)$, (e) $\frac{2}{1-x^2}$, (f) $\frac{1}{st}$, (g) $\frac{(x+y)^2}{xy}$, (h) $\frac{1}{xyz}$, (i) $\frac{x(a+b)+a}{x(a+b)+b}$ (Kürzen nicht möglich!), (j) $\frac{(x^2+y)(2x+y)}{(2x+1)2xy}$

162. (a) −3, (b) −4, (c) 27, (d) 10 000

163. (a) $y = \frac{1}{10}e^{x\ln 10}$, (b) $y = 16e^{x\ln 4}$, (c) $y = e^{x\ln 75}$, (d) $y = 9e^{\frac{x}{10}\ln 1{,}1}$

164. (a) $3(x - \frac{9+\sqrt{57}}{6})(x - \frac{9-\sqrt{57}}{6})$, (b) $(x+1)(x+3)$

165. (a) 1, (b) 0, (c) −0,924, (d) 0,471. Im Bogenmaß rechnen!

166. (a) $x = \frac{\ln 3}{\ln 2 - \ln 3} \approx -2{,}7095$, (b) $x = \frac{\ln 9}{\ln 6} \approx 1{,}226$, (c) $x = \frac{\ln 100}{\ln 5} \approx 2{,}861$

167. (a) $\Leftrightarrow x - 1 = 1 \quad \vee \quad -(x-1) = 1$, $\Rightarrow x_1 = 2$, $x_2 = 0$, $L = \{0, 2\}$, (b) keine reelle Lösung, $L = \emptyset$, (c) $L = \{-1, 1\}$.

168. (a) $x_1 = -2$, $x_2 = 3$, (b) $x_1 = 0$, $x_2 = -1$, $x_3 = 2$, (c) $x_1 = -2$, $x_2 = 2$, $x_3 = -1$, $x_4 = 2$ (nicht ausmultiplizieren!), (d) quadrieren ergibt $x_1 = 9$, $x_2 = \frac{1}{4}$, Probe: $2\sqrt{9} - 5 = \frac{3}{\sqrt{9}}$, $2\sqrt{0{,}25} - 5 \neq \frac{3}{\sqrt{0{,}25}}$, $\Rightarrow L = \{9\}$, (e) quadrieren ergibt $x = 2$, Probe: $\sqrt{2 - 2 \cdot 2} = \sqrt{-2}$ ist keine reelle Zahl, $\Rightarrow L = \emptyset$, (f) zweimaliges quadrieren liefert (nach Auflösung der entstandenen quadratischen Gleichung) $x_1 = -3$ und $x_2 = 2$, Probe: $4\sqrt{-3-1} + 3\sqrt{-3+2}$ ist keine reelle Zahl, $4\sqrt{2-1} + 3\sqrt{2+2} = \sqrt{25\,2 + 50}$, $\Rightarrow L = \{2\}$

169. $x_1 = 2{,}9$, $x_2 = 2{,}892$, $x_3 = 2{,}89195$

170. Verwenden Sie die Methode aus §A.4.1, Seite 271.
(a) $L = [-1, 0] \cup [3, \infty)$, (b) $L = \mathbb{R}$, (c) $L = \emptyset$, (d) $L = (-1, 0) \cup (3, \infty)$, (e) $L = \{1\}$, (f) $L = \mathbb{R}$

171. Verwenden Sie die Methode aus §A.4.1, Seite 271.
(a) $L = (-\infty, 0) \cup (2, \infty)$, (b) $L = \emptyset$, (c) $L = (-\infty, -1) \cup (1, \infty)$, (d) $L = (0, 2)$, (e) $L = \mathbb{R}$, (f) $L = [-1, 1]$.

172. (a) $-1 + 3i$, (b) $-2 - i$, (c) 20, (d) $8 + 6i$, (e) $= i^3 \cdot i^{20} = -i$, (f) $\frac{4}{5} - \frac{3}{5}i$

173. (a) $\frac{3}{2} \pm \frac{3\sqrt{3}}{2}i$, (b) $-\frac{1}{4} \pm \frac{3\sqrt{7}}{4}i$, (c) $-1 \pm 4i$, (d) $1 \pm i$

174. (a) $\sqrt{2} + \sqrt{2}\,i$, (b) $4(\cos(-\frac{\pi}{3}) + i\sin(-\frac{\pi}{3})) = 2 - 2\sqrt{3}\,i$, (c) $5\,i$, (d) $(\cos\frac{\pi}{2} + i\sin\frac{\pi}{2})$, (e) $\sqrt{2}(\cos\frac{\pi}{4} - i\sin\frac{\pi}{4})$, (f) $\sqrt{3}(\cos\frac{\pi}{6} + i\sin\frac{\pi}{6})$

175. $e^{i\pi} = \cos(\pi) + i\sin(\pi) = -1 + 0\,i = -1$

Kleines Wörterbuch

"What's the French for fiddle-de-dee?"
"Fiddle-de-dee's not English," Alice replied gravely.
"Who ever said it was?" said the Red Queen.
Lewis Carroll (1832–1898)
»Through the Looking Glass«

A

1	**Abbildung**	mapping
2	**wird abgebildet auf**	maps to
3	**abgeschlossen**	closed
4	**abhängig** (Variable)	dependent
5	**ableiten** (differenzieren)	differentiate
6	**(erste) Ableitung**	(first) derivative
7	**Absolutbetrag**	absolute value, modulus
8	**addieren**	add
9	**Addition**	addition
10	**adjungierte Matrix**	adjoint matrix
11	**algebraische Gleichung**	algebraic equation
12	**alternierende Folge**	alternating sequence
13	**Anfangswertproblem**	initial-value problem
14	**Anstieg (Steigung)**	slope
15	**Approximation**	approximation
16	**äquivalent**	equivalent
17	**Äquivalenz**	equivalence
18	**Argument**	argument
19	**arithmetische Folge**	arithmetic sequence
20	**arithmetische Reihe**	arithmetic series
21	**arithmetisches Mittel**	arithmetic mean
22	**Assoziativgesetz**	associative law
23	**aufgespannter Unterraum**	linear span
24	**Aussage**	sentence, proposition
25	**Aussagenlogik**	propositional calculus
26	**Aussageverbindung**	compound sentence
27	**Axiom**	axiom

B

28	**Basis** (einer Potenz)	base, radix
29	**Basis** (eines Vektorraums)	basis
30	**Basislösung**	basic solution
31	**Basisvariable**	basic variable
32	**Basisvektor**	base vector
33	**beschränkt**	bounded, limited
34	**beschränkte Folge**	bounded sequence
35	**bestimmt divergente Folge**	properly divergent sequence
36	**bestimmtes Integral**	definite integral
37	**Beweis**	proof
38	**beweisen**	prove, demonstrate, verify, show
39	**bijektiv**	one-to-one
40	**Bild** (einer Funktion)	image
41	**Bildmenge**	range, image
42	**Billiarde**	quadrillion (Am.)
43	**Billion**	trillion (Am.)
44	**Binomialkoeffizient**	binomial coefficient
45	**binomischer Lehrsatz**	binomial theorem
46	**Bogenmaß**	radian
47	**Bruch**	fraction
48	**Bruchstrich**	fraction bar
49	**Bruchzahl**	fractional number, fraction

C

50	**charakteristische Gleichung**	characteristic equation
51	**charakteristisches Polynom**	characteristic polynomial
52	**Cramersche Regel**	Cramer's rule

D

53	**definieren**	define
54	**definit**	definite
55	**Definitheit**	definiteness
56	**Definition**	definition
57	**Definitionsbereich, -menge**	domain
58	**degeneriert**	degenerate
59	**dekadischer Logarithmus**	common logarithm
60	**Determinante**	determinant
61	**Dezimalpunkt**	decimal point
62	**Dezimalzahl**	decimal (number)
63	**Diagonalisieren** (einer Matrix)	diagonalization (of a matrix)
64	**Diagonalmatrix**	diagonal matrix
65	**(totales) Differential**	(total) differential
66	**Differentialgleichung (erster Ordnung)**	(first-order) differential equation
67	**Differentialquotient**	differential quotient
68	**Differentialrechnung**	calculus
69	**Differentiationsregel**	differentiation rule
70	**Differenz**	difference
71	**Differenzenquotient**	difference quotient
72	**differenzierbar**	differentiable
73	**differenzieren** (einer Funktion)	differentiate
74	**Dimension**	dimension
75	**disjunkt**	disjoint
76	**Disjunktion**	disjunction
77	**Distributivgesetz**	distributive law
78	**divergent**	divergent

79	**Dividend**	dividend
80	**dividieren**	divide
81	**Division**	division
82	**Divisor**	divisor
83	**Doppelbruch**	compound (complex) fraction
84	**dreidimensional**	three-dimensional
85	**Dreieck**	triangle
86	**dreieckig**	triangular
87	**Dreiecksmatrix**	triangular matrix
88	a **durch** b ($\frac{a}{b}$)	a over b
89	**Durchschnitt** (von Zahlen)	average
90	**Durchschnitt** (von Mengen)	intersection

E

91	**Ebene**	plane
92	**Eckpunkt** (eines Vielecks)	vertex, corner
93	**Eigenschaft**	property
94	**Eigenvektor**	eigenvector, characteristic vector
95	**Eigenwert**	eigenvalue, characteristic root
96	**Eigenwertproblem**	eigenvalue problem
97	**eindeutig**	unique, single-valued
98	**Einheitsfunktion**	identity function
99	**Einheitskugel**	unit sphere
100	**Einheitsmatrix**	identity matrix, unit matrix
101	**Einheitsvektor**	unit vector
102	**Elastizität**	elasticity
103	**Element** (einer Menge)	element
104	**elementar**	elementary
105	**Ellipse**	ellipse
106	**endlich**	finite
107	**erweiterte Koeffizientenmatrix**	augmented coefficient matrix
108	**Eulersche Formel**	Euler's formula
109	**Eulersche Zahl**	Euler's constant
110	**explizite Funktion**	explicit function
111	**Exponent**	exponent
112	**Exponentialfunktion**	exponential function
113	**Extremum**	extremum
114	**Extremwert**	extreme value

F

115	**Faktor**	factor
116	**faktorisieren**	factor, factorize
117	**Fakultät** (einer Zahl)	factorial
118	**Festkommaformat**	fixed point representation
119	**Fläche**	surface
120	**Flächeninhalt**	area
121	**Folge**	sequence
122	**Fünfeck**	pentagon
123	**Funktion**	function

G

124	**ganze Zahl**	integer
125	**Gaußsches Eliminationsverfahren**	Gauß elimination
126	**Geometrie**	geometry
127	**geometrische Folge**	geometric progression
128	**geometrische Reihe**	geometric series
129	**geometrisches Mittel**	geometric mean

130	**Gerade**	(straight) line
131	**gerade (Zahl)**	even (number)
132	**geränderte Hesse-Matrix**	bordered Hessian
133	**gleich**	equal, equivalent
134	**Gleichgewichtszustand**	equilibrium
135	**gleichseitiges Dreieck**	equilateral triangle
136	**Gleichung**	equation
137	**Gleichungssystem**	system of equations
138	**Gleitkommaformat**	floating point representation
139	**Glied** (einer Folge)	term (of a sequence)
140	**global**	global
141	**Grad**	degree
142	**Gradient**	gradient
143	**Graph**	graph, diagram
144	**graphisch**	graphic(al)
145	**Grenzkosten**	marginal cost
146	**Grenzübergang**	take the limit, limiting process
147	**Grenzwert**	limit
148	**Grundfläche, Basis**	base
149	**Grundmenge**	fundmental set

H

150	**Halbebene**	half plane
151	**Hauptdiagonale** (einer Matrix)	principal diagonal
152	**Hauptminor**	principal minor
153	**Hauptsatzes der Differential- und Integralrechnung**	fundamental theorem of calculus
154	**herausheben** (eines Faktors)	factor out
155	**herleiten**	derive, deduce
156	**Hesse-Matrix**	Hessian (matrix)
157	**Hilfsvariable**	auxiliary variable
158	**hinreichende Bedingung**	sufficient condition
159	x **hoch** n (x^n)	x (raised) to the power n, x to the n-th power
160	**homogen**	homogeneous
161	**Hyperbel**	hyperbola

I

162	**identisch**	identical
163	**identische Funktion**	identity function
164	**imaginäre Zahl**	imaginary number
165	**Imaginärteil**	imaginary part
166	**Implikation**	implication
167	**implizit**	implicit
168	**implizite Funktion**	implicit function
169	**Index**	index
170	**infinitesimal**	infinitesimal
171	**inhomogen**	nonhomogeneous
172	**injektiv**	one-to-one
173	**inneres Produkt** (zweier Vektoren)	inner product, scalar product
174	**Integral**	integral
175	**Integralrechnung**	integral calculus
176	**Integralzeichen**	integral sign
177	**Integrationskonstante**	integration constant
178	**Integrationsverfahren**	method of integration
179	**integrieren**	integrate
180	**Intervall**	interval

181	**inverse Funktion**	inverse function
182	**inverse Matrix**	inverse matrix
183	**irrationale Zahl**	irrational (number)
184	**Isoniveaulinie, Isoquante**	level set

K

185	**Kehrwert**	reciprocal (value)
186	**Kern**	kernel
187	**Klammer**	bracket, parenthesis, brace
188	**Koeffizient**	coefficient, element
189	**Koeffizientenmatrix**	coefficient matrix
190	**Kofaktor**	cofactor
191	**Kofaktorenmatrix**	cofactor matrix
192	**Kommutativgesetz**	commutative law
193	**Komplement** (einer Menge)	complement
194	**Komplementärmenge**	complementary set
195	**komplexe Zahl**	complex number
196	**Konjunktion**	conjunction
197	**konjungiert komplex**	conjugate complex
198	**konkav**	concave
199	**Konstante**	constant
200	**konvergent**	convergent
201	**Konvergenzradius**	radius of convergence
202	**konvergieren**	converge, be convergent
203	**konvex**	convex
204	**Koordinate**	coordinate
205	**Koordinatenachse**	coordinate axis
206	**Kreis**	circle
207	**Kreisscheibe**	disk
208	**kritischer Punkt**	critical point
209	**Krümmung**	curvature
210	**Kugel**	sphere
211	**Kugeloberfläche**	spherical surface
212	**Kuhn-Tucker Bedingungen**	Kuhn-Tucker conditions
213	**Kurve**	curve
214	**kürzen** (eines Bruches)	reduce, cancel

L

215	**Lagrange-Funktion**	Lagrangian function
216	**Lagrange-Multiplikator**	Lagrange multiplier
217	**Laplace-Entwicklung**	Laplace expansion
218	**leere Menge**	empty set, null set
219	**Limes**	limit
220	**linear**	linear
221	**linear (un)abhängig**	linearly (in)dependent
222	**lineare Abbildung**	linear transformation, linear mapping
223	**lineare Funktion**	linear function
224	**lineare Gleichung**	linear equation
225	**lineare Optimierung**	linear programming
226	**lineare Ungleichung**	linear inequality
227	**linearer Raum**	linear space, vector space
228	**lineares Gleichungssystem**	system of lienear equations
229	**Linearfaktor**	linear factor
230	**Linearkombination**	linear combination
231	**linksseitiger Grenzwert**	limit on the left
232	**logarithmieren**	take the logarithm
233	**logarithmische Ableitung**	logarithmic derivative

234	**Logarithmus**	logarithm
235	**Logarithmusfunktion**	logarithmic function
236	**Logik**	logic
237	**lokal**	local
238	**lokales Maximum**	local maximum, relative maximum
239	**Lösung**	solution
240	**Lösungsmenge**	solution set

M

241	**MacLaurinreihe**	MacLaurin series
242	**Mantisse**	mantissa
243	a **mal** b $(a \cdot b)$	a times b
244	**Mathematik**	mathematics
245	**Matrix**	matrix
246	**Maximum**	maximum
247	**Mediane**	median
248	**Menge**	set
249	**Mengenlehre**	set theory
250	**Milliarde**	billion (Am.)
251	**Million**	million
252	**Minimum**	minimum
253	**minus**	minus
254	**Mittel**	mean
255	**Mittelwert**	mean (value), average
256	**Monom**	monomial
257	**monoton fallend**	monotonically decreasing
258	**monoton steigend**	monotonically increasing
259	**Multiplikation**	multiplication
260	**multiplizieren (mit)**	multiply (by)

N

261	**natürliche Zahl**	natural number
262	**natürlicher Logarithmus**	natural logarithm
263	**Nebenbedinung**	constraint
264	**Nebenrechnung**	auxiliary calculation
265	**Negation**	negation
266	**Nenner** (eines Bruches)	denominator
267	**Nichtnegativitätsbedingung**	nonnegativity restriction
268	**Niveaulinie**	level set
269	**Norm** (eines Vektors)	norm
270	**normierter Vektor**	normalized vector, unit vector
271	**notwendige Bedingung**	necessary condition
272	**Nullfolge**	null sequence
273	**Nullmatrix**	null matrix
274	**Nullstelle**	zero
275	**Nullvektor**	null vector

O

276	**Obermenge**	including set, superset
277	**offen**	open
278	**optimale Basislösung**	optimal feasible solution
279	**orthogonal**	orthogonal
280	**Orthonormalbasis**	orthonormal basis
281	**Ortsvektor**	radius vector

P

282	**Parabel**	parabola

283	**parallel**	parallel
284	**Parallelepiped**	parallelepiped
285	**Parallelogramm**	parallelogram
286	**Parameter**	parameter
287	**Parameterdarstellung**	parametric representation
288	**Partialsumme**	partial sum
289	**partielle Ableitung**	partial derivative
290	**partielle Integration**	integration by parts
291	**periodische Zahl**	periodical decimal
292	**Pivotelement**	pivot element
293	**Pivotschritt**	pivot step
294	**Pivotspalte**	pivot column
295	**Pivotzeile**	pivot row
296	**plus**	plus
297	**Polynom**	polynomial
298	**Potenz**	power
299	**Potenzfunktion**	power function
300	**potenzieren**	raising to a power, exponentiation
301	**Potenzmenge**	power set
302	**Produkt**	product
303	**Produktmatrix**	matrix product
304	**Produktmenge**	product set
305	**Punkt**	point
306	**Pyramide**	pyramid

Q

307	**Quader**	rectangular solid
308	**Quadrat** (Viereck)	square
309	**Quadrat** (Potenz)	square, second power
310	**quadratische Form**	quadratic form, quadric
311	**quadratische Gleichung**	quadratic (equation)
312	**quadratische Matrix**	square matrix
313	**Quadratwurzel**	square root
314	**quadrieren**	square, raise to the second power
315	**Quotient**	quotient

R

316	**Radius**	radius
317	**Rang**	rank
318	**rationale Funktion**	rational function
319	**rationale Zahl**	rational (number)
320	**rationaler Ausdruck**	rational term
321	**Raum**	space
322	**Realteil**	real part
323	**rechnen**	calculate, compute
324	**Rechteck**	rectangle
325	**rechtsseitiger Grenzwert**	limit on the right
326	**reell**	real
327	**reelle Funktion**	real-valued function
328	**reelle Zahl**	real (number)
329	**Regel**	rule
330	**reguläre Matrix**	regular matrix
331	**Reihe**	series
332	**Rekursion**	recursion
333	**Restglied**	remainder
334	**Richtungsableitung**	directional derivative
335	**Rücksubstitution**	back substitution

S

336	**Sattelpunkt**	saddle point
337	**Satz**	proposition, theorem
338	**Schlupfvariable**	slack variable
339	**Seitenfläche**	face
340	**Seitenkante**	(lateral) edge
341	**Sekante**	secant line, intersection line
342	**senkrecht**	normal, perpenticular
343	**Simplex-Algorithmus**	simplex method
344	**Simplex-Tableau**	simplex tableau
345	**singuläre Matrix**	singular matrix
346	**singulärer Punkt**	singular point
347	**Skalarmultiplikation**	scalar multiplication
348	**Skalarprodukt** (zweier Vektoren)	scalar product, inner product
349	**Spaltenindex**	column index
350	**Spaltenvektor**	column vector
351	**Sprungstelle**	jump discontinuity
352	**Spur** (einer Matrix)	trace
353	**Stammfunktion**	antiderivative, primitive
354	**stationärer Punkt**	stationary point
355	**Steigung**	slope
356	**stetig**	continuous
357	**Stetigkeit**	continuity
358	**Strecke**	line segment
359	**streng konkav**	strictly concave
360	**streng monoton fallend**	strictly monotonically decreasing
361	**Substitution**	substitution
362	**subtrahieren**	subtract
363	**Subtraktion**	subtraction
364	**Summe**	sum
365	**surjektiv**	onto
366	**Symbol**	symbol, sign
367	**symmetrische Matrix**	symmetric matrix

T

368	**Tangente**	tangent (line)
369	**Taschenrechner**	calculator
370	**Taylorpolynom**	Taylor polynomial
371	**Taylorreihe**	Taylor series
372	**Teiler**	divisor, factor
373	**Teilmenge**	subset
374	**Teilraum**	subspace
375	**Teilsumme**	partial sum
376	**Term**	term
377	**Transformationsmatrix**	matrix of transformation
378	**transponierte Matrix**	transpose(d matrix)
379	**Trennung der Variablen**	separation of variables
380	**Treppenfunktion**	step function
381	**Tupel**	tuple

U

382	**Umfang**	perimeter
383	**Umgebung**	neighborhood
384	**Umkehrfunktion**	inverse function
385	**unabhängig** (Variable)	independent
386	**unbestimmt**	indefinite, indetermined

387	**unbestimmt divergente Folge**	improperly divergent sequence
388	**unbestimmtes Integral**	indefinite integral
389	**uneigentliches Integral**	improper integral
390	**unendlich**	infinite
391	**ungerade (Zahl)**	odd (number)
392	**Ungleichung**	inequality
393	**Unstetigkeitsstelle**	(point of) discontinuity
394	**Unterraum**	subspace
395	**Urbild**	inverse image, pre-image
396	**Ursprung**	origin

V

397	**Variable**	variable
398	**Vektor**	vector
399	**Vektorrechnung**	vector calculus
400	**Vektorraum**	vector space
401	**Venn-Diagramm**	Venn diagram
402	**Vereinigung** (von Mengen)	join, union (of sets)
403	**Vereinigungsmenge**	(set) union
404	**Vieleck**	polygon
405	**Viereck**	quadrangle
406	**voller Rang (einer Matrix)**	full rank
407	**Volumen**	volume
408	**voraussetzen**	assume, suppose
409	**Vorzeichen**	(algebraic) sign

W

410	**Wahrheitswert**	truth value
411	**Wendepunkt**	point of inflection
412	**Wertebereich, -menge**	range
413	**Wertetabelle**	table of values
414	**Widerspruch**	contradiction
415	**Winkel**	angle
416	**Winkelfunction**	circular function, trigonometric function
417	**Würfel**	cube
418	**Wurzel**	root, radix
419	**Wurzelfunktion**	root function
420	**Wurzelgleichung**	radical equation
421	**Wurzelzeichen**	radical sign
422	**Wurzelziehen**	taking the root

X

423	**x-Achse**	x-axis
424	**xy-Ebene**	xy-plane

Z

425	**Zahl**	number
426	**Zahlenebene**	number plane
427	**Zeilenindex**	row index
428	**Zeilenvektor**	row vector
429	**Zähler** (eines Bruches)	numerator
430	**Ziffer**	figure
431	**Zielfunktion**	objective function
432	**Zuordnungsvorschrift**	rule of assignment
433	**zulässige Basislösung**	feasible solution
434	**zulässiger Bereich**	feasible region
435	**zusammengesetzte Funktion**	composite function

Register zum kleinen Wörterbuch

Die Zahlen beziehen sich auf die Einträge im kleinen Wörterbuch (☞ Seite 301).

E

F

G

H

I

J

K

L

M

U

V

X

Z

Bücherliste

„Die Welt wird an dem Tag im Arsch sein", sagte er damals, „wenn die Menschheit erster Klasse reist und die Literatur im Gepäckwagen."

Gabriel García Márquez
»Hundert Jahre Einsamkeit«

Die folgende Liste enthält eine kleine Auswahl von ein- und weiterführender Literatur zum Thema Mathematik und Ökonomie. Die meisten der angegebenen Bücher sind — wie der Großteil der internationalen ökonomischen Publikationen — in Englisch geschrieben. Da ein Erlernen der mathematischen englischen Fachsprache zum Lesen der aktuellen Fachpublikationen notwendig ist, bietet dieses Buch als kleine Hilfestellung auf Seite 301ff bzw. Seite 311ff ein kleines Wörterbuch samt Register.

Prerequisites ...

J. DOUGLAS FAIRES, JAMES DEFRANZA. *Precalculus.* Brooks/Cole Publishing, Pacific Road, California, 1997, 391 S.

Grundlegende Begriffe, wie Koordinatensystem, Logarithmus oder trigonometrische Funktionen werden von Grund auf erklärt. Zum Auffüllen von elementaren Wissenslücken.

JANOSCH. *Wir der Tiger zählen lernt.* Mosaik Verlag, München, 1995, 38 S.

Ab 5.

JAMES STEWART, LOTHAR REDLIN, SALEEM WATSON. *Mathematics for Calculus.* Brooks/Cole Publishing, Pacific Road, California, 2. Aufl., 1993, 773 S.

Grundlagen der Mathematik, wie sie zum Studium der Mathematik für Wirtschaftswissenschaftler benötigt werden. Zum Aufüllen von Wissenslücken und Auffrischen vergessenen Schulwissens.

Einführung in die Mathematik ...

R. G. D. ALLEN. *Mathematik für Volks- und Betriebswirte.* Duncker & Humboldt, Berlin, 1956, 572 S.

In klarer, übersichtlicher und leichtverständlicher Weise werden die mathematischen Grundlagen der Differential- und Integralrechnung dargestellt.

HOWARD ANTON, BERNARD KOLMAN. *Mathematics with applications for the management, life, and social sciences.* Academic Press, New York, London, 1982, 851 S.

Sehr elementare Einführung in die mathematischen Grundbegriffe. *"Since many students in this course have minimal mathematics background, we have devoted considerable effort to the pedagogical aspects of this book — examples and illustrations abound. We have avoided complicated mathematical notation. Where appropriate, each exercise set begins with basic computational 'drill' problems."* Für Anfänger.

HEINRICH BADER, SIEGBERT FRÖHLICH. *Einführung in die Mathematik für Volks- und Betriebswirte.* R. Oldenbourg Verlag, München, 6. Aufl., 1980, 480 S.

Umfangreiche Einführung (allerdings ohne Funktionen in mehreren Variablen) mit vielen Beispielen aus der Ökonomie.

M. J. BECKMANN, H. P. KÜNZI. *Mathematik für Ökonomen I-III.* Springer-Verlag, 1969,1973,1984.

Ausführlich aber trocken.

KARL BREITUNG, PAVEL FILIP. *Einführung in die Mathematik für Ökonomen.* R. Oldenbourg Verlag, München, 1989, 311 S.

Trockene Einführung in die mathematischen Grundbegriffe.

ALPHA C. CHIANG. *Fundamental methods of mathematical economics.* McGraw-Hill, Singapore, 3. Aufl., 1984, 788 S.

"This book is written for those students of economics intent on learning the basic mathematical methods that have become indispensable for a proper understanding of the current economic literatur." Die mathematischen Objekte und Vefahren werden ausgehend von ökonomischen Fragestellungen eingeführt und erklärt und ihre Funktionsweise an konkreten Beispielen aus der Makro- und Mikroökonomie demonstriert. Solide Grundlage, wenn in der Ökonomie wirklich Mathematik gebraucht wird.

ARNO JAEGER, GERHARD WÄSCHER. *Mathematische Propädeutik für Wirtschaftswissenschaftler.* R. Oldenbourg Verlag, München, 1987, 383 S.

Lineare Algebra und Lineare Optimierung

WOLFGANG LUH, KARIN STADTMÜLLER. *Mathematik für Wirtschaftswissenschaftler.* R. Oldenbourg Verlag, München, 1989, 334 S.

Grundbegriffe.

WALTER OBERHOFER. *Lineare Algebra für Wirtschaftswissenschaftler.* R. Oldenbourg Verlag, München, 1978, 209 S.

ANDRÉ L. YANDL. *Introduction to Mathematical Analysis for Business and Economics.* Brooks/Cole Publishing, Pacific Grove, California, 1991, 1000 S.

Elementare Einführung. Der Stoff wird in kleine Portionen zerlegt und erklärt. Die Methodik wird an hand vieler Beispiele vorgeführt und noch mehr Aufgaben geübt. Für Einsteiger.

Spezielle Kapitel ...

CLOPPER ALMON. *Matrix methods in economics.* Addison Wesley Publishing, Reading, Mas., 1967, 164 S.

Matrixmethoden in linearen Gleichungssystemen, Input-Output-Modellen, lineare und nichtlineare Optimierung, linearen Differentialgleichungen.

EDWIN BURMEISTER, A. RODNEY DOBELL. *Mathematical Theories of Economic Growth.* The Macmillan Company, New York, 1970, 444 S.

Ökonomische Wachstumsmodelle verschiedener Komplexität werden behandelt.

ROBERT DORFMAN, PAUL A. SAMUELSON, ROBERT M. SOLOW. *Linear Programming and Economic Analysis.* Dover Publications, New York, 1958, 525 S.

Eine Ausführliche Behandlung von linearer Optimierung und Input-Output-Analyse.

JOEL FRANKLIN. *Methods of Mathematical Economics. Linear and Nonlinear Programming, Fixed-Point Theorems.* Springer-Verlag, New York, 1980, 297 S.

"This book, written for undergraduates and first-year graduate students, gives an elementary presentation of three mathematical topics associated with modern economics: linear programming, nonlinear programming, and fixed-point theorems." Für Fortgeschrittene.

RAGNAR FRISCH. *Maxima and Minima.* D. Reidel Publishing, Dordrecht, Holland, 1966, 176 S.

SAMUEL GOLDBERG. *Introduction to Difference Equations.* Dover Publications, New York, 1986, 260 S.

Elementare Einführung und die Theorie der Differenzengleichungen mit vielen Beispielen aus der Ökonomie.

MICHEAL D. INTRILIGATOR. *Mathematical Optimazation and Economic Theory.* Prentice-Hall, Englewood Cliffs, N.J., 1971, 508 S.

"This book is intended as a self-contained introduction to and a survey of static and dynamic optimization techniques and their application to economic theory." Für Fortgeschrittene.

BERNARD KOLMAN, ROBERT E. BECK. *Elementary Linear Programming with Applications.* Academic Press, San Diego, 2. Aufl., 1995, 449 S.

Einführung in die lineare Optimierung.

PAUL J. KNOPP. *Linear Algebra. An Introduction.* Hamiltion Publishing, Santa Barbara, California, 1974, 435 S.

"This book presents the essential ideas of elementary linear algebra to students at the freshman-sophomore level." Es behandelt den Stoff etwas ausführlicher, viele Beispiele.

ADAM OSTASZEWSKI. *Advanced mathematical methods.* Cambridge University Press, 1990, 545 S.

"The author has maintained a balance between a rigorous theoretical and a cookbook approach, giving concrete and geometric explanations, so that the material will be accessible to students who have not studied mathematics in depth." Für Fortgeschrittene.

AKIRA TAKAYAMA. *Analytical Methods in Economics.* Harvester Wheatsheaf, New York, 1994, 672 S.

Für Fortgeschrittene.

WAYNE L. WINSTON. *Operations Research. Applications and Algorithms.* PWS-KENT Publishing, Boston, 2. Aufl., 1991, 1262 S.

Methoden der Operations Research werden erklärt und an hand vieler Beispiele vorgeführt. U.a. lineare Optimierung, ganzzahlige Optimierung.

Ausblick ...

R. G. D. ALLEN. *Mathematische Wirtschaftstheorie.* Duncker & Humboldt, Berlin, 1963, 987 S.

Diskutiert viele mathematische ökonomische Modelle.

AKIRA TAKAYAMA. *Mathematical economics.* Cambridge University Press, 2. Aufl., 1985, 737 S.

Umfangreiche Behandlung der Ökonomischen Theorie mit mathematischen Methoden mit Schwerpunkt auf kompetitives Gleichgewicht und ökonomisches Wachstum. *"It is one of the most lucid and clear-sighted, as well as one of the most enjoyable to read."* Für Fortgeschrittene.

HAL R. VARIAN. *Microeconomics Analysis.* W. W. Norton, New York, London, 3. Aufl., 1992, 548 S.

Für mathematisch Interessierte ...

RICHARD BELLMAN. *Introduction to Matrix Analysis.* McGraw-Hill, New York, 1960, 328 S.

Matrizen und ihre Eigenschaften. Für Sattelfeste.

LOTHAR COLLATZ. *Differentialgleichungen.* B. G. Teubner, Stuttgart, 3. Aufl., 1967, 226 S.

„Eine Einführung unter besonderer Berücksichtigung der Anwendungen."

W. H. GREUB. *Linear Algebra.* Springer Verlag, Berlin, Heidelberg, 3. Aufl., 1967, 434 S.

Linear Algebra für mathematisch Interessierte.

PAUL R, HALMOS. *Naive Mengenlehre.* Vandenhoeck & Ruprecht, Göttingen, 1968, 132 S.

Die Ideen der Mengenlehre werden präzis, dabei aber doch nicht allzu formal (d.h. lesbar und lesenswert), dargelegt.

HARRO HEUSER. *Lehrbuch der Analysis, Teil 1.* B. Teubner, Stuttgart, 2. Aufl., 1982, 643 S.

Einführung in die Analysis, die *„bewußt einen sehr langsamen und behutsamen Einstieg wählt, der den Leser nur ganz allmählich an den Kern des deduktiven Verfahrens und die abstrakte Natur der mathematischen Objekte heranführt,"* und dabei *„großen Wert auf Ausführlichkeit und Faßlichkeit der Beweise"* legt. Für alle die wissen wollen, wie aus den einfachen Axiomen die Welt der Funktionen aufgebaut wird, und solche, die einfach mehr darüber wissen wollen.

HARRO HEUSER. *Lehrbuch der Analysis, Teil 2.* B. Teubner, Stuttgart, 2. Aufl., 1983, 736 S.

Teil 2 der Einführung in die Analysis behandelt Funktionen in mehreren Variablen, geht aber dabei weit über das in diesem Buch behandelte hinaus.

SERGE LANG. *Linear Algebra.* Springer Verlag, New York, 3. Aufl., 1987, 285 S.

Lineare Algebra pur.

Sonstiges ...

ROBERT AINSLEY. *Bluff your way in Maths.* Ravette Books, 1988, 61 S.

"The means to apparent instant erudition without having to know or study anything." Der letzte Ausweg.

ALBRECHT BEUTELSPACHER. *"In Mathe war ich immer schlecht ...".* Vieweg, Braunschweig/Wiesbaden, 1996, 147 S.

"Berichte und Bilder von Mathematik und Mathematikern, Problemen und Witzen, Unendlichkeit und Verständlichkeit, reiner und angewandter, heiterer und ernsterer Mathematik." Was Mathematik ist und was es nicht ist.

JOHN MASON, LEONE BURTON, KAYE STACEY. *Hexeneinmaleins: kreativ mathematisch denken.* R. Oldenbourg Verlag, München, 3. Aufl., 1992, 250 S.

„Sie lernen in diesem Buch an einer Vielzahl von Fragen die Denkprozesse kennen, die der Mathematik zugrunde liegen. Für alle, die glauben, daß Mathematik mehr ist als etwas aufpoliertes Rechnen und genau wissen wollen, was."

Symbolverzeichnis

Das griechische Alphabet

A	α	Alpha
B	β	Beta
Γ	γ	Gamma
Δ	δ	Delta
E	ε	Epsilon
Z	ζ	Zeta
H	η	Eta
Θ	θ oder ϑ	Theta
I	ι	Iota
K	κ	Kappa
Λ	λ	Lambda
M	μ	My
N	ν	Ny
Ξ	ξ	Xi
O	o	Omikron
Π	π	Pi
P	ρ	Rho
Σ	σ	Sigma
T	τ	Tau
Υ	υ	Ypsilon
Φ	ϕ oder φ	Phi
X	χ	Chi
Ψ	ψ	Psi
Ω	ω	Omega

1. Logik

2. Mengen und Abbildungen

4. Matrizen und Vektoren

5. Vektorräume

6. Determinanten

7. Eigenwerte und Eigenvektoren

8. Reihen und ihre Folgen

9. Funktionen

10. Differentialquotient und Ableitung

12. Stammfunktion und Integral

13. Funktionen in mehreren Variablen

15. Lagrange-Multiplikatoren

18. Differentialgleichungen

A. Terme, Gleichungen und Ungleichungen

B. Komplexe Zahlen

Index

A

B